부동산헌법

Happiness 부동산공화국이 된 **대한민국의 사회적 합의** *Justice*

부동산헌법

| 허강무 |

전북대학교출판문화원

부동산헌법의 개척자들

"비록 대지와 모든 열등한 피조물은 만인의 공유물이지만, 그러나 모든 사람은 자신의 인신人身에 대해서는 소유권을 가지고 있다. 이것에 관해서는 그 사람 자신을 제외한 어느 누구도 권리를 가지고 있지 않다. 그의 신체의 노동과 손의 작업은 당연히 그의 것이라고 말할 수 있다. 그렇다면 그가 자연이 제공하고 그 안에 놓아둔 것을 그 상태에서 꺼내어 거기에 자신의 노동을 섞고 무언가 그 자신의 것을 보태면, 그럼으로써 그것은 그의 소유가 된다. 그것은 그에 의해서 자연이 놓아둔 공유의 상태에서 벗어나, 그의 노동이 부가한 무언가를 가지게 되며, 그 부가된 것으로 인해 그것에 대한 타인의 공통된 권리가 배제된다."[1]

• 존 로크John Locke, 『통치론Two Treatises of Government』, 1689년

"(사회계약으로) 공동체의 각 구성원은 공동체가 이루어지는 순간에 자신을 공동체에 내준다. 즉 자기 자신과 자기가 지닌 재산을 포함한 자기 힘 모두를 그때 있는 그대로 말이다. 이러한 행위 때문에 점유가 … 주권자의 손에서 소유로 바뀐다는 것은 아니다. 다만 국가의 힘이 더 개인보다 더 크기 때문에 공적인 점유 또는 실지로 더 강하고 더 결정적인 것이다. … 이러한 권리 양도에 있어 별난 것은 공동체가 개인들의 재산을 받아들임으로써 그것을 개인들로부터 빼앗

---

1 John Locke(강정인, 문지영 번역), 통치론, 까치, 2018, 34-35면.

기는커녕, 그 재산의 합법적인 점유를 개인들에게 보증해 주어, 횡령을 진짜 권리로, 수익권을 소유권으로 바꾸어줄 따름이라는 사실이다. … 어떻게 해서 얻게 되건, 각자가 자신의 토지에 대해 갖는 권리는 언제나, 공동체가 토지 전체에 대해 갖는 권리에 딸려 붙는 것이며, 그러지 않고서는, 사회관계에는 견고함이, 주권 행사에는 현실적인 힘이 없어지고 말 것이다."[2]

• 장 자크 루소Jean-Jacques Rousseau, 『사회계약론Du Contrat social ou principes du droit politique』, 1762년

"거만하고 냉혹한 지주가… 그의 동포형제들의 궁핍에 대해서는 전혀 생각지 않고 수확물 전부를 자기 혼자 소비하겠다고 상상하는 것은 헛일이다… 그 잉여부분을 …농민들에게, 하인들에게, …나눠주지 않을 수 없다. 토지의 생산물은 언제나 그것이 먹여 살릴 수 있는 만큼의 주민을 유지할 뿐이다. 부자는 단지 생산물위 집적 중에서 가장 값나가고 좋은 것을 선택할 뿐이다. 보이지 않는 손invisible hand에 이끌려서 토지가 모든 주민들에게 똑같이 나누어졌을 경우에 있을 수 있는 것과 같은 생활필수품의 분배를 하게 된다. 그리하여 무의식중에, 부지불각중에 사회의 이익을 증진시키고 인류번식의 수단을 제공하게 된다."[3]

• 아담 스미스Adam Smith, 『도덕 감정론The Theory of Moral Sentiments』, 1759년

---

2 Jean-Jacques Rousseau(박은수 번역), 사회계약론 외, 올재, 2013, 43-44면.

3 Adam Smith(박세일, 민경국 공역), 도덕 감정론(*The Theory of Moral Sentiments*), 비봉출판사, 2009, 345-346면.

"이렇듯 토지 재산은 원래 없던 것이었다. 인간은 땅을 만들지 않았으며, 설령 땅을 점유할 자연적 권리가 있다 해도 땅의 일부를 영구히 자기 재산으로 삼을 권리는 없었다. 또한 땅을 창조한 조물주는 토지 문서를 발행하는 관청을 설치하지 않았다. 그렇다면 토지 재산의 관념은 어떻게 생겨난 걸까? 나는 예전에도 말했듯이 경작과 더불어 토지 재산의 관념이 형성되었다고 대답한다. 경작으로 이루어진 발전과 모태가 되는 토지 자체를 분리하기가 불가능하다는 점에서 그런 관념이 생겨난 것이다. 지금까지 발전의 가치는 자연적 토지의 가치를 크게 상회해 자연적 토지의 가치를 흡수할 정도에 이르렀다. 결국에는 모든 사람의 공유권이 개인의 경작권과 뒤섞여버렸다. 그럼에도 불구하고 서로 다른 종류의 권리들은 있으며, 앞으로 세상이 존속하는 한 계속 존재할 것이다."[4]

"국가 기금을 조성해 토지 재산 제도가 도입되면서 자연적 상속권을 상실한 스물한 살 이상의 모든 사람들에게 부분적인 보상으로 15파운드의 금액을 나누어주도록 하자. 또한 현재 살아 있는 쉰 살 이상의 모든 사람들에게 평생토록 해마다 10파운드씩 주고, 나머지 사람들에게도 그 나이가 되면 주도록 하자.[5] (중략) 그러나 계획이 원칙은 정의이지 자선이 아니다. 무릇 중요한 일에는 자선보다 더 보편적으로 작용하는 원칙이 필요한 법이다. 정의는 고립된 개인들의 선택에 맡겨둬서는 안 된다."[6]

• 토머스 페인Thomas Paine, 『토지 정의Agrarian Justice』, 1796년

---

4 Thomas Paine(남경태 번역), 토머스 페인 상식, 효형출판, 2012, 105면.

5 Thomas Paine(남경태 번역), 위의 책, 107면.

6 Thomas Paine(남경태 번역), 위의 책, 116면.

"자연적인 소유권이란 없으며, 소유권은 전적으로 법의 창조물이다. 소유권은 단지 누군가 이미 맺고 있는 관계로 말미암아 자신에게 소유될 것이라 얘기되는 사물로부터 어떤 이익을 얻을 것이라 기대하는 근거에 불과하다. … 누군가가 수중에 물건을 가지고 있다는 것, 즉 그것을 보유하고, 가공하고, 팔고, 변질시키고, 사용하는 것 따위로는 소유권의 개념을 이해할 수 없다. … 소유권의 개념은 해당 사안의 본질에 따라 그 대상(객체)으로부터 어떤 이익을 얻을 수 있는 '힘power'에 대한 확신, 즉 확립된 기대expectation에 있는 것이다. 그러나 이러한 기대, 확신은 오직 법의 작용일 수밖에 없다. … 소유권과 법은 함께 태어나고 함께 죽어야 한다. 법 이전에 소유권은 없었다. 법을 폐지하면, 모든 소유권은 죽는다. 소유권에 있어서 안전security이란 어떤 선good의 향유에 관한 법적 기대에 충격이나 교란이 없는 것을 말한다. 입법자는 이러한 기대를 깊이 존중해야 하며, 그러한 기대에 개입하지 않을 때 그는 사회의 행복에 본질적인 것을 행하는 것이고, 그 기대를 해칠 때 그는 항상 그에 상응하는 정도의 악evil을 만들게 된다."[7]

• 제레미 벤담Jeremy Bentham, 『민법의 원칙Principle of the Civil Code』, 1843년

"재산제도의 핵심원리는 각자가 노동하여 생산하고 절제를 발휘하여 축적한 것을 확보할 수 있어야 한다는 것이다. 이러한 원리는 땅 속의 천연자원처럼 노동의 산물이 아닌 경우에는 적용될 수 없다. 만약

---

7 Jeremy Bentham, *Principle of the Civil Code*, part 1 Object of the Civil Law, Chapter 8 Of Propert(http://www.laits.utexas.edu/poltheory/bentham/pcc/ 참조. 2020. 6. 30. 확인); 이장희, 재산권의 개념과 변화, 헌법재판소 헌법재판연구원, 2016, 14면 재인용.

토지의 생산력이 근로가 아니라 전적으로 자연에서 도출되는 것이라면, 또는 어디까지가 자연의 결과고 어디까지 근로의 결과인지를 분별할 수단이 있다면 자연의 선물을 개인이 독점하는 것은 불필요할 뿐만 아니라 고도의 불의일 것이다. 농토는 일정한 기간 동안 반드시 배타적으로 사용되어야 한다. 쟁기질하고 씨 뿌린 바로 그 사람이 수확하도록 허용되어야 한다. 그러나 고대 게르만 사회에서 그랬듯이 토지는 한 철에만 점유될 수도 있다. 또는 인구가 증가함에 따라 일정한 기간마다 재분배될 수도 있고, 국가가 보편적 지주역할을 맡고 경작자들은 계약에 근거한 소작농 또는 지주의 임의에 따라 휘둘리는 소작농의 역할을 맡을 수도 있다."[8]

"신성한 사유재산권이라는 것을 운위할 때에는 토지재산에 그와 같은 신성함이 그만큼 함유되어 있지는 않다는 사실을 잊지 말아야 한다. 토지를 만든 사람은 아무도 없다. 토지는 인간이라는 종 전체가 받은 원초적 상속분이다. 토지를 어떻게 전유하느냐는 문제는 전적으로 사회일반을 위한 편의의 문제일 뿐이다. 토지를 사유재산으로 삼는 것이 사회일반에 편의가 아니라면 그것은 곧 불의가 된다."[9]

• 존 스튜어트 밀John Stuart Mill, 『정치경제학원리Principles of Political Economy』, 1848년

"더 높은 경제적 사회구성체의 관점에서 보면, 지구에 대한 개인의 사적 소유는 인간에 대한 인간의 사적 소유와 마찬가지로 불합리한 것으로 나타날 것이다. 심지어 사회 전체·한 국민·동시에 존재하는

---

8 John Stuart Mill(박동천 번역), 정치경제학 원리2, 나남, 2010, 59면.

9 John Stuart Mill(박동천 번역), 위의 책, 64면.

사회들의 전체도 지구의 소유자는 아니다. 그들은 오직 지구의 점유자·이용자일 따름이며 선량한 가장으로서 지구를 개량하여 다음 세대에게 물려주어야 한다."[10]

• 칼 마르크스Karl Heinrich Marx, 『자본론Das Kapital』, 1867년

"우리는 땅에서 태어나고, 그 땅에서 난 것으로 살아가며, 그 땅으로 다시 돌아간다. 들판의 풀이나 꽃과 마찬가지로 우리는 진정 땅의 자식이다. 인간에게서 땅에 속한 것을 모두 빼앗아버린다면 그는 단지 육체가 떨어져나간 정신에 불과하다. 물질적 진보는 우리가 토지에 의존하여 살아가야 한다는 사실을 변경시키지 못한다. 물질적 진보는 땅에서 부를 생산하는 능력을 향상시킬 뿐이다. 따라서 토지가 독점되면 그것은 임금을 높여주지 않고, 노동력밖에 없는 사람의 생활 조건을 개선시켜주지도 않고 그런 독점이 한없이 계속될 것이다. 그것은 토지의 가치를 계속 상승시키고 토지를 소유한 사람의 힘을 더욱 강하게 만들어줄 것이다. 모든 시대, 모든 사람, 모든 곳에서 토지 소유는 귀족제의 기반, 거대한 재산의 바탕, 권력의 원천이었다. 아주 오래전에 브라민(인도의 최상 계층)들은 이미 이렇게 말했다."[11]

• 헨리 조지Henry George, 『진보와 빈곤Progress and Poverty』, 1879년

---

10 Karl Heinrich Marx(김수행 옮김), 자본론Ⅲ(하), 비봉출판사, 2016, 984면.

11 Henry George(이종인 번역), *Progress and Poverty*(진보와 빈곤), 현대지성, 2019, 306면.

목차

4부

부동산헌법을 구체화한 부동산 법제

5부

부동산정책의 헌법 원칙

6부

헌법재판소 주요 부동산헌법 쟁점 사례 분석

/**1**부/

부동산헌법을 읽는 법

제1장

‘부동산헌법’이란?

‘부동산헌법’이란?

‘부동산헌법’은 매우 낯선 용어이다. 우리는 ‘부동산공법’이나 ‘토지공개념’이라는 용어에는 익숙해도 ‘부동산헌법’이라는 용어는 잘 사용하지 않고 있다. 또한 부동산시장이라는 용어는 일반적으로 사용되고 있지만, 부동산헌법은 형용모순과 같이 잘 어울리지 않는 조합으로 인식되어 왔다. 어쩌면 필자가 ‘부동산헌법’이라는 용어를 처음 사용하는 지도 모를 정도로 생소할 것이다. 이는 뒤에서 논의하겠지만 부동산이 헌법의 원리가 아닌 시장원리 내지 사적자치의 영역이라는 오해에서 비롯된 측면이 있다.

한국은행과 통계청이 발표한 ‘2019년 국민대차대조표(잠정)’에 따르면 우리나라의 국민순자산은 1경 6621조5000억 원에 이른다. 토지와 건물이 차지하는 비중은 각각 54.7%, 21.4%이고 매년 증가 추세에 있다.[1] 즉 우리 국민 자산의 76.1%가 부동산이다. 미국이나 일본 등 선진국에 비해 거의 두 배 수준이다. 재산의 대부분을 부동산으로 차지하고 있는 대한민국은 '부동산공화국'이라고 일컬어지고 있기도 하다. 이러한 이유로 부동산에 관한 정책은 국민적 관심과 갈등의 연속이고, 매우 민감하게 반응할 수밖에 없다.

우리 사회가 갈등을 겪고 있는 부동산 이슈issue들, 종합부동산세, 재건축초과이익 환수, 주택에 대한 토지거래허가제, 주택임대료 상한제, 공익사업 토지수용, 그린벨트, 장기미집행 도시공원, 부동산공시가격의 현실화 등은 부동산공법이라 일컬어지는 부동산법령을 통해 추진된 공공정책이다. 하지만 매번 부동산 정책 이슈는 주거안정과 공공복리를 위해 추진되고 있는 정책임에도 불구하고 '재산권 침해' 내지 '헌법 위반'이라는 헌법 논쟁 블랙홀에 빠지고 마는 것을 빈번하게 목도한다.

예를 하나 들어보자. 정부는 2006년 재건축초과이익부담금제를 도입[2]하여 시행하다가 부동산 시장을 위축시킨다는 이유로 2012년 12월 시행유예 했다. 2018년 1월 유예기간이 만료되어 부담금을 부과하려 하자 재건축조합은 재산권 침해와 평등원칙 위반을 이유로 헌법소원을 제기한 바 있다. 재건축초과이익부담금제는 재건축으로 조합원 한 명당 평균 3000만원 넘는 이익을 얻었을 경우 일부를 부

---

1 한국은행·통계청 보도자료, 2019년 국민대차대조표(잠정), 한국은행 국민B/S팀·통계청 소득통계과(2020.7.21.), 12면.

2 주택재건축사업은 공급 위주의 주택정책에 따라 건설된 상당수 공동주택들의 노후화에 따른 안전상의 문제를 해결하고 주거환경을 개선하며, 택지확보가 어려운 지역에서 보다 용이하게 택지를 확보할 수 있도록 하는 제도이다. 그러나 재건축된 주택의 가격이 급등하고 이에 따른 무분별한 주택재건축사업의 추진 및 재건축대상주택에 대한 투기적 매입현상이 초래되면서 자원의 낭비와 부동산 거래 왜곡이 심화되자, 2006. 3. 30. 정부는 재건축개발이익 등의 환수를 주요 내용으로 하는 이른바 '3. 30. 부동산 대책'을 발표하고, 그 실천을 담보하기 위하여 2006. 5. 24. 법률 제7959호로 「재건축이익환수법」을 제정하였다.

담금으로 부과하는 제도이다. 재건축으로 인한 집값 상승분에서 '주택가격 상승률에 따른 정상적인 집값 상승분과 세금, 개발비용'을 뺀 금액의 최대 절반을 부담금으로 부과할 수 있다.

조합원은 "재건축사업은 불량·노후 주택 소유자들이 본인의 재산 및 비용과 노력을 투입하여 소유토지 본래의 용도와 용적률의 범위 내에서 새로운 주택으로 교체하는 행위로서 이로 말미암은 주택의 가치 상승"을 조합원들이 노력한 대가라 주장하고, 정부는 "재건축사업으로 인한 개발이익은 상당부분 개인의 노력보다 용적률 증가 즉, 개발밀도의 상향조정을 통해 확보한 밀도차익 내지 해당 토지의 활용도 증가"에 기인한 불로소득이라고 판단하였다. 2019년 12월 헌법재판소는 재건축초과이익부담금제가 달성하려는 공익적 목적(불로소득 환수)과 조합원 재산권(정당한 이익) 침해 중 어느 쪽이 더 중대한지 심리하여 결국 불로소득으로 판단하여 정부의 손을 들어 주었다.

부동산헌법은 부동산공법을 헌법적 관점에서 구체화한 헌법 각론의 일부이다. 부동산공법은 국가나 지방자치단체가 공공복리를 위해 부동산의 소유·이용·개발·보전·거래 등에 관하여 적극적으로 규제·지도·부담·강제·관리하는 법규의 총체이다.[3] 이 책에서 부동산헌법은 헌법 조문 중 부동산과 관련된 사항인 재산권(제23조), 주택개발정책(제35조 제3항), 국토계획정책(제120조), 경자유전 원칙(제121조), 토지공개념(제122조) 등을 통칭하는 용어로 사용하고자 한다.

우리가 부동산이라고 표현할 때 그것은 「민법」에서 정의하고 있고, 토지 및 그 정착물을 의미한다. 대표적으로 토지, 주택, 상업용건물 등을 통상 일컫는다. 우리 부동산 법제도는 원칙적으로 건물과 토

---

3 류해웅, 부동산공법론, 탑북스, 2011, 37면.

지를 별개의 부동산으로 취급하고 있다. 건물소유권과 토지소유권(지상권, 전세권, 임차권 등의 토지이용권을 포함)은 별개의 권리로서 각각 자유로운 분리처분이 허용된다.

그러나 토지는 생산이나 영업 활동에 주로 이용되고 원칙적으로 생산이나 대체가 불가능하여 공급이 제한되어 있다. 우리나라의 가용토지 면적은 인구에 비하여 절대적으로 부족한데다가 토지 소유의 편중 현상마저 심각한 반면에, 모든 국민이 생산 및 생활의 기반으로서 토지의 합리적인 이용에 의존하고 있는 등 그 사회적인 기능에 있어서나 국민경제의 측면에서 매우 중요하다. 또한 주택은 인간으로서의 존엄과 가치를 가진 개인의 주거로서 쾌적한 주거생활을 통하여 행복을 추구할 권리를 실현할 장소로 필수 불가결한 재화이자 국민 생활의 가장 기본적인 문제이다. 그리고 상업용건물은 기본적으로 영리활동을 목적으로 하는 공간이다. 이러한 이유로 부동산정책은 부동산이 지니는 헌법적인 의미 및 특성이 별도로 고려되어야 한다.

부동산은 물리적인 고정성, 표준화가 불가능한 상품의 비표준성, 공급의 한정성, 가격에 대한 기대심리로 인해 일반적인 경제현상과 다른 수요증가현상이 나타나는 특성 등이 있다. 이러한 이유로 부동산은 거래에 일반 시장원리가 적용되기 어렵고, 거래 성사 여부가 거래당사자의 개별 사정, 주변 시장상황 등에 큰 영향을 받을 뿐만 아니라 그 거래 또한 빈번하게 이루어지지 않기 때문에 부동산의 객관적인 가치 확인이 매우 어렵다는 특성이 있다.

일반적으로 부동산시장은 주택 등의 수요·공급 원리, 부동산정책, 경제정책, 조세정책, 통화량의 팽창에 의한 가수요 등이 복합적으로 작용하여 가격이 결정된다. 그러나 부동산시장은 그 특성상 개인의 합리적인 행동이 전체로는 합리적이지 못한 결과를 가져와 시장 불안정성을 높이는 일종의 '구성의 오류'가 발생할 가능성이 높은 시장이다. 국민 개개인은 경제 사정과 여건에 맞추어 부동산 거래를 할 수 있으나, 정부는 국민 전체, 시장 전체의 안정을 염두에 두고 정책을 펼쳐야 민주공화국의 헌법 가치에 부합된다. 부동산, 특히 아파트 가격의 앙등은 경제학자들이 말하는 이른바 제로섬 게임Zero-sum game이 아니라 네거티브섬 게임Negativesum game이다. 즉 우리사회 공동체가 입는 손실이 유주택자들이 얻은 이익보다 훨씬 크다. 주택은 재산증식의 수단이 되기도 하지만, 그 보다는 그것이 일차적으로 인간의 존엄과 가치를 가진 개인의 주거로서, 그의 행복을 추구할 권리와 쾌적한 주거생활을 할 권리를 실현할 장소로 사용되기 때문이다.

기본적으로 헌법상 재산권은 개인이 각자의 인생관과 능력에 따라 자신의 생활을 형성하도록 물질적·경제적 조건을 보장해 주는 기능을 하는 것으로서, 재산권의 보장은 자유실현의 물질적 바탕을 의미하고, 자유와 재산권은 상호보완관계이자 불가분의 관계에 있다는 점이 고려되어야 할 정책영역이다. 헌법 제23조 제2항에서는 "재산권의 행사는 공공복리에 적합하도록 하여야 한다."고 규정하고 있으므로, 입법자는 헌법 제23조 제1항 제2문에 의거하여 재산권의 내용과 한계를 구체적으로 형성함에 있어서는 헌법 제23조 제1항 제1문에 의한 사적 재산권의 보장과 함께 헌법 제23조 제2항의 재산권의 사회적 제약을 동시에 고려하여 양 법익이 균형을 이루도록 입법하는 것이 바람직하다.[4]

부동산정책에서 중요한 쟁점 중 하나는 부동산시장을 자유시장 경쟁체제로 나갈 것인가 혹은 부동산은 원초적으로 시장실패를 내재하

4 헌법재판소 1998. 12. 24. 89헌마214등 결정.

고 있으므로 정부의 자원배분으로 시장 질서를 유지할 것인가에 달려 있다. 시장경제를 주장하는 논리에 의하면 정부 개입의 비효율성과 불균등성을 주장한다. 시장경쟁에 있어서 정부의 역할은 공정한 시장경제가 실현되도록 보조적이고 보완적으로 시장 흐름이 원활하도록 개입이 최소화되어야 한다는 것이다. 자유민주주의국가에서 시장경제원리를 중시하는 점 또한 그것이 개인의 자유와 창의를 보장하고 재화를 효율적으로 배분하는데 가장 알맞은 원리이기 때문이다.

그러나 투기가 성행하는 경우에는 이러한 시장의 정상적인 기능이 마비되고 사회적으로 여러 가지 폐단과 모순을 노정하게 되므로 이를 그대로 방치해 둘 수는 없으며 어떤 형태의 규제가 불가피한 것이다.[5] 예를 들면 입법자가 부동산수수료를 중개인과 중개의뢰인 사이의 계약에 맡기게 될 경우에는 부동산시장에의 접근이 가진 자에 의하여 독점되는 등 부동산거래질서가 왜곡될 우려가 있다는 판단에서 이를 방지하고 공정한 부동산거래질서를 확립하기 위하여 법정수수료제도를 두고 있다.

그간 대부분의 부동산 규제 문제는 이미 만들어진 '부동산공법'의 단순 법령 위반 여부의 문제보다는 '부동산공법'자체의 헌법 위반여부가 더 중요하게 작동된다. 우리국민 재산의 대부분이 부동산으로 이루어져 있고, 아파트는 국가가 택지개발·재개발·재건축 등 공익사업을 통해 건설하여 공급하는 것이 대부분이다. 이러한 이유로 무수히 많은 부동산 정책과 입법이 추진될 때마다 이해득실에 따라 헌법 논쟁에 휘말리곤 한다.

부동산을 둘러싼 헌법논쟁의 발단은 많은 국민이 부동산과 같은

5 헌법재판소 1989. 12. 22. 88헌가13 결정.

헌법상의 재산권을 "토지소유자가 이용 가능한 모든 용도로 토지를 자유로이 최대한 사용할 권리나 가장 경제적 또는 효율적으로 사용할 수 있는 권리를 보장하는 것"으로 잘못 이해하고 있는데서 비롯된다. 그러나 1989년 출범이후 헌법재판소는 토지재산권에 대해서 토지공개념을 적용하여 "입법자는 중요한 공익상의 이유와 토지가 가진 특성에 따라 토지를 일정용도로 사용하는 권리를 제한"할 수 있고, 따라서 "토지의 개발이나 건축은 합헌적 법률로 정한 재산권의 내용과 한계 내에서만 가능한 것"으로 일관되게 판단하고 있고,[6] 이는 토지공개념이라는 헌법 원리로 자리 잡고 있다.

토지공개념을 제헌헌법부터 현행헌법까지 일관되게 견지하고 있다. 헌법 제23조 제2항 및 제122조 뿐만 아니라, 공공필요에 의한 재산권의 수용을 규정한 제23조 제3항 및 농지에 관한 특별한 제한의 근거를 마련하고 있는 헌법 제121조도 토지공개념에 기초한 것이다. 또한 토지공개념은 현행법 속에 다양하게 규정되고 있으며, 개발제한구역(그린벨트) 설정이나 농지·임야의 전용 제한, 도시계획에 의한 토지의 용도지정, 아파트 재건축에 대한 허가 등도 토지공개념을 전제로 특별한 제한을 가하고 있다.

현재 「토지이용규제기본법」에 따르면 2018년말 기준 토지이용규제를 수반하는 지역·지구 등은 121개 법령에서 총 312개의 지역·지구 등이 운용되고 있다.[7] 또한 국토부가 발표한 2019년 기준 지목별 토지이용 현황에 따르면 토지규제가 가장 강한 산지가 63.4%이고, 경자유

---

6 헌법재판소 1998. 12. 24. 89헌마214등 결정; 헌법재판소 2011. 8. 30. 2009헌바128등 결정.

7 국토교통부, 2019년 지역·지구등의 행위제한 내용 및 절차 평가연구, 2020, 15면.

전의 원칙이 적용되는 농지는 19.3%를 차지하고 있다.[8] 그리고 공공용지·학교용지·도로·철도·하천 등 공공성이 강한 토지도 약 10%에 이르는 등 국토의 약 92%가 토지공개념이 적용되는 토지이다.

이렇듯 토지공개념은 부동산이슈에 대한 개인적 이해득실이나 정치적 유·불리에 의해 좌우되는 원칙이 아니라 부동산정책 전반에 일관되게 적용해야 할 '부동산헌법원리'이다. 헌법은 국민적 합의에 의해 제정된 국민생활의 최고 도덕규범이며 정치생활의 가치규범으로서 정치와 사회질서의 지침을 제공하고 있기 때문에 민주사회에서는 헌법의 규범을 준수하고 그 권위를 보존하는 것을 기본으로 하고 있다.[9] 국가의 법질서는 헌법을 최고법규로 하여 그 가치질서에 의하여 지배되는 통일체를 형성하는 것이며 그러한 통일체내에서 상위규범은 하위규범의 효력근거가 되는 동시에 해석근거가 되고 있다.[10]

이 책은 이러한 부동산헌법원리가 부동산 입법정책에 어떻게 반영되고 있는 지를 다루는 연구이다. 부동산 분야에서는 경제활동을 사인간의 사적 자치에 완전히 맡길 경우 심각한 사회적 폐해가 예상되는데도 국가가 아무런 관여를 하지 않는다면 공정한 경쟁질서가 깨어지고 경제주체간의 부조화가 일어나게 되어 오히려 헌법상의 경제질서에 반하는 결과가 초래될 것이므로,[11] 경제주체간의 부조화를 방지하고 부동산시장의 공정성을 확보하기 위하여 광범위한 입법정책을 실시하고 있다. 즉, 부동산정책 법제는 어떤 원리와 기준으로 만들

---

8 국토교통부, 2020년도 국토의 계획 및 이용에 관한 연차보고서, 2020, 24면.

9 헌법재판소 1989. 9. 8. 88헌가6 결정.

10 헌법재판소 1989. 7. 21. 89헌마38 결정.

11 헌법재판소 2003. 2. 27. 2002헌바4 결정.

어져 입법되는 지, 부동산정책 법제는 어떤 기준으로 위헌과 합헌, 합법과 위법이 결정되고 판단되는 지를 헌법재판소 결정례를 통해 망라해 보았다.

'부동산헌법'의 집필 목적

이 책은 헌법적 관점에서 부동산 정책에 대한 입법을 이해하는데 도움을 주고 앞으로 이 문제들이 어떻게 다루어져야 하는지에 대한 실마리를 제공할 것이다. 이 책이 상정하는 독자와 목적은 두 가지로 나뉜다.

하나는, 이 책은 대한민국이 '부동산공화국'으로 불릴 만큼 부동산은 우리 경제의 가장 큰 문제이자 핵심인 부동산정책이 직면한 문제들에 흥미가 있고 그것을 더 잘 이해하고자 하는 독자들을 위해 집필하였으며 다음과 같은 질문들을 다룬다.

- 부동산에 관한 헌법은 어떻게 만들어졌고, 쟁점은 무엇인지?
- 외국의 부동산에 관한 헌법은 어떤 내용을 담고 있는지, 우리나라와의 차이점은 무엇인지?
- 우리나라의 부동산정책 법제는 어떻게 체계화되고 구성되어 있는지?
- 부동산정책 법제는 어떤 헌법 원리와 기준으로 만들어져 입법되는지?
- 부동산정책 법제는 어떤 기준으로 위헌과 합헌, 합법과 위법이 결정되고 판단되는지?

- 현행 헌법 하에 부동산 관련 대표적인 사건은 무엇이고, 이에 대해 헌법재판소는 어떻게 판단했는지?

다른 하나는, 이 책은 경제학, 부동산학, 도시계획학, 도시연구를 포함하는 사회과학, 그리고 무엇보다도 부동산정책을 다루는 정치인 및 공무원과 부동산시장 전문가들을 위한 것이기도 하다. 부동산, 부동산시장을 제대로 이해하려면 여러 학문에 걸친 접근법을 적용해야 한다. 특히 부동산 헌법원리가 어떻게 적용되고, 입법정책의 원칙이 무엇인지에 대해서도 대강의 이해가 필요하다.

이 책은 부동산의 헌법원리 및 입법원칙과 관련한 헌법재판소 판단기준을 집중적으로 다룬다. 다시 말하면 부동산법학이론보다는 부동산 입법정책을 주로 살펴보고 부동산입법정책원리 및 판단기준, 부동산시장의 국가개입 정당성, 사적자치와 공공복리의 경계, 부동산 정책의 사회정의를 살펴보는 등 부동산정책의 입법 척도가 무엇인지에 초점을 맞춘다. 최근 헌법 문제에 대한 인식이 높아지면서 부동산 법령의 위헌 여부가 사회적 쟁점 등으로 다루어지는 사례가 크게 증가하고 있다. 따라서 부동산 관련 입법의 입안과 해석 과정에서부터 헌법정신에 맞는지에 대한 점검이 보다 강화될 필요가 있다. 이런 상황에서 그동안 헌법에 관한 이론적인 연구서 외에 부동산 헌법상 쟁점과 관련하여 부동산정책 실무의 과정에서 바로 활용할 수 있는 실용적인 지침서는 거의 없어 아쉬움이 많았다. 따라서 이 책의 세부목표 중 하나는 부동산시장에서 헌법의 역할을 더욱 논리적으로 분석하는 데 도움을 주는 것이다.

이 책은 부동산헌법의 이론과 학설을 살펴보거나 부동산헌법의 해석학 관점에서 헌법의 역할만을 알아보려는 것이 아니다. 이런 분야들은 이미 기존의 헌법과 부동산공법 전문서적들에서 잘 다루어져 있다고 본다. 또한 이 책에서는 부동산 전반에 대해서도 부분적으로 고찰하겠지만, 그보다는 주로 주택과 토지에 초점을 맞춘다.

'부동산헌법'의 얼개

부동산헌법은 지난 300년 이상의 기간 동안 많은 사회철학들의 탐구 대상이었다. 부동산헌법은 존 로크John Locke, 장 자크 루소Jean-Jacques Rousseau, 아담 스미스Adam Smith, 토머스 페인Thomas Paine, 제레미 벤담Jeremy Bentham, 존 스튜어트 밀John Stuart Mill, 칼 마르크스Karl Heinrich Marx, 헨리 조지Henry George 등의 학자들이 필자 보다 먼저 가시덤불을 헤치고 진리와 마주한 결과물이다. 부동산헌법을 개척한 이들 학자들의 연구 결과물을 온고지신溫故知新으로 삼고자 하는 의미로 그들의 핵심 주장을 책 서두에 소개하였다.

이 책의 나머지 부분은 다음과 같이 구성되어 있다. 2부에서는 부동산헌법의 주요 내용, 연혁, 쟁점 등 주로 부동산헌법의 기초를 이루는 주제들을 다루고 있다. 우리 헌법은 1948년 제정되었다. 그 후 9차례의 개정을 거쳐 현행 헌법이 1987년 만들어졌다. 헌법은 전문, 본문 130개 조항과 부칙 6개 조항으로 구성되어 있다. 이 가운데 부동산과 관련된 조항은 헌법 제23조(재산권), 제35조 제3항(주택개발정책), 제120조(국토계획정책), 제121조(경자유전 원칙), 제122조(토지공개념)를 들 수 있다. 2부에서 이들 부동산 헌법조항의 연혁과 쟁점을 살펴볼 것이다.

3부에서는 외국은 부동산에 관해 헌법에 어떤 내용을 담고 운영하고 있는지를 살펴본다. 독일, 일본, 미국, OECD 주요국가 등의 부동산헌법을 살펴보고, 우리나라와의 차이점을 도출하고자 한다. 이들 국가의 재산권의 보장 규정, 주택정책, 자원보호, 국토계획, 농지 및 농업 보호, 토지공개념 등 외국 헌법의 입법례를 소개하고자 한다.

4부에서는 우리나라 부동산법제에 대해 살펴본다. 헌법의 구체화 법인 부동산입법은 입법자의 입법재량이 광범위하게 인정되고 있으며, 그 내용을 어떻게 정할 것인가 하는 것은 입법자의 정책적·기술적 판단에 의한 입법정책 내지 입법재량의 영역에 놓여 있다. 그래서 정부와 국회는 수시로 경제상황 변화에 따라 부동산정책을 법령으로 제·개정하고 있다. 그러므로 4부에서는 토지 및 도시정책 및 입법, 주택정책 및 입법, 부동산정책 및 입법, 국토환경정책 및 입법, 농지 및 산지정책 및 입법으로 구분하여 입법현황을 재구성하고 있다.

다음으로 5부에서는 우리나라 부동산정책의 헌법원칙에 대해서 설명하고 있다. 부동산정책 입법자가 법령을 입안할 때 고려해야 할 기본적인 관점으로서는 부동산정책의 실체적 내용에 관한 헌법 원칙과 입법 형식에 관한 헌법 원칙에 부합되게 입법해야 한다. 부동산정책의 실체적 내용에 관한 헌법 원칙은 과잉금지의 원칙(비례의 원칙), 평등의 원칙, 신뢰보호의 원칙, 소급입법금지의 원칙, 적법절차의 원칙, 최소보장의 원칙 등을 들 수 있다. 또한 입법 형식에 관한 헌법 원칙은 명확성의 원칙, 포괄위임금지의 원칙, 의회유보의 원칙, 죄형법정주의, 조세법률주의, 체계정당성의 원리 등을 들 수 있다. 이러한 부동산정책의 헌법원칙과 관련된 사항을 구체적으로 유형화할 것이다.

마지막으로 6부에서는 1989년 헌법재판소 출범이후 헌법재판소의 약 33,000여 건의 결정례 중에서 2000년대 이후 부동산을 둘러싼 경제·사회적 변화에 영향을 미친부동산 관련 15개 사건들을 발췌·정리하여 소개하고자 한다. 21세기 초입에 우리사회가 부동산과 관련하여 위헌인지 여부에 대해 헌법재판소에 던진 질문은 다음과 같다. 대규모점포는 권리금 회수기회를 보호받을 수 있는지? 주택재건축사업에서 발생되는 재건축초과이익 환수는 가능한지? 영세한 임차인들을 위한 상가건물 임대차 보호범위는? 개인이 집을 건축하는데 개발행위허가를 받아야 하는지? 주택재개발사업에서 1세대 1주택공급원칙은 정당한지? 도시개발사업은 주택건설사업과 다른 성격의 사업인지? 주택재개발사업의 소위 '지분 쪼개기'규제는 정당한지? 주택재건축사업은 사적 자치에 맡겨진 민간사업인지? 강제수용을 통해 민간기업이 회원제 골프장을 건설할 수 있는지? 소위 '알박기'방지를 위한 사업시행자의 매도청구권 행사는 정당한지? 민간기업(삼성전자)이 공장을 건설하기 위해 개인 토지를 강제 수용할 수 있는지? 종합부동산세 부과는 헌법상 재산권 침해에 해당하는지? 재건축사업시행자에게 임대주택공급의무를 부과하는 것은 재산권 침해인지? 세종특별자치시(행정중심복합도시) 건설은 수도분할로서 불문헌법 위반인지? 주택건설사업자에게 기부채납을 요구하는 것이 재산권 침해인지? 등등. 6부는 앞서 2부에서 5부까지의 내용을 종합적으로 이해하고 심화할 수 있도록 우리사회가 헌법재판소에 던진 질문인 15개의 부동산 쟁점 사건 사례를 사건배경, 사건의 개요, 입법 및 정책의 취지, 결정이유의 요지, 결정의 분석 등을 살펴볼 것이다. 참고로 2000년대 이전 헌법재판소 결정례 중 부동산헌법 이론 발전과 부동산정책 변화에 많은 영향을 끼친 토지공개념 3법 등의 사건은 2부와 4부 본문에서 다루었고, 6부 쟁점 사례에서는 제외하였다.[12] 또한 2000년대

12 도시계획법 제6조 위헌소원(1999. 10. 21. 97헌바26 전원재판부), 택지소유상한에관한법률 제2조 제1호 나목 등 위헌소원(1999. 4. 29. 94헌바37 외 66건(병합) 전원재판부 결정), 도시계획법 제21조에 대한 위헌소원(1998. 12. 24. 89헌마214, 90헌바16,

이후 결정례 중에서 15개 쟁점 사례 이외에도 부동산헌법이론과 부동산정책에 중요하게 다루어져야할 사례[13]가 더 많으나, 지면상 후속 연구에서 다루고자 한다.

이 책은 최대한 저자의 주관적 가치판단을 배제하고 우리 헌법과 부동산입법정책에 대해서 헌법에 대한 최고 판단기관인 헌법재판소가 어떻게 판단했는지를 분석하여 현재 우리사회에서 부동산시장에 국가가 언제 어떻게 개입할 수 있는지에 대한 기준을 가감 없이 소개하여 불필요한 논란과 갈등을 막기 위해 이 책을 집필했음을 밝힌다. 지난 30년 동안 헌법재판소는 약 33,000여 건에 이르는 각종 심판사건의 결정을 통해 헌법에 적힌 국민의 자유와 권리, 그리고 법치주의 원리를 살아서 움직이는 현실로 만들었다. 이제 헌법은 법전 속의 단순한 장식물이 아니라 살아 숨 쉬는 국민들의 생활규범이 되었고, 모든 국가행위의 기준이 되고 있다. 헌법재판소는 국민생활 전반과 국가정책

97헌바78(병합) 전원재판부 결정), 토지초과이득세법 제10조 등 위헌소원, 토지초과이득세법 제8조 등 위헌소원(병합) (1994. 7. 29. 92헌바49,52(병합) 헌법재판소 전원재판부 결정), 국토이용관리법 제31조의2 제1호 및 제21조의 3 의 위헌심판제청 (헌법재판소 1989.12.28. 88헌가13 결정).

13 전원개발촉진법 제6조의2 제1항 위헌소원(헌법재판소 2019. 12. 27. 2018헌바109 결정), 민법 제651조 제1항 위헌소원 (헌법재판소 2013. 12. 26. 2011헌바234 결정), 도시 및 주거환경정비법 제30조 제4호 등 위헌확인(헌법재판소 2012. 07. 26. 2010헌마7 결정), 집합건물의 소유 및 관리에 관한 법률 제20조 제1항 등 위헌소원(헌법재판소 2011. 12. 29. 2010헌바449 결정), 건축법 제11조 제7항 위헌소원(헌법재판소 2010. 02. 25. 2009헌바70 결정), 기반시설부담금에 관한 법률 제8조 제1항 등 위헌소원 등 (2010. 2. 25. 2007헌바131 결정, 2008헌바37·71, 2009헌가1, 2009헌바18·239·283(병합) 결정), 구 「농지법」 제65조 위헌소원(헌법재판소 2010. 02. 25. 2008헌바80 결정), 구 「공익사업을 위한 토지 등의 취득 및 보상에 관한 법률」 제67조 제2항 등 위헌소원 (헌법재판소 2009. 09. 24. 2008헌바112 결정), 주택법 제46조 제1항 등 위헌제청 (헌법재판소 2008. 07. 31. 2005헌가16 결정), 부동산실권리자명의등기에관한법률 제10조 제1항 위헌제청 등 (2001. 5. 31. 99헌가18, 99헌바71·111, 2000헌바51·64·65·85, 2001헌바2(병합) 전원재판부 결정).

등에 큰 영향을 미치는 국민의 기본권 보장의 최후의 보루가 되었고, 헌법의 이념과 가치를 지키는 헌법의 수호자로 자리매김하고 있다.

이제 이 책을 끝내고, 이 책에서 다루지 않은 문제들과 이와 관련된 정책과제들은 차후 기회가 있을 때 본격적으로 논의할 계획이다. 또한 필자의 주관적 가치가 개입된 부동산정책 연구는 후속 연구를 통해 출판할 계획이다. 부동산공화국이 된 작금의 대한민국은 성경 욥기에 나오는 거대한 바다짐승 '리바이어던Leviathan'처럼 괴물 같은 존재가 돼버린 부동산 앞에서 개인이 어디까지 무력해 질 수 있는지 보여주고 있다. 아이러니하게도 부동산 괴물은 만인에 대한 만인의 투쟁을 통제할 리바이어던이라는 괴물, 바로 국가권력이 나서지 않으면 잡을 수 없는 상황에 이르렀다.[14] 부동산공화국이 된 대한민국은 더 늦기 전에 주거와 생업과 관련된 부동산에서 만큼은 불로소득과 투기는 절대 용인하지 않겠다는 사회적 합의, 즉 '21세기 부동산 사회계약'이 만들어지지 않으면 미래세대의 행복과 지속가능한 사회 유지가 어려운 상황에 직면해 있다. 우리 사회는 더 이상 미래세대에게 '조물주 위의 건물주 사회'나 영세 상인을 '21세기 판 소작농'으로 전락시키는 세상을 물려줄 수 없다는 사회적 합의를 도출하는데 진력해야 한다. 이러한 문제의식으로 필자는 후속 연구로서 이상적인 '21세기 부동산 사회계약'을 '부동산 리바이어던Leviathan'이라는 책으

---

14 17세기 정치철학자 토마스 홉스(Thomas Hobbes)는 역작 '리바이어던(Leviathan)'에서 전쟁과 같은 외부의 침략과 위협, 내부에서 벌어지는 범죄와 무질서, 혼란 등 '만인에 대한 만인의 투쟁'이 난무하는 자연상태를 극복하고 평화를 얻기 위해서는 개인이 자연권의 일부를 국가에 위탁해야 한다고 주장했다. 국가는 대신 구약성서에 나오는 바다괴물 리바이어던처럼 막강한 힘으로 개인의 안전과 평화를 보장할 임무를 진다고 역설했다. 시민들로 하여금 군주에게 복종할 것을 요구해 전체주의에 빌미를 제공했다는 비판도 있지만, 홉스의 본뜻은 국민의 동의를 바탕으로 사회계약을 통해 개인의 생존을 도모하자는 것이어서 자유주의 사상의 창시자로 인정받고 있다.

로 담을 계획이다.

부동산정책을 연구하는 학자는 법학, 경제학, 도시계획학, 부동산학을 아우르는 정책적 혜안도 겸비한 뛰어난 정책과학자여야 한다. 이 중 어느 것도 아닌 필자는 부동산헌법을 연구함에 있어서 수많은 능력상의 제약과 어려움이 있었음을 솔직히 고백한다. 따라서 이 책은 필자의 부동산헌법 연구의 시작일 뿐이며 결코 완성품이 아니다. 이 책이 가지고 있는 오류와 미비점은 앞으로 많은 분들의 비판적 견해와 조언을 기꺼이 받아들여 보완해 나갈 생각이다.

이 책은 필자가 그동안 탐구한 부동산헌법 관련 연구의 축적된 결과물이다. 본문에 상세하게 인용 주석을 달기도 하였으나, 추가로 중요한 인용 사항을 밝혀두고자 한다. 우선 필자가 쓴 기존 원고들 중에는 "토지공개념-부동산경제민주화를 중심으로-"('내 삶을 바꾸는 개헌 -경제민주화와 토지공개념' 국회 개헌특위 자문위원회 경제·재정분과 주최 토론회 발제문, 2017)은 2부와 3부의 일부에 반영했다. 그리고 "토지제도의 헌법적 평가와 향후 과제"(국토연구원, 2018)는 2부 및 3부, "주택법·정책의 환경변화와 입법방향"(아주법학 통권 29호, 2017)은 2부 2장, "농지정책의 입법 개선과제"(토지공법연구 제88권, 2019)는 제2부 4장의 내용을 쓰는 데 활용했다. 그 외에도 필자가 국회 입법자문 및 각종 언론매체에 기고한 원고들이 이 책 군데군데 녹아들어 있다.

법학 연구는 창작물을 만드는 연구 작업이 아니다. 헌법과 법령의 조문, 판례 등의 사실을 토대로 해석하고 가치판단을 통해 진리를 찾고 사회발전에 이바지하는 학문이다. 그러다 보니 법령과 판례를 가공하기보다는 원문 그대로 소개하거나 재구성하는 경우가 많다. 마치 큐레이터Curator가 그림을 기획·전시하는 작업과 유사하다. 어쩌면 21세기 법학자는 지식큐레이터에 더 가깝다는 생각마저 든다. 부동산헌법 연구도 이러한 맥락에서 21세기 사회 현실에서 반드시 고민해야 할 부동산과 관련된 법령과 판례 등의 정보를 수집·선별하고 이에 새로운 가치를 부여해 큐레이팅했다는 점을 미리 고백하는 것이 독자에 대한 예의라고 생각한다.

이 책은 톨스토이Leo Tolstoy / Lev Nikolayevich Tolstoy의 저서 '사람에게는 얼마만큼의 토지가 필요한 가'를 읽었던 시절을 회고할 때, 필자에게 있어서는 부동산헌법 연구에 대한 반환점에 해당한다고 감히 말하고 싶다. 탈고는 책을 완벽하게 끝내는 것이 아니라 이 정도에서 책 쓰기를 멈추는 것이라는 말이 있다. 필자도 여기에서 집필을 멈추기로 하고 이 책에 부족한 부분은 엄격하고 통찰력 있는 학자들의 비판을 겸허히 받고, 더 연구하여 채워나가고자 한다.

코로나바이러스감염증-19 COVID-19로 전 세계 모든 사람이 고통을 겪고 있는 시기에 부동산헌법 연구를 진행하면서 필자는 환경오염으로 성난 지구의 습격을 목도하며 환경의 중요성을 다시금 되새겨 본다. 오늘의 우리들과 미래의 자손들이 영원토록 살아갈 터전이자 하나뿐인 지구의 일부에 해당하는 우리 국토가 맑은 공기, 깨끗한 물, 푸른 숲이 어우러진 미래의 삶을 염두에 둔 환경 친화적인 활용이 되도록 우리 모두가 소중하게 다루어야 한다는 경각심을 표현하고자 책 표지 사진을 오염된 채 멸망해가는 지구를 형상화한 작품인 '지구 안의 지구sphere within sphere' 조각상을 담았다는 점을 밝힌다.[15]

---

15 '지구 안의 지구(sphere within sphere)' 조각상은 1960년 로마 올림픽을 기념하여 제작된 구리 지구본이며, 바티칸 박물관의 유일한 현대 조각 작품이다.

/ **2**부 /

부동산헌법의 연혁과 쟁점

•

우리 헌법은 1948년 제정되었다. 그 후 9차례의 개정을 거쳐 현행 헌법이 1987년 만들어졌다. 헌법은 전문, 본문 130개 조항과 부칙 6개 조항으로 구성되어 있다.

대한민국 법률 체계의 파악과 관련한 모든 논의는 헌법으로부터 시작할 필요가 있다. 이는 그동안 수없이 많이 논의되어온 헌법 조문에 얽힌 여러이론들을 다시 논하자는 것이 아니라 헌법이 법률로 구체화되고 있는 총체적 유기적 규범 체계를 논의의 초점으로 삼아야 한다는 것이다.

현행 헌법은 130개 조문으로 이루어져 있다. 전반부는 기본권에 관한 규정들을, 후반부는 권력구조(통치구조)와 경제 관련 규정을 중심으로 조문이 구성되어 있다. 헌법 조문 스스로 완결성을 갖거나 비교적 상세하게 내용 규정을 하는 경우도 있지만, 헌법이 정한 대강의 규범을 좀 더 구체화하도록 위임하는 형식으로 법률유보적 규정을 두는 경우도 많다. 법률유보 규정은 권력구조 관련 조문뿐만 아니라, 특히 입법기술론적으로 기본권과 관련한 조문에서 더 유용하게 활용되고 있다.

이 가운데 부동산과 관련된 조항은 헌법 제23조(재산권), 제35조 제3항(주택개발정책), 제199조, 제120조(자원 및 국토계획), 제121조(경자유전원칙), 제122조(토지공개념)를 들 수 있다. 이하에서는 부동산 헌법조항의 연혁과 쟁점을 살펴본다.

제2장

재산권 보장의 구조

제23조

① 모든 국민의 재산권은 보장된다. 그 내용과 한계는 법률로 정한다.

② 재산권의 행사는 공공복리에 적합하도록 하여야 한다.

③ 공공필요에 의한 재산권의 수용 · 사용 또는 제한 및 그에 대한 보상은 법률로써 하되, 정당한 보상을 지급하여야 한다.

재산권 보장은 사유재산제도와 경제활동에 대한 사적 자치의 원칙을 기초로 하는 자본주의 시장경제질서를 기본으로 하여 국민 개개인에게 자유스러운 경제활동을 통하여 생활의 기본적 수요를 스스로 충족시킬 수 있도록 하고 사유재산의 자유로운 이용·수익과 그 처분 및 상속을 보장해 주는 것이다. 이는 이러한 보장이 자유와 창의를 보장하는 지름길이고 궁극에는 인간의 존엄과 가치를 증대시키는 최선의 방법이라는 이념을 배경으로 하고 있다.[1]

이와 같은 재산권 보장의 정신은 근대 입헌주의의 잉태기라 할 수

---

1 헌법재판소 1993. 7. 29. 92헌바20 결정.

있는 영국의 권리청원 및 권리장전의 등장에서부터 중요한 내용으로 다루어져 온 이래, 근대 입헌주의 역사에서 핵심적 가치로 자리매김해 왔다. 국가는 그 자체로 자기목적적일 수 없고, 국민의 기본적 자유와 권리를 보장하기 위해 고안된 일종의 수단으로서의 성격을 갖는다는 것이 바로 오늘날 헌법에 대한 자유주의적이고 민주주의적인 이해방식일 것이며 그러한 국민의 기본적 자유 속에 재산권이 속한다는 점은 누구도 부인할 수 없다.[2] 그러나 재산권이라 해도 절대적으로 보호될 수는 없다.[3] 재산권의 내용은 법률로 정해지므로 이 과정에서 입법자에게 일정한 입법재량이 부여될 수 있고, 또한 재산권의 행사는 그 자체로 공공복리에 적합해야 한다는 헌법적 요청을 내포하고 있다.[4]

우리 헌법 제23조 제1항은 "재산권 보장의 원칙을 천명한 것으로서 그 재산권 보장이란 국민 개개인이 재산권을 향유할 수 있는 법제도로서의 사유재산제도를 보장함과 동시에 그 기조 위에서 그들이 현재 갖고 있는 구체적 재산권을 개인의 기본권으로 보장한다는 이중적 의미를 가지고 있으며, 후자에 따라 모든 국민은 헌법에 합치하는 법률이 정하는 범위 내에서 구체적 재산권을 보유하여 이를 자유롭게 이용·수익·처분할 수 있음을 의미"하고 있다.[5] 또한 헌법재판소는 "위 제2항은 재산권 행사의 공공복리 적합 의무 즉 그 사회적 의무성을 규정한 것이고, 제3항은 재산권 행사의 사회적 의무성의 한계

2 헌법재판소 2009. 11. 26. 2008헌바133 결정.

3 양건, 헌법강의, 법문사, 2018, 763면.

4 헌법재판소 2004. 10. 28. 99헌바91 결정.

5 헌법재판소 1994. 2. 24. 92헌가15등 결정.

를 넘는 재산권의 수용·사용·제한과 그에 대한 보상의 원칙을 규정" 이라고 해석하고 있다.[6]

재산권 보장과 한계

헌법 제23조 제1항 본문은 "모든 국민의 재산권은 보장된다."고 규정하여 재산권을 기본권으로 보장하고 있으나 그 단서에서 "그 내용과 한계는 법률로 정한다."고 하여 법률로 재산권을 규제할 수 있음을 명백히 하고 있다. 이와 같은 재산권에 대한 제한의 허용 정도는 그 객체가 지닌 사회적인 연관성과 사회적 기능에 따라 달라지는 것으로서 그 이용이나 처분이 소유자 개인의 생활영역에 머무르지 않고 일반국민 다수의 일상생활에 큰 영향을 미치는 경우에는 입법자가 공동체의 이익을 위하여 개인의 재산권을 규제하는 권한을 폭넓게 가질 수 있다.[7] 다만 입법부라고 할지라도 수권의 범위를 넘어 자의적인 입법을 할 수 있는 것은 아니며 사유재산권의 본질적인 내용을 침해하는 입법을 할 수 없음은 물론이다(헌법 제37조 제2항 후단). 토지재산권의 본질적인 내용이라는 것은 토지재산권의 핵이 되는 실질적 요소 내지 근본요소를 뜻하며, 따라서 재산권의 본질적인 내용을 침해하는 경우라고 하는 것은 그 침해로 사유재산권이 유명무실해지고 사유재산제도가 형해화形骸化되어 헌법이 재산권을 보장하는 궁극

6 헌법재판소 1994. 2. 24. 92헌가15등 결정.

7 헌법재판소 1998. 12. 24. 89헌마214등 결정; 헌법재판소 2015. 12. 23. 2013헌바117 결정.

적인 목적을 달성할 수 없게 되는 지경에 이르는 경우라고 할 것이다. 사유재산제도의 전면적인 부정, 재산권의 무상몰수, 소급입법에 의한 재산권 박탈 등이 본질적인 침해가 된다.[8]

한편 우리 헌법이 보장하고 있는 재산권은 경제적 가치가 있는 모든 공법상·사법상의 권리를 뜻한다. 이러한 재산권의 범위에는 동산·부동산에 대한 모든 종류의 물권은 물론, 재산가치 있는 모든 사법상의 채권과 특별법상의 권리 및 재산가치 있는 공법상의 권리 등이 포함되나, 단순한 기대이익·반사적 이익 또는 경제적인 기회 등은 재산권에 속하지 않는다고 보아야 한다.[9]

사유재산제도와 사적자치의 원칙

[헌법재판소 1989. 12. 22. 88헌가13 결정]

•

헌법은 제23조 제1항에서 "모든 국민의 재산권은 보장된다."고 하는 재산권 보장에 대한 일반적인 원칙규정을 두고 있으며, 아울러 제13조 제2항은 소급입법에 의한 재산권의 박탈을 금지하고, 제119조 제1항은 "대한민국의 경제질서는 개인과 기업의 경제상의 자유와 창의를 존중함을 기본으로 한다."고 규정하고 있다. 즉, 우리 헌법은 사유재산제도와 경제활동에 대한 사적자치의 원칙을 기초로 하는 자본주의 시장경제질서를 기본으로 하고 있음을 선언하고 있는 것이다. 이는 국민 개개인에게 자유스러운 경제활동을 통하여 생활의 기본적 수요를 스스로 충족시킬 수 있도록 하고

---

8 헌법재판소 1989. 12. 22. 88헌가13 결정.

9 헌법재판소 2000. 6. 1. 98헌바34 결정.

> 사유재산과 그 처분 및 상속을 보장해주는 것이 인간의 자유와 창의를 보장하는 지름길이고 궁극에는 인간의 존엄과 가치를 증대시키는 최선의 방법이라는 이상을 배경으로 하고 있는 것이다.[10]

재산권행사의 공공복리 적합의무

재산권행사의 공공복리 적합의무는 헌법상의 의무로써 입법형성권의 행사에 의해 현실적인 의무로 구체화되고 있다. 재산권행사의 사회적 의무성을 헌법 자체에서 명문화하고 있는 것은 사유재산제도의 보장이 타인과 더불어 살아가야 하는 공동체생활과의 조화와 균형을 흐트러뜨리지 않는 범위 내에서의 보장임을 천명한 것으로서 재산권의 악용 또는 남용으로 인한 사회공동체의 균열과 파괴를 방지하고 실질적인 사회정의를 구현하겠다는 국민적 합의의 표현이라고 할 수 있으며 사법私法영역에서도 신의성실의 원칙이라든가 권리남용금지의 원칙, 소유권의 상린관계 등의 형태로 그 정신이 투영되어 있는 것이다. 재산권행사의 사회적 의무성은 헌법 또는 법률에 의하여 일정한 행위를 제한하거나 금지하는 형태로 구체화될 이치이나 이는 (토지)재산의 종류, 성질, 형태, 조건, 상황, 위치 등에 따라 달라질 것이다.

한편 토지를 종래의 목적으로도 사용할 수 없거나 더 이상 법적으로 허용된 토지이용방법이 없어서 실질적으로 사용·수익을 할 수 없는 경우에 해당하지 않는 제약은 토지소유자가 수인하여야 하는 사

---

10 헌법재판소, 헌법재판소판례집 제1권, 1989, 357, 367-368면.

회적 제약의 범주 내에 있는 것이고, 그러하지 아니한 제약은 손실을 완화하는 보상적 조치가 있어야 비로소 허용되는 범주 내에 있다.[11]

토지재산권의 공공복리 적합성과 주거환경개선시 건축후퇴선의 지정

[헌법재판소 2001. 1. 18. 99헌마636 결정]

•

토지에 대한 재산권은 그 토지가 위치한 지역의 사회적 제반조건 및 이웃 토지의 이용과 서로 조화되어야 하는 제약이 있는 것이며, 광범위한 입법형성권 하에 놓여 있는바, 「주거환경개선법」 제6조 제1항 제2호, 동법 시행령 제5조 제1항 제2호 등에서 정하고 있는 건축후퇴선의 지정 규정은 주거밀집지역의 주거환경을 개선하기 위하여 대지 위에 건축을 함에 있어서 필요한 통행로를 최소한 확보하고자 토지소유자가 준수하여야 할 재산권의 내용 혹은 한계 내지 재산권행사의 공공복리성을 구체화한 것이며, 국가에 의한 보상을 반드시 필요로 하는 헌법 제23조 제3항의 공공필요에 의한 재산권의 수용, 사용, 제한에 관련된 규정이라고 할 수 없다.[12]

공용침해와 정당보상

헌법 제23조 제3항은 "공공필요에 의한 재산권의 수용·사용 또는 제

---

11 헌법재판소 2005. 9. 29. 2002헌바84등 결정; 헌법재판소 2015. 10. 21. 2014헌바170 결정.

12 헌법재판소, 헌법재판소판례집 제13권1집, 2001, 129, 136-138면.

한 및 그에 대한 보상은 법률로써 하되, 정당한 보상을 지급하여야 한다."라고 하여 재산권 행사의 사회적 의무성의 한계를 넘는 재산권의 수용·사용·제한과 그에 대한 보상의 원칙을 규정하고 있다. 따라서 공공필요에 의한 재산권의 공권력적, 강제적 박탈을 의미하는 공용수용은 헌법 제23조 제3항에 명시되어 있는 대로 국민의 재산권을 그 의사에 반하여 강제적으로라도 취득해야 할 공익적 필요성이 있을 것, 수용과 그에 대한 보상은 모두 법률에 의거할 것, 정당한 보상을 지급할 것의 요건을 갖추어야 한다.[13]

헌법 제23조 제1항에서는 재산권의 내용과 한계를 법률로 정한다고 규정하고, 동조 제3항에서 공공필요에 의한 재산권의 수용·사용 또는 제한 및 그에 대한 보상은 법률로써 하도록 규정하고 있다. 이에 해당하는 법률이 「공익사업을 위한 토지 등의 취득 및 보상에 관한 법률」 등이다.

공익사업의 협의취득의 성질

[헌법재판소 1994. 2. 24. 92헌가12등 결정]

•

「공공용지의 손실 및 취득에 관한 특례법」에 의한 협의취득은 헌법 제23조 제3항에서 말하는 "재산권의 수용"과 동일한 것으로 보아 다루는 것이 옳고, 또 이렇게 보는 것이 보다 현실을 직시하여 공권력이 사법상私法上 법률행위의 형식을 빌림으로써 헌법의 재산권(기본권) 보장기능을 약화 또는 형해화하거나 필요이상의 과다한 토지 등을 함부로 취득한 후 그 일부를 공익을 빙자하여 영리

13 헌법재판소 1994. 2. 24. 92헌가15등 결정.

의 목적으로 이용·처분하는 등 여러 가지 반헌법적反憲法的 사태가 생기는 것을 막을 수 있는 건전한 헌법해석이 된다.[14]

| 공공필요의 개념요소인 공익성과 필요성의 판단기준

'공공필요'의 개념은 '공익성'과 '필요성'이라는 요소로 구성되는바, '공익성'은 추상적인 공익 일반 또는 국가의 이익 이상의 중대한 공익을 요구하므로 기본권 일반의 제한사유인 '공공복리'보다 좁게 보는 것이 타당하며,[15] 공익성의 정도를 판단함에 있어서는 공용수용을 허용하고 있는 개별법의 입법목적, 사업내용, 사업이 입법목적에 이바지하는 정도는 물론, 특히 그 사업이 대중을 상대로 하는 영업인 경우에는 그 사업 시설에 대한 대중의 이용·접근가능성도 아울러 고려하여야 한다. 그리고 '필요성'이 인정되기 위해서는 공용수용을 통하여 달성하려는 공익과 그로 인하여 재산권을 침해당하는 사인의 이익 사이의 형량에서 사인의 재산권침해를 정당화할 정도의 공익의 우월성이 인정되어야 하며,[16] 사업시행자가 사인인 경우에는 그 사업시행으로 획득할 수 있는 공익이 현저히 해태되지 않도록 보장하는 제도적 규율도 갖추어져 있어야 한다.[17]

한편 토지 등의 수용을 전제로 하는 공익사업은 연혁적으로 도로·철도·항만·하천·제방·저수지·공원·운동장·학교·청사 등 공공용 또

---

14 헌법재판소, 헌법재판소판례집 제6권1집, 1994, 38, 60면.

15 오늘날 공익사업의 공익성은 국가안전보장, 질서유지, 공공복리와 함께 국가 또는 지역 경제상의 이익도 포함한다는 의견도 있다(박균성, 행정법 강의, 박영사, 2019, 1205면).

16 정하중, 행정법개론, 법문사, 2017, 578면.

17 헌법재판소 2014. 10. 30. 2011헌바129등 결정.

는 공용시설에 관한 사업이 주 대상이었으나, 복리행정에 대한 수요가 늘어나면서 주거용지·산업용지 등의 공급을 위한 토지개발도 중요한 공익사업으로 되고 있다. 이처럼 공익사업의 범위는 국가의 목표 및 시대적 상황에 따라 달라질 수 있는 것으로 입법정책적으로 결정될 문제라고 할 수 있다.

공익사업의 범위와 입법정책

[헌법재판소 2011. 11. 24. 2010헌가95 등 결정]

•

토지 등의 수용을 전제로 하는 공익사업은 연혁적으로 도로·철도·항만·하천·제방·저수지·공원·운동장·학교·청사 등 공공용 또는 공용시설에 관한 사업이 주 대상이었으나, 복리행정에 대한 수요가 늘어나면서 주거용지·산업용지 등의 공급을 위한 토지개발도 중요한 공익사업으로 되고 있다. 이처럼 공익사업의 범위는 국가의 목표 및 시대적 상황에 따라 달라질 수 있는 것으로 입법정책적으로 결정될 문제라고 할 수 있다.[18]

| 재산권 수용의 주체

헌법 제23조 제3항은 재산권 수용의 주체를 한정하지 않고 있는바, 위 헌법조항의 핵심은 당해 수용이 공공필요에 부합하는가, 정당한 보상이 지급되고 있는가 여부 등에 있는 것이지, 그 수용의 주체가 국가인지 민간기업인지 여부에 달려있다고 볼 수 없다. 또한 국가 등의 공적 기관이 직접 수용의 주체가 되는 경우와, 그러한 공적 기관

---

18 헌법재판소, 헌법재판소판례집 제23권2집(하), 2011, 182면.

의 최종적인 허부판단과 승인결정 하에 민간기업이 수용의 주체가 되는 경우 사이에 공공필요에 대한 판단과 수용의 범위에 있어서 본질적인 차이를 가져올 것으로 보이지 않는다. 따라서 수용 등의 주체를 국가 등의 공적 기관에 한정하여 해석할 이유가 없다.[19]

민간개발자에게 관광단지 조성계획상의 토지면적 중 3분의 2 이상을 취득한 경우에 토지 등을 수용할 수 있도록 한 관광진흥법 제54조 제4항 단서 중 제61조 제1항에 관한 부분

[헌법재판소 2013. 2. 28. 2011헌바250 결정]

•

관광 여건을 조성하고 관광자원을 개발하며 관광산업을 육성하여 관광진흥에 이바지하고자 하려는 이 사건 조항의 입법취지, 국내관광의 활성화, 지역경제의 활성화, 국토의 효율적 이용, 대외적 국가 이미지 제고 등을 위한 국가전략사업적 성격 및 공익성을 보장하려는 제도적 장치 등을 고려할 때 헌법 제23조 제3항의 공공필요성을 갖추고 있다.[20]

| '정당한 보상'의 의미

헌법상 '정당한 보상'은 손실보상의 원인이 되는 재산권의 침해가 기존의 법질서 안에서 개인의 재산권에 대한 개별적인 침해인 경우에는 그 손실 보상은 원칙적으로 피수용재산의 객관적인 재산가치를 완전하게 보상하는 것이어야 한다는 완전보상을 뜻하는 것으로서 보

---

19 헌법재판소 2009. 9. 24. 2007헌바114 결정.

20 헌법재판소, 헌법재판소판례집 제25권1집, 2013, 59, 69-71면.

상금액뿐만 아니라 보상의 시기나 방법 등에 있어서도 어떠한 제한을 두어서는 아니 된다는 것을 의미한다.[21] 재산권의 객체가 갖는 객관적 가치란 그 물건의 성질에 정통한 사람들의 자유로운 거래에 의하여 도달할 수 있는 합리적인 매매가능가격 즉 시가에 의하여 산정되는 것이 보통이다.[22]

헌법 제23조 제3항이 요구하는 보상의 방법과 범위를 정하는 것은 입법자에게 위임되어 있어, 입법자는 헌법이 요구하는 보상의무를 형성하고 구체화시킨다. 그러나 보상의 방법과 정도에 관한 입법자의 입법형성권은 헌법이 요구하는 정당한 보상의 범위 내에서 공공의 이익과 피수용자 및 이해관계인의 이익, 수용의 목적과 공공사업의 특수성 등을 고려하여 타당한 보상의 방법과 정도를 정하여야 하는 것이다.[23]

한편 공시지가를 기준으로 토지수용으로 인한 손실보상액을 산정하되, 개발이익을 배제하고 공시기준일부터 재결 시까지의 시점보정을 인근 토지의 가격변동률과 생산자물가상승률에 의하도록 한 것은 공시기준일의 표준지의 객관적 가치를 정당하게 반영하는 것이고 표준지의 선정과 시점보정의 방법이 적정하므로, 이 사건 토지보상조항은 헌법 제23조 제3항이 규정한 정당보상의 원칙에 위배되지 않는다.[24]

---

21 보상제도의 구체적 내용과 기준을 정하는 것은 사회국가원리를 실현하여야 하는 입법과제이므로 재산권의 본질적 내용을 침해하지 않는 한 입법자가 정한 보상기준이 시가를 하회한다 하더라도 사회적 합리성이 인정되는 경우에는 합헌으로 보아야 한다는 의견도 있다(김남철, 행정법 강론, 박영사, 2014, 569면).

22 헌법재판소 1990. 6. 25. 89헌마107 결정.

23 헌법재판소 2011. 4. 28. 2010헌바114 결정.

공익사업을 위한 수용의 경우 이주대책의 대상에서 세입자를 배제한 것

[헌법재판소 2006. 2. 23. 2004헌마19 결정]

•

공익사업을 위한 수용의 경우 세입자에 대한 이주대책은 헌법 제23조 제3항에 규정된 정당한 보상에 포함되는 것이 아니라 이주자들에게 종전의 생활상태를 회복시키기 위한 생활보상의 일환으로서 국가의 정책적인 배려에 의하여 마련된 제도이다. 따라서 이주대책의 실시 여부는 입법자의 입법정책적 재량의 영역에 속하므로 이주대책의 대상자에서 세입자를 제외하고 있는 것이 세입자의 재산권을 침해하는 것이라 볼 수 없다.[25]

공법상 제한을 받는 토지에 대해 제한받는 상태로 손실보상액을 평가하는 경우

[헌법재판소 2011. 8. 30. 2009헌바245 결정]

•

수용재결 시점 당시에 당해 토지가 개발제한구역의 지정 및 제한이 있지 않은 상태를 상정하여 토지에 대한 보상액을 산정하는 것은 재산권에 대한 내재적·사회적 제약에 대해 보상해 주는 것과 다를 바 없어 타당하지 않으므로, 공법상 제한을 받는 토지에 대해서는 제한받는 상태로 평가하는 것이 상당하다 할 것이다.[26]

---

24 헌법재판소 2013. 12. 26. 2011헌바162 결정.

25 헌법재판소, 헌법재판소판례집 제18권1집(상), 2006, 242, 246면.

26 헌법재판소, 헌법재판소판례집 제23권2집(상), 2011, 323, 334면.

연혁

1948년 제헌헌법은 제15조에서 "① 재산권은 보장된다. 그 내용과 한계는 법률로써 정한다. ② 재산권의 행사는 공공복리에 적합하도록 하여야 한다. ③ 공공필요에 의하여 국민의 재산권을 수용·사용 또는 제한함은 법률의 정하는 바에 의하여 상당한 보상을 지급함으로써 행한다."고 규정하였다.

제5차 개헌에 와서 재산권보장은 더욱 강화되었는데 재산권보장과 그 공공복리적합성은 그대로 유지되었으나(제20조 제1항, 제2항) 공용수용의 경우 정당한 보상으로 수정하였다(제20조 제3항). 제7차 개헌에서도 재산권보장과 그 공공복리적합성은 그대로 유지되었으나(제20조 제1항, 제2항), 보상의 기준과 방법은 법률로써 정하도록 개정하였다(제20조 제3항).[27] 제5공화국헌법은 제4공화국의 헌법규정을 그대로 유지하였으나 공용수용의 보상액산정에 있어 독일기본법 제14조 제3항과 같이 공익 및 관계자의 이익을 정당하게 형량하여 법률로써 정하도록 하여 그 기준을 보다 명확하게 하였다.

현행헌법의 경우 기본적으로 제23조 제1항, 제2항은 제5공화국헌법규정을 유지하고 있으나 제23조 제3항은 제3공화국헌법 제20조 제3항과 같이 정당보상을 규정하고 있다.[28] 다만 제3공화국 헌법과는 달리 "그에 대한 보상은 법률로써 하되"라는 문구를 추가함으로써 보

---

27 보상의 기준과 방법을 법류유보로 개정한 이유는 전시징발과 같은 특수상황 하에서의 재산권 침해에 대한 보상을 평상시의 경우와 다르게 정할 수 있도록 하고, 또한 공공사업으로 인하여 지가가 폭등한 경우에는 보상액에서 기대개발이익을 배제할 수 있게 하기 위하여 보상의 기준을 법률로 정하도록 하였다. 그리고 보상의 방법도 결정전치주의 및 보상증권에 의한 보상금지급제 등을 법률에서 채택할 수 있도록 개정하였다(박윤흔, 도약의 시대를 함께한 행운, 국민서관, 2014, 143면).

28 법제처, 헌법주석서Ⅱ, 2010, 44면.

상은 법률에서 정하고 있는 경우에, 그리고 법률에서 정한 방법으로 행할 수 있도록 하였다.[29]

표 2-1 헌법의 재산권 관련 규정 변천

개헌	조문
제헌헌법 (1948. 07. 17.)	第15조 ① 재산권은 보장된다. 그 내용과 한계는 법률로써 정한다. ② 재산권의 행사는 공공복리에 적합하도록 하여야 한다. ③ 공공필요에 의하여 국민의 재산권을 수용 · 사용 또는 제한함은 법률의 정하는 바에 의하여 상당한 보상을 지급함으로써 행한다.
제5차개정헌법 (1962. 12. 26.)	第20조 ① 모든 국민의 재산권은 보장된다. 그 내용과 한계는 법률로 정한다. ② 재산권의 행사는 공공복리에 적합하도록 하여야 한다. ③ 공공필요에 의한 재산권의 수용 · 사용 또는 제한은 법률로써 하되 정당한 보상을 지급하여야 한다.
제7차개정헌법 (1972. 12. 27.)	第20조 ① 모든 국민의 재산권은 보장된다. 그 내용과 한계는 법률로 정한다. ② 재산권의 행사는 공공복리에 적합하도록 하여야 한다. ③ 공공필요에 의한 재산권의 수용 · 사용 또는 제한 및 그 보상의 기준과 방법은 법률로 정한다.
제8차개정헌법 (1980. 10. 27.)	第22조 ① 모든 국민의 재산권은 보장된다. 그 내용과 한계는 법률로 정한다. ② 재산권의 행사는 공공복리에 적합하도록 하여야 한다. ③ 공공필요에 의한 재산권의 수용 · 사용 또는 제한은 법률로써 하되, 보상을 지급하여야 한다. 보상은 공익 및 관계자의 이익을 정당하게 형량하여 법률로 정한다.
제9차개정헌법 (1987. 10. 29.)	第23조 ① 모든 국민의 재산권은 보장된다. 그 내용과 한계는 법률로 정한다. ② 재산권의 행사는 공공복리에 적합하도록 하여야 한다. ③ 공공필요에 의한 재산권의 수용 · 사용 또는 제한 및 그에 대한 보상은 법률로써 하되, 정당한 보상을 지급하여야 한다.

29 류해웅·허강무, 신수용보상법론, 부연사, 2016. 7, 97면.

현행헌법의 경우 기본적으로 제23조 제1항, 제2항은 제5공화국헌법규정을 유지하고 있으나 제23조 제3항은 제3공화국헌법 제20조 제3항과 같이 정당보상을 규정하고 있다.[30] 다만 제3공화국 헌법과는 달리 "그에 대한 보상은 법률로써 하되"라는 문구를 추가함으로써 보상은 법률에서 정하고 있는 경우에, 그리고 법률에서 정한 방법으로 행할 수 있도록 하였다.[31]

제헌 헌법 제정과정의 재산권 관련 국회 회의록[32]

국회 회의록 전문위원 유진오[33]

지금 소개해 주신 유진오올시다.

---

30 법제처, 헌법주석서Ⅱ, 2010, 44면.

31 류해웅·허강무, 신수용보상법론, 부연사, 2016. 7, 97면.

32 국회, 국회 제17차 회의 속기록, 1948. 6. 23, 9면.

33 1948년 6월 1일 제헌국회는 제2차 본회의를 열어 헌법 및 정부조직법 기초위원과 국회법 기초위원을 선임하기 위한 전형위원(각 도별로 1인씩)을 선출하였고 이어서 이들이 각 기초위원을 선임함에 따라 양 기초위원회가 설치되었다. 제2차 본회의에서의 결의에 따라 위원 30인으로 헌법 및 정부조직법 기초위원회가 구성되었고 10인의 전문위원을 위촉하였다. 유진오 박사는 대한민국 헌법의 초안 작성에 중요한 역할을 담당한 전문위원 중 한명이다. 헌법 및 정부조직법 기초위원회는 1948년 6월 3일부터 22일까지 16차에 걸친 회의를 통하여 전문, 10개장 102개 조항으로 구성된 헌법초안 작업을 완료하였다. 이 헌법초안은 6월 23일 제17차 본회의에 상정되어 서상일 위원장의 제안보고와 유진오 전문위원의 설명을 들은 후 6월 28일부터 본격적인 심사에 착수한 본회의는 2일간의 질의, 1일간의 대체토론 등 제1독회를 거친 다음 7월 1일부터 12일간 6차의 회의에서의 제2독회와 제3독회에서의 토론 끝에 7월 12일 제28차 본회의에서 표결한 결과 출석의원 160인의 만장일치로 수정 가결 되었으며 국회를 통과한 헌법안은 7월 17일 공포되었다(국회 사무처, 대한민국국회 60년사, 예당문화, 2014, 27면).

이 헌법의 원안을 기초한 관계로서 이 헌법의 근본정신에 대해서 간단하게 말씀들일려고 생각합니다. 지금 서상일 위원장께서 말씀하신 바와 같이 이 헌법의 기본정신은 정치적 민주주의와 경제적, 사회적 민주주의와의 조화를 꾀할려고 하는 데 있다고 말씀할 수 있겠읍니다.

다시 말씀하면 불란서 혁명이라든가 미국이 독립시대로부터 민주주의의 근원이 되여 온 모든 사람의 자유와 평등과 권리를 위하고 존중하는 동시에 경제 균등을 실현해 볼려고 하는 것이 이 헌법의 기본정신이라고 말할 수 있읍니다.

그러므로 우리는 모든 사람의 자유와 평등을 기본원리로 하면서 이 자유와 평등의 국가 전체의 이해와 모순되는 계단에 이르면 국가권력으로서 이것을 조화하는 그런 국가체제를 생각해 본 것이올시다. 제1장 제5조에서 그런 기본정신을 말한 것입니다.

제2장 국민의 권리·의무에 있어서는 18세기 이래 국민의 자유권, 그 자유권중에 제일 중요한 의미를 가진 것은 거이 빠짐없이 망라하였다고 생각합니다. 특별히 인신의 자유와 보호에 치중해서 다른 모든 민주주의 국가에서 실시되여 있는 인신보호 영장의문제라든지 또는 체포, 구금을 받을 때에는 즉시로부터 변호인의 변호를 받는 권리라든가 하는 것을 우리도 인정하였읍니다.

그러나 우리는 경제문제에 있어서는 다만 모든 사람의 자유활동을 인정할뿐만 아니라 특별한 약한 사람은 부뜰어주고 강한 사람은 조정하는 그런 정신밑에서 경제문제, 사회문제, 문화문제에 관해서는 단순히 자유를 주자는 데에 끝이지 아니하고 국가가 이 문제에 적극적으로 참섭해서 어떠한 사람은 도와주기도 하고 어떠한 사람은 제한하는 그런 체제를 채용해 봤읍니다.

제15조의 재산권에 관한 규정도 이런 정신의 발원입니다. 종래에는 재산권은 오로지 신성하고 불가침하다고 이렇게 규정되였든 것인데 이 헌법에 있어서는 재산권은 보장되지만 그 내용과 한계를 법률로서 정하게 되여 있습니다.

국민의 대표들이 모인 국회에서 재산권에 대해서도 일정한 한계를 둘 필요가 있다고 인정하게 된다면 법률로서 재산권의 한계가 확정될 것이라고 생각합니다. 그러나 그렇다고 해서 재산권을 하등의 조건없이 몰수하는 제도는 채용하지 아니하였읍니다. 제15조3항에 "공공 필요에 의하야 국민의 재산권을 사용 또 제한할 때에는 상당한 보상을 지불하고 법률의 정하는 바에 의하야" 이것을 행한다고 해 놓았습니다.

쟁점

재산권 규정은 제헌헌법에서부터 지속적으로 유지되어 온 기본권으로서, 재산권보장 규정인 제23조 제1항 및 제2항은 현행 유지에 별다른 이론이 없다. 이 규정 개정 연혁을 살펴볼 때 약간의 표현상의 차이와 조문 배열의 변동 이외에는 내용상의 변동 없이 제헌헌법 상태로 유지되고 있다. 헌법 제23조 제3항에서는 공공필요에 의한 재산권의 수용·사용 또는 제한이라고 열거되어 있어, 문구상으로는 수용·사용과 마찬가지로 모든 제한의 경우에 당해 법률에서 보상에 관한 규정을 두어 보상을 행하여야 하는 것으로 해석될 수 있도록 규정되어 있다.[34]

후술하는 바와 같이 외국헌법에서는 우리 헌법 제23조 제3항에 해당하는 조항에서 '수용·사용 또는 제한'으로 구분함이 없이 '수용은 공공복리를 위하여 허용된다.'(독일기본법 제14조 제3항), '사유재산은 정당한 보상을 지급하여 공공을 위하여 이를 사용할 수 있다.'(일본 헌법 제29조제3항), '정당한 보상 없이 그 사유재산은 공용을 위하여 수용당하지 아니 한다.'(미국헌법수정 제5조) 등으로 규정하여 '수용' 또는 '수용에 버금할 정도의 재산권 침해'만 규정하고 있다.[35] 우리 헌법에서도 향후 개헌에서 '수용'으로 규정하거나 '수용·사용'으로만 규정하고 '제한'을 삭제할 것을 제안하자는 주장이 있다.[36]

---

34 박윤흔, 행정법학계에서 제안하는 헌법운영상 도출되는 몇 가지 새로운 개헌의견, 「헌법개정의 행정법적 쟁점」 국회입법조사처와 한국행정법학회 공동 학술대회 자료집, 2017. 9. 22, 7면.

35 박윤흔, 앞의 글, 7면.

36 박윤흔, 앞의 글, 7면; 보상부 공용수용과 무보상부 재산권의 내용 한계를 구별하기 위해 헌법 제23조 제3항의 '사용'과 '제한'에 관한 규정은 삭제해야 한다는 의견도 있다(정남철, 공용수용 요건인 '공공필요'판단기준과 개헌과제, 토지보상법연구 제18집, 2018, 107면).

제3장

국가의 주택개발정책

제35조

① 국가는 주택개발정책등을 통하여 모든 국민이 쾌적한 주거생활을 할 수 있도록 노력하여야 한다.

주택은 국민이 거주하는 공간으로서 인간이 가지고 누려야 할 근본적인 요소에 해당한다. 주택을 통하여 국민은 자신의 사생활을 가지게 되고 휴식을 위한 재충전을 하게 되며, 가정을 꾸려나가게 된다. 주택은 이와 같은 특성으로 인하여 기본적 인권의 대전제에 해당하는 인간으로서의 존엄과 가치와 행복추구권의 시발점이 된다.[37] 헌법 제35조 제3항은 "국가는 주택정책개발 등을 통하여 모든 국민이 쾌적한 주거생활을 할 수 있도록 노력하여야 한다."라고 하여, 쾌적한 주거생활권을 보장하고 있다.[38]

---

37 오준근, 삶의 질 향상을 위한 주택건설관계법제 정비방안연구, 한국법제연구원, 2002, 14면.

38 헌법재판소 1995. 10. 26. 93헌바62 결정.

쾌적한 주거생활권이라 함은 인간다운 생활에 필수적인 쾌적한 주거생활의 확보를 위하여 국가에 대해 일정한 배려와 급부를 요구할 수 있는 권리를 말한다.[39] 주거는 인간의 삶의 보금자리이고, 사회의 기본적 조직단위인 가정의 근거지이며, 건강하고 문화적인 생활을 영위하기 위한 필수적인 요소이므로 쾌적한 주거환경이 조성되어야 한다.

쾌적한 주거생활권은 인간다운 생활을 확보하기 위한 청구권적 기본권인 동시에 사회적 기본권의 하나이다. 국민은 국가에 대하여 적극적인 주택정책을 통하여 쾌적한 주거생활을 보장하여 줄 것을 요구할 수 있고, 국가는 이에 대한 의무를 진다.[40]

"택지"에 대하여만 소유상한을 설정하거나 소유를 금지하는 경우

[헌법재판소 1999. 4. 29. 94헌바37 결정]

•

「택지소유 상한에 관한 법률」이 토지 중 "택지"에 대하여만 그 소유상한을 설정하거나 소유를 금지하고 있는 것은 평등원칙에 위반되지 않는다. 우리나라의 도시지역에서의 택지공급이 매우 제한되어 있고, 수요와 공급의 심각한 불균형으로 인하여 택지의 가격상승과 투기현상은 다른 종류의 토지에 비하여 더욱 현저하다는 점 등에 비추어 볼 때, 국가가 이에 적극적으로 개입하는 것이 불가피하다고 할 것이고, 헌법 제35조 제3항도 "국가는 주택개발정책 등을 통하여 모든 국민이 쾌적한 주거생활을 할 수 있도록 노력하여야 한다."고 규정함으로써 이를 뒷받침하고 있다. 일반

---

39 권영성, 헌법학원론, 법문사, 2008, 700면.

40 헌법재판소 1994. 7. 29. 92헌바49, 52(병합) 결정.

국민의 택지에 대한 의존도는 다른 종류의 토지에 비하여 현저하게 크며, 택지의 사회성·공공성은 더욱 강조되지 않을 수 없다. 따라서 토지 중 택지에 대하여만 특별히 규제함은 합리적인 이유가 있다.[41]

토지초과이득세와 국가의 쾌적한 주거생활조성의무

[헌법재판소 1994. 7. 29. 92헌바49등 결정]

•

「토초세법」은… 오로지 당해 토지상에 현재 건축물이 존재하고 있는지의 여부에만 관심을 두고 이에 따라서 토초세 과세 여부를 결정하도록 되어 있다. 이는 "국가는 주택개발정책 등을 통하여 모든 국민이 쾌적한 주거생활을 할 수 있도록 노력하여야 한다."고 규정한 헌법 제35조 제3항 등의 정신에도 배치되는 경우가 될 수 있다.[42]

다가구주택의 가구수를 3가구로 제한하는 도시설계시행지침

[헌법재판소 2003. 6. 26. 2002헌마402 결정]

•

주택지구 내에 일정한 인구수를 항상 유지함으로써 주거지구 내 인구의 과밀을 억제하고, 주차시설이나 도로 등 공공시설의 수요를 조절함으로써 쾌적한 주거환경과 전원적인 도시환경을 유지하는 것에 고양일산지구단독, 상업등단지(단독, 근린생활, 상업, 업무,

---

41 헌법재판소, 헌법재판소판례집 제11권1집, 1999, 289, 324-325면.

42 헌법재판소, 헌법재판소판례집 제6권2집, 1994, 64, 112면.

공공건축물)도시설계시행지침(1993. 1. 8. 고양시 공고 제3호) 제33조 제3항이 정하는 다가구주택에 대한 가구수제한의 입법목적이 있다고 할 것이므로 이는 도시기능과 건축물의 조화, 합리적인 토지이용관계의 확보라는 공익을 위한 정당한 것이고, 이러한 입법목적은 헌법 제35조가 요구하는 쾌적한 환경에서 국민이 주거생활을 영위할 수 있도록 노력하여야 할 국가의 의무를 구체화·현실화한 것으로 그 입법목적이 정당하다.[43]

노인주거복지시설에 대한 국가의 의무

[헌법재판소 2016. 6. 30. 2015헌바46 결정]

•

헌법 제34조 제1항은 모든 국민은 인간다운 생활을 할 권리를 가진다고 하여 인간다운 생활을 할 권리를 보장하고, 동조 제4항은 국가는 노인과 청소년의 복지향상을 위하여 정책을 실시할 의무를 진다고 하고 있다. 한편, 헌법은 제35조 제3항에서 국가는 주택정책개발을 통하여 모든 국민이 쾌적한 주거생활을 할 수 있도록 노력해야 한다고 규정한다. 따라서 국가는 노인의 특성에 적합한 주택정책을 복지향상차원에서 개발하여 노인으로 하여금 쾌적한 주거활동을 할 수 있도록 노력하여야 할 의무를 부담한다.[44]

---

43 헌법재판소, 헌법재판소판례집 제15권1집, 2003, 787, 799면.

44 헌법재판소, 헌법재판소판례집 제28권1집(하), 2016, 571, 575면.

주택개발정책과 매도청구권제도

[헌법재판소 2009. 11. 26. 2008헌바133 결정]

•

국가는 주택개발정책 등을 통하여 모든 국민이 쾌적한 주거생활을 할 수 있도록 노력하여야 한다(헌법 제35조 제3항). 이에 국가는 적극적으로 주택을 개발하여 국민에게 공급하고 국민이 건강하고 쾌적한 생활을 영위할 수 있는 주거환경을 조성하여 줄 의무가 있다. 따라서 국가나 공공기관이 스스로 국민이 필요로 하는 주택을 건축하여 공급할 뿐만 아니라 사경제주체인 민간기업이 대단위 택지를 개발하여 주택을 건축하여 공급할 수 있도록 지원할 필요가 있다. 그래서 이 사건 법률조항은 「국토계획법」 제49조의 규정에 의한 지구단위계획에 의한 주택건설사업으로서 당해 대지면적의 100분의 80 이상을 사용할 수 있는 권원을 확보한 경우에 매도청구권을 인정하고 있다. 「국토계획법」에 의하면 지구단위계획은 도시계획 대상 지역 안의 토지이용을 합리화하고 그 기능을 증진시키며 미관을 개선하고 양호한 환경을 확보하며 당해 지역을 체계적·계획적으로 관리하기 위하여 도시관리계획으로 결정하며(「국토계획법」 제50조), 건설교통부장관 또는 시·도지사는 주택법 제16조의 규정에 의한 대지조성사업지구 등에 해당하는 지역의 전부 또는 일부에 대하여 제1종지구단위계획구역을 지정할 수 있다(「국토계획법」 제51조 제1항). 지구 단위계획에 따라 20호 이상의 주택을 건설하려면 연접한 일단의 토지가 필요한데, 필요한 사업부지의 80% 이상을 확보하였음에도 일부 토지를 확보하지 못하여 지구단위계획에 따른 주택의 건설·공급은 불가능하게 된다. 이러한 경우에 지구단위계획에 따른 주택의 건설·공급을 통하여 공공복리를 구현하기 위하여 잔여 토지를 매수할 수 있게 할 필요가 있다고 할 것이고, 주택건설사업 예정지 중 일부를 취득하여 시세보다 높은 가격에 의한 매수를 요구하면서 주택건설사업의 추진을 방해하는 경우에는 더욱 그렇다고 할 수 있다.[45]

연혁

쾌적한 주거생활권은 사회적·문화적 생활환경권을 구체화한 것으로 헌법 제35조 제3항이 1987년 제9차 개헌시 신설되기 이전에는 주택복지의 차원에서 인간다운 생활권을 그 헌법적 근거로 하였다. 쾌적한 주거생활권의 내용으로는 다음을 들 수 있다.[46] 국민은 국가에 대하여 ① 쾌적한 주거를 개발하고 공급할 주택정책의 수립을 요구할 수 있고, ② 쾌적한 주거생활에 필수적인 '환경조성'을 요구할 수 있으며, ③ '양질의 주택'에서 건강하고 문화적인 주거생활을 영위할 수 있도록 국가에 대해 요구할 권리를 가진다. 헌법 제35조 제3항이 주택의 수준과 주거생활의 정도에 관하여 '쾌적'할 것을 규정하고 있기 때문이다.

쟁점

인간의 생활에서 의·식·주라는 기본적인 생활의 수요가 충족되어야 인간다운 생활의 최소한을 확보할 수 있다. 주거문제는 특히 도시화·산업화 과정에서 심각한 사회문제로 대두되고 있다.

헌법 제35조 제3항은 "국가는 주택개발정책 등을 통하여 모든 국

45 헌법재판소, 헌법재판소판례집 제21권2집(하), 2009, 545, 554-558면.

46 권영성, 앞의 책, 700~701면.

민이 쾌적한 주거생활을 할 수 있도록 노력하여야 한다."고 규정하여 주택정책을 통한 쾌적한 주거생활의 보장을 국가의 의무로 선언하고 있는 바, 이는 주택개발정책 노력의무 또는 쾌적한 주거생활보장의무[47]라고 명칭할 수 있다. 헌법 제35조 제3항은 국가에게 부과된 사회보장 의무의 이행을 위한 것이며 국민의 주거확보에 관한 정책시행을 위한 정당한 고려 하에서 이루어진 것이다.[48]

국민의 주거생활 안정과 주거수준의 향상을 도모할 의무는 국가에게 있고, 따라서 국가는 체계적인 주택정책을 수립하여 양질의 주거환경을 조성하여야 한다.[49] 특히 무주택자의 주거안정을 위한 임대주택 건설 의무 또한 국가에게 있다. 민간 사업시행자에게 임대주택 공급의무를 부담케 하는 것은 근본적으로 문제가 있다. 또한 임대주택공급 의무를 부과하는 대신에 주택재건축사업으로 발생하는 이익 중 일부를 금전으로 환수하여 국가가 직접 임대주택을 건설하는 등의 방법을 사용하면 재건축 사업시행자의 기본권을 덜 침해할 것인데도, 이러한 대체적 방법을 택하지 않고 오로지 당해 재건축 건물의 일부를 임대주택으로 공급하도록 하는 것은 피해의 최소성원칙에 반할 수도 있다.[50]

그러나 국가가 임대주택을 직접 건설하는 경우에는 주택을 건설할 수 있는 부지가 우선적으로 확보되어야 하는바, 수도권 과밀억제권역과 같이 개발사업이 포화상태에 있는 기성시가지에서 임대주택건

---

47 헌법재판소 1994. 7. 29. 92헌바49, 52(병합) 결정.

48 헌법재판소 1994. 2. 24. 92헌바43 결정.

49 성낙인, 헌법학, 법문사, 2019, 1395면.

50 헌법재판소 2008. 10. 30. 2005헌마222.651.755.1188(병합) 결정.

설에 필요한 부지를 매입한다는 것은 매우 어려운 일이다. 결국 도심지에서는 국가가 임대주택을 직접 건설하는 방법으로 세입자들의 주거수요를 충족시키는 데는 한계가 있을 수밖에 없다. 그럼에도 불구하고 수도권 지역은 그 면적이 제한되어 있는 반면, 그곳에 생활기반을 두고 생활하는 인구는 전체 인구의 절반에 이를 정도로 많아서 주택에 대한 수요가 그 공급을 훨씬 초과하여 세입자들을 위한 대책이 절실한 실정이다. 특히 수도권의 경우 주택을 재건축하는 사업시행자에게 증가된 용적률의 일정 비율을 임대주택으로 공급하도록 하는 개발이익환수방법은 세입자들의 주거안정을 도모하고 있다고 볼 수 있다.

헌법 제35조 제3항에 따라 국가는 국민의 주거를 보장하기 위하여 구체적인 법률을 제정하고, 이를 실천할 의무를 진다. 대한민국에 있어 주택과 간접적으로 관련된 법률은 매우 많다. 그러나 주택에 직접적으로 관련된 법률은 「주택법」, 「임대주택법」, 「국민임대주택건설 등에 관한 특별조치법」(이하, 보금자리주택법) 등이 있다.

주택이 우리의 모든 생활영역과 관계가 있기 때문에 주택관련법제의 범위와 체계를 정립하는 것은 용이하지 않다고 볼 수 있다. 우리나라의 주택관련법제는 현안에 대응하는 방식으로 제·개정이 이루어지다보니 체계적이지 못하고, 주택관련 업무도 여러 부처에 분산되어 있는 실정이다.

한편 헌법 제35조 제3항 '주택개발정책 등의 실시 노력의무' 조항은 1987년 제9차 헌법 개정으로 신설된 조항이다. 그러나 이 규정은 환경을 자연환경보전뿐 아니라 인공환경과 쾌적한주거환경조성 등을 포함하는 광의로 이해할 수 있는 근거가 된다는 견해도 있지만,[51]

---

51 김철수, 헌법학개론, 박영사, 2015, 755면; 허영, 한국헌법론, 박영사, 2018, 490면.

표 2-2 주거안정 관련 주택법제 현황

구분	내용
헌법	국민 생활권 보장, 국가의 주택정책
택지개발	택지개발촉진법 : 공영개발사업
	도시개발법 : 일단의 주택지조성사업, 시가지조성사업, 도시개발예정지구 조성사업
	국토의 계획 및 이용에 관한 법률 : 토지의 형질변경 등
	주택법 : 대지조성사업
주택건설	주택법 : 주택건설계획, 주택건설사업등록제도, 주택건설기준
	민간임대주택에 관한 특별법 : 민간임대주택건설, 민간임대주택사업자
	건설산업기본법 : 건설업 등록
	건축법 : 건축물의 대지, 구조, 설비, 용도
	건축사법 : 건축물의 설계, 감리
	국토의 계획 및 이용에 관한 법률 : 지구단위계획 등
	주차장법 : 주차장 확보
	농어촌정비법 : 농어촌주택건설사업
주택공급	주택법 : 청약제도(주택공급에 관한 규칙), 분양주택, 조합주택공급
	공공주택 특별법 : 공공주택의 원활한 건설과 효과적인 운영
	민간임대주택에 관한 특별법 : 민간임대주택공급
주택관리 및 소비자보호	주택임대차보호법 : 임차권보호, 임대료규제
	부도공공건설임대주택 임차인 보호를 위한 특별법 : 부도임대주택 임차인의 임차보증금 보호
	주택법 : 분양권전매, 공사감리
	민간임대주택에 관한 특별법 : 임차권보호, 임대료 규제
	집합건물의 소유 및 관리에 관한 법률 : 집합주택관리
	공동주택관리법 : 공동주택의 관리
	건축물의 분양에 관한 법률
재개발 · 재건축 주거환경개선	도시 및 주거환경 정비법 : 재건축사업, 재개발사업, 주거환경개선사업
	도시재정비 촉진을 위한 특별법
	농어촌정비법 : 농어촌주택개발사업

재개발 · 재건축 주거환경개선	농어촌주택개량촉진법 : 빈집 등 농어촌주택의 개량
	농어촌마을 주거환경 개선 및 리모델링 촉진을 위한 특별법
주택금융	주택법 : 국민주택기금확보 · 운영
	한국주택금융공사법 : 장기 주택구입자금 대출, 주택저당증권 발행 등
주거복지	주거기본법 : 주거복지 등 주거정책의 수립 · 추진
	주거급여법 : 주거급여의 수급권자의 범위, 임차료 지급 기준 등
	장기공공임대주택입주자 삶의 질 향상 지원법
	장애인고령자 등 주거약자 지원에 관한 법률
주택관련기관	한국토지주택공사법
	주택도시기금법 : 주택도시기금을 설치와 주택도시보증공사의 설립
	한국주택금융공사법
	한국부동산원법 : 주택 청약
조세	조세특례제한법
	지방세법, 종합부동산세법
	소득세법, 법인세법, 부가가치세법
	부동산 가격공시에 관한 법률 : 주택가격공시, 공동주택가격공시
개발이익 환수	개발이익환수에 관한 법률 : 개발부담금
	재건축초과이익 환수에 관한 법률 : 재건축부담금
	학교용지 확보 등에 관한 특례법 : 학교용지부담금
	대도시권 광역교통 관리에 관한 특별법 : 광역교통시설 부담금

환경정책과 사회보장정책[52]을 혼동한 것이다. 왜냐하면 전통적으로 주택문제는 사회보장의 대상이기 때문이다.[53] 우리나라의 주택사

52 헌법 제35조 제3항은 사회적 기본권으로서 '국가에 대하여 주거를 요구할 권리'가 환경권조항에 삽입되면서 환경권과의 연관관계에서 변형된 규정으로 이해하는 의견도 있다(한수웅, 헌법학, 법문사, 2020, 1075면).

정을 고려할 때 현행헌법 제35조 제3항과 같은 내용의 규정은 반드시 필요하다. 그러나 그 조항의 위치는 환경권을 규정한 제35조가 아니라 사회보장의 근거규정인 제34조[54] 내지 주거의 자유를 정하는 규정[55]과 함께하는 것이 타당하다.

아울러 인간의 생활에서 의·식·주라는 기본적인 생활의 수요가 충족되어야 인간다운 생활의 최소한을 확보할 수 있다는 점에서 주거문제는 생존 및 생활과 직결된 기본권에 해당되고, 주거비가 소득의 30% 이상을 상회하고 있는 현실을 고려할 때 개정되는 헌법은 주거권에 관한 사항을 보다 구체적으로 명시할 필요가 있다.

현재 주택은 헌법 제35조 제3항에 국가의 '주택개발정책 노력의무'정도만을 규정하고 있으나, 스위스 등 외국 헌법의 입법례를 참고하여 주거안정을 위한 주거권, 임대차 등을 보다 상세히 규정할 필요가 있다. 예컨대 현행 주거기본법상 주거권(제2조)[56] 및 주거정책의 기본원칙(제3조)[57]의 내용을 헌법으로 승화시켜 주거권에 관하여는 국민

---

53 홍성방, 헌법학(중), 박영사, 2015, 368면.

54 홍성방, 위의 책, 368면.

55 정종섭, 헌법학원론, 박영사, 2018, 900면.

56 주거기본법 제2조(주거권) 국민은 관계 법령 및 조례로 정하는 바에 따라 물리적·사회적 위험으로부터 벗어나 쾌적하고 안정적인 주거환경에서 인간다운 주거생활을 할 권리를 갖는다.

57 제3조(주거정책의 기본원칙) 국가 및 지방자치단체는 제2조의 주거권을 보장하기 위하여 다음 각 호의 기본원칙에 따라 주거정책을 수립·시행하여야 한다.
1. 소득수준·생애주기 등에 따른 주택 공급 및 주거비 지원을 통하여 국민의 주거비가 부담 가능한 수준으로 유지되도록 할 것
2. 주거복지 수요에 따른 임대주택의 우선공급 및 주거비의 우선지원을 통하여 저소득층 등 주거취약계층의 주거수준이 향상되도록 할 것
3. 양질의 주택 건설을 촉진하고, 임대주택 공급을 확대할 것
4. 주택이 체계적이고 효율적으로 공급될 수 있도록 할 것

들은 쾌적한 주거환경에서 생활할 권리를 가진다는 방식으로 독립조항을 만들고 정부와 지방자치단체는 최저주거기준을 설정하고 주택종합계획을 수립하여 최저주거기준에 미달하는 주택에 거주하는 국민들의 주거환경 개선에 노력해야 한다는 내용을 더하여 주거권의 내용을 보강할 필요가 있다.

---

5. 주택이 쾌적하고 안전하게 관리될 수 있도록 할 것
6. 주거환경 정비, 노후주택 개량 등을 통하여 기존 주택에 거주하는 주민의 주거수준이 향상될 수 있도록 할 것
7. 장애인·고령자 등 주거약자가 안전하고 편리한 주거생활을 영위할 수 있도록 지원할 것
8. 저출산·고령화, 생활양식 다양화 등 장기적인 사회적·경제적 변화에 선제적으로 대응할 것
9. 주택시장이 정상적으로 기능하고 관련 주택산업이 건전하게 발전할 수 있도록 유도할 것

제4장

국토계획정책(제120조)

> **제120조**
>
> ① 광물 기타 중요한 지하자원 · 수산자원 · 수력과 경제상 이용할 수 있는 자연력은 법률이 정하는 바에 의하여 일정한 기간 그 채취 · 개발 또는 이용을 특허할 수 있다.
>
> ② 국토와 자원은 국가의 보호를 받으며, 국가는 그 균형있는 개발과 이용을 위하여 필요한 계획을 수립한다.

헌법 제120조는 제1항에서 “광물 기타 중요한 지하자원·수산자원·수력과 경제상 이용할 수 있는 자연력은 법률이 정하는 바에 의하여 일정한 기간 그 채취·개발 또는 이용을 특허할 수 있다.”고 규정하고 있다. 이 헌법조항에 따라 자연자원의 사회화를 전제로 한 특허제도를 규정하고 있다. 이에 해당하는 법률이 「광업법」, 「수산업법」, 「해저광물자원개발법」 등이다.

한편 제120조 제2항에서 “국토와 자원은 국가의 보호를 받으며, 국가는 그 균형있는 개발과 이용을 위하여 필요한 계획을 수립한다.” 고 규정하고 있다. 이 헌법조항에 따라 국가는 자연자원에 관한 강력한 규제권한을 가지는 한편 자연자원에 대한 보호의무를 지게 되었다.[58] 제120조 제1항의 '개발과 이용을 위하여 필요한 계획' 및 제123조 제1항의 '농·어촌개발을 위한 계획'은 헌법상 국가에 의한 경제에 관한 계획의 전부인 바, 이러한 헌법상 계획은 경제 전반에 관한 총체적 경제계획을 의미하는 것이 아니라 부분적 경제계획으로 이해해야 한다.[59]

우리나라 공간계획의 가장 최상위법인 「국토기본법」에서는 국토종합계획의 하위계획으로 지역계획과 부문별계획 그리고 종합계획인 도종합계획을 두고, 또한 그 차하위계획으로 시·군종합계획을 두고 있다. 도종합계획은 관할구역의 개발 및 관리에 대한 기본적인 정책과 지침을 제시하는 계획체계로서 국토종합계획의 하위계획이자 관할구역 내의 시·군종합계획(도시기본계획)의 상위계획[60]이 된다고 규정하고 있다. 「국토계획법」에 근거한 도시계획체계로서는 광역도시계획, 도시기본계획, 도시관리계획으로 구분할 수 있다. 광역도시계획이 필요성이 제기될 때 수립하는 임시계획의 성격을 지니고 있다는 점을 감안한다면,[61] 실제로 해당 시·군의 도시계획에 있어 주요한

58 헌법재판소 1998. 12. 24. 98헌가1 전원재판부 결정.

59 성낙인, 앞의 책, 280면.

60 「국토기본법」 제7조 (국토계획의 상호관계) "①국토종합계획은 도종합계획 및 시군종합계획의 기본이 되며, 부문별계획과 지역계획은 국토종합계획과 조화를 이루어야 한다. ②도종합계획은 당해 도의 관할구역안에서 수립되는 시군종합계획의 기본이 된다."

61 광역도시계획은 1991년 도시의 연담화.광역화가 급속히 진행됨에 따라 효율적인 광역도시의 관리가 중요한 과제로 대두됨에 따라 도입되었으나, 활성화되지 못하다가 2000년 개발제한구역의 조정이라는 국가적 주요 이슈를 해결하기 위하여 구 「도시계획법」 전문개정을 통하여 비도시지역을 포함하여 수립할 수 있도록 하였으며, 수도권 및 마산·창원·진해권을 포함하여 6개 권역에 걸쳐 최초로 광역도시계획

사항은 도시기본계획과 도시관리계획에서 결정된다고 해도 과언이 아니다.[62]

그림 2-1 국토 및 도시계획 체계

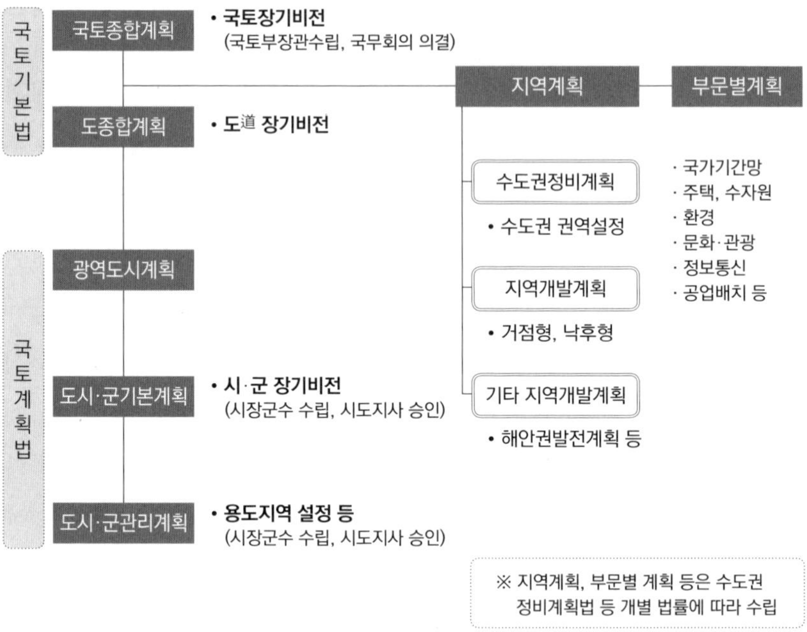

권을 설정하여 계획을 수립하였다.

62 김상조 외2인, 지방분권에 따른 국토·도시계획체계의 재정립방안 연구, 국토연구원, 2005, 18면.

수도권 정비와 국토의 균형 발전

[헌법재판소 2001. 11. 29. 2000헌바78 결정]

•

수도권정비계획법 제18조는 수도권 지역에서 공장 신설 등의 총 허용량을 정한 뒤 이를 초과하는 부분의 신설 등을 제한하는 공장 총량제를 규정한 것이다. 공장총량제는 헌법 제120조, 제122조, 제123조에 근거를 두고 수도권에 과도하게 집중된 인구 및 산업의 적정배치를 유도하여 질서 있는 수도권 정비와 국토의 균형발전이라는 중대한 공익을 추구하는 것이며, 수도권 지역에서 공장의 신설 등을 하려는 국민도 총허용량의 범위 안에서는 자유롭게 공장의 신설 등을 할 수 있을 뿐 아니라 언제라도 공장총량의 설정량 및 집행량을 확인할 수 있으므로 기업활동의 예측성이나 안정성이 보장되고 있고, 가사 총량이 모두 소진되어 당해 연도에는 공장의 신설 등이 제한된다 하더라도 그 다음 해에 새로이 배정되는 총허용량의 범위 내에서 공장 신설 등을 할 수 있어 그 시기가 일시 연기되는 것일 뿐 궁극적으로는 그 공장의 신설 등을 할 수는 있다. 그러므로 공장총량제가 직업수행의 자유나 재산권을 침해한다고 할 수 없다.[63]

행정계획의 이익형량

[대법원 2018. 10. 12. 선고 2015두50382 판결]

•

행정계획은 특정한 행정목표를 달성하기 위하여 행정에 관한 전

63 헌법재판소, 헌법재판소판례집 제13권2집, 2001, 646, 655-658면.

문적·기술적 판단을 기초로 관련되는 행정수단을 종합·조정함으로써 장래의 일정한 시점에 일정한 질서를 실현하기 위하여 설정한 활동기준이나 그 설정행위를 말한다. 행정주체는 구체적인 행정계획을 입안·결정할 때 비교적 광범위한 형성의 자유를 가진다. 다만 행정주체의 위와 같은 형성의 자유가 무제한적이라고 할 수는 없고, 행정계획에서는 그에 관련되는 자들의 이익을 공익과 사익 사이에서는 물론이고 공익 사이에서나 사익 사이에서도 정당하게 비교·교량하여야 한다는 제한이 있으므로, 행정주체가 행정계획을 입안·결정할 때 이익형량을 전혀 행하지 아니하거나 이익형량의 고려 대상에 마땅히 포함시켜야 할 사항을 누락한 경우 또는 이익형량을 하였으나 정당성과 객관성이 결여된 경우에는 그 행정계획 결정은 이익형량에 하자가 있어 위법하게 될 수 있다.

이러한 법리는 행정주체가 주민 등의 도시관리계획 입안제안을 받아들여 도시관리계획결정을 할 것인지를 결정하는 경우뿐만 아니라, 입안제안에 따라 결정된 기존의 도시관리계획결정을 변경·폐지할 것인지 여부를 결정할 때에도 마찬가지로 적용된다. 이때 입안제안자 등이 가지는 종전 도시관리계획결정에 대한 신뢰이익 등 이해관계나 종전 도시관리계획결정에서 적절하게 고려되지 못한 제반 사정 역시 이익형량의 고려 대상에 당연히 포함될 수 있고, 이는 종전 도시관리계획결정을 변경하여야 할 공익 등 제반 공익 및 사익들과 정당하게 비교·교량되어야 한다.

개발에 있어서의 균형

[대법원 2006. 3. 16. 선고 2006두330 전원합의체 판결]

•

우리 헌법도 제35조 제1항에서 "모든 국민은 건강하고 쾌적한 환경에서 생활할 권리를 가지며, 국가와 국민은 환경보전을 위하여 노력하여야 한다."라고 규정하여 환경권을 헌법상 권리로 보장하고 있고, 제120조 제2항에서는 "국토와 자원은 국가의 보호를 받으며, 국가는 그 균형있는 개발과 이용을 위하여 필요한 계획을 수립한다."라고 규정하여, 국토와 자원을 보호하되 개발과 이용은 균형을 유지하여야 하고 이를 위하여 적절히 계획을 수립하여 시행하도록 규정하고 있다. 헌법의 위 규정에서 말하는 개발에 있어서의 균형 속에는 자연환경과 인간의 편익 사이의 균형도 포함되어 있는 것으로 해석하여야 할 것이다.

연혁

1948년 제헌헌법은 광물 등 자원의 국유화 원칙을 선언하고 있었으며, 제2차 개정헌법에서 국유화라는 표현을 삭제하였으나 자원의 채취·개발 또는 이용을 특허원칙으로 계속 유지하였다. 1972년 제7차 개정헌법에서는 국토와 자원에 대한 국가보호의무와 국가의 국토와 자원의 개발 및 이용에 대한 계획수립권 규정을 신설하여 현행 헌법에 이르고 있다.[64]

현행 제9차 헌법은 국가의 계획 수립권과 관련하여 '필요한'이라는 표현을 삽입하여 해석상 국가의 계획 수립권의 내용적 한계를 설정하였다.

---

64 법제처, 헌법주석서Ⅳ, 2010, 497면.

표 2-3 헌법의 자원 및 국토계획정책 관련 규정 변천

개헌	조문 내용
제헌헌법 (1948.07.17)	제85조 광물 기타 중요한 지하자원, 수산자원, 수력과 경제상 이용할 수 있는 자연력은 국유로 한다. 공공필요에 의하여 일정한 기간 그 개발 또는 이용을 특허 하거나 또는 특허를 취소함은 법률의 정하는 바에 의하여 행한다.
제2차개정헌법 (1954.11.29)	제85조 광물 기타 중요한 지하자원, 수산자원, 수력과 경제상 이용할 수 있는 자연력은 법률이 정하는 바에 의하여 일정한 기간 그 채취, 개발 또는 이용을 특허할 수 있다.
제5차개정헌법 (1962.12.26)	제112조 광물 기타 중요한 지하자원 · 수산자원 · 수력과 경제상 이용할 수 있는 자연력은 법률이 정하는 바에 의하여 일정한 기간 그 채취 · 개발 또는 이용을 특허할 수 있다.
제7차개정헌법 (1972.12.27)	제117조 ① 광물 기타 중요한 지하자원, 수산자원, 수력과 경제상 이용할 수 있는 자연력은 법률이 정하는 바에 의하여 일정한 기간 그 채취 · 개발 또는 이용을 특허할 수 있다. ② 국토와 자원은 국가의 보호를 받으며, 국가는 그 균형있는 개발과 이용을 위한 계획을 수립한다.
제8차개정헌법 (1980.10.27)	제121조 ① 광물 기타 중요한 지하자원 · 수산자원 · 수력과 경제상 이용할 수 있는 자연력은 법률이 정하는 바에 의하여 일정한 기간 그 채취 · 개발 또는 이용을 특허할 수 있다. ② 국토와 자원은 국가의 보호를 받으며, 국가는 그 균형있는 개발과 이용을 위하여 필요한 계획을 수립한다.
제9차개정헌법 (1987.10.29)	제120조 ① 광물 기타 중요한 지하자원 · 수산자원 · 수력과 경제상 이용할 수 있는 자연력은 법률이 정하는 바에 의하여 일정한 기간 그 채취 · 개발 또는 이용을 특허할 수 있다. ② 국토와 자원은 국가의 보호를 받으며, 국가는 그 균형있는 개발과 이용을 위하여 필요한 계획을 수립한다.

쟁점

자원 및 국토계획정책은 1948년 제헌헌법에서 규정한 자원의 채취·개발 또는 이용에 대한 특허원칙과 1972년 제7차 개정헌법에서 신설한 국토와 자원에 대한 국가보호의무와 국가의 국토와 자원의 개발 및 이용에 대한 계획수립권의 기본 틀을 유지한 상태로 현행 헌법에 이르고 있다.

2017년 국회 자문위 개헌 논의에서 제120조 제1항 '수산자원'을 수산자원, 해저자원 등을 포괄하는 '해양자원'으로 대체하고, 해양자원에 대응하는 산림자원을 포함시키며, 수력 외 경제상 이용할 수 있는 다른 자연력의 존재를 고려하여 풍력을 예시로 추가하고 '등'을 추가하자는 다수의견이 제시되었다.[65] 반면 '수산자원 등'으로 규정하여 필요한 경우 법률로써 다른 주요 자원이 포함될 수 있도록 하는 것으로 충분하며, 산림자원을 추가하여 헌법에 명기하는 것은 적절하지 않다는 소수의견이 대립되었다.[66]

2017년 국회 자문위 개헌 논의에서 제120조 제2항 자원의 '지속가능한' 개발과 이용에 관한 내용을 추가하고, 이를 위한 계획 달성을 위한 국가의 노력의무를 규정해야 한다는 다수의견이 제시되었다.[67] 반면 지속가능성 문제는 자원의 문제에 한정되지 않으므로 총강에서 환경국가원리로 또는 기본권장에서 환경권의 내용으로 규정하는 것이 체계적이고, 다수의견에서 이러한 '계획을 수립하고 달성하기 위

---

65 국회헌법개정특별위원회 자문위원회, 국회헌법개정특별위원회 자문위원회 보고서, 2018. 1, 203면.

66 국회헌법개정특별위원회 자문위원회, 앞의 글, 204면.

67 국회헌법개정특별위원회 자문위원회, 앞의 글, 202면.

하여 노력한다.'라고 하는 것은 규범으로서 실질적인 의미를 갖지 못하기 때문에 현행유지 소수의견이 대립되었다.[68]

68 국회헌법개정특별위원회 자문위원회, 앞의 글, 203면.

제5장

경자유전의 원칙

제121조

① 국가는 농지에 관하여 경자유전의 원칙이 달성될 수 있도록 노력하여야 하며, 농지의 소작제도는 금지된다.

② 농업생산성의 제고와 농지의 합리적인 이용을 위하거나 불가피한 사정으로 발생하는 농지의 임대차와 위탁경영은 법률이 정하는 바에 의하여 인정된다.

헌법은 농지를 포함한 토지가 생산이나 대체가 불가능하여 공급이 제한되어 있다는 특성을 고려하여 "국가는 국민 모두의 생산 및 생활의 기반이 되는 국토의 효율적이고 균형 있는 이용·개발과 보전을 위하여 법률이 정하는 바에 의하여 그에 관한 필요한 제한과 의무를 과할 수 있다(제122조)."고 별도로 규정하고 있는데, 이것이 '토지공개념'의 기초가 되는 것으로서, 토지에 관한 각종 규제법률이 이를 근거로 하여 토지소유자 등에게 여러 가지 의무와 부담을 과하고 있다.[69] 특

69 헌법재판소 1998. 6. 25. 선고 95헌바35등 결정.

히 식량생산의 기초인 농지에 대하여서는 헌법 제121조 등에서 소작제도금지 등 특별한 규제를 가하고 있어 그 사회성과 공공성은 일반적인 토지의 경우보다 더 강하다고 할 수 있으므로, 농지 재산권을 제한하는 입법에 대한 헌법심사의 강도는 다른 토지 재산권을 제한하는 입법에 대한 것보다 낮다고 헌법재판소는 판단하고 있다.[70] 다시 말해서 농지규제는 다른 재산권에 비교하여 보다 강한 재산권 제한의 대상이 되는 것이다.

또한 현행헌법은 그간 농지에 대한 원칙으로 존재해 왔으나 명문으로 규정되지 않았던 경자유전의 원칙을 제121조 제1항에서 "국가는 농지에 관하여 경자유전의 원칙이 달성될 수 있도록 노력하여야 하며, 농지의 소작제도는 금지된다."라고 규정하고, 제2항에서는 "농업생산성의 제고와 농지의 합리적인 이용을 위하거나 불가피한 사정으로 발생하는 농지의 임대차와 위탁경영은 법률이 정하는 바에 의하여 인정된다."고 경자유전 원칙의 예외를 허용하고 있다.[71]

현행 농지법 및 농지정책은 헌법 제121조에 따라 농지법 등 법령에 의하여 형성·변화를 거듭해 왔다. 경자유전의 원칙은 헌법상 국가의 노력의무로 천명하고 있으나, 헌법 제121조에 의한 경자유전원칙은 절대적인 것이 아니고 농지법 등 법령에 의하여 형성되는 것이므로, 입법자는 경자유전원칙에 관한 사항을 형성하면서 농지 재산권을 제한할 수 있다. 또한 입법자는 예외적으로 법률이 정하는 바에 따라 농지의 임대차와 위탁경영의 범위, 즉 "농업생산성의 제고와 농지의 합리적인 이용을 위하거나 불가피한 사정"을 결정할 권한이 있다.

70 헌법재판소 2010. 2. 25. 선고 2008헌바80등 결정.

71 류해웅, 토지법제론, 부연사, 2012, 256면.

자경농지의 양도소득세면제의 요건으로 농지소재지 거주요건을 둔 것과 헌법상 경자유전의 원칙

[헌법재판소 2003. 11. 27. 2003헌바2 결정]

•

헌법 제121조 제1항은 전근대적인 법률관계인 소작제도의 청산을 의미하며 나아가 헌법은 부재지주로 인하여 야기되는 농지이용의 비효율성을 제거하기 위하여 경자유전의 원칙을 국가의 의무로서 천명하고 있는 것이다. 구 「조세특례제한법」 제69조 제1항 제1호의 입법목적이 외지인의 농지투기를 방지하고 조세부담을 덜어주어 농업·농촌을 활성화하는 데 있음을 고려하면 위 규정은 경자유전의 원칙을 실현하기 위한 것으로 볼 것이지 경자유전의 원칙에 위배된다고 볼 것은 아니다.[72]

농업 경영에 이용하지 않는 경우의 농지소유를 예외적으로 허용하면서, 그러한 예외에 종중은 포함하지 않고 있는 구 「농지법」 제6조 제2항

[헌법재판소 2013. 6. 27. 2011헌바278 결정]

•

위 조항은 경자유전의 원칙을 선언한 헌법 제121조 제1항 및 국토의 효율적이고 균형 있는 이용·개발과 보전에 관한 헌법 제122조에 직접 근거하여 농지소유 제한에 대한 예외를 제한적으로만 인정하고 있는 것으로 입법목적의 정당성 및 수단의 적절성이 인정된다. 한편, 종중에게 농지소유를 허용하면 헌법상 경자유전의 원칙이 형해화될 수 있고, 종중이 위토인 농지를 경작하여 그

72 헌법재판소, 헌법재판소판례집 제15권2집(하), 2003, 281, 295면.

수확물로 제사를 지내는 관습이 퇴조하고 있는 현실에서 종중이라는 이유로 농지소유 제한에 대한 예외를 인정할 필요성도 크지 않다. 또한, 종중 명의의 등기를 허용한 후 「농지법」상의 처분명령이나 이행강제금 등 사후적인 규제를 할 경우 등기를 기화로 탈법행위가 발생할 수 있고, 이러한 방법이 위 조항과 비교하여 헌법상 경자유전의 원칙 실현에 동등·유사한 효과가 있다고 단정할 수도 없으며, 위 조항이 입법목적이 상이한 부동산실명법과는 달리 종중에 대한 특례를 두지 않았다고 하더라도 자의적인 입법이라고 볼 수 없어 최소침해성에 반하지도 않는다. 나아가 농지의 효율적인 이용과 관리를 통한 안정적인 식량생산 기반의 유지 및 헌법상 경자유전의 원칙을 실현한다는 공익은, 청구인이 제한받게 되는 농지에 대한 재산권 행사의 제한이라는 사익보다 현저히 크다. 따라서 위 조항은 과잉금지원칙에 반하여 재산권을 침해한다고 볼 수 없다.[73]

농지소유자가 농지처분명령을 이행하지 않는 경우 당해 농지의 토지가액의 100분의 20에 상당하는 이행강제금을 부과하도록 하는 등을 규정하고 있는 구 「농지법」 제65조 제1항, 제4항

[헌법재판소 2010. 2. 25. 2008헌바80 결정]

•

위 법조항들이 달성하고자 하는 입법목적은 단순히 농지소유자의 농지 이용방법에 관한 제한 위반을 시정하는 데 그치는 것이 아니라, 농지소유자로 하여금 농지를 계속 농업경영에 이용하도록 함

73 헌법재판소, 헌법재판소판례집 제25권1집, 2013, 475, 483-485면.

과 동시에, 비자경농이 농지를 소유하는 것 자체를 제한하는 것으로서, 국토의 효율적이고 균형 있는 이용·개발과 보전을 위하여 그에 관한 필요한 제한과 의무를 과할 수 있다는 헌법 제122조 및 경자유전의 원칙 및 소작제도 금지를 규정한 헌법 제121조 제1항에 근거를 둔 것으로서 정당하다.[74]

농지대토의 양도소득세 감면요건으로 직접 경작을 요구하는 구 「조세특례제한법」 조항

[헌법재판소 2015. 5. 28. 2014헌바262등 결정]

•

헌법 제121조 제1항은 "국가는 농지에 관하여 경자유전의 원칙이 달성될 수 있도록 노력하여야 하며, 농지의 소작제도는 금지된다." 라고 규정함으로써 경자유전의 원칙을 국가의 의무로 천명하고 있다. 위 조항이 정하는 대토감면제도는, 농민이 경작상의 필요에 의하여 농지소재지에서 3년 이상 직접 경작하던 농지를 양도하고 1년 이내에 일정한 규모 이상의 농지를 신규로 취득하여 당해 농지소재지에서 3년 이상 직접 경작할 경우, 종전 농지의 양도에 대하여 양도소득세를 감면해 주는 제도이다. 이는 농민이 경작상 필요에 의하여 기존의 농지를 양도하고 새로운 농지를 취득할 경우, 그 양도로 인한 세금부담을 덜어 주어 농업에 계속하여 종사할 수 있게 함으로써 정책적으로 농업 발전을 도모하기 위한 것으로, 헌법 제121조 제1항 및 제123조 제1항에 비추어 볼 때 그 입법목적이 정당하다.[75]

---

74 헌법재판소, 헌법재판소판례집 제22권1집(상), 2010, 219, 227면.

경자유전의 원칙과 합법성의 원칙

[대법원 2000. 8. 22. 선고 99다62609,62616 판결]

•

우리 헌법은 제헌헌법 제86조에서 "농지는 농민에게 분배하며 그 분배의 방법, 소유의 한도, 소유권의 내용과 한계는 법률로서 정한다."고 규정한 이래 현재에 이르기까지 '경자유전'의 원칙을 거듭 천명하고 있고, 구「농지개혁법」제19조 제2항에서 농지 매매시 소재지관서의 증명을 받도록 규정한 것은 이러한 헌법의 규정을 구체적으로 실천하기 위한 것이므로 그 합법성의 원칙은 존중되어야 한다.

「민법」상 신의성실의 원칙은 법률관계의 당사자는 상대방의 이익을 배려하여 형평에 어긋나거나 신뢰를 저버리는 내용 또는 방법으로 권리를 행사하거나 의무를 이행하여서는 안된다는 추상적 규범을 말하는 것인바, 사적자치의 영역을 넘어 공공질서를 위하여 공익적 요구를 선행시켜야 할 사안에서는 원칙적으로 합법성의 원칙은 신의성실의 원칙보다 우월한 것이므로 신의성실의 원칙은 합법성의 원칙을 희생하여서라도 구체적 신뢰보호의 필요성이 인정되는 경우에 비로소 적용된다고 봄이 상당하다.

경자유전의 원칙과 법률 위반에 대한 고의성

[대법원 2006. 2. 24. 선고 2005도8802 판결]

•

우리나라의 부동산 투기 실태와 정부 수립 이래 경자유전의 원칙

75 헌법재판소, 헌법재판소판례집 제27권1집(하), 2015, 269, 274면.

에 따라 비농업인의 농지 소유를 계속적으로 제한하여 온 규제 연혁 등에 비추어 볼 때, 실제로 농사를 짓지 않는 사람이 농지를 취득하는 경우에는 법령상 제한이 있을 것이라는 점은 경험칙상 쉽게 알 수 있을 것임에도 피고인이 이 사건 농지를 자경할 의사 없이 매수하기 위하여 그 취득에 필요한 농업경영계획서 작성 및 이를 첨부한 토지거래계약허가신청에 관한 일체의 사무를 아버지를 통하여 법무사에게 일임한 것은, 결국 법령에 위반된 방법으로 토지거래계약허가를 발급받게 될 것이라는 사정을 알면서도 이를 용인 내지 묵인한 것으로 볼 수밖에 없으므로, 피고인에게 국토의 계획 및 이용에 관한 법률 위반에 대한 고의가 없었다고 볼 수도 없다.

연혁

제헌헌법은 "농지는 농민에게 분배하며 그 분배의 방법, 소유의 한도, 소유권의 내용과 한계는 법률로써 정한다."고 규정하였다(제86조). 명시적으로 경자유전의 원칙을 사용하고 있지 않지만 실질적으로 농지를 농민에게 분배하는 농지개혁의 헌법적 결단을 명문화하고 있다는 점에서 현행 헌법상의 경자유전의 원칙과 맥을 같이한다고 할 것이다.[76] 이 조항은 1962년 헌법에서 "농지의 소작제도는 법률이 정하는 바에 의하여 금지된다(제113조)."고 규정하여 소작제도의 금지라는 방식으로 경자유전의 원칙을 계승하였고, "국가는 농지와 산지의 효율적 이용을 위하여 법률이 정하는 바에 의하여 그에 관한 필요한 제한과 의무를 과할 수 있다(제114조)."로 개정되었다.

---

76 허강무, 박근혜정부의 토지정책 과제, 토지공법연구 제60집, 2013, 87~114면.

1980년 헌법은 제122조에서 소작제도의 금지를 선언하면서, "다만, 농업생산성의 제고와 농지의 합리적인 이용을 위한 임대차 및 위탁경영은 법률이 정하는 바에 의하여 인정된다."라고 하여 처음으로 농지에 대한 임대차와 위탁경영에 대한 헌법적 근거를 마련하였다. 그리고 1987년 9차 개헌에 의한 현행헌법은 그간 농지에 관하여 원칙으로 존재해 왔으나 명문규정으로 헌법에 나타나지 않았던 경자유전의 원칙을 제121조 제1항에서 "국가는 농지에 관하여 경자유전의 원칙이 달성될 수 있도록 노력하여야 하며, 농지의 소작제도는 금지된다."라고 규정하고, 제2항에서는 "농업생산성의 제고와 농지의 합리적인 이용을 위하거나 불가피한 사정으로 발생하는 농지의 임대차와 위탁경영은 법률이 정하는 바에 의하여 인정된다."고 하고 있다. 현행 헌법은 1980년 8차 개헌 헌법과 달리 경자유전의 원칙을 선언하면서, 농지의 임대차와 위탁경영에 있어서 "불가피한 사정"으로 발생하는 농지의 임대차와 위탁경영이라는 문구를 사용하여 농지의 임대차와 위탁경영이 제한적인 허용임을 밝히고 있다.

다시 말해서 현행 헌법인 제9차 개정헌법은 소작제의 금지 외에 경자유전의 원칙이 달성되도록 노력할 국가의 의무를 추가적으로 명문화하였으며, 소작제의 금지는 원래 법률유보사항이었으나 제9차 개정헌법부터 절대적 금지제도가 되었다.[77] 이는 전근대적인 법률관계인 소작제도의 청산을 의미하며, 부재지주로 인하여 야기되는 농지 이용의 비효율성을 제거하기 위하여 경자유전의 원칙을 국가의 의무로서 천명한 것이다.[78] 다시 말해서 현행 헌법은 이미 완성된 농

77 법제처, 앞의 글(Ⅳ), 505면.

78 헌법재판소 2003. 11. 27. 2003헌바2 결정.

지개혁을 전제로 농지개혁에 의하여 달성된 성과를 유지할 목적으로 '경자유전의 원칙'과 '농지의 임대차와 위탁경영'을 명시하고 있다.[79]

표 2-4 헌법의 농지 관련 규정 변천

개헌	조문 내용
제헌헌법 (1948. 07. 17.)	제86조 농지는 농민에게 분배하며 그 분배의 방법, 소유의 한도, 소유권의 내용과 한계는 법률로써 정한다.
제2차개정헌법 (1954. 11. 29.)	제86조 농지는 농민에게 분배하며 그 분배의 방법, 소유의 한도, 소유권의 내용과 한계는 법률로써 정한다.
제5차개정헌법 (1962. 12. 26.)	제113조 농지의 소작제도는 법률이 정하는 바에 의하여 금지된다.
제7차개정헌법 (1972. 12. 27.)	제118조 농지의 소작제도는 법률이 정하는 바에 의하여 금지된다.
제8차개정헌법 (1980. 10. 27.)	제122조 농지의 소작제도는 법률이 정하는 바에 의하여 금지된다. 다만, 농업생산성의 제고와 농지의 합리적인 이용을 위한 임대차 및 위탁경영은 법률이 정하는 바에 의하여 인정된다.
제9차개정헌법 (1987. 10. 29.)	제121조 ① 국가는 농지에 관하여 경자유전의 원칙이 달성될 수 있도록 노력하여야 하며, 농지의 소작제도는 금지된다. ② 농업생산성의 제고와 농지의 합리적인 이용을 위하거나 불가피한 사정으로 발생하는 농지의 임대차와 위탁경영은 법률이 정하는 바에 의하여 인정된다.

79 한수웅, 앞의 책, 340면.

제헌 헌법 제정과정의 농지 관련 국회 회의록[80]

국회 회의록 **전문위원 유진오**

제6장 경제에 관한 서면질의를 말씀드리겠습니다.

85조에 관해서 박순석 의원으로부터 「농지는 농민에게 분배함이 원칙으로 한다.」는 것은 비농민에게는 분배할 수 있는가 이런 말씀인데 농지는 농민에게 분배함이 원칙이고, 물론 농지는 농민에게 분배함인데, 기타 따라서는 반다시 정신적으로 경작하는 사람이 아니라 할지라도 농지의 필요가 있을까 해서 모든 문제를 법률에 일임한 것입니다.

농지의 분배를 농민에게 분배하는 이외에는 조곰도 빈틈이 없을 것이고, 만일 구체적 경우를 생각해서 직접 경작하는 이외에 농지의 생산 필요가 있다면 법률로 그것을 결정한다 그런 조치입니다.

그 다음엔 이병관 의원으로부터 농지 외의 재산은 분배치 않는 이유 이것은 농지를 분배하는 것이 지금 우리가 민주주의적 제도를 수립하는 데 있어서 가장 기본적 문제로 되여 있기 때문에 농지를 분배하는 것입니다.

민주주의라는 것이 종래에 농민이 토지에 예속되여 있는 영유치 않는 농민을 농지의 해방에서 거기에 토지개혁의 목표가 되는 것입니다. 그러므로 이 헌법에 있어서는 농지에 관한 것을 규정한 것입니다.

---

80 국회, 국회 제19차 제1회 회의 속기록, 1948. 6. 28, 22면.

다음은 조종승 의원으로부터 농지분배율을 헌법상 명시함이 여하, 명시의 정도로 명시할 수 있게 결의된다면 물론 좋겠읍니다. 그러나 헌법을 급히 제정하여 상정시켜야 하겠고 또 구체적 문제를 논의할랴면 장구한 시간이 걸리기 때문에 법률로 미르고 헌법에 넣지 않었읍니다.

김명동 의원으로부터 농지 소유의 한도를 명시안 함은 이유 여하, 이것은 지금 말씀드린 것과 같은 꼭같은 문제입니다. 손쉽게 결정할 수 있다면 결정해 가지고 하는 것이 좋읍니다. 몰라도 이것은 상당한 통계수자를 가지고 명확한 문자를 산출하기 어려울 줄 압니다. 분배하는 것만을 헌법에 제시했읍니다.

쟁점

헌법상 경자유전 원칙은 현행 헌법 존치론, 폐지론, 개정론으로 의견이 나뉘고 있다. 존치론은, 경제주체간의 조화와 농어민 자조조직의 보호를 추구하는 현행 헌법의 경제질서에 관한 기본정신을 고려하고 고질적인 부동산투기의 사회적 해악이 심대한 현실을 고려할 때 법률에 의한 예외적 위탁경영과 임대차를 허용하는 방법를 활용할 경우 현재처럼 경자유전의 원칙을 유지하여야 한다는 입장이다.[81] 농지는 유한성과 회복 불가능성을 지니며, 국민을 위한 식량 생산기반으로서 농지에 관한 권리는 다른 재산권에 비해 더 공익성이 강조될 필요 있고, 농업생산 의지와 능력이 있는 자가 자기의 농지를 소유하여

---

81 이종수, 한국헌법상 '경자유전(耕者有田)의 원칙'과 한계, 토지법학 제24-2호, 한국토지법학회, 2008. 12, 13면.

안정적으로 경영하게 할 필요가 있다. 경자유전의 원칙을 폐지하면 대규모 자본의 무분별한 농지 개발, 식량안보 저해, 농업인의 소작농 전락 또는 농촌의 붕괴 등이 우려되므로 현행대로 유지하여야 한다는 입장이다.[82]

폐지론은, 헌법 제121조의 경자유전의 원칙과 소작제도 금지는 오늘날 그 의미를 상실하여 폐지되어야 한다는 주장이다.[83] 경자유전 원칙 아래 불가피한 경우에만 임대차를 예외적으로 허용하는 헌법규정이 상당한 규모에 이르고 있는 임차농지의 현실과 괴리되어 규범성을 상실하였고, 농산물시장의 세계적 개방으로 인하여 식량안보의 필요성은 낮고, 농업의 현대화·산업화 등 농업의 경쟁력 강화와 발전을 위해서는 경자유전의 원칙을 폐지해야 한다는 의견이다.

82 이태호·사동천, 농업·농촌 관련 헌법조항 현황 및 개정 방향, 농림축산식품부, 2017, 624면.

83 정종섭, 앞의 책, 236면; 김성수, 헌법상 경제조항에 대한 개정론, 공법연구 34집 4호 2권, 한국공법학회 2006, 201면.

제6장

토지공개념 (제122조)

제122조

국가는 국민 모두의 생산 및 생활의 기반이 되는 국토의 효율적이고 균형 있는 이용 · 개발과 보전을 위하여 법률이 정하는 바에 의하여 그에 관한 필요한 제한과 의무를 과할 수 있다.

헌법 제122조는 토지가 지닌 이러한 특성을 고려하여 "국가는 국민 모두의 생산 및 생활의 기반이 되는 국토의 효율적이고 균형 있는 이용·개발과 보전을 위하여 법률이 정하는 바에 의하여 그에 관한 필요한 제한과 의무를 과할 수 있다."라고 규정함으로써 토지재산권에 대한 광범위한 입법형성권을 부여하고 있다.[84] 토지는 생산이나 대체가 불가능하여 공급이 제한되어 있고 우리나라의 가용토지면적이 인구에 비하여 절대적으로 부족한 반면 모든 국민이 생산 및 생활의 기반인 토지의 합리적인 이용에 의존하고 있으므로, 그 사회적 기능이나

84 헌법재판소 2010. 2. 25. 2008헌바80 결정; 헌법재판소 2010. 2. 23. 2010헌바484 결정; 헌법재판소 2012. 11. 29. 2011헌바224 결정.

국민경제의 측면에서 다른 재산권에 비해 더 강하게 공동체의 이익을 관철할 것이 요구된다.[85]

모든 사람들에게 인간으로서의 생존권을 보장해 주기 위하여서는 토지소유권은 이제 더 이상 절대적인 것일 수가 없었고 공공의 이익 내지 공공복리의 증진을 위하여 의무를 부담하거나 제약을 수반하는 것으로 변화되었으며,[86] 토지소유권은 신성불가침의 것이 아니고 실정법상의 여러 의무와 제약을 감내하지 않으면 안되는 것으로 되었으니 이것이 이른바, "토지공개념土地公槪念 이론"이다고 헌법재판소는 판단하고 있다.[87] 일반적으로 우리 헌법의 기본원리인 사회국가원리와 제23조제1항 후단·제2항 및 제3항, 제37조제2항, 제122조 등에서 토지공개념의 근거를 찾고 있다.

헌법 제122조에 따라 국토의 효율적이고 균형있는 이용·개발과 보전을 위하여 법률이 정하는 바에 의하여 그에 관한 필요한 제한과 의무를 과할 수 있는 바, 이와 관련한 법률이 「국토기본법」, 「개발이익환수에 관한 법률」, 「국가균형발전특별법」, 「국토의 계획 및 이용에 관한 법률」 등이다.

토지공개념과 재산권 제한의 한계

[헌법재판소 1998. 6. 25. 95헌바35등 결정]

•

헌법 제23조 제1항 본문은 "모든 국민의 재산권은 보장된다."고

---

85 헌법재판소 1998. 6. 25. 95헌바35등 결정,

86 석종현, 손실보상법론, 삼영사, 2005, 2면.

87 헌법재판소 1989. 12. 22. 88헌가13 결정.

규정하여 재산권을 기본권으로 보장하고 있으나, 동 항 단서는 "그 내용과 한계는 법률로 정한다."고 하여 법률로 재산권을 규제할 수 있음을 명백히 하고 있을 뿐만 아니라, 동 조 제2항은 "재산권의 행사는 공공복리에 적합하도록 하여야 한다."라고 규정하여 재산권 행사의 사회적 의무성도 강조하고 있다. 이러한 재산권행사의 사회적 의무성의 정도는 재산의 종류, 성질 등에 따라 달라진다 할 것인데, 특히 토지는 자손 만대로 함께 살아가야 할 생활터전으로서, 그 공공성 등의 특성에 비추어 시장경제의 원리를 그대로 적용할 수 없고, 다른 재산권의 경우보다 더욱 강하게 사회공동체 전체의 이익을 관철할 것이 요구된다. 그래서 토지에 대하여서는 헌법 제122조가 명문으로 "국가는 국민 모두의 생산 및 생활의 기반이 되는 국토의 효율적이고 균형 있는 이용·개발과 보전을 위하여 법률이 정하는 바에 의하여 그에 관한 필요한 제한과 의무를 과할 수 있다."고 별도로 규정하고 있는데, 이것이 '토지공개념'의 기초가 되는 것으로서, 토지에 관한 각종 규제법률이 이를 근거로 하여 토지소유자 등에게 여러 가지 의무와 부담을 과하고 있다. 그러나 이러한 토지소유자 등에 대한 여러 가지 의무의 부과와 제재도 헌법 제37조 제2항에 의하여 그 한계가 있음은 물론 재산권의 본질적인 내용을 침해할 수도 없는 것이다.[88]

88 헌법재판소, 헌법재판소판례집 제10권1집, 1998, 771, 798면.

헌법 제122조의 토지의 공개념과 국가경제에 있어서의 조세의 기능

[헌법재판소 1999. 7. 22. 97헌바55 결정]

•

토지초과이득세의 과세대상이 되는 유휴임야의 범위를 정함에 있어서 조세형평과 투기적 수요의 억제를 통한 지가의 안정 및 토지의 효율적 이용을 기하려는 토지초과이득세법 제8조 제1항 제7호의 "입법목적은 헌법 제23조 제2항의 재산권 행사의 사회적 의무성, 헌법 제122조의 토지의 공개념과 국가경제에 있어서의 조세의 기능에 비추어 필요"하다. 그리고 위 법률조항이 "토초세의 입법목적달성을 위하여 토초세를 부과할 필요가 그다지 크지 아니한 가목 내지 아목에 해당하는 임야만을 제외하고 그 나머지 임야를 모두 과세대상으로 정한 것은 입법권자가 임야의 이용목적, 이용상태, 소유주체 및 용도 등을 고려하여 입법정책적으로 결정한 것으로서 합리적인 이유가 있는 것으로 판단될 뿐 아니라, 위 법률조항의 규정내용이 자의적인 해석·적용을 가능하게 할 정도로 지나치게 추상적이거나 불명하다고 할 수도 없다." 따라서 위 법률조항은 조세법률주의에 위반된다고 할 수 없다.[89]

「개발이익환수에 관한 법률」상 개발부담금의 법적 성격

[헌법재판소 2016. 6. 30. 2013헌바191등 결정]

•

어떤 공과금이 조세인지 아니면 부담금인지는 단순히 법률에서 그것을 무엇으로 성격 규정하고 있느냐를 기준으로 할 것이 아니

89 헌법재판소, 헌법재판소판례집 제11권2집, 1999, 149, 173면.

라, 그 실질적인 내용을 결정적인 기준으로 삼아야 한다(헌법재판소 2004. 7. 15. 2002헌바42 참조). 그런데 개발부담금은 특정 개발사업에 대한 반대급부적 성격 없이 개발이익 환수에 관한 법률에 규정된 요건에 해당하는 모든 사람에 대하여 일방적으로 부과·징수되는 점, 징수된 개발부담금의 100분의 50에 상당하는 금액은 개발이익이 발생한 토지가 속하는 지방자치단체에 귀속되고, 이를 제외한 나머지 개발부담금은 따로 법률이 정하는 지역발전특별회계에 귀속됨으로써 국가 및 지방자치단체의 재정수입에 충당되는 점, 개발부담금은 개발사업의 시행 등으로 인하여 우연히 발생한 불로소득적인 개발이익을 환수하여 국가 및 지방자치단체의 재정수입에 배분함으로써 부가적으로 토지에 대한 투기를 방지하고 토지의 효율적인 이용을 촉진하는 사회·경제 정책적 목적을 실현하는 기능도 수행하는 점, 개발부담금과 토지초과이득세의 입법경위 및 연혁 등에 비추어 개발부담금과 토지초과이득세는 그 목적과 기능에 있어서 본질적으로 다르지 아니한 점 등을 종합해 보면, 개발부담금은 비록 그 명칭이 '부담금'이고 국세기본법이나 지방세기본법에서 나열하고 있는 국세나 지방세의 목록에 빠져 있다고 하더라도, '국가 또는 지방자치단체가 재정수요를 충족시키기 위하여 반대급부 없이 법률에 규정된 요건에 해당하는 모든 자에 대하여 일반적 기준에 의하여 부과하는 금전급부'라는 조세로서의 특징을 지니고 있다는 점에서 실질적인 조세로 보아야 할 것이다.[90]

90 헌법재판소, 헌법재판소판례집 제28권1집(하), 2016, 453, 460-461면.

⊘ **반대의견**(재판관 김이수, 이진성)

[헌법재판소 2016. 6. 30. 2013헌바191등 결정]

•

헌법은 제38조에서 조세의 납부를 국민의 기본의무로 규정함과 동시에 국가에 의한 자의적인 조세 부과 및 징수를 막기 위해 제59조에서 "조세의 종목과 세율은 법률로 정한다."라고 규정하고 있다. 이에 따라 법률로써 성립한 조세는 재산권 등 개별기본권의 침해 여부는 별론으로 하더라도 그 자체로 헌법적 정당성을 부여받으므로 헌법상 조세의 개념에 포섭될 수 있는 범위는 매우 엄격하게 해석해야 한다. 토지공개념 제도의 일환으로 개발이익의 환수를 위하여 개발이익환수법과 토지초과이득세법이 각각 제정되었다. 토지초과이득세법은 개발사업 주변지역의 토지소유자가 얻게 되는 개발이익의 환수를 위하여 조세의 형식을 취하였지만, 개발이익환수법은 개발사업의 시행자가 얻는 불로소득적인 개발이익을 환수하기 위하여 양도소득세 등의 과세적 방법을 사용할 수 있음에도 조세의 형식을 취하지 않고 개발부담금제도를 도입하였다. 개발부담금제도는 개발이익의 환수를 통해, 개발이익을 목적으로 하는 투기가 성행하는 것을 방지하고, 난개발 등을 막아 토지의 효율적인 이용을 촉진하기 위한 것이므로, 징수된 개발부담금이 국가 및 지방자치단체의 재정수입에 충당되는 효과가 있다고 하더라도, 이것이 개발부담금의 본래 목적이라고 할 수 없다. 한편, 개발부담금은 「부담금관리기본법」상의 부담금의 하나로서, 「부담금관리기본법」의 적용을 받는다(「부담금관리기본법」제3조 중 별표 제54호). 「부담금관리기본법」은 부담금을 "분담금, 부과금, 기여금, 그 밖의 명칭에도 불구하고 재화 또는 용역의 제공과 관계

없이 특정 공익사업과 관련하여 법률에서 정하는 바에 따라 부과하는 조세 외의 금전지급의무(특정한 의무이행을 담보하기 위한 예치금 또는 보증금의 성격을 가진 것은 제외한다)"라고 정의하고 있다. 이와 같은 사정을 종합해 볼 때, 개발이익 환수에 관한 법률상 개발부담금은 헌법상 조세에 해당한다고 볼 수 없고, 투기방지와 토지의 효율적 이용 및 개발이익에 관한 사회적 갈등을 조정하기 위해 정책적 측면에서 도입된 특별부담금으로서, 유도적·조정적 성격을 갖는 특별부담금으로 봄이 타당하다.[91]

토지거래허가제도는 헌법 제122조에서 인정하고 있는 재산권의 제한의 한 형태

[헌법재판소 1989. 12. 22. 88헌가13 결정]

•

「국토이용관리법」이 규제하고자 하는 것은 모든 사유지가 아니고 투기의심지역 또는 지가폭등지역의 토지에 한정하고 있다는 점과 규제기간이 5년 이내인 점, 설사 규제되더라도 거래목적, 거래면적, 거래가격 등에 있어서 기준에 위배되지 않는 한 당연히 당국의 거래허가를 받을 수 있어 처분권이 완전히 금지되는 것은 아닌 점 및 당국의 거래불허가처분에 대하여서는 불복방법이 마련되어 있는 점 등을 종합해 볼 때 토지거래허가제는 사유재산제도의 부정이라 보기는 어렵고 다만 그 제한의 한 형태라고 봐야 할 것이다. 생산이 자유롭지 않은 토지에 대하여 처분의 자유를 인정하지 않고 이를 제한할 수밖에 없음은 실로 부득이한 것이며 토지거래허가제는 헌

91 헌법재판소, 헌법재판소판례집 제28권1집(하), 2016, 453, 465-466면.

법이 명문으로(헌법 제122조) 인정하고 있는 재산권의 제한의 한 형태로서 재산권의 본질적인 침해라고는 할 수 없는 것이다.[92]

개발이익 개념과 용적률 증가로 인한 개발이익 환수

[헌법재판소 2008. 10. 30. 2005헌마222 등 결정]

•

개발이익이란 유형적인 개발사업의 시행뿐만 아니라 그 입법목적에 비추어 이와 동일시 할 수 있는 사회·경제적 요인에 의해 발생한 것까지를 포괄하는 개념으로, 공공투자로 인한 편익 증진, 개발사업의 인허가에서 초래되는 계획이익, 토지개발 및 건축행위에서 발생하는 개발이익, 기타 사회, 경제적 여건의 변화로 얻은 자본이득 및 우발이익 등을 총괄하는 개념이라 할 것이고, 재건축사업시 용적률이 증가됨으로써 발생하는 이익도 개발이익에 포함된다고 할 것이므로, 이 중 일부를 개발이익으로 환수하더라도 정당한 보상 여부는 문제된다고 볼 수 없다.[93]

연혁

1962년 제5차 개헌을 통하여 헌법 제114조는 "국가는 농지와 산지의 효율적 이용을 위하여 법률이 정하는 바에 의하여 그에 관한 필요한 제한과 의무를 과할 수 있다."고 규정하였으며, 1972년 제7차 개헌에서는 '농지'와 '산지'와 더불어 '기타 국토'에 관하여도 규정하였다. 1987년 제9차 개헌을 통하여 현행 제122조에서는 종래의 규정에

---

92 헌법재판소, 헌법재판소판례집 제1권, 1989, 357, 376면.

93 헌법재판소, 헌법재판소판례집 제20권2집(상), 2008, 928면.

서 "국민 모두의 생산 및 생활의 기반이 되는 국토"라는 표현을 "농지와 산지 기타"라는 부분을 삭제하고 뒤의 국토를 수식 내지 강조하여 "국민 모두의 생산 및 생활의 기반이 되는 국토"라고 명시하였다.[94]

표 2-5 헌법의 토지공개념 관련 규정 변천

개헌	조문 내용
제5차개정헌법 (1962. 12. 26.)	제114조 국가는 농지와 산지의 효율적 이용을 위하여 법률이 정하는 바에 의하여 그에 관한 필요한 제한과 의무를 과할 수 있다.
제7차개정헌법 (1972. 12. 27.)	제119조 국가는 농지와 산지 기타 국토의 효율적인 이용·개발과 보전을 위하여 법률이 정하는 바에 의하여 그에 관한 필요한 제한과 의무를 과할 수 있다.
제8차개정헌법 (1980. 10. 27.)	제123조 국가는 농지와 산지 기타 국토의 효율적이고 균형있는 이용·개발과 보전을 위하여 법률이 정하는 바에 의하여 그에 관한 필요한 제한과 의무를 과할 수 있다.
제9차개정헌법 (1987. 10. 29.)	제122조 국가는 국민 모두의 생산 및 생활의 기반이 되는 국토의 효율적이고 균형있는 이용·개발과 보전을 위하여 법률이 정하는 바에 의하여 그에 관한 필요한 제한과 의무를 과할 수 있다.

94 법제처, 앞의 글(Ⅳ), 514면.

표 2-6 헌법재판소가 판단한 토지공개념 연혁

헌법재판소 결정례 헌법재판소 1989. 12. 22. 88헌가13

토지소유권이 그 핵심인 재산권이라는 관념은 그것이 생겨난 이후 오늘에 이르기까지 끊임없이 변천되어 온 역사에 기초를 두고 있으므로 헌법에 규정된 재산권보장의 성격을 명백히 파악하기 위하여서는 토지소유권 관념에 대한 역사적 이해가 필요하다. 역사적으로 볼 때 고대사회에서 토지에 대한 소유권개념은 부락 주민 전체의 총유總有라는 관념으로 인식되었다. 그러나 중세봉건제도의 확립과 함께 토지소유권의 개념은 토지에 대한 관리처분권(영유권)과 그 이용권으로 구분하는 분할소유권分割所有權의 관념이 형성되어 관리처분권은 봉건 영주에게 귀속되고 그 이용권은 지세나 소작료를 부담하는 조건으로 예속 영민에게 귀속되는 것으로 변천되었다. 봉건 영주는 토지영유권을 토대로 하여 예속영민에 대하여 병역동원이나 노무차출 등으로 신분구속적身分拘束的인 지배를 할 수 있었고 예속 영민은 토지를 경작할 수 있게 해준 영주의 은사恩赦에 대한 보답으로 각종의 의무와 부담을 감내하고 있었던 것이다.

봉건사회가 붕괴되고 난 후 성립한 근대시민사회는 근대초기의 계몽사상 및 자연법사상과 로마법의 영향으로 모든 사람을 평등한 인격자로 관념하고 그의 이윤추구 욕구를 바탕으로 한 자유스러운 사회활동(계약자유)과 여러가지 제약이나 부담이 따르지 않는 소유권 즉, 절대적인 소유권의 보장을 요구하였고, 그것을 배경으로 개인주의·자유주의 및 자본주의의 급속한 발달과 함께 생산과 부의 비약적인 증대와 경제번영을 이룩하였던 것이다. 그리하여 근대 초기자본주의 하에서의 토지소유권의 개념은 개인적 재산권으로서 타의 제약을 받지 않는 절대적사권絶對的私權으로서 존중되게 되었으며, 토지소유권의 불가침성, 자유성, 우월성을 의미하는 토지소유권의 절대성은 1789.8.27. 불란서 인권선언 제17조의 「소유권은 신성불가침」이라는 규정으로 극명하게 표현되었던 것이다.

그러나 위와 같은 개인주의·자유주의에 바탕을 둔 자본주의도 초창기의 기대, 즉, 모든 사람을 평등한 인격자로 보고 그 자유로운 계약활동과 소유권의 절대성만 보장해주면 개인적으로나 사회적으로 무궁한 발전을 기약할 수 있다는 이상理想이 노동을 상품으로 팔 수 밖에 없는 도시노동자나 소작민에게는 아무런 의미가 없고, 계약자유의 미명아래 "있는 자, 가진 자"로부터 착취당하여 결국에는 빈부의 격차가 현격해지고, 사회계층간의 분화와 대립갈등이 첨예화하는 사태에 이르게 됨에 따라 대폭 수정되기에 이르렀으니, 모든 사람들에게 인간으로서의 생존권을 보장해주기 위하여서는 토지소유권은 이제 더 이상 절대적인 것일 수가 없었고 공공의 이익 내지 공공복리의 증진을 위하여 의무를 부담하거나 제약을 수반하는 것으로 변화되었으며, 토지소유권은 신성불가침의 것이 아니고 실정법상의 여러 의무와 제약을 감내하지 않으면 안되는 것으로 되었으니 이것이 이른바, "토지공개념土地公槪念" 이론인 것이다. 그리하여 대부분의 현대국가에서는 재산권의 내용과 한계를 법률로 정할 수 있도록 하고 있고, 의무를 수반하는 상대적 권리相對的權利로 규정하고 있는 것이다. 재산권의 사회적제약 내지 사회기속성을 강조하는 것은 재산권의 절대적 보장에서 배태되는 사회적 폐단을 최소화함과 아울러 사유재산제도의 기본이념을 보호하려는 것으로서 사유재산제도의 유지존속을 위한 사유재산제도의 최소한의 자기희생 내지 양보인 것이다.

1919년에 제정된 독일의 바이마르Weimar헌법 제153조가 「소유권은 헌법에 의해서 보장된다. 그 내용과 한계는 법률로 정한다.」 「소유권은 의무를 진다. 소유권의 행사는 동시에 공공의 복리에 대한 봉사이어야 한다.」고 규정한 것은 위와 같은 소유권의 개념 변화를 잘 표현하고 있는 것이다. 우리나라의 경우 일제의 식민지 지배에서 해방되어 미군정기간을 거쳐 1948.7.12. 제헌헌법이 제정되었는 바, 이 헌법 제15조에서 위와 같은 재산권 관념의 변천에 상응하여 재산권의 상대성, 재산권 행사의 공공복리 적합의무를 명시하고 있으며, 그 후 제정된 우리 「민법」(1958.2.22. 법률 제471호)에서도 소유권의 내용을 규정함에 있어서 "소유자는 법률의 범위내에서 그 소유물을 사용, 수익, 처분할 권리가 있다."(「민법」 제211조) "토지의 소유권은 정당한 이익있는 범위내에서 토지의 상하에 미친다."(「민법」 제212조)라고 규정하고 있으며 '절대무제한으로 목적물을 이용하고 처분할 권리'라든가 '하고 싶은 대로 이용하는 권리'라는 내용으로 규정하고 있지 않은 것이다.

쟁점

정부는 1976년 '부동산투기 억제와 지가안정을 위한 종합대책(소위 8. 8 조치)'에서 '토지공개념土地公槪念'용어를 처음 사용하기 시작하였고,[95] 1989년 이른바 토지공개념 3법인 「토지초과이득세법」, 「택지소유상한에 관한 법률」, 「개발이익 환수에 관한 법률」을 제정하였다. 그러나 헌법재판소에 의해 재산권 침해 등의 이유로 위헌(「택지소유상한에 관한 법률」)[96] 또는 헌법불합치(「토지초과이득세법」) 결정되었다. 다만 헌법재판소 결정에 따라 「택지소유상한에 관한 법률」 및 「토지초과이득세법」은 입법목적의 정당성을 인정받았으나 1997년 IMF위기에 따른 부동산시장 위축으로 1998년 폐지되었고, 「개발이익환수에 관한 법률」만 존치되고 있다.

토지공개념은 새로운 개념이 아니라 이미 현행 헌법에 정착된 개념[97]이자 해석상 인정되고 있으나, 그간 개발이익환수 등 토지공개념과 관련된 정책 추진시 지속적으로 논란이 있어왔다. 토지공개념의 헌법규정화에 대해서는 견해의 차이가 있으며, 이를 명문화하는 경우 그 방식에 있어서도 차이가 있다.

하나는 현행 헌법에 이미 토지공개념에 관한 규정이 있으며,[98] 우리나라 경제질서의 근본적인 변화가 없음에도 토지공개념 규정을 별도로 규정하는 것은 헌법상 불필요하다는 입장이다.[99] 현행 헌법 하에서도 토지공개념에 기반한 법률과 제도가 존재하므로 토지공개념에 대한 별도의 헌법규정을 마련할 필요가 없으며,[100] 다만 '토지공개

---

95 법무부, 토지공개념과 토지정책, 법무자료 제118집, 1989. 12, 6면.

96 헌법재판소 1999. 4. 29. 선고 94헌바37외 66건(병합) 전원재판부 결정.

97 홍준형, 경제헌법 개정의 방향, 공법연구 제46집 제4호, 한국공법학회, 2018. 6, 161면.

98 김성수, 공법연구 제46집 제4호, 한국공법학회, 2018. 6, 183면.

99 정태용, 헌법상 재산권 조항의 바람직한 개헌방향, 토지보상법연구 제18집, 2018, 15면.

100 허강무, 토지공개념 – 부동산경제민주화를 중심으로 –, 「내 삶을 바꾸는 개헌 – 경

념 3법'의 헌법위배 논란을 교훈삼아 헌법합치적이면서도 효과적인 토지규제입법이 수반되어야 한다.[101] 토지공개념의 강화하는 내용의 개헌은 부동산투기 억제 등과 관련하여 보다 강력한 정책의지 표명 효과는 있으나, 헌법의 체계적 통일성과 일관성 문제 등 발생이 우려된다.[102]

다른 하나는 토지공개념은 현행 헌법상 인정되고 있으나, 이에 대한 중요성을 강조한다는 측면에서 헌법규정 신설이 필요하다는 입장이다.[103] 현행 헌법 제122조는 원래 토지공개념을 규정한 조항으로 출발한 것이 아니라 제5차 개정헌법에서 농지와 산지의 효율적인 이용을 도모하기 위해 처음 도입된 후 헌법 개정을 거치면서 전체 국토를 대상으로 공개념을 적용하는 규정으로 진화한 점을 고려할 때, 경제 상황의 변화와 국민 여론의 형성에 따라 토지공개념 조항(제112조)은 불로소득의 폐해를 방지하는 차원에서 토지공개념의 목적을 헌법에 구체화하여 강화할 수 있다.[104] 토지공개념이 토지의 특수한 자원

제민주화와 토지공개념」 국회 헌법개정특별위원회 자문위원회 경제·재정분과 토론회 발제문, 2016. 10. 18, 10면.

101 김승종 외, 토지제도의 헌법적 평가와 향후 과제, 국토연구원, 2018, 96면; 홍준형, 앞의 글, 162면.

102 차진아, 사회국가의 실현구조와 토지공개념의 헌법상 의미, 공법학연구 제19권 제1호, 한국비교공법학회, 2018. 5. 31, 35면.

103 "토지공개념은 헌법 제23조 제2항, 제122조 등에 근거하여 인정되고 있으나, 토지의 유한성, 생산수단으로서 또는 생활기반으로서 토지가 갖는 중요성, 토지공급과 수요의 불균형 및 사회적 불평등 심화의 문제를 해소하기 위하여 토지공개념의 중요성을 강조한다는 측면에서 토지공개념에 대한 개정을 하기로 함"(국회헌법개정특별위원회 자문위원회, 앞의 글, 199면)

104 전강수, 토지공개념 헌법 명기의 필요성과 가능성, 그리고 방법, 사회과학논총, 제16집, 대구가톨릭대학교 사회과학연구소, 2017. 12, 159면.

으로서의 성격으로 인하여 반드시 도입(혹은 부활)이 필요하지만 법만으로 이상적 체계를 구비하는 데는 한계가 있으며, 다만 국민들의 동의와 지지, 장기적이고 종합적인 토지계획, 여타 법률과의 조화와 규범의 체계정합성 등은 필요하다.[105]

105 김광수, 헌법 개정과 토지공개념, 토지법학 제34권제1호, 한국토지법학회, 2018. 6. 30, 51면.

/ **3**부 /

외국의 부동산 관련 헌법

제7장

외국의 부동산 관련 헌법

독일

독일기본법은 제14조 제1항에서 "재산권과 상속권은 보장된다. 그 내용과 한계는 법률로 정한다."라고 하여 수용의 대상이 되는 재산권의 존재에 대하여 규정하고 있고, 제2항에서 "재산권은 의무를 수반한다. 그 행사는 동시에 공공복리에 이바지하여야 한다."라고 하여, 재산권 자체에 존재하는 사회적 의무로서 사회구속성에 관하여 규정하고 있다. 제3항에서 "공용수용은 공공복리를 위해서만 허용된다. 공용수용Enteignung은 오직 보상의 종류와 정도를 규정하는 법률에 의하여 또는 법률에 근거하여 행하여질 수 있다. 보상은 공공의 이익과 관계자의 이익을 정당하게 형량하여 결정되어야 한다. 보상의 수준에 대한 분쟁의 경우에는 일반법원에 소송을 제기할 수 있다."라고 하여, 공용수용의 요건으로서 공공복리 및 보상을 정하고 있는 법률을 규정하고 있다.[1] 한국헌법 제23조는 독일바이마르헌법 제153조의

1 국회도서관, 세계의 헌법: 40개국 헌법 전문 제1권, 2018. 7, 222면.

영향을 받은 것으로서 독일기본법 제14조와 전체적으로 비슷하다. 그러나 한국헌법 제23조와 독일기본법 제14조는 문구상 다른 점도 많다.[2]

독일기본법 제15조는 "토지, 천연자원 및 생산수단은 사회화를 목적으로 보상의 종류와 정도를 규정하는 법률에 의하여 공유재산 또는 공동관리 경제의 다른 형태로 전환될 수 있다. 그 보상에는 제14조 제3항 제3문 및 제4문을 준용한다."고 규정하고 있다.[3] 재산권은 공용수용(제1조 제3항)이나 사회화(제15조)로서 헌법이 허용하고 있는 것이 아닌 한 박탈과 침해에 대하여 보호된다.[4] 독일기본법 제91조의a에서 "연방은 주의 업무수행에 있어서 중요하고 생활관계의 개선을 위하여 연방의 협력이 필요한 경우(공동업무)에 지역 경제구조의 개선과 농업구조와 연안보호의 개선 영역에서 협력한다."고 규정하고 있다.[5]

독일기본법은 우리와 같이 '토지공개념' 등을 포함하는 경제의 장을 별도로 규정하고 있지 않다. 다만 독일 일부 주헌법인 바이에른 헌법 제161조 제2항 "재산권주체의 특별한 노력이나 자본의 투여 없이 발생한 토지가치의 상승분은 공공을 위하여 이용하도록 할 수 있다." 및 제168조 제2항 "노동 능력 있는 국민들의 불로소득에 대해서는 법률의 규준에 따라 특별세가 부과되어야 한다."; 제123조 제3항 제1문: "상속세는 거대한 부가 소수인의 수중에 장악되는 것을 방지하는 목적에도 기여한다."에 토지공개념 관련 규정이 있다.[6]

---

2 허완중,재산권 보장과 위헌심사, 헌법재판소 헌법재판연구원, 2012, 18면.

3 국회도서관, 앞의 글, 223면.

4 콘라드 헷세(계희열 역), 통일 독일헌법원론(제20판), 박영사, 2001. 7, 278면.

5 국회도서관, 앞의 글, 241면.

한편 독일의 용도지역제 및 지구상세계획제는 우리나라 국토·도시계획에 지대한 영향으로 주었으며, 미국 도시계획에도 많은 영향을 끼쳤다(표 3-2 참조).

표 3-1 독일기본법의 부동산 관련 규정

제14조

① 재산권과 상속권은 보장된다. 그 내용과 한계는 법률로 정한다.

② 재산권은 의무를 수반한다. 그 행사는 동시에 공공복리에 이바지하여야 한다.

③ 공용수용은 공공복리를 위해서만 허용된다. 공용수용은 오직 보상의 종류와 정도를 규정하는 법률에 의하여 또는 법률에 근거하여 행하여질 수 있다. 보상은 공공의 이익과 관계자의 이익을 정당하게 형량하여 결정되어야 한다. 보상의 수준에 대한 분쟁의 경우에는 일반법원에 소송을 제기할 수 있다.

제15조

토지, 천연자원 및 생산수단은 사회화를 목적으로 보상의 종류와 정도를 규정하는 법률에 의하여 공유재산 또는 공동관리 경제의 다른 형태로 전환될 수 있다. 그 보상에는 제14조 제3항 제3문 및 제4문을 준용한다.

제91a조

① 연방은 주의 업무수행에 있어서 중요하고 생활관계의 개선을 위하여 연방의 협력이 필요한 경우(공동업무)에 다음 영역에서 협력한다.

1. 지역 경제구조의 개선
2. 농업구조 및 해안 보호의 개선

---

6 정태호, 헌법개정(기본권 등)에 관한 공청회, 국회 헌법개정 특별위원회. 2017. 1. 23, 16면.

표 3-2 독일의 용도지역제 및 지구상세계획제도[7]

독일은 영국에 비해 늦게 산업화·도시화를 겪은데 반해 그 진행 속도는 빨랐다. 따라서 후유증도 베를린의 예에서 보듯이 극심했고 그 반작용으로 건축자유에 대항하는 제도의 개혁도 신속하게 이루어졌다. 이미 19세기 말엽에 토지제도의 개혁에 앞장섰던 인물이 프랑크푸르트 시장이었던 아디케스Adickes였다. 그는 당시의 개혁적 학자들의 도움을 받아 1891년에 용도지역제Zonenbauordnung를 창안하고 이를 즉시 시행에 옮겼다. 오늘날 잘 알려져 있다시피 용도지역제는 도시토지를 용도에 따라 분류하고 각각의 용도에 대해 건축행위의 종류, 규모, 높이, 인동간격 등을 제한하는 것이다. 영국의 개발권 국유화나 마찬가지로 이 제도도 자유방임주의가 팽배해 있던 당시로서는 청천벽력 같은 것이었다.

물론 엄청난 저항이 있었으나 당시의 난개발에 열병을 앓고 있던 많은 독일의 도시가 이 제도를 채택했고 이어서 전세계로 급속히 확산되었다. 아디케스는 여기에 만족하지 않고 용도지역제 도입 이듬해인 1892년에는 「토지구획정리법」 안을 프로이센 의회에 제출했다. 그리고 의회는 10년이라는 장기간의 검토 끝에 원안의 많은 개혁적 조항을 삭제한 상태로 법안을 통과시켰다. 아디케스법으로 명명되어 있는 「토지구획정리법」은 시가지주변 토지의 무분별한 분할을 방지하고 공공시설 용지를 무상확보하기 위한 제도로서 앞에서의 용도지역제와 함께 현재 세계적으로 널리 애용

7 최병선, 21세기 토지정책의 새로운 패러다임, 새로운 국토관리를 위한 토지정책 방향 토론회, 1999. 11. 29., 35-37면.

되는 제도가 되어 있다.

그러나 독일은 여기에서 그치지 않았다. 이미 20세기 초반에 토지관리의 골격을 확립한 독일은 제2차 세계대전후 토지소유권에 대한 제약을 보다 강화하면서 국토의 철저한 계획적 관리체계를 구축하였다. 여기에서 핵심적 역할을 담당하고 있는 것이 지구상세계획제도이다. 독일의 건설법전은 전 국토를 3가지 유형으로 구분하고 있다. 첫째가 기존시가지지역, 둘째는 지구상세계획지역, 셋째는 기타지역이다. 이 중에서 기존시가지 지역에서는 주변의 건물과 조화를 이루는 건축행위만이 허가를 얻을 수 있다. 가령 주변 지역이 4층 일색이면 신청건축물도 4층이어야 하고, 주택이면 같이 주택, 박공지붕이면 같은 박공지붕 등 세밀한 부분에 이르기까지 철저한 조화를 허가조건으로 요구한다. 따라서 토지소유자의 권한은 극히 제한되어 있다. 그리고 기타지역에서는 농·림·어업용 건축물이 아니면 일체의 건축행위가 거부된다. 우리나라로 치면 「국토의 계획 및 이용에 관한 법률」상의 농림지역에 해당된다고 할 수 있다. 지구상세계획지역은 이들 두 지역에 비하면 비교적 자유롭게 개발행위를 할 수 있는 지역이다. 그런데 여기서도 행위제한이 만만치 않다. 이 지역에서는 지구상세계획에 합치되는 개발행위만 할 수 있는데 지구상세계획은 그 명칭이 말해주듯이 매 필지에 대해 대단히 상세하게 작성되어 있어서 개인적인 건축의 자유는 매우 좁은 범위로 한정되어 있다.

이렇게 국토가 관리되고 있기 때문에 실수요자가 아닌 바에야 땅을 굳이 소유하고 있을 이유가 없다. 땅을 소유하고 있어 봐야 우리나라처럼 용도변경을 할 수도 없고 지구상세계획이 없는 경우에는 개발할 수도 없다. 즉, 계획없는 개발은 없다. 따라서 난개발도 없고 개발이익의 사유화도 거의 없다. 독일은 이제 건축부자유가 일상화되어 있다.

일본

일본헌법은 제29조에서 “① 재산권을 침해하여서는 아니 된다. ② 재산권의 내용은 공공복리에 적합하도록 법률로 정한다. ③ 사유재산은 정당한 보상 하에 공공목적으로 사용할 수 있다.”고 규정하고 있다. 일본 헌법에는 농업관련 직접적인 조문은 없으며, 다만 재산권(제29조)·차별금지조항(제14조)을 농업관련 조항으로 해석하고 논의해야 한다는 의견도 있다.[8] 경자유전의 원칙에 따라 농지매매허가제를 실시하여 비농가의 농지소유를 규제하고 있고(일본 농지법 제1조 및 제3조), 농업의 공익적 기능을 포함한 농업정책에 관하여는 식료·농업·농촌기본법에서 규정하고 있다.

일본 헌법은 우리와 같이 ‘토지공개념’ 등을 포함하는 경제의 장을 별도로 규정하고 있지 않다. 다만 일본의 토지헌법이라 할 수 있는 토지기본법은 토지이용, 토지수급의 조절, 지가의 안정을 위한 종합적인 토지대책을 마련하여 국민생활의 안정과 향상을 위해 제정된 것으로 토지이용의 공공복리우선, 적정하고 계획적인 이용, 투기적 거래의 억

8 이태호·사동천, 농업·농촌 관련 헌법조항 현황 및 개정 방향, 농림축산식품부, 2017. 6, 34면.

제, 이익에 상응하는 적정한 부담을 토지기본법의 기본이념으로 정하고 이에 관한 조치 등을 토지정책에 대한 기본사항으로 정하고 있다.

표 3-3 일본헌법의 부동산 관련 규정

제29조 [재산권]
① 재산권을 침해하여서는 아니 된다.
② 재산권의 내용은 공공복리에 적합하도록 법률로 정한다.
③ 사유재산은 정당한 보상 하에 공공목적으로 사용할 수 있다.

미국

미국은 수정헌법 제5조에서 "…적법절차에 의하지 않고는 …재산을 박탈당하지 않는다. 또 정당한 보상just compensation 없이, 사유 재산을 공공용公共用으로 수용당하지 않는다."라고 규정하고 있다.[9] 미국수정헌법 제5조 공용수용규정은 공적 사용의 필요성이 있을 경우에 '수용'이라는 형태로 재산권을 제한할 수 있으며, 수용하는 경우에 있어서 적법절차와 정당한 보상이 수반되어야 한다는 요건을 부과하고 있다. 이 규정은 미국 연방 수정헌법 제14조의 적법절차due process 조항을 통하여 주 정부에도 적용된다. 미국헌법상에서는 보상을 요하는 공용수용과 구별되는 무보상의 사회구속성에 관한 규정은 없다.

---

9 헌법재판소 헌법재판연구원, 2019 국가별 법령집(미국헌법·연방대법원 규칙), 2019, 53면.

그러나 미국연방대법원은 재산권에 대한 사회국가적 의무를 강조하는 의미의 '규제Regulation'라는 재산권의 제한 형태를 성립시켰다.[10]

미국 헌법은 우리와 같이 '토지공개념'등을 포함하는 경제의 장을 별도로 규정하고 있지 않다.

표 3-4 미국헌법의 부동산 관련 규정

> **수정헌법 제5조** (생명 · 신체 · 자유 · 재산의 보호)
> 누구라도, 대배심에 의한 고발 또는 기소에 의하지 않는 한 사형에 해당하는 죄 또는 중죄에 대하여 처벌받지 않는다.
> 다만, 전시나 사변事變 시 복무 중에 있는 육군이나 해군에서 또는 민병대에서 발생한 사건에 관해서는 예외로 한다. 누구라도 동일한 범행에 대하여 생명이나 신체에 대한 위협을 재차 받지 않으며, 어떠한 형사사건에 있어서도 자기에게 불리한 증언을 강요당하지 않고, 적법절차에 의하지 않고는 생명, 자유 또는 재산을 박탈당하지 않는다. 또 정당한 보상 없이, 사유 재산을 공공용公共用으로 수용당하지 않는다.

OECD 주요국

| 스위스

스위스헌법 제108조(주택의 소유와 건설의 촉진)에서 "연방은 개인주택의

10 표명환, 미국과 독일헌법상의 공용수용과 보상에 관한 비교적 고찰, 공법학연구 제15권 제4호, 한국비교공법학회, 2014. 11, 99면.

소유와 건설을 촉진하고, 공동주택을 위한 개발자와 조직의 활동을 지원한다(제1항). 연방은 특히 토지의 조달과 개발을 장려하고, 주택건설의 효율성과 주택마련비용의 절감을 촉진한다(제2항). 연방은 주택건설을 위한 토지개발과 건설의 합리화에 관한 법률을 제정한다(제3항). 연방은 이러한 임무를 완수함에 있어서 특히 가족, 노령자, 빈곤한 자 및 장애자를 배려한다(제4항)."고 주택정책에 대해 상세히 규정하고 있다.

또한 제109조에서는 "연방은 토지임대차의 남용, 특히 악덕 임대를 방지하기 위하여, 임대기간 해지의 남용의 방지 및 임차권의 한계에 관한 법률을 제정한다(제1항). 연방은 임대인과 임차인 간의 일반적 계약에 대하여 일반적인 구속력이 있는 법률을 제정한다. 임대차계약은 소수자의 이익과 지역적 다양성을 배려하고 법 앞의 평등 원칙을 존중하는 경우에 한하여 일반적 구속력을 가진다(제2항)."고 임대차에 관해 규정하고 있다. 이는 OECD국가 중에서 유일하게 헌법에 규정하고 있어 시사점이 크다.

한편 스위스헌법 제104조(농업)에서[11] "연방은 농업이 지속가능하고 시장 지향적 생산 정책을 통하여 국민에 대한 안정적 식량 공급, 천연자원의 보존 및 전원지역의 유지, 지역 분산적인 인구분포 등 사항과 관련하여 실질적인 기여를 하도록 보장한다(제1항), 연방은 농업에 대하여 합리적으로 요구할 수 있는 자조 조치에 대한 보완으로 필요한 경우에는 자유 경제의 원칙에서 벗어나 농민의 토지경작을 지원한다(제2항)."고 명시하고 있다. 또한 동조 제3항에서 "연방은 농업이 다양한 기능을 수행하도록 조치를 강구한다. 연방은 특히 다음과

11 국회도서관, 앞의 글, 589-590면.

같은 권한과 임무를 가진다. a) 연방은 농민이 농업활동에 대한 공정하고 적절한 보상을 받도록 하기 위하여, 환경 보호의 요건을 충족하였음을 증명하는 것을 조건으로, 농민의 소득을 보전해 준다. b) 연방은 경제적으로 유익한 장려책을 통하여 자연친화적인 환경 및 가축에 우호적인 생산법을 장려한다. c) 연방은 식료품의 원산지, 품질, 제조방법 및 가공공정의 표시에 관한 법률을 제정한다. d) 연방은 비료, 화학물질 및 기타 첨가물의 남용으로 인한 환경의 파괴를 예방한다. e) 연방은 그 재량에 따라 농업 연구, 지도 및 교육을 장려하고 투자를 지원할 수 있다. f) 연방은 그 재량에 따라 농촌지역의 토지소유를 안정화하기 위한 법률을 제정할 수 있다."고 규정하고 있다. 제4항에서 "연방은 이를 위하여 특별 배정된 농업예산 및 연방의 일반 재원을 투자한다."고 매우 상세한 내용을 담고 있다. 아울러 스위스 연방헌법 제76조와 제77조는 수자원과 삼림자원에 대한 특별한 보호권을 연방정부에 부여하고 있다.[12]

표 3-5 스위스헌법의 부동산 관련 규정

제26조 (재산권의 보장) ① 재산권은 보장한다. ② 공용수용 또는 이에 상당한 재산권 제한의 경우에는 완전한 보상을 하여야 한다.

12 국회도서관, 앞의 글. 584-585면.

제73조 (지속가능한 개발)

연방 및 주는 자연과 그 재생능력 및 인간의 자연이용 수요 사이에서 지속가능한 균형을 달성하기 위하여 노력한다.

제75조 (국토계획)

① 연방은 국토계획에 관한 원칙을 정한다. 이 원칙은 각 주에서 구속력이 있고, 적절하고 경제적인 토지의 활용 및 국토의 합리적인 정착에 이바지한다.

② 연방은 주의 노력을 장려하고 조정하며, 주와 협력한다.

③ 연방 및 주는 그 임무를 수행함에 있어서 국토계획의 필요조건들을 고려한다.

제76조 (수자원)

① 연방은 그 권한의 범위 내에서 수자원의 합리적인 이용, 보호 및 수자원으로 인한 재해 방지를 위하여 노력한다.

② 연방은 수자원 보존 및 이용, 수자원을 이용한 에너지 생산 및 냉각, 기타 수자원의 순환에 영향을 미치는 조치에 관한 원칙을 정한다.

③ 연방은 수자원의 보호, 적절한 잔류량의 유지, 하천 정비, 댐의 안전 및 강수에 영향을 미치는 조치들에 관한 법률을 제정한다.

④ 주는 수자원을 관리한다. 주는 연방법제에서 정하는 범위 내에서 수자원 사용료를 부과할 수 있다.

연방은 교통 목적으로 수자원을 사용할 권리를 가지며, 이 경우에 사용료 및 보상금을 지불한다.

⑤ 연방은 관련 주와 협의하여 국제적인 수자원에 대한 권리와 그 사용료를 정한다. 관련 주 간에 합의가 이루어지지 아니하는 경우에는 연방이 결정한다.

⑥ 연방은 그 임무를 수행함에 있어서 수원지가 위치하는 주의 이익을 고려한다.

제77조 (삼림)

① 연방은 삼림이 그 보호적 · 경제적 · 사회적 편의 기능을 수행할 수 있도록 보장한다.

② 연방은 삼림보호에 관한 원칙을 정한다.

③ 연방은 삼림보존을 위한 조치를 강구한다.

제104조 (농업)

① 연방은 농업이 지속가능하고 시장 지향적 생산 정책을 통하여 다음 사항과 관련하여 실질적인 기여를 하도록 보장한다.

a. 국민에 대한 안정적 식량 공급

b. 천연자원의 보존 및 전원지역의 유지

c. 지역 분산적인 인구분포

② 연방은 농업에 대하여 합리적으로 요구할 수 있는 자조 조치에 대한 보완으로 필요한 경우에는 자유 경제의 원칙에서 벗어나 농민의 토지경작을 지원한다.

③ 연방은 농업이 다양한 기능을 수행하도록 조치를 강구한다. 연방은 특히 다음과 같은 권한과 임무를 가진다.

a. 연방은 농민이 농업활동에 대한 공정하고 적절한 보상을 받도록 하기 위하여, 환경 보호의 요건을 충족하였음을 증명하는 것을 조건으로, 농민의 소득을 보전해 준다.

b. 연방은 경제적으로 유익한 장려책을 통하여 자연친화적인 환경 및 가축에 우호적인 생산법을 장려한다.

c. 연방은 식료품의 원산지, 품질, 제조방법 및 가공공정의 표시에 관한 법률을 제정한다.

d. 연방은 비료, 화학물질 및 기타 첨가물의 남용으로 인한 환경의 파괴를 예방한다.

e. 연방은 그 재량에 따라 농업 연구, 지도 및 교육을 장려하고 투자를 지원할 수 있다.

f. 연방은 그 재량에 따라 농촌지역의 토지소유를 안정화하기 위한 법률을 제정할 수 있다.

④ 연방은 이를 위하여 특별 배정된 농업예산 및 연방의 일반 재원을 투자한다.

제108조 (주택의 소유와 건설의 촉진)

① 연방은 개인주택의 소유와 건설을 촉진하고, 공동주택을 위한 개발자와 조직의 활동을 지원한다.

② 연방은 특히 토지의 조달과 개발을 장려하고, 주택건설의 효율성과 주택마련비용의 절감을 촉진한다.

③ 연방은 주택건설을 위한 토지개발과 건설의 합리화에 관한 법률을 제정한다.

④ 연방은 이러한 임무를 완수함에 있어서 특히 가족, 노령자, 빈곤한 자 및 장애자를 배려한다.

제109조 (임대차)

① 연방은 토지임대차의 남용, 특히 악덕 임대를 방지하기 위하여, 임대기간 해지의 남용의 방지 및 임차권의 한계에 관한 법률을 제정한다.

② 연방은 임대인과 임차인 간의 일반적 계약에 대하여 일반적인 구속력이 있는 법률을 제정한다. 임대차계약은 소수자의 이익과 지역적 다양성을 배려하고 법 앞의 평등 원칙을 존중하는 경우에 한하여 일반적 구속력을 가진다.

| 스페인

스페인 헌법 제47조 "모든 스페인 국민은 품위 있고 적절한 주거를 향유할 권리를 가진다. 국가는 이러한 권리를 실현하기 위하여 필요한 조건을 개선하고, 투기 억제를 위해 공공의 이익에 따라 토지의 사용을 규제하는 적정한 기준을 확립한다. 지역사회는 공공기관의 도시계획에서 비롯된 이익을 향유한다."고 규정하여 국가가 투기를 억제하고 전체이익에 따라 토지의 사용을 규제해야 할 것을 명문화하고 있다.[13] 이 조항은 스페인의 토지공개념으로 이해되고 있다.[14]

스페인 헌법 제132조 제1항에서 "공공재산은 양도불가능하고, 시효의 적용을 받지 아니하며, 어떠한 경우에도 담보로 제공될 수 없다는 기초 하에 공공재산을 관리하는 규정을 법률로 정한다. 또한 법률은 공공재산이 공공의 목에 부합하지 않게 이용되는 경우를 규정한다."고 명시하고 있다.[15] 제2항은 "공공재산의 내용은 법률로 정하며, 해안, 영해 및 배타적 경제수역 및 대륙붕에 있는 천연자원을 포함한다."고 규정하고 있다.

제45조 제2항에서 "국가는 …, 환경을 보존·복원하기 위하여 불가결의 공동연대감을 가지고 천연자원의 합리적 이용 여부를 감시하여야 한다."고 천명하고 있다.

표 3-6 스페인헌법의 부동산 관련 규정

제33조

① 사유재산권 및 상속권은 인정한다.

② 이러한 권리의 사회적 기능은 법률로써 그 내용의 한계를 정한다.

13 국회도서관, 앞의 글, 620면.

14 임윤정, 스페인 헌법상 재산권의 보장과 사회적 기능 - 토지재산권을 중심으로 -, 헌법재판소 헌법재판연구원, 2019, 21면.

15 국회도서관, 앞의 글, 633면.

③ 누구든지 상당한 보상 없이 법률이 정하는 바에 따라 공공의 이익 또는 사회적 이익을 위한 정당한 사유에 의하지 아니하고는 재산 및 권리를 박탈당하지 아니한다.

제45조

② 국가는 생활수준을 보호·개선하고, 환경을 보존·복원하기 위하여 불가결의 공동연대감을 가지고 천연자원의 합리적 이용 여부를 감시하여야 한다.

제47조

모든 스페인 국민은 품위 있고 적절한 주거를 향유할 권리를 가진다. 국가는 이러한 권리를 실현하기 위하여 필요한 조건을 개선하고, 투기 억제를 위해 공공의 이익에 따라 토지의 사용을 규제하는 적정한 기준을 확립한다. 지역사회는 공공기관의 도시계획에서 비롯된 이익을 향유한다.

제130조

① 국가는 모든 스페인 국민의 생활수준의 평준화를 위하여 모든 경제 분야, 특히 농업 · 목축업 · 어업 · 수공업 분야의 근대화 및 발전을 장려한다.
② 위와 같은 목적으로 산악지대에 대하여 특별조치를 취한다.

제132조

① 공공재산은 양도불가능하고, 시효의 적용을 받지 아니하며, 어떠한 경우에도 담보로 제공될 수 없다는 기초 하에 공공재산을 관리하는 규정을 법률로 정한다. 또한 법률은 공공재산이 공공의 목에 부합하지 않게 이용되는 경우를 규정한다.
② 공공재산의 내용은 법률로 정하며, 해안, 영해 및 배타적 경제수역 및 대륙붕에 있는 천연자원을 포함한다.
③ 국가의 유적 및 문화유산에 대한 권리와 그 관리, 보호 및 유지는 법률이 정하는 바에 따른다.

| 이탈리아

이탈리아 헌법 제44조는 "토지의 합리적 사용과 공평한 사회적 관계를 보장하기 위해 법률로 토지 사유에 의무와 제한을 부과하고, 주와 농업구역에 따라 토지 면적의 한도를 정하며 토지 개간, 대농장 개조, 농장단위 개편을 장려 및 부담시키고 중소 규모의 토지를 지원한다."고 규정하고, 토지의 합리적 이용과 개발을 위한 국가의 법률제정권을 통해 토지재산권이 다른 재산권과 구별되는 특수한 재산권적 지위에 있음을 명문화하고 있다.[16]

이탈리아 헌법 제44조의 경우처럼 토지이용과 관련한 국가규제의 가능성을 두거나 중소규모의 농장에 대한 육성의지를 규정하고 있고, 토지의 합리적 이용을 확보하고 정당한 사회관계를 확보하기 위하여 법률로써 사유토지에 대하여 의무와 제한을 과하고 지역에 따라 사유면적의 한도를 정할 수 있도록 명문화하고 있다.

표 3-7 이탈리아헌법의 부동산 관련 규정

제42조

재산은 국유 또는 사유이다. 경제적 자산은 국가, 공공기관, 사인에게 속할 수 있다. 사유재산은 법률로 인정되고 보장된다. 법률은 사유재산의 사회적 기능을 보장하고 누구나 접근할 수 있도록 취득 및 향유의 방법과 그 한계를 규정한다.

법률이 정한 경우로서 보상 규정이 있는 때에 공익을 이유로 사유재산을 수용할 수 있다.

16 국회도서관, 세계의 헌법 : 40개국 헌법 전문 제2권, 2018. 7, 203-204면.

적법한 유언 상속의 규칙과 한계, 유산 문제에 관한 국가의 권리는 법률로 정한다.

제44조

토지의 합리적 사용과 공평한 사회적 관계를 보장하기 위해 법률로 토지 사유에 의무와 제한을 부과하고, 주와 농업구역에 따라 토지 면적의 한도를 정하며 토지 개간, 대농장 개조, 농장단위 개편을 장려 및 부담시키고 중소 규모의 토지를 지원한다.

산악지대에 관해서는 법률로 규정한다.

| 포르투갈

포르투갈헌법은 계획과 관련한 헌법 규정을 비교적 상세하게 규정하고 있는 특징을 보이고 있다. 주택 및 도시계획(제65조), 제2편 계획에서 경제·사회 개발 계획 목적(제90조), 계획의 입안 및 시행(제91조), 경제·사회 정책 영역에서 협의 및 협조에 대한 책임이 있는 기관으로서 경제·사회 협의회(제92조) 등을 규정하고 있다.[17]

또한 포르투갈 헌법 제84조에서는 "a) 해저 지층과 인접한 해저 영역을 포함한 영해 및 탐사나 부양에 적합한 호수, 초호 및 하천, b) 소유권 또는 지상권에 대하여 인정되는 범위를 초과하는 포르투갈 영토 위의 영공, c) 지하의 광산, 광천수원과 약수원 및 천연 지하 동굴, d) 도로, e) 국유 철도 등" 공유재산에 해당되는 사항을 열거해 놓고 있다.[18]

아울러 농업 및 농지에 관련한 헌법 규정을 농업정책의 목적(제

17 국회도서관, 앞의 글(제2권), 433, 438-439면.

18 국회도서관, 앞의 글(제2권), 438면.

93조), 초대형 사유지의 배제(제94조), 소규모 농장의 크기 조정 (제95조), 미소유 토지의 사용 형태(제96조) 등을 통해 상세히 규정하고 있다.[19]

표 3-8 포르투갈헌법의 부동산 관련 규정

제62조 (사유재산권)

① 모든 국민은 본 헌법에 규정된 바와 같이 사유재산권을 보장받으며 생존 중에 또는 사망 시 사유재산권을 타인에게 양도할 권리도 보장받는다.

② 공익을 위한 사용 및 수용은 법규에 근거해 공정한 보상을 지불하는 조건 하에서만 실시한다.

제65조 (주택 및 도시계획)

① 모든 국민은 자신과 가족을 위해 청결하면서도 쾌적한 한도에서 개인 및 가족의 사생활을 보호하는 충분한 규모의 주택을 보유할 권리가 있다.

② 국민의 주거의 권리를 보장하기 위해 국가는 다음에 열거한 의무들을 이행한다.

a) 일반적 도시농촌계획에 포함되어 있으며 적절한 교통망 및 사회시설망의 설치를 보장하는 도시계획에 의해 뒷받침을 받는 주거정책의 수립과 시행

b) 자치구 및 지방자치단체와 협력해 저비용의 사회적 주택건설을 촉진할 의무

c) 일반적인 이해관계에 따라 민간 부문의 주택 건설을 촉진하고 저비용의 공공주택을 이용할 수 있는 기회를 증진할 의무

d) 주택문제 해결을 위해 노력하고 주택협동조합 및 직접시공협동조합의 구성을 촉진하는 지역사회개발계획을 장려하고 지원할 의무

19 국회도서관, 앞의 글(제2권), 439-440면.

③ 국가는 가계소득 및 개인주택 보유능력에 걸맞은 임대 제도를 위한 정책을 마련한다.

④ 국가, 자치구 및 지방자치단체는 특히 계획기구를 통해 도시농촌계획과 도시계획에 관한 법규의 전반적인 틀 안에서 도시 대지의 점유, 사용 및 변형을 규율하는 규칙들을 규정하며, 공용 도시계획의 목적을 달성하는 데 필요한 대지를 수용한다.

⑤ 이해당사자들은 도시계획기구와 기타 실재하는 도시농촌계획기구들을 구성하는 작업에 참여할 자격이 있다.

제83조 (공용 수용의 요건)

생산 수단과 관련하여 생산 수단의 공용 수용을 목적으로 한 중재의 수단 및 방식을 법으로 정하며, 이에 대한 적정한 대가를 결정하기 위한 기준도 법으로 정한다.

제84조 (공유 재산)

① 다음에 열거한 사항들은 공유 재산에 속한다.

a) 해저 지층과 인접한 해저 영역을 포함한 영해 및 탐사나 부양에 적합한 호수, 초호 및 하천

b) 소유권 또는 지상권에 대하여 인정되는 범위를 초과하는 포르투갈 영토 위의 영공

c) 지하의 광산, 광천수원과 약수원 및 천연 지하 동굴. 단, 건설 목적으로 상시 사용할 수 있는 암반, 일반 흙 및 기타 물질은 제외한다.

d) 도로

e) 국유 철도

f) 법률에 의해 공유 재산으로 분류할 수 있는 그 밖의 재산

② 국가, 자치구 및 지방자치단체의 공유 재산 중 일부를 이루는 재산은 법률로 규정하는 한편, 그러한 재산을 규율하는 사용 및 제한의 규칙과 조건도 각각 법률로 정한다.

·제2편 계획·

제90조 (목적)

경제·사회 개발 계획은 경제 성장, 여러 부문 및 지역의 조화롭고 통합적인 발전, 국민 간 및 지역 간 국민 생산의 공정한 분할, 사회, 교육 및 문화 정책에 따른 경제 정책의 조정, 농어촌 지역의 보호, 생태적 균형의 유지, 환경 보호 및 포르투갈 국민의 삶의 질 등을 증진하는데 그 목적이 있다.

제91조 (계획의 입안 및 시행)

① 국가 계획은 주요 선택 사항을 규율하는 법규에 의거해 수립하며 특정 계획을 지리적 범위 및 부문별 범위와 통합할 수 있다.

② 주요 선택 사항에 관한 정부 법안은 그 근거를 설명하는 보고서를 첨부한다.

③ 국가 계획은 분권화된, 지역 및 부문별로 시행한다.

제92조 (경제 · 사회 협의회)

① 경제 · 사회 협의회는 경제 · 사회 정책 영역에서 협의 및 협조에 대한 책임이 있는 기관으로서 주요 선택사항 및 경제 · 사회 개발 계획의 입안 절차에 참여하며, 법률에 따라 주어지는 그 밖의 기능들을 수행한다.

② 특히 정부를 비롯해 노동자, 기업 활동 및 가족들을 대변하는 각 기관, 자치구 및 지방자치단체 등의 대표들을 포함하는 경제 · 사회 협의회의 구성은 법률로 정한다.

③ 또한 경제 · 사회 협의회를 구성 및 운영하는 방법과 함께 그러한 협의회를 구성하는 구성원들의 지위 및 역할을 법률로 정한다.

·제3편 농업, 상업 및 공업정책·

제93조 (농업정책의 목적)

① 농업정책의 목적을 열거하면 다음과 같다.

a) 경쟁력 강화를 위해 동원될 인적, 기술적, 재정적 자원들과 충분한 기반시설을 농업 부문에 제공함으로써 농업 생산과 생산성을 증진하

고, 제품의 품질, 효과적인 마케팅 및 판매, 국가 농산물 공급 향상 및 농산물 수출 증대 등을 보장

b) 지방 및 농촌 노동자들의 경제, 사회 및 문화적 여건 향상, 농어촌의 발전, 토지 소유구조의 합리화, 사업조직의 현대화 및 대지를 경작하는 자들의 토지 또는 그들이 직접 활용하는 기타 생산 수단의 소유권 또는 점유권 획득 등을 증진

c) 농업에 종사하는 자들과 기타 노동자들 간의 실질적인 평등을 실현하는데 필요한 여건을 조성하는 한편, 농업부문이 여타 산업부문과의 거래에서 불리한 처우를 받지 않도록 방지

d) 토양 및 기타 천연자원의 합리적 사용과 관리를 보장하는 한편, 그러한 자원들의 재생 능력 유지

e) 농민들이 단체를 구성하고 이에 가입하도록 독려하는 한편, 토지를 직접 경작하도록 장려

② 국가는 국가의 조건이 되는 생태적, 사회적 요인들에 따라 농지계획 및 전환과 삼림개발정책을 추진한다.

제94조 (초대형 사유지의 배제)

① 농업정책 목적의 견지에서 지나치게 큰 농업 단위의 규모 조정은 법률로 규제하며, 농지수용 시 각 농지 소유주가 보상을 받을 권리 및 각자가 소유한 농지의 존속능력과 합리성을 충분히 보장하는 영역을 유지할 권리는 법률로 정한다.

② 해당 토지의 효율적, 합리적 사용 여부를 확인하기 위해 모든 권원을 허가하기에 앞서 시범 기간의 약정 조건을 위반하지 않는 한, 수용된 토지의 소유권 또는 사용권은 법률로 정한 바와 같이 소규모 농민들 (특히 가족 농장), 농어촌 노동자 협동조합 또는 소규모 농업 협동조합, 여타 형태의 노동자 사업장에 양도된다.

제95조 (소규모 농장의 크기 조정)

소유권을 침해하지 않는 한, 국가는 법률로 정하는 바에 따라 농업정책의

목적이라는 관점에서 볼 때 적정한 수준보다 작은 소규모 농업 단위의 규모 조정 작업을 추진한다. 특히 이 과정에서는 그러한 농업 단위의 구조적 또는 순수 경제적 통합(특히 협동조합 형태의)을 위한 법적, 재정적, 신용적 인센티브를 활용하거나 여러 구획의 대지를 함께 결합할 목적으로 고안된 조치들을 적용한다.

제96조 (미소유 토지의 사용 형태)

① 농민의 안정과 합법적인 이익을 보장할 수 있는 방법으로 미소유 대지의 임대 및 그 밖의 다른 형태의 사용을 규율하는 규칙들은 법률로 정한다.

② 영대차지 및 식민지 제도는 금지하며 농민들이 농업조합 제도를 실질적으로 폐지해야 하는 조건을 조성한다.

외국 부동산 헌법의 특징

독일기본법(제14조), 일본헌법(제29조), 스페인헌법(제33조), 이탈리아헌법(제42조)은 우리나라 헌법 등에서 볼 수 있는 것처럼 재산권을 보장하면서 재산권의 사회구속성을 규정하고 있다. 다만 미국 헌법은 재산권의 사회적 구속에 관해 헌법상 특별한 규정을 두고 있지 않으나, 구체적 법률에 있어서는 자본주의 경제의 발전에 따라 재산권의 사회구속성을 인정하며 나아가 일정한 재산권의 국유화 또는 사회화를 규정하고 있다. 국토와 자원에 대한 국가보호나 사회화 규정을 두고 있는 국가로는 독일, 스페인, 스위스가 있다.

경자유전의 원칙을 실현할 의무를 국가에 부과하거나 소작제도 자체를 절대적으로 금지하는 헌법규정을 둔 입법례는 빈도가 낮으나, 농업보호 및 농지보전 관련 입법례는 다수가 존재한다. 스위스헌법은 안정적 식량 공급, 천연자원의 보존 및 전원지역의 유지, 지역 분산적인 인구분포 등 농업 및 농지의 다원적 공익기능을 인정하고, 자유 경제의 원칙에서 벗어나 농민의 토지경작을 지원하는 규정을 명시하고 있다. 이탈리아 헌법 제44조의 경우 토지이용과 관련한 국가 규제의 가능성을 두거나 중소규모의 농장에 대한 육성의지를 규정하고 있다. 포르투갈 헌법은 농업 및 농지에 관련하여 농업정책의 목적, 초대형 사유지의 배제, 소규모 농장의 크기 조정, 미소유 토지의 사용 형태 등을 상세히 규정하고 있다.

토지공개념을 헌법에서 명시하고 있는 나라로는 이탈리아, 스페인 등이 있다. 이탈리아 헌법의 경우 토지의 합리적 이용을 확보하고 정당한 사회관계를 확보하기 위하여 법률로써 사유토지에 대하여 의무와 제한을 과하고 지역에 따라 사유면적의 한도를 정할 수 있도록 명문화하고 있다. 스페인 헌법은 국가가 투기를 억제하고 전체이익에 따라 토지의 사용을 규제해야 할 것을 밝히고 있다.

표 3-9 외국 헌법의 토지 관련 규정의 비교

(○ 있음, △ 간접, × 없음)

규정 / 국가	재산권 보장	사회적 구속성	주택 정책	자원 보호	국토 계획	농업 보호	토지 공개념
한국	○	○	○	○	○	○	○
독일	○	○	×	○	×	△	×
일본	○	○	×	×	×	×	×
미국	○	×	×	×	×	×	×
스위스	○	×	○	○	○	○	×
스페인	○	○	○	○	○	○	○
이탈리아	○	○	×	×	×	○	○
포르투갈	○	×	○	○	○	○	×

한편 우리나라 헌법에서 주택정책은 헌법 제35조 제3항에 국가의 '주택개발정책 노력의무'정도만을 규정하고 있으나, 스위스헌법은 주택정책 및 임대차 문제를 상세하게 규정하고 있는 점은 시사점이 매우 크다고 볼 수 있다. 우리나라도 스위스의 헌법례를 반영하여 주거안정을 위한 주거권, 임대차 등을 보다 상세히 규정할 필요가 있다. 예컨대 현행 주거기본법상 주거권(제2조)[20] 및 주거정책의 기본원칙(제3조)[21]의 내용을 헌법으로 승화시켜 주거권에 관하여는 국민들은 쾌적한 주거환경에서 생활할 권리를 가진다는 방식으로 독립조항을 만들고 정부와 지방자치단체는 최저주거기준을 설정하고 주택종합계획을 수립하여 최저주거기준에 미달하는 주택에 거주하는 국민들의 주거환경 개선에 노력해야 한다는 내용을 더하여 주거권의 내용

---

20 제2조(주거권) 국민은 관계 법령 및 조례로 정하는 바에 따라 물리적·사회적 위험으로부터 벗어나 쾌적하고 안정적인 주거환경에서 인간다운 주거생활을 할 권리를 갖는다.

21 제3조(주거정책의 기본원칙) 국가 및 지방자치단체는 제2조의 주거권을 보장하기 위하여 다음 각 호의 기본원칙에 따라 주거정책을 수립·시행하여야 한다.
1. 소득수준·생애주기 등에 따른 주택 공급 및 주거비 지원을 통하여 국민의 주거비가 부담 가능한 수준으로 유지되도록 할 것
2. 주거복지 수요에 따른 임대주택의 우선공급 및 주거비의 우선지원을 통하여 저소득층 등 주거취약계층의 주거수준이 향상되도록 할 것
3. 양질의 주택 건설을 촉진하고, 임대주택 공급을 확대할 것
4. 주택이 체계적이고 효율적으로 공급될 수 있도록 할 것
5. 주택이 쾌적하고 안전하게 관리될 수 있도록 할 것
6. 주거환경 정비, 노후주택 개량 등을 통하여 기존 주택에 거주하는 주민의 주거수준이 향상될 수 있도록 할 것
7. 장애인·고령자 등 주거약자가 안전하고 편리한 주거생활을 영위할 수 있도록 지원할 것
8. 저출산·고령화, 생활양식 다양화 등 장기적인 사회적·경제적 변화에 선제적으로 대응할 것
9. 주택시장이 정상적으로 기능하고 관련 주택산업이 건전하게 발전할 수 있도록 유도할 것

을 풍부하게 만드는 것이 요청된다.

표 3-10 스위스헌법의 주택정책 관련 규정

제8절 (주택, 근로, 사회보장 및 보건)

제108조 (주택의 소유와 건설의 촉진)

① 연방은 개인주택의 소유와 건설을 촉진하고, 공동주택을 위한 개발자와 조직의 활동을 지원한다.

② 연방은 특히 토지의 조달과 개발을 장려하고, 주택건설의 효율성과 주택마련비용의 절감을 촉진한다.

③ 연방은 주택건설을 위한 토지개발과 건설의 합리화에 관한 법률을 제정한다.

④ 연방은 이러한 임무를 완수함에 있어서 특히 가족, 노령자, 빈곤한 자 및 장애자를 배려한다.

제109조 (임대차)

① 연방은 토지임대차의 남용, 특히 악덕 임대를 방지하기 위하여, 임대기간 해지의 남용의 방지 및 임차권의 한계에 관한 법률을 제정한다.

② 연방은 임대인과 임차인 간의 일반적 계약에 대하여 일반적인 구속력이 있는 법률을 제정한다. 임대차계약은 소수자의 이익과 지역적 다양성을 배려하고 법 앞의 평등 원칙을 존중하는 경우에 한하여 일반적 구속력을 가진다.

/ 4부 /

부동산헌법을 구체화한 부동산 법제

•

부동산헌법은 '부동산에 관한 국가의 법적 기본질서'로서 공동체 내의 경제적 삶의 질서 마련과 관련한 근거와 기준을 제시하고 있으며, 부동산과 관련한 국가작용에 대해 규범적 효력을 미친다.

부동산헌법, 특히 부동산 관련 기본권은 부동산에 관한 사적 생활관계에도 그 효력을 미친다. 부동산헌법은 공적 및 사적 생활 관계에 관한 다양한 법률들로 구체화되고 이를 매개로 하여 그 효력이 미친다고 보아야 할 것이다. 민법 외에도 「국토기본법」, 「국토의 계획 및 이용에 관한 법률」, 공익사업을 위한 토지 등의 취득 및 보상에 관한 법률, 주택임대차보호법 등 많은 부동산 관련 법률은 부동산헌법을 구체화하여 부동산 법률관계를 규율하는 법체계라고 이해된다.

제8장

부동산정책의 입법 현황

토지 및 도시정책 및 입법

종전의 국토계획체계는 「국토건설종합계획법」, 「국토이용관리법」, 「도시계획법」을 기본으로 하여 약 90여개의 개별 법령에 의해 산재되어 있었으나, 국토의 난개발을 방지하고 국토의 지속가능한 발전을 도모하기 위하여 2003년에 국토건설종합계획의 절차법 성격이 강한 「국토건설종합계획법」을 국토관리의 기본이념과 국토의 균형있는 발전, 경쟁력 있는 국토여건의 조성, 환경친화적 국토관리에 관한 사항을 명기한 「국토기본법」으로 개편하였다.

현재 국토 전체에 대한 종합적 계획은 「국토기본법」, 「국토의 계획 및 이용에 관한 법률」에 기초하여 이루어지고 있으나, 국토의 이용과 보전을 조화시키고 국토의 지속 가능한 발전을 도모하기에는 일정한 한계가 있다. 「국토기본법」은 국토에 관한 계획 및 정책을 수립함에 있어서 지향하여야 할 이념과 기본방향을 명시하고, 국토계획의 수립과 이의 체계적 실천을 위한 제도적 장치를 마련하여 국토의 지속가능한 발전을 도모하고자 제정하였으나, 「국토의 계획 및 이용에 관

한 법률」, 「토지이용규제기본법」 등 다른 토지 관련법과의 명확한 위계를 설정하지 못하고 있다.[1]

토지 및 도시정책 및 입법은 국토정책, 도시정책, 토지·하천정책 등으로 구분할 수 있다. 국토정책은 국토계획, 지역개발을 규율하는 다양한 국토정책입법이 있다.

표 4-1 국토정책입법 현황

구분	법률명	유형	최초 시행연도
국토계획	국토기본법	기본법	2003
	국토의 계획 및 이용에 관한 법률	기본법	2003
	개발제한구역의 지정 및 관리에 관한 특별조치법	특별법	2000
	국토교통과학기술 육성법	진흥법	2016
지역개발	지역 개발 및 지원에 관한 법률		2015
	수도권정비계획법		1983
	신행정수도 후속대책을 위한 연기 · 공주지역 행정중심복합도시 건설을 위한 특별법	특별법	2005
	혁신도시 조성 및 발전에 관한 특별법	특별법	2007
	도청이전을 위한 도시건설 및 지원에 관한 특별법	특별법	2008
	동 · 서 · 남해안 및 내륙권 발전 특별법	특별법	2008
	새만금사업 추진 및 지원에 관한 특별법	특별법	2013

도시정책은 도시조성개발, 경관조경공원을 규율하는 다양한 도시정책입법이 있다.

1 김상용 · 정우형, 토지법, 법원사, 2004, 390면.

표 4-2 도시정책입법 현황

구분	법률명	유형	최초 시행연도
도시조성개발	도시개발법		2000
	도시재생 활성화 및 지원에 관한 특별법	특별법	2013
	스마트도시 조성 및 산업진흥 등에 관한 법률		2008
	기업도시개발 특별법	특별법	2005
	산업입지 및 개발에 관한 법률		1990
	산업단지 인 · 허가 절차 간소화를 위한 특례법	절차법, 특별법	2008
경관조경공원	경관법		2007
	조경진흥법	진흥법	2016
	도시공원 및 녹지 등에 관한 법률		1980
	용산공원 조성 특별법	특별법	2008

토지·하천정책은 토지정책, 토지정보, 하천을 규율하는 다양한 토지·하천정책입법이 있다.

표 4-3 토지·하천정책입법 현황

구분	법률명	유형	최초 시행연도
토지정책	공익사업을 위한 토지 등의 취득 및 보상에 관한 법률	기본법, 보상법	1962
	개발이익 환수에 관한 법률		1990
	토지이용규제 기본법	기본법, 규제법	2006
	토지이용 인 · 허가 절차 간소화를 위한 특별법	특별법	2016
	공공토지의 비축에 관한 법률		2009

구분	법률명	유형	최초 시행연도
토지정책	택지개발촉진법		1981
	한국토지주택공사법	조직법	2009
토지정보	국가공간정보 기본법	기본법	2009
	공간정보산업 진흥법	진흥법	2009
	공간정보의 구축 및 관리 등에 관한 법률		2009
	공유토지분할에 관한 특례법	특별법	2012
	지적재조사에 관한 특별법	특별법	2012
하천	하천법	규제법	1962
	댐 주변지역 친환경 보전 및 활용에 관한 특별법	특별법	2019
	하천편입토지 보상 등에 관한 특별조치법	특별법	2009

주택정책 및 입법

지난 50년간 우리나라 주택정책은 주택가격 안정과 주거복지 증진(주거안정)이라는 두 축을 중심으로 전개되어 왔었다. 주택정책을 뒷받침해주는 주택법제는 1960년~1980년대에 주택공급을 위한 기본체계를 구축하였다. 1960년대 주택업무를 담당하던 국토건설청이 건설부로 확대되었고, 대한주택공영단이 확대 개편되어 대한주택공사로 바뀌었다. 그리고 「토지수용법」(1962), 「건축법」(1962), 「공영주택법」(1963), 「주택자금운영법」(1963) 등 주택관계법령이 제정되기 시작하였다. 본격적인 주택정책을 추진한 제4공화국 박정희정부는 '1가구 1주택'이라는 슬로건 하에 1972년 12월에는 100호 이상의 민영

표 4-4 주택정책입법 현황

구분	법률명	유형	최초 시행연도
주택정책	주거기본법	기본법	2015
	주택법	기본법	1973
	공동주택관리법		2016
	주택도시기금법		2015
주거복지	공공주택 특별법		2004
	민간임대주택에 관한 특별법		1958
	주거급여법		2014
주거복지	장애인 · 고령자 등 주거약자 지원에 관한 법률		2012
	부도공공건설임대주택 임차인 보호를 위한 특별법	특별법	2007
	장기공공임대주택 입주자 삶의 질 향상 지원법	진흥법	2010
주거정비	도시 및 주거환경 정비법		2003
	빈집 및 소규모주택 정비에 관한 특례법		2018
	재건축초과이익 환수에 관한 법률	규제법	2006
	도시재정비 촉진을 위한 특별법	특별법	2006
건축정책	건축기본법	기본법	2008
	건축법	기본법	1962
	건축사법		1963
	건축물의 분양에 관한 법률		2005
	건축서비스산업 진흥법	진흥법	2014
	녹색건축물 조성 지원법		2013
	한옥 등 건축자산의 진흥에 관한 법률	진흥법	2015
	공사중단 장기방치 건축물의 정비 등에 관한 특별조치법	특별법	2014

건설정책은 건설산업, 건설안전 등을 규율하는 다양한 건설정책입법이 있다.

주택 건축에 대해서는 각종 인허가를 줄여주는 「주택건설촉진법」을 제정하여 아파트와 같은 공동주택의 건설을 촉진하였다. 1980년 12월에 정부에서는 도시 안에 대규모의 택지조성이 불가능한 것을 인식하여 도시주변에 신규택지개발사업을 추진할 수 있는 「택지개발촉진법」을 제정하였고, 임대주택의 공급을 위해 1984년 12월 「임대주택건설촉진법」을 제정하였다.

이후 1990년대 이후 주택법제는 경제·사회 환경변화에 따라 제·개정을 통해 주택공급과 주거안정의 정책목표를 담아내었다. 특히 2015년 주거 관련 기본법으로서의 지위를 가지는 「주거기본법」이 제정되었다. 이 법은 물리적인 주택공급 확대로부터 주거복지 향상으로 주거정책의 기본방향 전환을 선언하고, 주거정책에 관한 다른 법률을 제·개정하는 경우 이 법에 부합되도록 정립하였다.

주택정책 및 입법은 주택정책, 주거복지, 주거정비, 건축정책 등을 규율하는 다양한 주택정책입법이 있다.

표 4-5 건설정책입법 현황

구분	법률명	유형	최초 시행연도
건설산업	건설산업기본법	기본법	1958
	건설기술 진흥법	진흥법	1988
	건설기술 진흥법	규제법	1967
	기계설비법		2020
	해외건설 촉진법	진흥법	1976
건설안전	시설물의 안전 및 유지관리에 관한 특별법	특별법	1995
	지하안전관리에 관한 특별법	특별법	2018
	골재채취법	규제법	1991

부동산정책 및 입법

부동산정책은 가격·거래, 산업진흥, 임대차, 부동산 민사관계 등을 규율하는 다양한 부동산정책입법이 있다. 부동산 가격·거래, 부동산 산업진흥 등에 관한 입법은 국토교통부 소관이고, 주택 및 상가건물 임대차, 부동산 민사관계 등에 관한 입법은 법무부 소관으로 운영되고 있다.

표 4-6 부동산정책입법 현황

구분	법률명	유형	최초 시행연도
가격 · 거래	부동산 거래신고 등에 관한 법률	규제법	2017
	부동산 가격공시에 관한 법률		1989
	감정평가 및 감정평가사에 관한 법률		2016
	한국부동산원법	조직법	2016
산업진흥	부동산서비스산업 진흥법	진흥법	2018
	부동산투자회사법		2001
	부동산개발업의 관리 및 육성에 관한 법률		2007
	공인중개사법		1984
임대차	주택임대차보호법		1981
	상가건물 임대차보호법		2002
부동산 민사관계	민법	기본법, 실체법	1960
	부동산등기법		1960
	부동산등기 특별조치법	특별법	1990
	부동산 실권리자명의 등기에 관한 법률		1995
	집합건물의 소유 및 관리에 관한 법률		1985
	국 · 공유 부동산의 등기 촉탁에 관한 법률		1961

국토정책과 환경정책은 밀접한 관계도 있지만, 정책목적이 각각 국토이용과 환경보전이라는 상반된 측면이 있다. 환경보전 부문의「환경정책기본법」등 토지의 이용·개발·보전에 관하여 규율하고 있는 법률들은 국토의 종합적 이용·개발이라는 거시적 토지정책이나 토지철학을 바탕으로 하지 않고 해당 정부부처의 행정목적상의 필요 내지 부처 간 칸막이의 일환으로 제정되는 경우가 많아 복잡하다.

「환경정책기본법」은 국가에게 환경오염 및 환경훼손과 그 위해를 예방하고 환경을 적정하게 관리·보전하기 위하여 환경보전계획을 수립하여 시행할 책무를 부과하고 있다(제4조 제1항). 또한 동법은 국민에게 국토 및 자연환경의 보전을 위하여 노력하여야 할 의무를 부과하면서(제6조), 국가·지방자치단체 및 사업자에게 행정계획이나 개발사업에 따른 국토 및 자연환경의 훼손을 예방하기 위하여 해당 행정계획 또는 개발사업이 환경에 미치는 해로운 영향을 최소화하도록 노력하여야 할 의무를 부과하고 있다(제8조 제3항). 이는 국토 및 자연환경의 훼손을 사전에 예방하려는 차원에서 이루어진 국가환경정책의 선언인 것이다.

이에 따라 국가차원에서 국가환경종합계획(제14조)과 환경보전중기종합계획(제17조)이, 지방자치단체 차원에서 시·도 환경보전계획(제18조)과 시·군·구 환경보전계획(제19조)이 수립·시행되고 있다. 국가 및 지방자치단체의 장으로 하여금 토지의 이용 또는 개발에 관한 계획을 수립하는 때에는 국가환경종합계획, 시·도환경계획 및 시·군·구환경계획과 해당 지역의 환경용량을 고려하도록 하고(제21조 제1항), 관계 중앙행정기관의 장, 시·도지사 및 시장·군수·구청장으로 하여금 토지의 이용 또는 개발에 관한 사업의 허가 등을 하는 경우에 국가환경종합계획 등을 고려하도록 하고 있다(동조 제2항). 환경계획의 실행은 개별 법률에 의한 직접적인 수단과 환경영향평가의 시행을 통한 간접적 방법으로 이루어진다.[2]

「환경영향평가법」상 전략환경영향평가는 국토환경에 영향을 미치는 각종 행정계획을 수립·시행함에 있어 계획의 초기단계에서 계획의 적정성, 규모의 타당성, 주변환경과의 조화 등 환경에 미치는 영향을 사전에 검토함으로써 환경에의 영향을 최소화하여 환경친화적 개발을 유도하고자 하는 제도이다.[3] 전략환경영향평가는 과거 천성산·사패산 터널공사와 같은 대규모 국책사업의 시행과정에서 환경문제 등의 갈등으로 공사가 중단되는 문제를 근본적으로 해결하기 위해 마련한 제도다. 환경영향평가제도가 대규모 개발사업 계획이 확정된 후 사업실시단계에서 개발사업의 시행으로 인한 환경대책을 중점적으로 검토하는 반면에, 전략환경영향평가제도는 상위계획이 확정·시행되기 이전단계에서 입지나 개발계획의 필요성, 적정성, 타당성 등을 중심으로 환경적인 관점에서 이를 사전에 검토한다는 점에서 환경영향평가의 한계를 극복하는 유용한 수단이라고 볼 수 있다.[4]

환경정책은 환경정책일반, 환경진흥, 분쟁해결 등을 규율하는 다양한 환경정책입법이 있다.

---

2 왕광익 외4인, 국토환경계획 연동에 따른 도시계획적 대응방안 연구, 국토연구원, 2015, 19면.

3 김홍균, 환경법, 홍문사, 2014, 113면.

4 김홍균, 앞의 책, 115면.

표 4-7 환경정책입법 현황

구분	법률명	유형	최초 시행연도
환경정책일반	환경정책기본법	기본법	1991
	환경보건법		2009
	환경영향평가법		1993
	환경범죄 등의 단속 및 가중처벌에 관한 법률	규제법	1991
	환경개선비용 부담법		1992
	환경분야 시험 · 검사 등에 관한 법률		2007
환경진흥	환경기술 및 환경산업 지원법	진흥법	1995
	지속가능발전법	기본법	2008
	환경교육진흥법	진흥법	2008
	녹색제품 구매촉진에 관한 법률		2005
분쟁해결	환경분쟁 조정법	절차법	1991
	환경오염피해 배상책임 및 구제에 관한 법률	보상법	2016
	가습기살균제 피해구제를 위한 특별법	보상법	2017

농지정책 및 입법

농지는 국민에게 식량을 공급하고 국토 환경을 보전하는 데에 필요한 기반이며 농업과 국민경제의 조화로운 발전에 영향을 미치는 한정된 귀중한 자원이다. 농지는 2019년 기준으로 국토의 19.3%인 19,354,975천 ㎡를 차지하고 있다.[5]

---

5 국토교통부, 2020년도 국토의 계획 및 이용에 관한 연차보고서, 2020. 8, 24면.

우리나라의 농지제도는 1949년 농지개혁을 위하여 제정된 한시적 성격의 「농지개혁법」과 1972년 제정된 「농지의보전및이용에관한법률」 등에 의하여 운영되어 왔으나 농업여건상 ① 대외적으로는 농업 부문의 국제화·세계화 추세가 진전됨에 따라 경영규모의 확대를 통

표 4-8 농지정책입법 현황

구분	법률명	유형	최초 시행연도
농촌지원	농촌진흥법		1962
	농어촌정비법		1995
	축산업의 육성 및 지원에 관한 법률	진흥법	2010
	기능성 양잠산업 육성 및 지원에 관한 법률	진흥법	2009
	농어촌구조개선 특별회계법	재정법	1992
	농업협동조합법	조직법	1957
	농업협동조합의 구조개선에 관한 법률		2001
	한국농어촌공사 및 농지관리기금법	조직법, 재정법	2000
	농어업재해대책법		1967
	농어업재해보험법		2001
	농어촌마을 주거환경 개선 및 리모델링 촉진을 위한 특별법	특별법	2014
	도시와 농어촌 간의 교류촉진에 관한 법률	진흥법	2008
농지	농지법		1996
	간척지의 농어업적 이용 및 관리에 관한 법률		2013
	농업생산기반시설 및 주변지역 활용에 관한 특별법	특별법	2010
	방조제 관리법		1963

한 경쟁력 제고가 시급하고, ② 대내적으로는 농업노동력이 고령화되고 농업인구가 급감하는 등 대내외적으로 농업여건이 변화함에 따라 이에 대응할 수 있는 새로운 농지제도의 정립이 필요하였고,[6] 법체계상으로 농지관련제도가 「농지개혁법」(1949년)·「농지의보전및이용에관한법률」(1972년) 뿐만 아니라 「농지임대차관리법」(1986년)·「농어촌발전특별조치법」(1990년)·「지력증진법」(1969년) 등 여러 법률에 분산 규정되어 있어 이를 체계적으로 정비·통합할 목적으로[7] 1996년 「농지법」을 제정하여 시행하고 있다.[8]

농지정책은 농촌지원, 농지 등을 규율하는 다양한 농지정책입법이 있다.

산지정책 및 입법

국토의 63%를 차지하는 산지는 임업생산의 장이며, 생태·환경자원인 동시에 토지공급원의 역할을 담당하고 있다. 최근 공익적 가치를 고려한 산지의 보전 요구가 더욱 커지고 있지만, 도로용지, 산업용지, 주택용지, 레저용지 등의 산지 개발수요도 지속되고 있다.[9]

1990년대 말부터 수도권 지역을 중심으로 산지 난개발이 심각한 사회문제로 대두되고 이로 인하여 체계적인 산지관리 제도의 필요성

---

6 김수용·사동천·류창호, 농지규제법제에 대한 입법평가, 2009, 62면.

7 국회 농림수산위원회, 「농지법」안 심사보고서, 1994. 12, 2면.

8 「농지법」은 1994년12월 22일 법률 제4817호로 제정 공포되고, 1996년 1월 1일 시행되었다.

9 국토교통부, 앞의 글, 32면.

이 제기됨에 따라 2003년 「산지관리법」을 제정 시행하였다. 「산지관리법」은 종전 「산림법」에 규정되어 있던 산지관리, 채석 및 복구 등에 관한 부분을 별도로 분리하여 규정한 법으로서, 보전산지에서의 행위제한, 자연친화적 산지개발을 위한 산지전용허가기준 및 토석채취허가기준, 산지전용 타당성을 심의하기 위한 산지관리위원회의 구성·운영 등 산지의 합리적인 보전과 이용을 위한 제도를 다수 포함하

표 4-9 산지정책입법 현황

구분	법률명	유형	최초 시행연도
산림보전	산림기본법	기본법	2002
	민간인 통제선 이북지역의 산지관리에 관한 특별법	특별법	2012
	사방사업법		1962
	산림보호법		2010
	산지관리법		2003
	국유림의 경영 및 관리에 관한 법률		2006
	소나무재선충병 방제특별법	특별법	2005
	백두대간 보호에 관한 법률		2005
산림자원	산림자원의 조성 및 관리에 관한 법률		2006
	탄소흡수원 유지 및 증진에 관한 법률		2013
	산림교육의 활성화에 관한 법률	진흥법	2012
	산림문화 · 휴양에 관한 법률	진흥법	2006
	산림복지 진흥에 관한 법률	진흥법	2016
	수목원 · 정원의 조성 및 진흥에 관한 법률	진흥법	2001

고 있다.

산지정책은 산림보전, 산림자원 등을 규율하는 다양한 산지정책입법이 있다.

/ **5**부 /

부동산정책의 헌법 원칙

5부에서는 부동산의 헌법원리 및 입법원칙과 관련한 헌법재판소 판단기준을 집중적으로 다룬다. 최근 헌법 문제에 대한 인식이 높아지면서 부동산 법령의 위헌 여부가 사회적 쟁점 등으로 다루어지는 사례가 크게 증가하고 있다. 따라서 부동산 관련 입법의 입안과 해석 과정에서부터 헌법정신에 맞는지에 대한 점검이 보다 강화될 필요가 있다. 따라서 5부에서 다루는 부동산정책의 헌법 원칙은 법치국가원칙으로 부동산 헌법상 쟁점과 관련하여 법령 입안과 해석 등 부동산 정책 실무의 과정에서 바로 활용할 수 있고, 부동산시장에 국가가 언제 어떻게 개입할 수 있는지에 대한 기준을 제시하여 불필요한 논란과 갈등을 예방할 수 있는 부동산정책 수립의 판단 기준이다.

법치국가원칙은 그 양대 요소로서, 법적 안정성의 요청뿐 아니라 실질적 정의의 요청도 함께 포함한다. 법치국가는 법적 안정성과 실질적 정의와의 조화를 생명으로 하는 것이므로 서로 대립하는 법익에 대한 조화를 이루려는 진지한 노력을 하여야 한다.[1] 즉 입법은 구체적 정의실현과 법적 안정성의 조화를 도모하는 법원리에 입각한 것이고, 이는 마땅히 존중되고 준수되어야 한다.[2]

부동산정책의 입법자는 헌법과 상위법령과의 관계 등을 고려하여 항상 가장 바람직한 형식의 법령으로 정책 목적을 달성할 수 있는 내용의 입법을 해야 하고, 법령의 체계나 내용이 상위법령 위반 등으로

1 헌법재판소 1996. 2. 16. 96헌가2등 결정.

2 헌법재판소 1996. 2. 16. 96헌가2등 결정.

위헌·위법 심사의 대상이 될 수 있다는 것을 늘 염두에 두고 입법을 해야 한다. 부동산정책을 법령으로 입안할 때 고려해야 할 기본적인 관점으로서는 부동정책의 실체적 내용에 관한 헌법 원칙과 입법 형식에 관한 헌법 원칙에 부합되게 입법되어야 한다. 부동산정책의 실체적 내용에 관한 헌법 원칙은 과잉금지의 원칙(비례의 원칙), 평등의 원칙, 소급입법금지의 원칙, 신뢰보호의 원칙, 적법절차의 원칙 등을 들 수 있다. 입법 형식에 관한 헌법 원칙은 명확성의 원칙, 포괄위임금지의 원칙, 의회유보의 원칙, 죄형법정주의, 조세법률주의, 체계정당성의 원리 등을 들 수 있다.

제9장

부동산정책 내용에 관한 헌법 원칙

과잉금지원칙

과잉금지원칙은 법치국가의 원리에서 당연히 파생되는 헌법상의 기본원리의 하나인 비례의 원칙을 말하는 것이다. 이를 우리 헌법은 제37조 제1항에서 "국민의 자유와 권리는 헌법에 열거되지 아니한 이유로 경시되지 아니한다." 제2항에서 "국민의 모든 자유와 권리는 국가안전보장, 질서유지 또는 공공복리를 위하여 필요한 경우에 한하여 법률로써 제한할 수 있으며, 제한하는 경우에도 자유와 권리의 본질적인 내용을 침해할 수 없다."라고 선언하여 입법권의 한계로서 과잉입법금지의 원칙을 명문으로 인정하고 있으며 이에 대한 헌법위반 여부의 판단은 헌법 제111조[3]와 제107조[4]에 의하여 헌법재판소에서

---

3 헌법 제111조

① 헌법재판소는 다음 사항을 관장한다.

1. 법원의 제청에 의한 법률의 위헌여부 심판
2. 탄핵의 심판
3. 정당의 해산 심판
4. 국가기관 상호간, 국가기관과 지방자치단체간 및 지방자치단체 상호간의 권한

관장하도록하고 있다.[5]

과잉금지의 원칙은 국가가 국민의 기본권을 제한하는 내용의 입법활동을 함에 있어서, 준수하여야 할 기본원칙 내지 입법활동의 한계를 의미하는 것으로서 국민의 기본권을 제한하려는 입법의 목적이 헌법 및 법률의 체제상 그 정당성이 인정되어야 하고(목적의 정당성), 그 목적의 달성을 위하여 그 방법이 효과적이고 적절하여야 하며(방법의 적절성), 입법권자가 선택한 기본권 제한의 조치가 입법목적달성을 위하여 설사 적절하다 할지라도 보다 완화된 형태나 방법을 모색함으로써 기본권의 제한은 필요한 최소한도에 그치도록 하여야 하며(피해의 최소성), 그 입법에 의하여 보호하려는 공익과 침해되는 사익을 비교형량할 때 보호되는 공익이 더 커야 한다(법익의 균형성)는 헌법상의 원칙이다. 위와 같은 요건이 충족될 때 국가의 입법작용에 비로소 정당성이 인정되고 그에 따라 국민의 수인受忍 의무가 생겨나는 것으로서, 이러한 요구는 오늘날 법치국가의 원리에서 당연히 추출되

쟁의에 관한 심판
5. 법률이 정하는 헌법소원에 관한 심판
② 헌법재판소는 법관의 자격을 가진 9인의 재판관으로 구성하며, 재판관은 대통령이 임명한다.
③ 제2항의 재판관중 3인은 국회에서 선출하는 자를, 3인은 대법원장이 지명하는 자를 임명한다.
④ 헌법재판소의 장은 국회의 동의를 얻어 재판관중에서 대통령이 임명한다.

4 헌법 제107조
① 법률이 헌법에 위반되는 여부가 재판의 전제가 된 경우에는 법원은 헌법재판소에 제청하여 그 심판에 의하여 재판한다.
② 명령·규칙 또는 처분이 헌법이나 법률에 위반되는 여부가 재판의 전제가 된 경우에는 대법원은 이를 최종적으로 심사할 권한을 가진다.
③ 재판의 전심절차로서 행정심판을 할 수 있다. 행정심판의 절차는 법률로 정하되, 사법절차가 준용되어야 한다.

5 헌법재판소 1992. 12. 24. 92헌가8 결정.

는 확고한 원칙으로서 부동의 위치를 점하고 있으며, 헌법 제37조 제2항에서도 이러한 취지의 규정을 두고 있다.[6]

| 목적의 정당성

부동산 재산권을 제한하는 입법은 국가안전보장, 질서유지, 공공복리를 위한 정당한 목적이 있어야 한다.[7] 이 가운데 부동산 입법은 주로 공공복리를 목적으로 제한하는 경우가 일반적이다.

특히 헌법은 제119조 이하의 경제에 관한 장에서 '균형 있는 국민경제의 성장과 안정, 적정한 소득의 분배, 시장의 지배와 경제력남용의 방지, 경제주체간의 조화를 통한 경제의 민주화, 균형 있는 지역경제의 육성, 중소기업의 보호육성, 소비자 보호 등'의 경제영역에서의 국가목표를 명시적으로 규정함으로써 국가가 경제정책을 통하여 달성하여야 할 '공익'을 구체화하고, 동시에 헌법 제37조 제2항의 기본권제한을 위한 일반법률유보에서의 '공공복리'를 구체화하고 있다.[8]

국유잡종재산 시효취득의 입법목적의 정당성을 부정한 사례

[헌법재판소 1991. 5. 13. 89헌가97 결정]

•

국가는 우월적 공법인으로서 자연인이나 일반법인과 다르므로 헌법상의 평등의 원칙이 규율된다고 볼 수 없으며, 헌법상 보장된 재산권 중 국가가 소유하는 잡종재산은 비록 사유재산과 법적 성

---

6 헌법재판소 1990. 9. 3. 89헌가95 결정; 헌법재판소 2000. 6. 1. 99헌마553 결정.

7 최규환, 기본권제한입법의 목적정당성 심사, 헌법재판소 헌법재판연구원, 2020, 17면.

8 헌법재판소 1996. 12. 26. 96헌가18 결정.

질이 같다 할지라도 그 내부적 관리 규율은 국가공익의 실현과 국가재정의 원칙에 입각하여 운영되고 있을 뿐만 아니라 국가 기능의 확대와 행정수요가 증대 되고 있는 현대 사회복지국가에서는 국가의 필요에 따라 보존재산 혹은 행정재산으로 관리 전환되는 것이므로(법 제32조) 예외를 인정하여야 한다고 주장하나, 헌법전문 및 헌법상의 평등의 원칙과 사유재산권의 보장은 그가 누구냐에 따라 차별대우가 있어서는 아니되고 비록 국가라 할지라도 국고작용으로 인한 민사民事관계에 있어서는 일반인과 같이 원칙적으로 대등하게 다루어져야 하며 국가라고하여 우대하여야 할 헌법상의 근거가 없으며 이는 입법을 함에 있어서도 따라야 할 우리 헌법의 기본원리이다. 따라서 국가재정의 원칙과 국가공익의 구현 및 사회복지국가의 실현 등은 헌법의 기본질서인 자유민주주의와 법치주의의 기초가 되는 사유재산제도와 자유평등의 원칙에 반하지 아니하여야 하며 이를 망각하고 행정의 능률성만을 앞세워 국가기능의 확대나 행정수요가 증대되어 가고 있다고 하는 이유만을 가지고는 헌법상 보장된 국민의 기본권을 제한할 수 있는 사유가 될 수 없고, 나아가 헌법상의 기본권제한의 근거가 되는 공공의 이익과 복리증진에 합치한다고도 볼 수 없는 이러한 입법은 과잉제한금지의 원칙에 반한다고 아니할 수 없다.[9]

9 헌법재판소, 헌법재판소판례집 제3권, 1991, 211-212면.

주택재건축사업시행자에게 매도청구권을 인정한 법률조항의 정당성

[헌법재판소 2010. 12. 28. 2008헌마571 결정]

•

주택재건축사업시행자로 하여금 주택재건축에 참가하지 않는 자를 상대로 매도청구권을 행사할 수 있도록 한 것은, 노후·불량주택을 재건축하여 도시환경을 개선하고 주거생활의 질을 높인다는 공공복리를 실현하기 위한 것으로 그 입법목적의 정당성이 인정될 뿐만 아니라 이러한 입법목적을 달성하기 위한 효과적이고 적절한 수단이라고 할 것이다.[10]

징발재산에 대한 환매기간 설정 목적의 정당성

[헌법재판소 1995. 2. 23. 92헌바12 결정]

•

징발재산에 대하여 만약 환매기한이 설정되지 않고 징발매수된 토지 등의 원소유자(포괄승계인 포함)가 아무리 오랜 세월이 지난 뒤에도 그 토지 등이 공공사업에 필요 없게 되었을 때에는 언제든지 환매권을 행사하여 그 소유권을 회복할 수 있다고 한다면 그 토지 등에 관한 권리관계를 심히 불안정하게 하고 이로 인하여 그 토지 등에 대한 효율적인 이용·개발을 저해할 뿐만 아니라 국가가 징발매수한 토지 등에 투자하여 개발한 이익이 사회일반에 돌아가지 않고 그 동안 전혀 관리도 하지 아니한 피징발자 개인에게 돌아가는 등 불합리한 결과를 초래할 수 있으므로, 환매기한 설정의 입법목적은 위와 같은 불합리한 결과를 막고 토지 등의 효율적

10 헌법재판소, 헌법재판소판례집 제22권2집(하), 2010, 768, 775-777면.

인 이용·개발을 촉진하기 위한 것으로서 정당하다.[11]

| 수단의 적정성

국가가 입법, 행정 등 국가작용을 함에 있어서는 합리적인 판단에 입각하여 추구하고자 하는 사안의 목적에 적합한 조치를 취하여야 하고, 그때 선택하는 수단은 목적을 달성함에 있어서 합리적인 판단에 입각하여 추구하고자 하는 사안의 목적을 달성함에 있어서 필요하고 효과적이어야 한다. 그런데 국가작용에 있어서 취해진 어떠한 조치나 선택된 수단은 그것이 달성하려는 사안의 목적에 적합하여야 함은 당연하지만 그 조치나 수단이 목적달성을 위하여 유일무이한 것일 필요는 없다. 국가가 어떠한 목적을 달성함에 있어서는 어떠한 조치나 수단 하나만으로서 가능하다고 판단할 경우도 있고 다른 여러 가지의 조치나 수단을 병과하여야 가능하다고 판단하는 경우도 있을 수 있으므로 과잉금지의 원칙이라는 것이 목적달성에 필요한 유일의 수단선택을 요건으로 하는 것은 아니다.[12]

부동산법령 위반의 제재방법에 대한 입법재량

[헌법재판소 1998. 5. 28. 96헌바83 결정]

•

어떤 행정법규위반의 행위에 대하여 이를 단지 간접적으로 행정상의 질서에 장애를 줄 위험성이 있음에 불과한 경우로 보아 행정질서벌인 과태료를 과할 것인지, 아니면 직접적으로 행정목적과

---

11 헌법재판소, 헌법재판소판례집 제7권1집, 1995, 152, 163면.

12 헌법재판소 1989. 12. 22. 88헌가13 결정.

공익을 침해한 행위로 보아 행정형벌을 과할 것인지는 기본적으로 입법권자가 제반 사정을 고려하여 결정할 입법재량에 속하는 문제이다. 그런데 부동산투기를 막기 위하여 부동산소유권이전등기신청을 의무화하고 이에 대한 제재방법으로 행정형벌보다 그 정도가 약한 행정질서벌인 과태료를 선택한 것은 적절하다.[13]

토지거래허가제라는 규제 수단의 적정성

[헌법재판소 1989. 12. 22. 88헌가13 결정]

•

토지의 투기적 거래 억제라는 목적달성을 위하여서도 한가지 또는 여러 가지의 조치나 수단을 취할 수 있다고 할 것이고, 그 방법의 선택은 현실의 토지의 상태, 투기적 거래의 상황, 정도 등 여러 요인들에 의해서 결정될 성질의 것이며, 이는 입법권자의 입법재량의 범위에 속하는 문제라고 할 것이다.… 국가가 토지거래허가제라는 보다 강한 규제수단을 선택한 것은 결국 그 당시 토지의 투기적 거래의 상황과 정도에 비추어 불가피했던 것으로 상황과 정도의 변화에 따라 새로운 정책이 입안되고 그에 따라서 새로운 조치나 수단이 취해지거나 기존제도의 내용이 변경될 수도 있는 것이다. 그렇다면 결국 토지거래허가제가 과잉금지의 원칙에 위반되느냐는 이미 살펴본 토지소유권의 상대성, 토지소유권 행사의 사회적 의무성, 우리 나라의 토지문제와 그와 밀접히 결부된 산업·경제상의 애로, 주택문제의 심각성, 토지의 거래실태, 투기적 거래의 정도 등을 종합하여 판단하지 않을 수 없고, 또 현재 그

---

13 헌법재판소, 헌법재판소판례집 제10권1집, 1998, 624-625면.

것이 전혀 목적에 적합하지 아니하다거나 따로 최소침해의 요구를 충족시켜 줄 수 있는 최선의 방법이 제시되어 있다거나 아니면 쉽게 찾을 수 있다거나 함과 같은 사정이 없는 상황에서는 토지거래허가제를 비례의 원칙 내지 과잉금지의 원칙에 어긋난다고 할 수는 없다.[14]

이행강제금 부과의 적정성

[헌법재판소 2013. 2. 28. 2012헌바94 결정]

•

토지이용의무는 토지거래허가를 받은 후 그 허가받은 목적대로 토지를 이용하지 아니하고 방치하거나 전매하는 경우를 방지할 수 있는 제도적 장치가 없어 토지거래허가제의 실효성이 떨어지게 되자 도입된 사후적 규제 수단으로, 과거 그 의무위반자에 대한 제재로 과태료만으로는 부족하다는 인식 하에 이행강제금 제도가 도입된 것이다. 따라서 이 사건 조항은 입법목적이 정당하고, 투기억제 효과가 있으므로 수단의 적절성도 인정된다.[15]

「농지법」 위반에 대한 이행강제금 부과의 적정성

[헌법재판소 2010.02.25. 2008헌바80 결정]

•

농지를 취득한 이후에도 계속 농지를 농업경영에 이용할 의무를 부과하고, 이에 위반하여 농지소유자격이 없는 자에 대하여 농지

---

14 헌법재판소, 헌법재판소판례집 제1권, 1989, 357, 379-380면.

15 헌법재판소, 헌법재판소판례집 제25권1집, 2013, 97, 102-104면.

를 처분할 의무를 부과하고 그 의무를 이행하지 않는 경우 이행강제금을 부과하는 것은, 경자유전의 원칙 및 농지보전 목적을 효과적으로 달성하기 위한 적절한 수단이다.[16]

| 피해의 최소성

어떤 법률의 입법목적이 정당하고 그 목적을 달성하기 위해 국민에게 의무를 부과하고 그 불이행에 대해 제재를 가하는 것이 적합하다고 하더라도 입법자가 그러한 수단을 선택하지 아니하고도 보다 덜 제한적인 방법을 선택하거나, 아예 국민에게 의무를 부과하지 아니하고도 그 목적을 실현할 수 있음에도 불구하고 국민에게 의무를 부과하고 그 의무를 강제하기 위하여 그 불이행에 대해 제재를 가한다면 이는 과잉금지원칙의 한 요소인 '최소침해성의 원칙'에 위배된다.[17]

위법 건축물에 대한 이행강제 수단으로 대집행이 가능함에도 이행강제금 부과를 할 수 있도록 규정한 것은 중첩적 제재에 해당하는지 여부

[헌법재판소 2004. 2. 26. 2001헌바80등 결정]

•

전통적으로 이행강제금은 부작위의무나 비대체적 작위의무에 대한 강제수단으로 이해되어 왔으나 이는 이행강제금의 본질에서 오는 제약이 아니며 대체적 작위의무의 위반에 대해서도 이행강제금은 부과될 수 있는바, 위법 건축물에 대한 이행강제수단 중 대집행은 위반 행위자가 위법상태를 치유하지 않고 있고 이를 방

16 헌법재판소, 헌법재판소판례집 제22권1집(상), 2010, 219면.

17 헌법재판소 2006. 6. 29. 2002헌바80등 결정.

치함이 심히 공익을 해할 것으로 인정될 때 행정청이나 제3자가 이를 치유하는 것인 반면, 이행강제금은 위반 행위자 스스로가 이를 시정할 기회를 부여하여 불필요한 행정력의 낭비를 억제하고 위반행위로 인한 경제적 이익을 환수하기 위한 제도로서 양 제도는 각각의 장·단점이 있으므로 개별사건에서 위반내용, 위반자의 시정의지 등을 감안하여 행정청이 합리적인 재량에 의해 대집행과 이행강제금을 선택하여 활용할 수 있도록 이행강제금 부과를 규정한 건축법 제83조 제1항이 중첩적인 제재에 해당하여 과잉금지원칙에 위반된다고 할 수 없다.[18]

⊘ 반대의견(재판관 윤영철, 권 성)

[헌법재판소 2004. 2. 26. 2001헌바80등 결정]

•

대체적 작위의무의 위반자가 이행강제금의 반복된 부과에도 불구하고 그 위반상태를 시정하지 않는 경우에는 종국적으로 대집행을 할 수밖에 없게 되므로 대집행이 가능한 경우에 대집행을 하지 않고 이행강제금을 부과하는 것은 위법상태를 시정하는 행정강제의 수단으로서 그 적정성을 인정받기 어렵고, 대집행 전에 수차에 걸쳐 이행강제금을 부담한 위반자가 다시 대집행을 받는 경우에는 원래 대집행비용의 부담만으로 종결되었을 책임의 양量이, 여기에다 이행강제금까지 합산한 금액으로 크게 늘어나므로 대집행이 가능한 경우에까지 이행강제금을 부과하는 것은 피해의 최소성원칙에도 어긋난다.[19]

---

18 헌법재판소, 헌법재판소판례집 제16권1집, 2004, 202, 229-231면.

주택분 종합부동산세 부과의 피해 최소성 판단기준

[헌법재판소 2008. 11. 13. 2006헌바112 등 결정]

•

이 사건 주택분 종합부동산세 부과규정은, 납세의무자 중 적어도 주거 목적으로 한 채의 주택만을 보유하고 있는 자로서, 그 중에서도 특히 일정한 기간 이상 이를 보유하거나 또는 그 보유기간이 이에 미치지 않는다 하더라도 과세 대상 주택 이외에 별다른 재산이나 수입이 없어 조세지불 능력이 낮거나 사실상 거의 없는 자 등에 대하여 주택분 종합부동산세를 부과함에 있어서는 그 보유의 동기나 기간, 조세 지불능력 등과 같이 정책적 과세의 필요성 및 주거생활에 영향을 미치는 정황 등을 고려하여 납세의무자의 예외를 두거나 과세표준 또는 세율을 조정하여 납세의무를 감면하는 등의 과세 예외조항이나 조정장치를 두어야 할 것임에도 이와 같은 주택 보유의 정황을 고려하지 아니한 채 다른 일반 주택 보유자와 동일하게 취급하여 일률적 또는 무차별적으로, 그것도 재산세에 비하여 상대적으로 고율인 누진세율을 적용하여 결과적으로 다액의 종합부동산세를 부과하는 것이므로, 그 입법 목적의 달성에 필요한 정책수단의 범위를 넘어 과도하게 주택 보유자의 재산권을 제한하는 것으로서 피해의 최소성 및 법익 균형성의 원칙에 어긋난다고 보지 않을 수 없다.[20]

---

19 헌법재판소, 헌법재판소판례집 제16권1집, 2004, 202, 232-235면.

20 헌법재판소, 헌법재판소판례집 제20권2집(하), 2008, 2-3면.

도시개발사업과 관련된 토지수용의 피해 최소성

[헌법재판소 2010. 12. 28. 2008헌바57 결정]

•

위 조항들은, 도시개발사업이 그 성격상 대규모의 토지가 필요하고 수립된 개발계획에 따라 체계적이고 예측가능한 사업 수행이 긴요하므로 사업시행자에게 수용권을 부여할 공공의 필요성을 인정할 수 있고, 도시개발사업의 사업시행방식은 당해 사업의 성격, 규모, 용이성, 사업시행의 주체, 수용대상 토지의 기존 이용상황 등 여러 사정을 고려하여 개별적·구체적으로 결정될 문제일 뿐만 아니라 도시개발구역의 지정 및 수용에 대한 사전·사후의 구제절차가 마련되어 있는 등 피해의 최소성 요건을 갖추고 있으며, 공익과 사익간의 균형도 적절히 유지하고 있으므로 과잉금지원칙을 위반하여 피수용자의 재산권을 침해한다고 할 수 없다.[21]

| 법익의 균형성

법익의 균형성은 기본권제한을 통하여 얻고자 하는 이익과 기본권제한에 의하여 침해되는 이익을 비교·형량하여 '보호되는 공익'이 '침해되는 사익'보다 커야 한다는 것이다.[22] 우리 헌법상 기본권은 기본적으로 개인의 자유로운 인격발현을 궁극적인 이념으로 삼아 개인의 자유영역에 대한 국가의 침해를 제한하는 방어권적 성격을 가지므로 자유의 침해를 정당화하기 위해서는 개인의 자유와 권리를 능가하는 공익이 있어야 한다. 따라서 실현하고자 하는 공익적 필요가 있는 경

---

21 헌법재판소, 헌법재판소판례집 제22권2집(하), 2010, 624, 640-643면.

22 헌법재판소 1990. 9. 3. 89헌가95 결정.

우라도 그 공익이 침해되는 사익보다 작거나 또는 그와 같은 정도에 그치는 경우에는 기본권의 제한은 허용되지 않는다.[23]

구체적인 사건에서 '법익의 균형성'을 판단하는 데 도움이 되는 지침으로서는 ① 제한되는 기본권보호법익의 중요도(제한되는 기본권보호법익의 중요도가 높을 경우 달성하고자 하는 법익은 더욱 더 중요할 것), ② 기본권제한의 강도(기본권제한의 강도가 높을수록 제한으로 달성하고자 하는 공익의 중요도가 높을 것), ③ 입법이 추구하는 목적의 중요성 내지 긴급성(입법목적의 중요도가 높을수록 좀 더 강한 기본권제한이 정당화됨) 등을 들 수 있다.[24]

1세대 3주택 이상에 해당하는 주택에 대하여 양도소득세 중과세는 법익 균형성을 침해한다고 본 사례

[헌법재판소 2011. 11. 24. 2009헌바146 결정]

•

주택 양도소득세 과세에 있어 '1세대'를 과세단위로 한 것이 적절한지에 관하여 보면, ① 이 사건 법률조항이 3주택 이상에 해당하는 자의 인적 범위를 정함에 있어 주로 생계를 같이하는 '1세대'를 기준으로 한 것은, 세대별로 주택이 사용되어지고, 세대의 개념상 1주택을 넘는 주택은 일시적 1세대 2주택자 등의 예외를 제외

23 이러한 개인주의적 헌법이념에 따르면 실현되는 공익이 침해되는 사익보다 커서 공리적인 입장에서 사회적 효용을 전체적으로 증가시키는 경우 언제나 개인의 자유와 권리에 제한이 허용된다고 볼 수 없고, 그 공익이 침해되는 사익을 '훨씬 능가할 정도'에 이르러야 한다는 견해도 가능하다. 이러한 취지에서 헌법재판소는 법익균형성을 판단하면서 「심판대상조항으로 인하여 청구인들이 입게 될 불이익보다 이로 인하여 얻게 될 공익이 '훨씬 크다'」는 표현을 종종 사용한다.

24 성정엽, "비례원칙과 기본권", 저스티스 통권 제136호, 2013, 16-17면.

하고는 보유자의 주거용으로 사용되지 않을 개연성이 높은 점을 고려한 것이며, 주택이 다른 재산권과 구별되는 위와 같은 특성을 고려하여 오로지 보유 주택수를 제한하고자 '세대'를 주택 양도소득세의 과세단위로 규정하고 있는 점, ② 이 사건 법률조항이 1세대 3주택 이상 보유자에 대한 양도소득세 중과세로 인하여 사실상 보유 주택수를 제한하는 것은 맞으나, 주택 이외의 다른 재산을 소유하는 것까지 막는 것은 아니어서 세대별 보유 재산권에 대한 제한이 상대적으로 크다고 할 수 없는 점 등을 합쳐 보면, 이 사건 법률조항이 정하고 있는 '1세대'를 기준으로 하여 3주택 이상 보유자에 대해 중과세하는 방법은 보유 주택수를 억제하여 주거생활의 안정을 꾀하고자 하는 이 사건 법률조항의 입법목적을 위하여 일응 합리적인 방법이라 할 수 있다. 그러나 혼인으로 새로이 1세대를 이루는 자를 위하여 상당한 기간 내에 보유 주택수를 줄일 수 있도록 하고 그러한 경과규정이 정하는 기간 내에 양도하는 주택에 대해서는 혼인 전의 보유 주택수에 따라 양도소득세를 정하는 등의 완화규정을 두는 것과 같은 방법이 있음에도 이러한 완화규정을 두지 아니한 것은 최소침해성원칙에 위배되며, 위 조항으로 인하여 침해되는 사익은 헌법이 강도 높게 보호하고자 하는 헌법 제36조 제1항에 근거하는 혼인에 따른 차별금지 또는 혼인의 자유라는 헌법적 가치라 할 것이므로 법익균형성원칙에도 반한다.[25]

25 헌법재판소, 헌법재판소판례집 제23권2집(하), 2011, 223-224면.

⊙ 반대의견(재판관 김종대)

[헌법재판소 2011. 11. 24. 2009헌바146 결정]

•

납세의무를 명하는 조세법률에 대한 위헌심사를 함에 있어서는 기본의무(납세의무) 부과에 있어서 적용되어야 할 헌법상의 원칙에 부합하는지 여부만 심사하면 되는바, 위 조항은 부과 목적에 정당성이 인정되고, 부과 내용이 과세제도를 형성하는 입법자가 유의해야 하는 제반 헌법적 가치나 원칙들을 충분히 존중한 것으로서 합리적이고 타당하며, 부과 방식의 공평성 또한 인정되므로, 기본의무를 부과하는 법령이 갖추어야 할 헌법적 심사기준을 모두 충족하였다. 따라서 그로 인해 발생하는 청구인의 기본권에 대한 제한의 점은 따로 살펴 볼 필요 없이 헌법에 위반되지 않는다.[26]

소유자가 농지 소재지에 거주하지 아니하거나 경작하지 아니하는 농지를 비사업용 토지로 보아 60%의 중과세율 적용하는 것이 재산권을 침해하지 아니한다고 본 사례

[헌법재판소 2012. 7. 26. 2011헌바357 결정]

•

농지에 대한 투기수요를 억제하고, 부동산 시장의 안정과 과세형평을 도모하기 위한 입법목적 및 방법의 적절성이 인정되고, 투기목적의 징표를 가지고 있는 농지에 한해서 양도소득세 중과를 적용하고 있고, 당사자의 귀책사유 없이 비사업용 토지로 되는 경우

---

26 헌법재판소, 헌법재판소판례집 제23권2집(하), 2011, 222면.

에 대한 보완책을 마련하고 있으므로 침해의 최소성 원칙에 반하지 않으며, 투기 수요의 억제, 부동산 시장의 안정 등의 공익은 제한되는 사익보다 훨씬 크므로 법익의 균형성이 인정된다. 따라서 과잉금지원칙에 위배되어 청구인의 재산권을 침해하지 않는다.[27]

주택의 경우 비례성 심사

[헌법재판소 2008. 11. 13. 2006헌바112등 결정]

•

주택의 경우 헌법 제35조 제3항에서 특별한 보호가치가 있음을 천명하고 있고, 인간으로서의 존엄과 가치를 가진 개인의 주거로서 쾌적한 주거생활을 통하여 행복을 추구할 권리를 실현할 장소로 필수 불가결할 뿐만 아니라 합리적인 주택공급 정책의 수단을 통하여도 국민의 주거생활 안정을 도모할 수 있다는 점에서 주택의 가격을 기준으로 고액의 주택을 보유한 자를 정책 집행의 대상으로 삼아 주택가격을 안정시키려는 수단의 선택은 보다 엄격한 헌법적 심사의 기준에서 이루어져야 할 것이다. 주택분 종합부동산세의 납세의무자와 과세표준, 세율 및 세액을 규정하고 있는 구 「종합부동산세법」 규정들은, 종합부동산세의 납세의무자 중 적어도 주거 목적으로 한 채의 주택만을 보유하고 있는 자로서 그 중에서도 특히 일정한 기간 이상 이를 보유하거나 또는 그 보유기간이 이에 미치지 않는다 하더라도 과세 대상 주택 이외에 별다른 재산이나 수입이 없어 조세지불 능력이 낮거나 사실상 거의 없는 자 등에 대하여 주택분 종합부동산세를 부과함에 있어서는 그 보

---

27 헌법재판소, 헌법재판소판례집 제24권2집(상), 2012, 145, 153-156면.

유의 동기나 기간, 조세 지불능력 등과 같이 정책적 과세의 필요성 및 주거생활에 영향을 미치는 정황 등을 고려하여 납세의무자의 예외를 두거나 과세표준 또는 세율을 조정하여 납세의무를 감면하는 등의 과세 예외조항이나 조정장치를 두어야 할 것임에도 이와 같은 주택 보유의 정황을 고려하지 아니한 채 다른 일반 주택 보유자와 동일하게 취급하여 일률적 또는 무차별적으로, 그것도 재산세에 비하여 상대적으로 고율인 누진세율을 적용하여 결과적으로 다액의 종합부동산세를 부과하는 것이므로, 그 입법 목적의 달성에 필요한 정책수단의 범위를 넘어 과도하게 주택 보유자의 재산권을 제한하는 것으로서 피해의 최소성 및 법익 균형성의 원칙에 어긋난다.[28]

| 소위 '완화된' 과잉금지 심사

재산권의 침해에 관한 위헌심사는 개별 재산권의 '자유보장적 기능'의 정도와 재산권의 객체가 지닌 '사회적인 연관성과 사회적 기능'에 따라 재산권을 규제하는 범위를 달리 판단하고 있다. 구체적으로 재산권 행사의 대상이 되는 객체가 지닌 사회적인 연관성과 사회적 기능이 크면 클수록 입법자에 의한 보다 광범위한 제한이 허용되며, 개별 재산권이 갖는 자유보장적 기능이 강할수록, 즉 국민 개개인의 자유실현의 물질적 바탕이 되는 정도가 강할수록 그러한 제한에 대해서는 엄격한 심사가 이루어져야 한다. 이에 따라 과잉금지원칙이 철저하게 심사된 경우도 있으나, 때로는 피해의 최소성에 대한 심사를 본격적으로 하지 않고 법익의 균형성 심사를 위주로 하여 합헌결정

---

28 헌법재판소, 헌법재판소판례집 제20권2집(하), 2008, 70면.

을 한 사례도 있다.

경제적 활동을 규제하는 경제사회적 입법사항에 대한 위헌심사기준

[헌법재판소 2005. 2. 24. 2001헌바71 결정]

•

전기간선시설의 설치비용을 누구에게, 어느 정도로 부담시킬 것인지의 문제는 개인의 본질적이고 핵심적 자유영역에 속하는 사항이라기보다는 사회적 연관관계에 놓여지는 경제적 활동을 규제하는 경제사회적인 입법사항에 해당하므로 비례의 원칙을 적용함에 있어서도 보다 완화된 심사기준이 적용된다.[29]

평등의 원칙

「헌법」 제11조 제1항은 "모든 국민은 법 앞에 평등하다. 누구든지 성별·종교 또는 사회적 신분에 의하여 정치적·경제적·사회적·문화적 생활의 모든 영역에 있어서 차별을 받지 아니 한다."고 하여 평등원칙을 선언하고 있다. 「헌법」 제11조 제1항이 규정하고 있는 평등원칙은 법치국가 질서의 근본 요청으로서 모든 국가기관에게 법을 적용할 때에 정당한 근거 없이 개인·단체 등을 불평등하게 대우하는 것을 금지한다. 따라서 모든 사람이 법규범을 통하여 평등하게 의무를 부담하고 권리를 행사할 수 있도록 하는 한편, 모든 공권력 주체에 대해서는 일정한 사람들에게 유리하거나 불리하게 법을 적용하거나

---

29 헌법재판소, 헌법재판소판례집 제17권1집, 2005, 196, 208면.

적용하지 않는 행위를 금지하는 것이다.

그런데 헌법상 "평등"은 법을 적용할 때에만 문제되는 것이 아니다. 법의 내용 자체가 불평등하면 아무리 법을 평등하게 적용해도 평등이 실현될 수 없으므로, 평등이 실질적으로 실현되기 위해서는 법의 내용 자체가 평등하지 않으면 안 된다. 따라서 헌법 제11조는 "법 적용의 평등" 뿐만 아니라 "법(내용)의 평등"도 보장하고 있다고 보아야 한다. 물론 실질적 의미에서의 평등은 모든 사람을 모든 면에서 항상 평등(절대적 평등)하게 취급해야 한다는 것을 의미하는 것은 아니며, 합리적인 근거나 정당한 이유에 따라 차별하는 것이 인정된다는 것을 뜻한다. 평등의 개념 자체가 이미 "다름"과 "차이"를 내포하고 있기 때문에 합리적인 이유에 따른 차별까지 부정하는 것은 아니다. 요컨대 헌법상 "평등의 원칙"이란 본질적으로 같은 것은 같게, 다른 것은 다르게 취급할 것을 요구한다.

평등원칙의 위반 여부에 관한 심사기준은 입법자에게 인정되는 입법 형성권의 범위에 따라서 자의금지 원칙에 의한 심사와 비례의 원칙에 의한 심사로 크게 나누어지는데, 비례의 원칙에 따른 심사를 해야 하는 경우로서, 첫째 헌법에서 특별히 평등을 요구하고 있는 경우 즉, 헌법이 차별의 근거로 삼아서는 안 되는 기준이나 차별을 금지하고 있는 영역을 제시하고 있음에도 그러한 기준을 근거로 하여 차별하는 경우나 그러한 영역에서 차별하는 경우, 둘째 차별적 취급으로 인하여 관련 기본권에 대한 중대한 제한을 초래하게 되는 경우[30]이다. 그런데 '비례의 원칙'에 위반되는지는 입법목적의 정당성, 차별대우의 적합성, 차별효과의 최소 침해성, 법익의 균형성[31]으로 세분

30 헌법재판소 1999. 12. 23. 98헌마363 결정.

화 하여 판단할 수 있다. 한편, 자의금지의 원칙은 차별에 합리적 이유가 존재하는지 여부만을 판단하면 된다고 하겠다.

평등원칙에 대한 엄격한 심사척도의 적용범위

[헌법재판소 1999. 12. 23. 98헌마363 결정]

•

헌법에서 특별히 평등을 요구하고 있는 경우 엄격한 심사척도가 적용될 수 있다. 헌법이 스스로 차별의 근거로 삼아서는 아니 되는 기준을 제시하거나 차별을 특히 금지하고 있는 영역을 제시하고 있다면 그러한 기준을 근거로 한 차별이나 그러한 영역에서의 차별에 대하여 엄격하게 심사하는 것이 정당화된다. 다음으로 차별적 취급으로 인하여 관련 기본권에 대한 중대한 제한을 초래하게 된다면 입법형성권은 축소되어 보다 엄격한 심사척도가 적용되어야 할 것이다.… 엄격한 심사를 한다는 것은 자의금지원칙에 따른 심사, 즉 합리적 이유의 유무를 심사하는 것에 그치지 아니하고 비례성 원칙에 따른 심사, 즉 차별취급의 목적과 수단 간에 엄격한 비례관계가 성립하는지를 기준으로 한 심사를 행함을 의미한다.[32]

---

31 법익의 균형성은 입법목적의 비중과 차별대우의 정도가 균형을 이루고 있는지를 보는 것이다.

32 헌법재판소, 헌법재판소판례집 제11권2집, 1999, 771, 787-789면.

개발제한구역 지정에서 토지소유자 간의 불평등

[헌법재판소 1998. 12. 24. 89헌마214등 결정]

•

개발제한구역의 지정(「도시계획법」 제21조)으로 인하여 구역 내 토지소유자에게 발생하는 재산권에 대한 제한의 정도는 '토지를 종래의 지목과 그 현황에 따라 사용할 수 있는가'의 여부에 따라 현저히 상이한데도, 이를 가리지 아니하고 일률적으로 규정하여 구역 내의 모든 토지소유자에게 아무런 보상 없이 재산권의 제한을 수인해야 할 의무를 부과하는 이 사건 법률조항은, 재산권의 제한에 있어서 보상을 필요로 하는 예외적인 범위 안에서 개별 토지소유자에게 발생한 재산적 부담의 정도를 충분히 고려하여 본질적으로 같은 부담은 같게 다른 부담은 다르게 규율할 것을 요청하는 평등원칙에도 위반된다.[33]

표준건축비를 기준으로 과밀부담금을 부과하는 것이 평등원칙을 위배하는지 여부

[헌법재판소 2004. 6. 24. 2004헌바23 결정]

•

건축비를 기준으로 인구집중유발정도를 산정하는 취지는 건축면적이 일반적으로 결과할 수 있는 인구집중유발의 예상치豫想値를 건축비를 매개로 하여 산정하는 데 있는 것이기 때문에 그 예상치를 실제의 건축비를 기준으로 계산하는 것은 오히려 그 취지에 어긋난다고 할 수 있고 건축비를 많이 들인 건물보다도 건축비를 적

33 헌법재판소, 헌법재판소판례집 제10권2집, 1998, 927, 957면.

게 들인 건축물이 실제로는 더 많은 인구를 집중시키는 경우도 얼마든지 있을 수 있으며 인구집중유발의 정도는 기본적으로는 용도와 면적에 의하여 대체로 결정되므로 실제건축비의 다과에 불구하고 표준건축비를 기준으로 하여 일률적으로 과밀부담금을 부과하는 수도권정비계획법 제14조 제2항은 합리적인 이유가 있는 것으로 평등의 원칙에 어긋나지 않는다.[34]

건축허가 등을 받은 자와는 달리 농지전용허가를 받은 자에 대하여는 건폐율, 용적률에 관하여 종전 규정을 적용하지 않는 경우의 차별 여부

[헌법재판소 2008. 4. 24. 2005헌바43 결정]

•

「농지법」에 의한 농지전용허가와 「국토이용관리법」 등에 의한 건축허가, 용도변경신고, 사업승인 등은 그 근거법규와 신청요건, 규제목적 및 효과 등이 달라 여러 가지 측면에서 본질적으로 상이한 제도로 봄이 상당하므로, 「국토의 계획 및 이용에 관한 법률」부칙 제19조가 「국토이용관리법」 등에 의하여 건축허가를 받은 사람들과 「농지법」에 의한 농지허가를 받은 사람들을 달리 취급한다고 하더라도 이를 불합리한 차별로 볼 수 없다.[35]

34 헌법재판소, 헌법재판소판례집 제16권1집, 2004, 770, 779-780면.

35 헌법재판소, 헌법재판소판례집 제20권1집(상), 2008, 510, 518-519면.

주택재건축사업 시 증가되는 용적률의 100분의 25 범위 내에서 임대주택공급의무부과의 평등권 침해 여부

[헌법재판소 2008. 10. 30. 2005헌마222등 결정]

•

임대주택공급의무는 이 사건 재건축사업뿐만 아니라 재개발사업에도 부과되고 있으나, 주택재개발사업에서 부과하는 임대주택공급의무는 재개발로 발생하는 세입자들의 주거문제를 해결하기 위한 제도이고, 이 사건 재건축임대주택공급제도는 개발이익의 환수차원에서 부과되는 의무라 할 것이므로 두 사업 모두에 임대주택공급의무를 부과하고 있더라도 이것이 평등권을 침해하고 있다고는 볼 수 없다.[36]

사업인정고시일로부터 1년 이내라는 기간 제한 없이 재결신청이 가능한 「도로법」에 의한 도로공사의 경우에도 일반적인 공익사업과 마찬가지로 사업인정고시일 전의 시점을 공시기준일로 하는 공시지가를 손실보상액 산정의 기준으로 삼도록 한 「공익사업을 위한 토지 등의 취득 및 보상에 관한 법률」(이하 「공익사업법」이라 한다) 제70조 제4항

[헌법재판소 2011. 5. 26. 2009헌바296 결정]

•

「도로법」 제48조 제2항 후단이 「공익사업법」 제23조 제1항과 제28조 제1항을 준용하지 아니하여 「도로법」에 의한 도로공사의 경우 사업인정고시일로부터 1년 이내라는 기간 제한 없이 재결신청이 허용되고 있으나, 위 조항은 개발이익을 배제하기 위한 합리적

---

36 헌법재판소, 헌법재판소판례집 제20권2집(상), 2008, 891, 930-934면.

이유가 있는 것이고, 공시기준일 이후 수용 시까지 시가변동을 산출하는 적정한 시점보정 방법을 채택하고 있으며, 공익사업과 관련된 대부분의 개별법에서도 개별 개발사업이 갖는 특성에 따라 사업인정일로부터 1년 이내에 수용재결을 신청하는 것이 적당하지 않은 경우는 「공익사업법」 제23조 제1항 및 제28조 제1항의 적용을 배제하고 사업시행기간 내에 재결신청을 할 수 있도록 하는 특례규정을 두고 있는 점 등을 종합하면, 평등원칙에 위배된다고 할 수 없다.[37]

도시환경정비사업의 경우 다른 정비사업과 달리 토지등소유자 단독시행방식이 차별에 해당하는지 여부

[헌법재판소 2011. 8. 30. 2009헌바128등 결정]

•

도시환경정비사업은 「도시및주거환경정비법」상의 다른 정비사업과 그 목적과 취지가 상이하고 사업이 비교적 소규모로 진행된다는 특수성이 있으므로 토지등소유자 시행방식을 인정한 것이 평등원칙에 위반된다고 볼 수 없고, 조합시행방식의 경우와 마찬가지 정도의 사업절차 참여가 보장된다는 점에 비추어 토지등소유자 시행방식이 조합시행방식에 비해 불합리하게 토지등소유자를 차별한다고 볼 수 없다.[38]

---

37 헌법재판소, 헌법재판소판례집 제23권1집(하), 2011, 171, 178-179면.

38 헌법재판소, 헌법재판소판례집 제23권2집(상), 2011, 304, 318-320면.

도시환경정비사업의 경우와 달리 시장정비사업을 위한 조합의 설립인가에 필요한 동의요건을 토지 등 소유자 총수의 5분의 3 이상으로 완화한 것이 차별에 해당하는지 여부

[헌법재판소 2012. 7. 26. 2011헌바130 결정]

•

「도시 및 주거환경 정비법」에 따른 도시환경정비사업은 도시환경을 개선함으로써 도시기능을 회복·개선하는 것을 그 목적으로 하는 반면, '전통시장 및 상점가 육성을 위한 특별법'에 의한 시장정비사업은 낙후된 전통시장을 비교적 단기간 내에 현대화함으로써 지역경제의 활성화와 국민경제의 발전에 이바지하고, 전통시장의 토지, 건물 소유주는 물론 전통시장 상인들의 생계도 보호하는 것을 목적으로 하고 있으며, 통상의 도시환경정비사업과 비교할 때 다양한 사람들의 이해관계가 얽혀 있어 이해관계의 조정이 어렵고 사업기간이 장기화될 수 있다. 이와 같이 시장정비사업은 그 목적과 취지 및 성격에 있어 도시환경정비사업과는 차이가 있으므로 조합설립 인가를 위한 토지 등 소유자의 동의요건을 도시환경정비사업에 비하여 다소 완화하고 있다 하더라도 이를 불합리한 차별이라고 할 수 없다.[39]

---

39 헌법재판소, 헌법재판소판례집 제24권2집(상), 2012, 104, 114면.

주택재건축사업에 있어서 관리처분계획에 의하여 분양대상에서 제외된 자에 대한 현금청산을 규정한 구 「도시 및 주거환경 정비법」 제47조 제3호가 불합리한 차별인지 여부

[헌법재판소 2012. 11. 29. 2011헌바224 결정]

•

주택재건축사업의 현금청산대상자에게는 개발이익이 포함된 시가에 따른 보상이 이루어지므로 수용절차를 통해 개발이익이 제외된 보상을 받는 주택재개발사업의 현금청산대상자에 비해 불합리한 차별이 있다고 볼 수 없고, 주택재개발사업의 경우와 달리 주택재건축사업의 현금청산대상자에 대한 이주대책 등을 마련하지 않았다 하더라도 이는 사업 성격의 차이를 반영한 합리적인 차별이므로 평등원칙에 반하지 않는다.[40]

종합부동산세 세대별 합산규정은 혼인한 자 또는 가족과 함께 세대를 구성한 자를 차별하는지 여부

[헌법재판소 2008. 11. 13. 2006헌바112등 결정]

•

세대별 합산규정은 생활실태에 부합하는 과세를 실현하고 조세회피를 방지하고자 하는 것으로 그 입법목적의 정당성은 수긍할 수 있으나, 가족 간의 증여를 통하여 재산의 소유 형태를 형성하였다고 하여 모두 조세회피의 의도가 있었다고 단정할 수 없고, 정당한 증여의 의사에 따라 가족 간에 소유권을 이전하는 것도 국민의 권리에 속하는 것이며, 우리 「민법」은 부부별산제를 채택하고 있

40 헌법재판소, 헌법재판소판례집 제24권2집(하), 2012, 158, 165-166면.

고 배우자를 제외한 가족의 재산까지 공유로 추정할 근거규정이 없고, 공유재산이라고 하여 세대별로 합산하여 과세할 당위성도 없으며, 부동산 가격의 앙등은 여러 가지 요인이 복합적으로 작용하여 발생하는 것으로서 오로지 세제의 불비 때문에 발생하는 것만이 아니며, 이미 헌법재판소는 자산소득에 대하여 부부간 합산과세에 대하여 위헌 선언한바 있으므로 적절한 차별취급이라 할 수 없다. … 따라서 이 사건 세대별 합산규정은 혼인한 자 또는 가족과 함께 세대를 구성한 자를 비례의 원칙에 반하여 개인별로 과세되는 독신자, 사실혼 관계의 부부, 세대원이 아닌 주택 등의 소유자 등에 비하여 불리하게 차별하여 취급하고 있으므로, 헌법 제36조 제1항에 위반된다.[41]

단계적 제도개선과 평등원칙

[헌법재판소 2009. 3 26. 2007헌마988등 결정]

•

공인중개사의 업무 및 부동산 거래신고에 관한 법률 제27조 제

41 합헌의견(재판관 조대현): 종합부동산세의 세대별 합산과세제도는 세대별 부동산 보유를 하나의 과세단위로 파악하는 조세정책적 결정이고, 세대원들의 소유명의 분산을 통한 조세회피행위를 방지하여 종합부동산세 부담의 실질적 공평을 도모하려는 것이므로, 조세부담능력을 잘못 파악하였다거나 응능부담의 원칙에 어긋난다거나 헌법 제36조 제1항 또는 제11조 제1항에 위반된다고 보기 어렵다. 합헌의견(재판관 김종대) : 세대별 합산과세방식에 관해 보건대, 주택은 그 소유권이야 개인별로 귀속되겠지만, 그 사용은 세대를 이루어 사는 가족들의 공동주거로 쓰이는 특수성이 있다. 이 같은 과세목적물인 주택의 특성상 같은 세대를 구성한 구성원이 여러 주택을 소유하고 있을 때 개인별로 과세하지 않고 이를 세대별로 합산과세 하겠다는 것은 입법목적을 달성하기 위해 꼭 필요할 뿐 아니라 과세단위에 관한 논리상의 결함도 없으므로, 헌법에 위반된다고 볼 수 없다. 헌법재판소, 헌법재판소판례집 제20권2집(하), 2008, 1-2면.

2항은 위 주택거래신고지역의 주택을 제외한 모든 부동산 거래에 대하여 투기성행 여부를 불문하고 해당 거래를 중개한 '중개업자에게'신고의무를 부과하고 있으나 이러한 차별의 결과는 부동산 거래신고제도가 도입·정착되는 과정에서 기존부터 운영되어왔던 주택거래신고제도와의 규율범위를 조정함에 따라 발생한 일시적인 현상일 뿐, 주택거래신고지역에서의 주택거래를 중개한 중개업자에게는 신고의무를 부담시킬 필요가 없다는 입법적 판단에 근거한 것이라고 볼 수 없고, 나아가 주택거래신고지역에서의 주택거래를 중개한 중개업자도 신고의무를 부담하도록 현재 입법개선이 이루어졌으므로, 이와 같이 제도의 단계적 개선과 추진과정에서 일부 차별적인 상황이 초래되었다고 하여 헌법상 평등원칙에 반한다고 볼 수 없다.[42]

개발이익환수제도의 단계적 제도개선과 평등원칙

[헌법재판소 1990. 6. 25. 89헌마107 결정]

•

헌법상 평등의 원칙은 국가가 언제 어디서 어떤 계층을 대상으로 하여 기본권에 관한 상황이나 제도의 개선을 시작할 것인지를 선택하는 것을 방해하지는 않는다. 만약 어떤 경우든지 모든 사항과 계층을 대상으로 하여 동시에 제도의 개선을 추진하여야 한다면 그 시행이 불가능하다는 결과에 이르게 되어 불합리할 뿐 아니라 평등의 원칙이 실현하고자 하는 가치와도 어긋나기 때문이다. 비록 수용되지 아니한 토지소유자가 보유하게 되는 개발이익을 포함

42 헌법재판소, 헌법재판소판례집 제21권1집(상), 2009, 689, 704면.

하여 일체의 개발이익을 환수할 수 있는 제도적 장치가 마련되지 아니한 상황에서, 기준지가가 고시된 지역 내에서 피수용토지를 둔 토지소유자로부터서만 이를 환수한다고 하여, 합리적 이유없이 수용여부에 따라 토지소유자를 차별한 것이라고는 인정되지 아니한다.[43]

주택재개발사업은 공익사업과 달리 취급해야 하는지 여부

[헌법재판소 2012.07.26. 2010헌마7 결정]

•

「도시정비법」상 주택재개발사업의 시행주체가 주거용 건축물의 소유자들로 구성된 조합이라 하더라도, 그 사업의 공공성 및 사업시행 구역 안에 거주하는 세입자의 주거이전의 강제성과 이들의 조기이주를 장려할 정책적인 목적 등은 국가 등이 시행하는 「공익사업법」상 공익사업과 다르지 않다. 따라서 이 사건 시행규칙 조항이 「도시정비법」상 주택재개발사업의 경우에도 「공익사업법」 시행규칙 제54조 제2항의 세입자에 대한 주거이전비 보상액수 산정기준을 그대로 따르고 그 기준을 달리 정하지 않고 있는 것은, 합리적 이유 없이 다른 것을 같게 취급하는 것이라고 볼 수 없으므로, 주택재개발 정비사업조합 및 조합원에 해당하는 청구인들의 평등권을 침해하지 아니한다.[44]

---

43 헌법재판소, 헌법재판소판례집 제2권, 1990, 178, 197-198면.

44 헌법재판소, 헌법재판소판례집 제24권2집(상), 2012, 192면.

자의금지원칙

자의금지원칙은 원칙적인 평등심사기준으로서 비례의 원칙이 적용되지 않는 모든 영역에 적용되는 심사기준이다.[45] 평등원칙은 입법자에게 본질적으로 같은 것을 자의적으로 다르게, 본질적으로 다른 것을 자의적으로 같게 취급하는 것을 금하는 것이다.[46] 그러므로 비교의 대상을 이루는 두 개의 사실관계 사이에 서로 상이한 취급을 정당화할 수 있을 정도의 차이가 없음에도 불구하고 두 사실관계를 서로 다르게 취급한다면, 입법자는 이로써 평등권을 침해하게 된다. 그러나 서로 비교될 수 있는 사실관계가 모든 관점에서 완전히 동일한 것이 아니라 단지 일정 요소에 있어서만 동일한 경우에, 비교되는 두 사실관계를 법적으로 동일한 것으로 볼 것인지 아니면 다른 것으로 볼 것인지를 판단하기 위하여는 어떠한 요소가 결정적인 기준이 되는가가 문제이다. 두 개의 사실관계가 본질적으로 동일한가의 판단은 일반적으로 당해 법률조항의 의미와 목적에 달려있다.[47] 다만 자의심사에는 차별을 정당화하는 합리적인 이유가 있는지 여부만을 심사하기 때문에 그에 해당하는 비교대상 간의 사실상의 차이나 입법목적(차별목적)의 발견·확인에 그친다.[48]

한편 헌법재판소의 심사기준이 되는 통제규범으로서의 평등원칙은 단지 자의적인 입법의 금지기준만을 의미하게 되므로 헌법재판소

---

45 이종엽·김주경, 법원의 헌법판단을 위한 위헌심사기준 연구, 사법정책연구원, 2018, 188면.

46 헌법재판소 2011. 10. 25. 2010헌바134 결정.

47 헌법재판소 1996. 12. 26. 96헌가18 결정; 헌법재판소 2015. 5. 28. 2012헌가6등 결정.

48 헌법재판소 2001. 2. 22. 2000헌마25 결정.

는 입법자의 결정에서 차별을 정당화할 수 있는 합리적인 이유를 찾아볼 수 없는 경우에만 평등원칙의 위반을 선언하게 된다. 즉 헌법에 따른 입법자의 평등실현의무는 헌법재판소에 대하여는 단지 자의금지원칙으로 그 의미가 한정되어 축소된다. 따라서 헌법재판소가 행하는 규범에 대한 심사는 그것이 가장 합리적이고 타당한 수단인가에 있지 아니하고 단지 입법자의 정치적 형성이 헌법적 한계내에 머물고 있는가 하는 것에 국한시켜야 하며, 그럼으로써 입법자의 형성의 자유와 민주국가의 권력분립적 기능질서가 보장될 수 있다.[49]

주택의 공급에 있어 단독세대주와 비단독세대주를 달리 취급하는 것이 평등권을 침해하는지 여부를 판단함에 있어 심사기준

[헌법재판소 2010. 5. 27. 2009헌마338 결정]

•

'주택공급에 관한 규칙'제32조 제1항 중 "단독세대주는 40제곱미터 이하의 주택에 한한다." 부분과 위 규칙 제32조 제2항 및 제3항 중 "단독세대주를 제외한다."는 부분으로 인한 단독세대주와 비단독세대주의 차별취급은 헌법에서 특별히 평등을 요구하는 경우이거나 차별대우로 인하여 자유권의 행사에 중대한 제한을 받는 경우에 해당한다고 볼 수 없고, 국가가 국민의 인간다운 생활을 보장하기 위하여 행하는 사회보장 영역에 관하여는 입법부 내지 입법에 의하여 위임을 받은 행정부에게 사회복지의 이념에 명백히 어긋나지 않는 한 광범위한 형성의 자유가 부여된다는 점을 고려

49 헌법재판소 1997. 1. 16. 90헌마110등 결정; 헌법재판소 1998. 9. 30. 98 헌가7등 결정.

하면, 위 조항들로 인한 단독세대주와 비단독세대주의 차별취급이 평등권을 침해하는지 여부를 심사함에 있어서는 완화된 심사기준인 자의금지원칙을 적용함이 상당하다.[50]

주택재개발정비사업의 관리처분계획 수립시 2인 이상이 1주택을 공유한 경우 원칙적으로 1주택을 공급하도록 규정한 구 「도시 및 주거환경정비법」 조항이 평등원칙에 위반되는지에 관한 심사기준

[헌법재판소 2012. 3. 29. 2010헌바217 결정]

•

위 조항은 헌법에서 특별히 평등을 요구하는 부분에 대한 것이 아니라 공익을 위하여 상대적으로 넓은 규제가 가능하다고 인정되는 재산권의 일부 제한 여부가 문제되는 경우이므로 완화된 심사기준에 따라 평등원칙의 위반 여부를 가려야 할 것이고, 그에 관한 구체적 심사요건은 본질적으로 동일한 것을 다르게 취급하고 있는지 또는 본질적으로 다른 것을 같게 취급하고 있는지에 관련된 차별취급의 존재 여부와 이러한 차별취급이 존재한다면 이를 자의적이라고 볼 수 있는지 여부라고 할 것이다.[51]

건축사자격시험의 응시자격 제한이 평등원칙에 위반되는지 여부

[헌법재판소 2008. 5. 29. 2005헌마195 결정]

•

건축사의 업무내용과 전문성, 건축의 안전성을 확보할 필요성이

---

50 헌법재판소, 헌법재판소판례집 제22권1집(하), 2010, 347, 356-357면.

51 헌법재판소, 헌법재판소판례집 제24권1집(상), 2012, 423, 435면.

매우 큰 점 등을 고려하면, 건축사가 되기 위해서는 건축 업무에 관한 학력과 실무경력이 모두 필요하다고 보아 예비시험 과정에서 건축구조 등에 관한 지식을 필기시험으로 측정하고, 자격시험 과정에서는 건축설계 등에 관한 실무능력을 실기시험으로 측정하면서, 예비시험 응시에 필요한 자격을 갖춘 상태에서 5년간의 실무경험을 쌓은 뒤에 자격시험에 응시할 수 있도록 규정한 「건축사법」 관련규정이 불합리하다거나, 고등학교에서 건축에 관한 소정의 과정을 이수한 후 졸업하고 대학에 진학한 사람이나 대학을 졸업하기 전에 공병 근무 기타의 건축실무경력을 쌓은 사람에게 불공정한 것이라고 보기 어려우므로, 「건축사법」 관련규정이 입법형성권을 불합리하거나 자의적으로 행사하여 청구인의 직업선택의 자유 등을 부당하게 침해하거나 대학에 진학한 청구인을 불평등하게 대우하였다고 할 수 없다.[52]

| 차별목적 내지 입법목적

입법자는 정치적 결정을 통하여 일정한 목표를 설정하고, 이를 실현하기 위해서 차별기준을 정하며 규율대상인 일정한 생활영역을 차별적으로 규율한다. 즉, 국가에 의한 차별의 배후에는 차별을 통하여 달성하고자 하는 일정한 목표가 있고, 이러한 차별목적은 대부분 규범의 의미와 목적으로부터 얻을 수 있는바, 입법목적은 곧 차별목적이 된다.[53]

차별을 두는 입법은 그 차별에 의하여 달성하려고 하는 목적과 그

52 헌법재판소 헌법재판소공보 제140호, 2008. 06. 20, 776면.

53 이종엽 · 김주경, 앞의 글, 189면.

목적을 달성하기 위한 차별을 두기 마련인데, 국민의 기본권에 관한 차별에 있어서 합리적 근거에 의한 차별이라고 하기 위하여서는 우선 그 차별의 목적이 헌법에 합치하는 정당한 목적이어야 하고 다음으로 차별의 기준이 목적의 실현을 위하여 실질적인 관계가 있어야 하며 차별의 정도 또한 적정한 것이어야 한다.[54]

정비사업 등 각종 공익사업을 시행함에 있어 이주대책과 입법재량

[헌법재판소 2015. 5. 28. 2012헌가6등 결정]

•

정비사업을 비롯한 각종 공익사업을 시행함에 있어 이주대책의 내용은 원칙적으로 넓은 입법재량이 인정되는 영역이므로, 비교집단 사이에 서로 상이한 취급을 정당화할 수 있을 정도의 합리적인 이유가 있는지를 기준으로 판단한다.[55]

대중 골프장 등 다른 체육시설과 달리 회원제 골프장만을 다르게 차별 취급할 합리적인 이유가 있는지 여부

[헌법재판소 2020. 3. 26. 2016헌가17등 결정][56]

•

어떠한 시설에 사치성이 있다고 판단되는 경우에도 그 중 어느 범

---

54 헌법재판소 1996. 8. 29. 93헌바57 결정.

55 헌법재판소, 헌법재판소판례집 제27권1집(하), 2015, 164, 174면.

56 재판관 이선애, 재판관 이종석, 재판관 이영진의 반대의견: 이용행위의 사치성이나 시설의 이용접근성 측면에서 회원제 골프장은 대중 골프장 등 다른 체육시설과 본질적인 차이가 없음에도, 심판대상조항이 회원제 골프장에 대하여만 1천분의 40의 중과세율을 규정한 것은 합리적 이유 없이 같은 것을 다르게 대우한 것으로서 헌법상 평등원칙에 위반된다.

위 내의 것을 우선적 중과세의 대상으로 할 것인지 그리고 이에 대하여 어느 정도의 부담을 과할 것인지에 관하여는 입법자에게 광범위한 정책판단의 권한이 부여되어 있다 할 것인데, 이 사건에 있어서 입법자는 회원제 골프장이 대중 골프장 내지 승마장과 같은 여타의 체육시설보다 사치성 재산이라는 성격이 더 현저하다고 보아 회원제 골프장을 정책시행의 우선적 대상으로 삼아 이에 대하여 중과세하고 있는 것으로서, 시설이용의 대중성, 녹지와 환경에 대한 훼손의 정도, 일반국민의 인식 등을 종합하여 볼 때 이를 두고 정책형성권의 한계를 일탈한 자의적인 조치라고 보기는 어렵다. 이처럼 입법자는 외부불경제 효과로 인한 골프장 규제의 필요성, 회원 위주로 이용 가능한 회원제 골프장의 제한적인 접근가능성, 사치·낭비 풍조 억제를 통한 한정된 자원의 바람직한 배분, 골프장 조성비용 조달방법의 차이 등 국민경제적·사회정책적 제반 요소들을 종합적으로 고려하여 회원제 골프장의 재산세율을 대중 골프장 등 다른 체육시설보다 높게 규정한 것인바, 이를 두고 현저히 합리적인 재량을 벗어나 불합리한 차별을 가하는 것이라 할 수 없으므로 심판대상조항은 평등원칙에 위반되지 아니한다.[57]

| 비교대상 간의 사실상 차이

두 개의 비교집단이 본질적으로 동일한지 여부의 판단은 일반적으로 관련 헌법규정과 당해 법 규정의 의미와 목적에 달려 있다.[58]

---

57 헌법재판소, 헌법재판소판례집 제32권1집(상), 2020, 147-148면.

58 헌법재판소 1996. 12. 26. 96헌가18 결정; 헌법재판소 2001. 11. 29. 99헌마494 결정.

중개한 부동산 거래내역 신고의무에 있어서 중개업자와 변호사 등 기타 전문직 종사자

[헌법재판소 2009. 3. 26. 2007헌마988등 결정]

•

부동산 거래의 중개행위는 공인중개사 자격을 취득하여 중개사무소를 개설·등록한 중개업자만 할 수 있으므로 애초에 중개행위를 할 수 없는 변호사나 법무사, 타 전문직 종사자들은 신고의 대상 자체가 존재한다고 볼 수 없다. 따라서 '부동산 거래를 중개할 수 있는 중개업자'와 '중개행위를 할 수 없는 타 전문직 종사자'는 부동산 거래신고제도에 관하여 본질적으로 동일한 집단이라고 볼 수 없으므로 차별취급 자체가 존재하지 아니한다.[59]

주택재건축사업시행자에게 매도청구권을 인정하는 「도시 및 주거환경 정비법」 조항이 재건축 참가자에 비하여 재건축 불참자를 차별하는지

[헌법재판소 2010. 12. 28. 2008헌마571 결정]

•

재건축조합 설립에 동의하지 않은 재건축 불참자는 재건축조합의 조합원이 될 수 있었음에도 이를 스스로 포기한 것이므로 재건축조합에 시가에 의한 매도청구권을 인정하는 위 조항으로 인하여 재건축 불참자와 재건축 참가자 사이에 어떠한 불평등의 문제가 생긴다고 볼 수 없을 뿐 아니라, 매도의 기준가격으로 정하고 있는 시가에는 재건축으로 인하여 발생할 것으로 예상되는 개발이

59 헌법재판소, 헌법재판소판례집 제21권1집(상), 2009, 689, 703면.

익까지 포함하는 점에 비추어 보면 재건축 불참자와 참가자 사이에 어떠한 차별취급이 존재한다고 볼 수 없다.[60]

기존 명의신탁자가 유예기간 내에 실명등기를 하지 아니한 경우 과징금을 부과하도록 한 「부동산 실권리자명의 등기에 관한 법률」조항과 기존 명의신탁자의 평등권

[헌법재판소 2011. 6. 30. 2009헌바55 결정]

•

「상속세법」이 법률 제5193호로 「상속세 및 증여세법」으로 전면 개정되면서 부동산에 관한 명의신탁의 경우 증여추정의 대상에서 제외되었지만, 구 「상속세법」의 위와 같은 개정에도 불구하고 명의신탁자가 「부동산실명법」에 따라 과징금을 부과 받는 것은 마찬가지이므로, 명의신탁자에게 어떠한 차별이 생겼다고 할 수 없다. 또한 구 「상속세법」의 그와 같은 개정은 「부동산 실권리자명의 등기에 관한 법률」이 이미 시행된 이후의 개정이므로 위 개정 이후에 부동산을 명의신탁한 자는 청구인과 같은 「부동산 실권리자명의 등기에 관한 법률」제정 이전에 명의신탁을 한 기존 명의신탁자에 포함될 수 없으므로 처음부터 위 조항이 적용될 여지조차도 없다. 따라서 구 「상속세법」이 위와 같이 개정된 이후에 명의신탁행위를 한 명의신탁자와 「부동산 실권리자명의 등기에 관한 법률」 제정 이전에 명의신탁을 한 기존 명의신탁자를 동등한 비교집단으로 볼 수 없으므로, 위 조항은 명의신탁자의 평등권을 침해하지 아니한다.[61]

---

60 헌법재판소, 헌법재판소판례집 제22권2집(하), 2010, 768, 777면.

일반 양도로 인한 양도소득의 경우와 동일하게 수용으로 인한 양도소득에 대해서도 양도소득세를 부과하는 「소득세법」조항

[헌법재판소 2011. 10. 25. 2010헌바134 결정]

•

수용의 경우 양도 여부를 스스로 결정할 수 없다는 이유만으로 자의에 의한 일반 양도의 경우와 달리 양도소득세를 부과할 수 없다고 보아야 하는 것은 아니다. 양도 및 양도소득의 개념, 양도소득세의 본질과 특성 등에 비추어 보면, 당사자의 의사에 의한 양도인지 여부가 양도소득세의 과세에 있어 다르게 취급하여야 할 본질적 요소의 차이라고 할 수 없다. 일반 양도로 인한 양도소득뿐만 아니라 수용으로 인한 양도소득에 대해서도 동일하게 양도소득세를 부과하는 것은 본질적으로 같은 것을 같게 취급하는 것으로서, 평등원칙에 반하지 않는다.[62]

자경농지감면제도의 혜택을 받는 자와 대토감면제도의 혜택을 받는 자

[헌법재판소 2014. 2. 27. 2012헌바424 결정]

•

자경농지감면과 대토감면의 요건 및 농지 소유자의 보호 취지에 있어서의 차이점, 대토 취득에 대한 규제 필요성 등을 고려하면, 자경농지감면제도의 혜택을 받는 자와 대토감면제도의 혜택을 받는 자를 본질적으로 동일한 두 개의 비교집단이라고 할 수 없다.[63]

---

61 헌법재판소, 헌법재판소판례집 제23권1집(하), 2011, 324, 333-334면.

62 헌법재판소, 헌법재판소판례집 제23권2집(상), 2011, 857, 867면.

63 헌법재판소, 헌법재판소판례집 제26권1집(상), 2014, 229, 237-238면.

일정 보증금액을 초과하는 상가건물 임대차를 「상가건물 임대차보호법」의 적용범위에서 제외하는 구 「상가건물 임대차보호법」조항과 관련하여, 상가건물 임차인과 주택임차인을 비교집단으로 볼 수 없다고 한 사례

[헌법재판소 2014. 3. 27. 2013헌바198 결정]

•

주택임대차와 상가임대차는 건물의 임대차라는 점에서는 동일하지만, 주택과 상가가 가지는 헌법적 중요성, 임차인 보호의 취지 및 헌법상 근거, 임차인 보호의 내용 등에 차이가 있으므로, 본질적으로 동일한 비교집단으로 보기 어렵다. 설령 주택임차인과 상가임차인을 임차인이라는 점에서 동일한 비교집단으로 상정한다고 하여도, 위와 같은 차이점을 고려할 때, 주거공간의 안정성과 주택임대차보증금은 임차인의 자력 여부에 불문하고 보호하는 반면, 영업활동의 안정성과 상가임대차보증금의 보호는 이와 상충되는 임대인 및 이해당사자의 이익과의 조화를 꾀하기 위해 보증금의 액수를 고려하여 일정 범위 내로 한정하겠다는 입법자의 판단이 현저히 자의적이라고 보이지 아니하므로, 그러한 차별취급은 합리적인 것으로 정당화될 수 있다.[64]

소급입법 금지의 원칙

우리 헌법은 "모든 국민은 행위시의 법률에 의하여 범죄를 구성하지

---

64 헌법재판소, 헌법재판소판례집 제26권1집(상), 2014, 480, 493-494면.

아니하는 행위로 소추되지 아니하며"(헌법 제13조 제1항 전단), "모든 국민은 소급입법에 의하여 참정권의 제한을 받거나 재산권을 박탈당하지 아니한다."(헌법 제13조 제2항)라고 규정하고 있다. 헌법상의 기본원칙인 법치주의로부터 도출되는 법적 안정성 측면에서 볼 때도 법규범은 현재와 장래에 효력을 가지는 것이기 때문에 소급입법은 금지 내지 제한된다. 다만, 신법이 피적용자에게 유리한 경우에는 이른바 시혜적인 소급입법이 가능하지만, 그러한 소급입법을 할 것인가의 여부는 그 일차적인 판단이 입법기관에 맡겨져 있으므로 입법자는 입법목적, 사회실정이나 국민의 법감정, 법률의 개정이유나 경위 등을 참작하여 시혜적 소급입법을 할 것인가 여부를 결정할 수 있다.[65]

부동산 재산권은 법령의 제·개정이 빈번하고 이로 인해 얻는 공익(공공복리)과 국민의 신뢰보호나 법적안정성을 해치는 사익 간의 이해충돌이 발생하는 경우가 많다. 구체적 정의실현과 법적 안정성의 조화를 도모하기 위하여 긴급한 시행의 필요가 있는 특별한 경우를 제외하고는 공포일과 시행일 간에 적절한 유예기간을 두어야 하고, 기득의 권리 또는 지위에 영향을 주는 경우에는 이를 존중·보호하기 위한 특별한 조치들이 병행되곤 한다.

| 소급입법의 종류 및 한계

넓은 의미의 소급입법은 신법이 이미 종료된 사실관계에 작용하는지 아니면 현재 진행 중인 사실관계에 작용하는지에 따라 일응 진정소급입법과 부진정소급입법으로 구분되고, 전자(진정소급입법)는 헌법적

65 헌법재판소 1995. 12. 28. 95헌마196 결정; 헌법재판소 2002. 2. 28. 2000헌바69 결정.

으로 허용되지 않는 것이 원칙이며 특단의 사정이 있는 경우에만 예외적으로 허용될 수 있는 반면, 후자(부진정소급입법)는 원칙적으로 허용되지만 소급효를 요구하는 공익상의 사유와 신뢰보호의 요청 사이의 교량과정에서 신뢰보호의 관점이 입법자의 형성권에 제한을 가하게 된다.[66]

| 진정소급입법의 제한 및 예외적 허용

기존의 법에 의하여 형성되어 이미 굳어진 개인의 법적 지위를 사후입법을 통하여 박탈하는 것 등을 내용으로 하는 진정소급입법은 개인의 신뢰보호와 법적 안정성을 내용을 하는 법치국가원리에 의하여 헌법적으로 허용되지 아니하는 것이 원칙이지만, 특단의 사정이 있는 경우, 즉 기존의 법을 변경하여야 할 공익적 필요는 심히 중대한 반면에 그 법적 지위에 대한 개인의 신뢰를 보호하여야 할 필요가 상대적으로 정당화될 수 없는 경우에는 예외적으로 허용될 수 있다.[67]

진정소급입법이 허용되는 예외적인 경우로는 일반적으로, 국민이 소급입법을 예상할 수 있었거나, 법적 상태가 불확실하고 혼란스러웠거나 하여 보호할 만한 신뢰의 이익이 적은 경우와 소급입법에 의한 당사자의 손실이 없거나 아주 경미한 경우, 그리고 신뢰보호의 요청에 우선하는 심히 중대한 공익상의 사유가 소급입법을 정당화하는 경우를 들 수 있다. 이를 대별하면 진정소급입법이 허용되는 경우는 구법에 의하여 보장된 국민의 법적 지위에 대한 신뢰가 보호할 만한 가치가 없거나 지극히 적은 경우와 소급입법을 통하여 달성하려

66 헌법재판소 1995. 10. 26. 94헌바12 결정.

67 헌법재판소 1989. 3. 17. 88헌마1 결정 ; 헌법재판소 1998. 9. 30. 97헌바38 결정.

는 공익이 매우 중대하여 예외적으로 구법에 의한 법적 상태의 존속을 요구하는 국민의 신뢰보호이익에 비하여 현저히 우선하는 경우로 크게 나누어 볼 수 있다.[68]

친일재산 소급입법이 정당화되는 경우

[헌법재판소 2011. 3. 31. 2008헌바141등 결정]

•

친일재산을 그 취득·증여 등 원인행위 시에 국가의 소유로 하도록 규정한 친일재산귀속법 제3조 제1항 본문(2005. 12. 29. 법률 제7769호로 제정된 것, 이하 '이 사건 귀속조항')은 진정소급입법에 해당하지만, 진정소급입법이라 할지라도 예외적으로 국민이 소급입법을 예상할 수 있었던 경우와 같이 소급입법이 정당화되는 경우에는 허용될 수 있다. 친일재산의 취득 경위에 내포된 민족배반적 성격, 대한민국임시정부의 법통 계승을 선언한 헌법 전문 등에 비추어 친일반민족행위자 측으로서는 친일재산의 소급적 박탈을 충분히 예상할 수 있었고, 친일재산 환수 문제는 그 시대적 배경에 비추어 역사적으로 매우 이례적인 공동체적 과업이므로 이러한 소급입법의 합헌성을 인정한다고 하더라도 이를 계기로 진정소급입법이 빈번하게 발생할 것이라는 우려는 충분히 불식될 수 있다. 따라서 이 사건 귀속조항은 진정소급입법에 해당하나 헌법 제13조 제2항에 반하지 않는다.[69]

---

68 헌법재판소 1996. 2. 16. 96헌가2등 결정; 헌법재판소 1998. 9. 30. 97헌바38 결정.

69 헌법재판소, 헌법재판소판례집 제23권1집(상), 2011, 277면.

「개발이익 환수에 관한 법률」 시행 전에 개발에 착수하였지만 아직 완료되지 않은 사업에 대해 개발부담금을 부과하는 경우

[헌법재판소 2001. 2. 22. 98헌바19 결정]

•

위 조항은 법이 시행된 1990. 1. 1. 이전에 이미 개발을 완료한 사업에 대하여 소급하여 개발부담금을 부과하려는 것이 아니라 법 시행 당시 개발이 진행 중인 사업에 대하여 장차 개발이 완료되면 개발부담금을 부과하려는 것이므로 이는 아직 완성되지 아니하여 진행과정에 있는 사실관계 또는 법률관계를 규율대상으로 하는 이른바 부진정소급입법에 해당하는 것이어서 원칙적으로 헌법상 허용되는 것이다.[70]

기존 명의신탁 약정 무효화와 실명등기의무

[헌법재판소 2001. 5. 31. 99헌가71등 결정]

•

기존 명의신탁까지 규율대상에 포함시킴으로써 제한되는 사익보다 공적인 이익이 클 뿐만 아니라, 기존 명의신탁자의 권리가 부당하게 일방적으로 침해될 위험성을 여러 규정을 통하여 배제하고 있다는 점에서 보호될 공익에 비하여 국민의 신뢰보호나 법적 안정성을 더 크게 해치지는 않으므로 소급입법에 의한 재산권 박탈 또는 이로 인한 재산권보장 원칙의 침해에 해당하지 않는다고 할 것이고, 실명등기의무의 유예기간인 1년은 과잉금지의 원칙에 위배될 정도의 단기라고는 할 수 없으며 기존 명의신탁자에 대하

70 헌법재판소, 헌법재판소판례집 제13권1집, 2001, 212, 220-223면.

여도 과징금을 부과한다는 것이 평등의 원칙에 위반된다고 할 수 없다.[71]

신뢰보호의 원칙

신뢰보호의 원칙은 법치국가원리에 근거를 두고 있는 헌법상의 원칙으로서 특정한 법률에 의하여 발생한 법률관계는 그 법에 따라 파악되고 판단되어야 하고, 과거의 사실관계가 그 뒤에 생긴 새로운 법률의 기준에 따라 판단되지 않는다는 국민의 신뢰를 보호하기 위한 것이나, 사회환경이나 경제여건의 변화에 따른 정책적인 필요에 의하여 공권력행사의 내용은 신축적으로 바뀔 수밖에 없고, 그 바뀐 공권력행사에 의하여 발생된 새로운 법질서와 기존의 법질서와의 사이에는 어느 정도 이해관계의 상충이 불가피하므로 국민들의 국가의 공권력행사에 관하여 가지는 모든 기대 내지 신뢰가 절대적인 권리로서 보호되는 것은 아니라고 할 것이다.[72]

국민이 어떤 법률이나 제도가 장래에도 그대로 존속될 것이라는 합리적인 신뢰를 바탕으로 하여 일정한 법적 지위를 형성한 경우, 국가는 그와 같은 법적 지위와 관련된 법규나 제도의 개폐에 있어서 법치국가의 원칙에 따라 국민의 신뢰를 최대한 보호하여 법적 안정성을 도모하여야 한다. 법률의 제정이나 개정시 구법질서에 대한 당사자의 신뢰가 합리적이고 정당하며, 법률의 제정이나 개정으로 야기

71 헌법재판소, 헌법재판소판례집 제13권1집, 2001, 1017, 1094-1096면.

72 헌법재판소 2001. 6. 28. 2001헌마132 결정.

되는 당사자의 손해가 극심하여 새로운 입법으로 달성하고자 하는 공익적 목적이 그러한 당사자의 신뢰의 파괴를 정당화할 수 없다면, 그러한 새로운 입법은 신뢰보호의 원칙을 위배한다.[73]

신뢰보호원칙의 위반 여부는 한편으로는 침해되는 이익의 보호가치, 침해의 정도, 신뢰의 손상 정도, 신뢰 침해의 방법 등과 또 다른 한편으로는 새로운 입법을 통하여 실현하고자 하는 공익적 목적 등을 종합적으로 형량하여야 한다. 따라서 신뢰보호원칙의 위반 여부를 판단함에 있어서는, 보호가치 있는 신뢰이익이 존재하는가, 과거에 발생한 생활관계를 현재의 법으로 규율함으로써 달성되는 공익이 무엇인가, 개인의 신뢰이익과 공익상의 이익을 비교 형량하여 어떠한 법익이 우위를 차지하는가를 살펴야 한다.[74]

장기임대주택에 대한 양도소득세 감면부분에 양도시를 기준으로 농어촌특별세 부과

[헌법재판소 2001. 4. 26. 99헌바55 결정]

•

농어촌특별세는 양도소득세의 감면세액 중의 일부를 징수하는 것으로 본질적으로는 불로소득인 지가상승에 대하여 과세하는 것이어서 침해받는 이익의 보호가치는 크다고 할 수 없고, 감면에 대한 기대와 신뢰는 본래부터 영구적인 것이 아니라 법의 개정에 따라 신축적·잠정적인 것이라 할 것이며, 종전에 받고 있던 특혜의 정도가 축소되었을 뿐 일반의 양도소득세 납세자와 비교하여 여

---

73 헌법재판소 2004. 12. 16. 2003헌마226등 결정.

74 헌법재판소 2009. 5 28. 2005헌바20 결정.

전히 80%라는 높은 감면의 혜택을 누린다. 한편 위 감면세액 중 일정비율을 농어촌특별세로 징수하게 된 것은, 최근의 우루과이 라운드 협상의 타결에 따라 농어업의 경쟁력 강화 및 농어촌 개발 사업에 필요한 재원을 조달하여야 할 시급한 필요성에 따른 것으로, 농어촌특별세법 시행 전에 형성된 신뢰이익의 가치와 손상의 정도, 농어촌특별세가 실현하고자 하는 위와 같은 시급한 공익성을 비교형량할 때 후자가 전자보다 더 크다고 하지 않을 수 없으므로, 위와 같은 양도소득세 감면비율을 적절히 축소함으로써 초래되는 신뢰의 손상은 공익적 요청에 의하여 헌법상 정당화된다.[75]

공동주택 하자담보책임 기간과 신뢰보호원칙

[헌법재판소 2008. 7. 31. 2005헌가16 결정]

•

신법이 시행되기 전에 이미 하자가 발생하였으나, 구법(집합건물법)에 의하면 10년의 하자담보기간 내이지만 신법에 의할 때 내력구조가 아니어서 1 내지 4년의 하자담보기간이 이미 경과된 경우, 공동주택의 소유자로서는 구법 질서 아래에서 이미 형성된 하자담보청구권이 소급적으로 박탈되는 결과가 된다. 이는 소유자가 구법에 따라 적법하게 지니고 있던 신뢰를 심각하게 침해하는 것인 반면, 개정된 주택법이 추구하는 공익은 중대한 것이라 보기는 어렵다. 따라서 신법이 시행된 이후에 하자가 발생한 경우뿐만 아니라 이미 구법 아래에서 발생한 하자까지 소급하여 신법을 적용하게 할 필요성이 크지 않다. 그러므로 구법 아래에서 하자가 발

---

75 헌법재판소, 헌법재판소판례집 제13권1집, 2001, 869, 886-888면.

생한 경우에 공동주택 소유자들이 지녔던 신뢰이익의 보호가치, 부칙 제3항이 진정소급입법으로서 하자담보청구권을 박탈하는 점에서의 침해의 중대성, 신법을 통하여 실현하고자 하는 공익목적의 중요성 정도를 종합적으로 비교형량 하여 볼 때, 부칙 제3항이 신법 시행 전에 발생한 하자에 대하여서까지 주택법을 적용하도록 한 것은 당사자의 신뢰를 헌법에 위반된 방법으로 침해하는 것으로서, 신뢰보호원칙에 위배된다.[76]

오염원인자조항이 추구하는 공익과 신뢰이익에 대한 침해의 정당화

[헌법재판소 2012. 8. 23. 2010헌바28 결정]

•

이 사건 오염원인자조항은 위 조항 시행 이전의 양수자에게까지 오염원인자의 인적범위를 시적으로 확장하여 토양오염을 신속하고 확실하게 제거·예방하고, 그로 인한 손해를 배상한다는 공익을 달성하고자 하는 것이다. 그런데 환경오염책임법제가 정비되기 이전의 토양오염에 대해서는 민법상의 불법행위규정에 의해서만 책임을 부담한다는데 대한 일반적인 신뢰가 존재하고, 폐기물에 대한 공법적 규제가 시작된 1970년대 이전까지는 자신이 직접 관여하지 않은 토양오염에 대해서 공법상의 책임을 부담할 수 있음을 예측하기 어려웠다. 또, 2002. 1. 1. 이전에 토양오염관리대상시설을 양수한 자에 대해서는 선의이며 무과실인 양수자에 대한 면책규정이 사실상 의미가 없고, 사실상 우선 책임을 추궁당한 양수자가 손해배상 및 토양정화 책임을 무한책임으로서 부담하게

---

76 헌법재판소, 헌법재판소판례집 제20권2집(상), 2008, 1, 11-13면.

되는 경우도 많다. 이처럼 이 사건 오염원인자조항은 예측하기 곤란한 중대한 제약을 사후적으로 가하고 있으면서도, 그로 인한 침해를 최소화 할 다른 제도적 수단을 마련하고 있지 않으므로, 이 사건 오염원인자조항이 2002. 1. 1. 이전에 이루어진 토양오염관리대상시설의 양수에 대해서 무제한적으로 적용되는 경우에는 이 사건 오염원인자조항이 추구하는 공익만으로는 신뢰이익에 대한 침해를 정당화하기 어렵다.[77]

적법절차의 원칙

일반적으로 "적법절차"란 입법·사법·행정 등 모든 국가작용은 정당한 법률을 근거로 해야 하고 정당한 절차에 따라 발동되어야 한다는 헌법원칙을 말한다. 헌법 제12조 제1항에서는 "법률과 적법한 절차에 의하지 아니하고는 처벌·보안처분 또는 강제노역을 받지 아니한다."고 하고, 같은 조 제3항에서 "체포·구금·압수 또는 수색을 할 때에는 적법한 절차에 따라 검사의 신청에 의하여 법관이 발부한 영장을 제시하여야 한다."고 하여, 적법절차의 원칙을 규정하고 있다.

적법절차 원칙이 구체적으로 어떠한 절차를 어느 정도로 요구하는지는 일률적으로 말하기 어렵고, 규율되는 사항의 성질, 관련 당사자의 사익, 절차의 이행으로 제고될 가치, 국가작용의 효율성, 절차에 소요되는 비용, 불복의 기회 등 다양한 요소들을 형량하여 개별적으로 판단할 수밖에 없을 것이나, 위 원칙에서 도출할 수 있는 가장 중

77 헌법재판소, 헌법재판소판례집 제24권2집(상), 2012, 420면.

요한 절차적 요청으로 당사자에게 적절한 고지를 행할 것, 당사자에게 의견 및 자료 제출의 기회를 부여할 것을 들 수 있을 것이다.[78]

도시계획시설사업의 실시계획의 인가를 사업인정으로 의제하는 「국토의 계획 및 이용에 관한 법률」 제96조 제2항 본문

[헌법재판소 2007. 11. 29. 2006헌바79 결정]

•

도시계획시설사업의 실시계획의 인가를 사업인정으로 의제하는 위 규정의 입법목적은 도시계획시설사업에 있어서 이해관계인의 의견청취, 관계행정기관과의 협의 등 중복되는 행정절차 등을 생략하여 사업인정 절차에 소요되는 시간을 단축하고 신속하게 도시계획시설사업을 시행하려는 것이다. 도시계획시설사업의 실시계획 인가는 우선 도시계획시설결정이라는 도시관리계획 결정절차를 거쳐야 되는데, 도시관리계획결정절차에 있어서도 도시관리계획안의 주요내용을 공고하고 일반이 열람할 수 있도록 해서 주민의 의견을 청취해야 하며, 공고된 도시관리계획안의 내용에 대하여 의견이 있는 자는 열람기일 내에 특별시장·광역시장·시장 또는 군수에게 의견서를 제출할 수 있다. 또한 도시계획시설사업의 실시계획을 인가하는 때에도 인가권자는 인가신청의 요지 등을 공고하고, 관계 서류의 사본을 일반이 열람할 수 있도록 하여야 하고, 도시계획시설사업의 시행지구 안의 토지 건축물 등의 소유자 및 이해관계인은 열람기간 내에 인가권자나 도시계획시설사

78 헌법재판소 2003. 7. 24. 2001헌가25 결정; 헌법재판소 2010. 3. 25. 2008헌바102 결정.

업의 시행자에게 의견서를 제출할 수 있으며, 인가권자나 사업시행자는 제출된 의견이 타당하다고 인정되는 때에는 이를 실시계획에 반영하도록 하고 있어 도시계획시설사업의 실시계획인가 시 당해 사업과 관련된 토지소유자 및 이해관계인의 의견수렴절차를 거치게 되어 있는 점을 감안하면 사업인정 의제를 규정한 위 조항이 적법절차의 원칙에 위배된다고 할 수는 없다.[79]

수용대상 토지를 고시한 때에 「공익사업법」상의 공익사업인정 및 고시가 있은 것으로 의제하는 구 「도시개발법」제21조 제3항 본문

[헌법재판소 2010. 12. 28. 2008헌바57 결정]

•

위 조항의 입법목적은 도시개발사업에서 이해관계인의 의견청취, 관계행정기관과의 협의 등 중복되는 행정절차 등을 생략하여 사업인정절차에 소요되는 시간을 단축함으로써 도시개발사업을 신속하게 시행하고, 수용에 따른 손실보상금 산정의 기준시점을 앞당김으로써 개발이익을 배제하려는데 있고, 「도시개발법」은 실질적으로 「공익사업법」이 요구하는 사업인정절차를 거치도록 하는 규정들을 두고 있고, 공공필요에 대한 판단을 할 수 있는 적절한 절차를 마련하고 있으므로, 위 조항이 적법절차원칙에 위배된다고 할 수 없다.[80]

---

79 헌법재판소, 헌법재판소판례집 제19권2집, 2007, 576, 586-587면.

80 헌법재판소, 헌법재판소판례집 제22권2집(하), 2010, 624, 646면.

제10장

부동산 입법 형식에 관한 헌법 원칙

명확성의 원칙

모든 법률은 법치국가적 법적 안정성의 관점에서 행정과 사법에 의한 법적용의 기준으로서 명확해야 한다.[81] 법치국가원리[82]의 한 표현인 명확성의 원칙은 기본적으로 모든 기본권제한입법에 대하여 요구된다. 규범의 의미내용으로부터 무엇이 금지되는 행위이고 무엇이 허용되는 행위인지를 수범자가 알 수 없다면 법적 안정성과 예측가능성은 확보될 수 없게 될 것이고, 또한 법 집행 당국에 의한 자의적 집행을 가능하게 할 것이기 때문이다.[83]

81 헌법재판소 2007. 10. 4. 2006헌바91 결정.

82 우리 헌법은 국가권력의 남용으로부터 국민의 기본권을 보호하려는 법치국가의 실현을 기본이념으로 하고 있고 그 법치국가의 개념에는 헌법이나 법률에 의하여 명시된 죄형법정주의와 소급효의 금지 및 이에 유래하는 유추해석금지의 원칙 등이 적용되는 일반적인 형식적 법치국가의 이념뿐만 아니라 법정형벌은 행위의 무거움과 행위자의 부책에 상응하는 정당한 비례성이 지켜져야 하며, 적법절차를 무시한 가혹한 형벌을 배제하여야 한다는 자의금지 및 과잉금지의 원칙이 도출되는 실질적 법치국가의 실현이라는 이념도 포함되는 것이다(헌법재판소 1992. 4. 28. 90헌바24).

법률은 명확한 용어로 규정함으로써 적용대상자에게 그 규제내용을 미리 알 수 있도록 공정한 고지를 하여 장래의 행동지침을 제공하고, 동시에 법 집행자에게 객관적 판단지침을 주어 차별적이거나 자의적인 법 해석을 예방할 수 있다.[84] 따라서 법률은 국민의 신뢰를 보호하고 법적 안정성을 확보하기 위하여 되도록 명확한 용어로 규정하여야 하는 것이다.

일반적이거나 불확정된 개념이 사용된 경우에는 당해 법률의 입법목적과 당해 법률의 다른 규정들을 원용하거나 다른 규정과의 상호관계를 고려하여 합리적인 해석이 가능한지 여부에 따라 명확성 여부가 가려져야 할 것이다.[85]

법규범의 의미내용은 법규범의 문언뿐만 아니라 입법목적이나 입법취지, 입법연혁, 그리고 법규범의 체계적 구조 등을 종합적으로 고려하는 해석방법에 의하여 구체화하게 되므로 결국 당해 법률조항이 명확성의 원칙에 위반되는지 여부는 위와 같은 해석방법에 의하여 의미내용을 합리적으로 파악할 수 있는 해석기준을 얻을 수 있는지 여부에 달려 있다.[86]

한편 오늘날의 행정은 질적·양적으로 확대·다양화되어 있어서 행위 여부 또는 행위의 내용에 관하여 행정청에 일정한 한도의 독자적 판단권을 인정하는 것이 공익의 적정한 실현을 위하여 요청되기도

---

83 헌법재판소 1990. 4. 2. 89헌가113 결정; 헌법재판소 1996. 8. 29. 94헌바15 결정.

84 헌법재판소 1992. 4. 28. 90헌바27등 결정.

85 헌법재판소 2001. 6. 28. 99헌바34 결정.

86 헌법재판소 2005. 6. 30. 2002헌바83 결정; 헌법재판소 2016. 4. 28. 2015헌바25 결정.

한다. 그에 따라 법률은 행정행위의 요건을 규정함에 있어 추상적·불확정적 개념을 사용하거나, 행정청에 재량권을 부여하고 있는 경우가 적지 않다. 법률이 행정부에 대한 수권을 내용으로 하는 것이라면 수권의 목적, 내용 및 범위를 명확하게 규정함으로써 행정청의 자의적인 법적용을 배제할 수 있는 객관적인 기준을 제시하고, 국민으로 하여금 행정청의 행위를 어느 정도 예견할 수 있도록 하여야 할 것이다(헌법재판소 2004. 7. 15. 2002헌바47). 다만, 그 규율대상이 지극히 다양하거나 수시로 변화하는 성질의 것이어서 입법기술상 일의적으로 규정할 수 없는 경우에는 이와 같은 예측가능성의 정도가 완화된다 할 것이고, 또 예측가능한지 여부는 그 규정의 문언만으로 판단할 것이 아니라 관련 조항을 유기적·체계적으로 판단하여야 한다.[87]

「도시계획법」 제21조(개발제한구역의 지정)와 명확성 원칙

[헌법재판소 1998. 12. 24. 89헌마214등 결정]

•

「도시계획법」제21조와 "다른 법률조항과의 연관관계에서 살펴보면, 이 조항의 입법목적이 도시의 주변 등 일정 구역에 대하여 토지이용을 제한함으로써 도시의 지역적, 평면적 확산을 억제하고 그 구역의 자연환경을 훼손하지 않은 채 그대로 보전할 수 있도록 하며 그에 따라 도시에 거주하는 시민들의 생활환경을 건전하게 유지하려는 데 있다는 것을 법률의 해석을 통하여 쉽게 알 수 있고 이로써 행정청의 자의적인 법적용을 배제하는 객관적인 기준을 얻을 수 있으므로, 법률의 명확성원칙에 반한다고 할 수

87 헌법재판소 2007. 10. 4. 2006헌바91 결정.

없다."[88]

포괄위임금지의 원칙

헌법 제40조는 "입법권은 국회에 속한다."라고 규정하면서, 아울러 제75조는 "대통령은 법률에서 구체적으로 범위를 정하여 위임받은 사항과 법률을 집행하기 위하여 필요한 사항에 관하여 대통령령을 발할 수 있다."고 규정하고, 제95조는 "국무총리 또는 행정각부의 장은 소관사무에 관하여 법률이나 대통령령의 위임 또는 직권으로 총리령 또는 부령을 발할 수 있다."고 각 규정함으로써 행정기관으로의 위임입법을 인정하고 있는데, 우리 헌법 제40조의 의미는 적어도 국민의 권리와 의무의 형성에 관한 사항을 비롯하여 국가의 통치조직과 작용에 관한 기본적이고 본질적인 사항은 반드시 국회가 정하여야 한다는 것이다.[89]

한편 대통령령으로 입법할 수 있는 사항을 '법률에서 구체적으로 범위를 정하여 위임받은 사항'으로 한정함으로써 일반적이고 포괄적인 위임입법은 허용되지 않는다. 이는 국민주권주의, 권력분립주의 및 법치주의를 기본원리로 하는 우리 헌법 하에서 국민의 헌법상 기본권 및 기본의무와 관련된 중요한 사항 내지 본질적인 내용에 대한 정책 형성기능은 원칙적으로 주권자인 국민에 의하여 선출된 대표자들로 구성되는 입법부가 담당하여 법률의 형식으로써 이를 수행하여

---

88 헌법재판소, 헌법재판소판례집 제10권2집, 1998, 927, 957면.

89 헌법재판소 1998. 5. 28. 96헌가1 결정.

야 하고, 이와 같이 입법화된 정책을 집행하거나 적용함을 임무로 하는 행정부나 사법부에 그 기능을 넘겨서는 아니 되기 때문이다.[90]

한편 오늘날 의회의 입법독점주의에서 입법중심주의로 전환하여 일정한 범위 안에서 행정입법을 허용하게 된 동기는 사회적 변화에 대응한 입법수요의 급증과 종래의 형식적 권력분립주의로는 현대사회에 대응할 수 없다는 기능적 권력분립론에 있다. 이러한 사정을 감안하여 헌법 제40조·제75조·제95조의 의미를 살펴보면, 국회가 입법으로 행정기관에게 구체적인 범위를 정하여 위임한 사항에 관하여는 당해 행정기관이 법 정립의 권한을 갖게 되고, 이때 입법자가 그 규율의 형식도 선택할 수 있다고 보아야 하므로, 헌법이 인정하고 있는 위임입법의 형식은 예시적인 것으로 보아야 한다. 따라서 법률이 일정한 사항을 행정규칙에 위임하더라도 그 행정규칙은 위임된 사항만을 규율할 수 있으므로, 국회입법의 원칙과 상치되지 않는다. 다만, 행정규칙은 법규명령과 같은 엄격한 제정 및 개정절차를 필요로 하지 아니하므로, 기본권을 제한하는 내용의 입법을 위임할 때에는 법규명령에 위임하는 것이 원칙이고, 고시와 같은 형식으로 입법위임을 할 때에는 법령이 전문적·기술적 사항이나 경미한 사항으로서 업무의 성질상 위임이 불가피한 사항에 한정된다.[91]

| 포괄위임금지원칙의 입법기준

헌법 제75조는 "대통령은 법률에서 구체적으로 범위를 정하여 위임

90 헌법재판소 1995. 7. 21. 94헌마125 결정; 헌법재판소 1995. 11. 30. 91헌바1등 결정; 헌법재판소 1999. 12. 23. 99헌가2 결정.

91 헌법재판소 2014. 7. 24. 2013헌바183등 결정.

받은 사항……에 관하여 대통령령을 발할 수 있다."라고 규정하여, 일정한 사항에 대하여 법집행자인 행정부에게 위임해야 할 필요성을 인정하여 위임의 헌법상 근거를 마련함과 동시에 위임은 구체적으로 범위를 정하여 하도록 하여 그 한계를 제시하고 있다. 여기서 '법률에서 구체적인 범위를 정하여 위임받은 사항'이란 법률에 이미 대통령령으로 규정될 내용 및 범위의 기본사항이 구체적으로 규정되어 있어서 누구라도 당해 법률로부터 대통령령에 규정될 내용의 대강을 예측할 수 있어야 함을 의미하는데, 이러한 위임의 구체성·명확성 내지 예측가능성의 유무는 당해 특정조항 하나만을 가지고 판단할 것이 아니라 관련 법조항 전체를 유기적·체계적으로 종합하여 판단하여야 하고 위임된 사항의 성질에 따라 구체적·개별적으로 검토하여야 한다.[92]

| 위임의 구체성

위임입법에 있어서 위임의 구체성·명확성의 요구 정도는 규제대상의 종류와 성격에 따라서 달라진다. 즉 급부행정 영역에서는 기본권 침해 영역보다는 구체성의 요구가 다소 약화되어도 무방하다고 해석되며, 다양한 사실관계를 규율하거나 사실관계가 수시로 변화될 것이 예상될 때에는 위임의 명확성의 요건이 완화된다. 뿐만 아니라 위임조항에서 위임의 구체적 범위를 명확히 규정하고 있지 않다고 하더라도 당해 법률의 전반적 체계와 관련규정에 비추어 위임조항의 내재적인 위임의 범위나 한계를 객관적으로 분명히 확정할 수 있다면 이를 일반적이고 포괄적인 백지위임에 해당하는 것으로 볼 수

---

92 헌법재판소 2009. 12. 29. 2008헌바48 결정.

없다.[93]

조례의 제정권자인 지방의회는 선거를 통해서 그 지역적인 민주적 정당성을 지니고 있는 주민의 대표기관이고 헌법이 지방자치단체에 포괄적인 자치권을 보장하고 있는 취지로 볼 때, 조례에 대한 법률의 위임은 법규명령에 대한 법률의 위임과 같이 반드시 구체적으로 범위를 정하여 할 필요가 없으며 포괄적인 것으로 족하다.[94]

'역사문화미관지구'내 토지소유자들에 대한 재산권제한의 구체적 내용을 해당 지방자치단체의 조례에 위임한 「국토의 계획 및 이용에 관한 법률」 제76조 제2항

[헌법재판소 2012. 7. 26. 2009헌바328 결정]

•

위 조항 및 관련조항의 규정내용에 따르면 역사문화미관지구 내 토지소유자들에게 부과될 재산권 제한이 '문화재의 미관을 해치거나 그 보존가치를 저해하는 이용방법을 제한'하는 성질의 것이 될 것임은 누구라도 충분히 예상할 수 있고, '용도지구'라는 것 자체가 지방자치단체 관할구역 내의 일부를 그 대상으로 할 것임이 명백한 이상, 지역 특성에 맞게 다양한 규제가 이루어질 수 있도록 해당 지구에서의 재산권 제한 내용을 해당 지방자치단체에 포괄적으로 위임하는 것이 행정의 목적상 바람직하므로 위임의 필요성도 인정된다. 따라서 위 조항은 포괄위임입법금지원칙에 위

93 헌법재판소 1997. 12. 24. 95헌마390 결정.

94 헌법재판소 1995. 4. 20. 92헌마264등 결정; 헌법재판소 2008. 5. 29. 2006헌바78 결정; 헌법재판소 2012. 11. 29. 2012헌바97 결정.

배되지 않는다.[95]

'부동산중개업자가 받을 수 있는 수수료'의 조례 위임

[헌법재판소 2002. 6. 27. 2000헌마642 등 결정]

•

「부동산중개업법」 제20조 제3항은 부동산중개수수료의 한도에 관하여 건설교통부령이 정하는 범위 내에서 지방자치단체의 조례로 정하도록 규정하고 있다. 따라서 법 제20조 제3항은 명백히 '부동산중개업자가 받을 수 있는 수수료'라고 하는 구체적 사항을 특정하고, '건설교통부령이 정하는 범위'라는 구체적인 범위까지 정하여 이를 지방자치단체의 조례에 위임하고 있다. 그러므로 지방자치단체의 조례로 제정될 부동산중개업자의 수수료의 범위 및 한도에 관하여는 누구라도 구체적 예측이 가능하다고 할 것이므로 법 제20조 제3항은 위임입법의 한계를 벗어난 것이라고 할 수 없다.[96]

법률의 위임은 반드시 구체적이고 개별적으로 한정된 사항에 대하여 행해져야 한다. 그렇지 아니하고 일반적이고 포괄적인 위임을 한다면 이는 사실상 입법권을 백지위임하는 것이나 다름없이 의회입법의 원칙이나 법치주의를 부인하는 것이 되고 행정권의 부당한 자의와 기본권행사에 대한 무제한적 침해를 초래할 위험이 있다.[97]

---

95 헌법재판소, 헌법재판소판례집 제24권2집(상), 2012, 64, 85-86면.

96 헌법재판소, 헌법재판소판례집 제14권1집, 2002, 655-656면.

97 헌법재판소 1994. 7. 29. 93헌가12 결정; 헌법재판소 2002. 12. 18. 99헌바105등

| 위임입법의 예측가능성

헌법 제75조는 "대통령령은 법률에서 구체적인 범위를 정하여 위임받은 사항과 법률을 집행하기 위하여 필요한 사항에 관하여 대통령령을 발할 수 있다."고 규정하여 위임입법의 근거와 아울러 그 범위와 한계를 제시하고 있다. 여기서 법률에서 구체적인 범위를 정하여 위임받은 사항이란 법률에 이미 대통령령으로 규정될 내용 및 범위의 기본사항이 구체적으로 규정되어 있어서 누구라도 당해 법률로부터 대통령령에 규정될 내용의 대강을 예측할 수 있어야 함을 의미한다.[98] 예측가능성의 유무는 당해 특정조항 하나만을 가지고 판단할 것이 아니라, 관련 법조항 전체를 유기적 체계적으로 종합하여 판단하여야 하고 위임된 사항의 성질에 따라 구체적 개별적으로 검토하여야 할 것이다.[99]

「도시공원법」상의 '공원시설'의 세부적 종류

[헌법재판소 1997. 10. 30. 95헌바7 결정]

•

「도시공원법」 제2조 제2호 자목은 공원시설의 세부적 종류를 건설부령이 정하도록 위임하고 있지만, "도시공원의 효용을 다하기 위한 시설"로 범위를 한정하고 있을 뿐만 아니라 「도시공원법」의 목적에 관한 동법 제1조, 도시공원 및 공원시설의 정의와 유형

결정.

98 헌법재판소 2015. 4. 30. 2012헌바284 결정.

99 헌법재판소 2001. 1. 18. 98헌바75등 결정; 헌법재판소 2002. 12. 18. 2001헌바52 결정.

에 관하여 규정하고 있는 동법 제2조 제1호·제2호 가목 내지 아목 등 관련 법률조항 전체를 유기적, 체계적으로 종합 판단하면 건설부령에 규정될 공원시설이 대강 어떤 것이 될지 충분히 예측할 수 있으므로 헌법 제75조에 위반되지 않는다.[100]

도시계획절차규정의 적용예외에 해당하는 '경미한 사항'

[헌법재판소 1997. 10. 30. 95헌바7 결정]

•

「도시계획법」 제12조 제1항에 따른 도시계획 결정절차에 대한 예외로서 동조항 단서의 "대통령령으로 정하는 경미한 사항"에서 '경미한 사항'이라는 말은 일상생활이나 법률에서 자주 사용하는 용어로서 가볍고 작은 사항, 중대하지 아니한 사항이라는 뜻으로 그 의미가 명료할 뿐만 아니라 위 단서조항의 입법취지와 「도시계획법」의 목적을 규정한 제1조, 도시계획의 정의를 규정한 제2조 제1항 제1호 등 「도시계획법」, 「도시공원법」의 관련 법률조항 전체를 유기적, 체계적으로 종합판단하면 어떤 사항이 위 단서조항의 경미한 사항에 해당하는지는 어렵지 않게 예측할 수 있을 것이므로 위 단서조항은 헌법 제75조에 위반된다고 볼 수 없다.[101]

---

100 헌법재판소, 헌법재판소판례집 제9권2집, 1997, 437, 449-450면.

101 헌법재판소, 헌법재판소 판례집 제9권2집, 1997, 437, 451면.

「수도권정비계획법」상의 공장총량제

[헌법재판소 2001. 11. 29. 2000헌바78 결정]

•

「수도권정비계획법」제2조 제1호에서의 수도권이란 용어의 통상적인 의미에 의하여 시행령에서 규정할 수도권의 범위를 충분히 예측할 수 있고, 「수도권정비계획법」 제18조 제2항은 공장에 대한 총량규제에 관하여 대통령령에 위임할 내용을 "공장에 대한 총량규제의 내용과 방법"으로 규정하고 있는바, 총량규제의 대상이 되는 공장의 종류, 총량규제의 내용과 방법 등을 사회적·경제적 상황에 따라 탄력적으로 규제할 필요성이 있고, 「수도권정비계획법」 제18조 제2항의 입법 취지와 법률의 전반적인 체계와 관련 조항에 비추어 수도권에서의 공장의 신설 등에 대하여 매년 시·도 등 지방자치단체별로 그 총량이 정하여지고 그 범위 내에서 공장의 신설 등이 허용될 것이라는 점을 충분히 예측할 수 있으므로, 「수도권정비계획법」 제18조가 포괄위임입법금지에 관한 헌법 제75조에 위반된다고 볼 수 없다.[102]

도시개발구역을 지정, 고시함에 있어 공람 또는 공청회의 방법으로 주민의 의견을 청취하는 구체적인 대상 및 방법 등을 대통령령에 위임하고 있는 「도시개발법」 제7조 제2항

[헌법재판소 2012. 8. 23. 2010헌바471 결정]

•

공람이나 공청회를 통하여 주민 등의 의견을 청취하는 절차는 도

---

102 헌법재판소, 헌법재판소판례집 제13권2집, 2001, 646, 658면.

시개발사업의 규모, 성격 및 대상 지역의 특성 등에 따라 현실에 맞게 규율할 필요가 있으므로, 이러한 요구에 보다 탄력적으로 대응할 수 있는 대통령령에 위임할 필요도 있고, 이러한 위임의 필요성은 공람이나 공청회 실시의 '대상'을 선정함에 있어서도 그대로 인정된다. '공람'이라는 절차가 '공청회'보다는 약식으로 간단히 주민의 의견을 청취하는 절차인 점, 도시개발사업의 규모의 대소를 불문하고 모든 사업에 있어 공청회를 실시하여야 한다면 사업시행의 효율성을 저해할 수도 있다는 점 등에 비추어 볼 때, 도시개발사업의 규모나 성격, 내용, 유형 등에 따라 공람 또는 공청회의 대상 및 개최 기준이 달라질 것이라는 정도는 도시개발법상 다른 법률조항들의 내용 및 전체적 취지에 비추어 볼 때 충분히 예측할 수 있는 것으로 보인다. 따라서 위 위임조항은 포괄위임입법금지원칙에 위반되지 아니한다.[103]

구 「도시 및 주거환경 정비법」 제11조 제1항 본문 중 "국토해양부장관이 정하는 경쟁입찰의 방법으로" 부분

[헌법재판소 2016. 3. 31. 2014헌바382 결정]

•

법률용어로서의 입찰의 개념이나 민사법의 일반 원리에 따른 절차 등을 고려하면, 위 조항에 따라 국토해양부장관이 규율할 내용은 경쟁입찰의 구체적 종류 및 입찰공고와 응찰, 낙찰로 이어지는 세부적인 입찰절차와 일정, 의사결정 방식 등의 제한에 관한 것으로서 공정한 경쟁을 담보할 수 있는 방식이 될 것임을 충분히 예

103 헌법재판소, 헌법재판소판례집 제24권2집(상), 2012, 512, 524-525면.

측할 수 있으므로, 위 조항은 포괄위임금지원칙에 위배되지 아니한다.[104]

✓ 반대의견(재판관 박한철, 이정미, 이진성)

[헌법재판소 2016. 3. 31. 2014헌바382 결정]

•

위 조항은 사업시행자에게 유리한 입찰참가인을 가려내는 대강의 기준조차 규정하지 아니하고 경쟁입찰의 방법을 하위법규로 정하도록 위임하고 있는바, 시공자 선정을 위하여 입찰을 실시하는 조합이나 입찰에 참가하려는 건설업자 등의 입장에서 구체적으로 어떤 기준에 따라 낙찰자가 결정될 것인지를 예측할 수 있으리라 기대하기 어렵다. 따라서 위 조항은 포괄위임금지원칙에 위배된다.[105]

전기간선시설의 구체적인 설치범위를 대통령령에 위임한 「주택건설촉진법」 제36조 제4항

[헌법재판소 2005. 2. 24. 2001헌바71 결정]

•

「주택건설촉진법」 제3조 제8호는 "간선시설이라 함은 도로·상하수도·전기시설·가스시설·통신시설 및 지역난방시설 등 주택단지 안의 기간시설과 그 기간시설을 당해 주택단지 밖에 있는 동종의 기간시설에 연결시키는 시설을 말한다."라고 하여 간선시설의 범위를 명확하게 정의하고 있고, 여기에 이 사건 위임조항의 개정연

104 헌법재판소, 헌법재판소판례집 제28권1집(상), 2016, 388, 395-396면.

105 헌법재판소, 헌법재판소판례집 제28권1집(상), 2016, 388, 400-402면.

혁과 「주택건설촉진법」의 입법목적 및 그 주요 내용 등을 종합하여 보면 그 위임에 의하여 대통령령에서 정하게 될 전기간선시설의 설치의무의 범위라는 것이 대체로 "주택단지 밖의 기간이 되는 시설로부터 택지 또는 공동주택의 단지경계선까지의 것"으로 되리라는 것은 이해관계인들이 어렵지 않게 예측할 수 있다.[106]

대통령령이 정하는 바에 의하여 감리자를 지정하고, 건설교통부령이 정하는 절차 등에 의하여 공사감리비를 지급하도록 한 구 「주택법」 제24조 제1항 본문 및 제6항

[헌법재판소 2009. 6. 25. 2007헌바39 결정]

•

사회가 발전·변화함에 따라 공동주택의 건설과정에서 입주자를 대신하여 관리·감독하는 지위에 있는 감리자의 중요성이 점점 높아지고 있고, 감리자의 지정 및 감리비에 관한 내용은 전문적이고 기술적이므로 위임입법의 필요성이 있고, 사회적으로 중요한 영향을 미치는 건축물의 부실공사를 방지하려는 위 조항들의 입법취지에 비추어 하위법령의 내용은 위 목적 달성을 위한 가장 적합한 방식의 감리자의 지정과 감리비의 지급절차를 규정하는 기술적인 내용이 될 것이라는 점이 예측가능하므로 포괄위임입법금지원칙에 위반되지 않는다.[107]

---

106 헌법재판소, 헌법재판소판례집 제17권1집, 2005, 196, 222-223면.

107 헌법재판소, 헌법재판소판례집 제21권1집(하), 2009, 820, 830-832면.

구 「공익사업을 위한 토지 등의 취득 및 보상에 관한 법률」 제77조 제4항 중 제1항에 관한 부분

[헌법재판소 2012. 2. 23. 2010헌바206 결정]

•

위 조항은 공익사업 시행으로 인한 영업손실 보상액의 구체적인 산정 및 평가방법과 보상기준에 관한 사항을 국토해양부령에 위임하고 있는바, 영업손실보상의 대상이 되는 영업의 종류, 형태, 규모 등을 사회적·경제적 상황에 따라 탄력적으로 규율할 필요성이 있고, 동법의 입법취지 및 전반적인 체계와 관련 조항에 비추어 볼 때, 일정한 시점을 기준으로 영업의 이전이 불가능하거나 이전비가 영업시설 전반의 가격을 상회하는 경우 등에는 폐업보상을 하되 그 외의 경우 이전을 위한 휴업보상을 하는 점 및 보상액 산정을 수용재결일 등 일정한 시점 및 기간을 기준으로 하여 영업이익과 시설이전 비용을 참작하여 이루어질 것이라는 점을 충분히 예측할 수 있으므로, 위 조항이 포괄위임입법금지원칙에 위반된다고 볼 수 없다.[108]

| 법률의 명확성원칙과 포괄위임금지원칙과의 관계

포괄위임금지의 원칙은 행정부에 입법을 위임하는 수권법률의 명확성원칙에 관한 것으로서 법률의 명확성원칙이 위임입법에 관하여 구체화된 특별규정이라고 할 수 있다. 따라서 수권법률조항의 명확성원칙 위배 여부는 헌법 제75조의 포괄위임금지의 원칙의 위반 여부에 대한 심사로써 충족된다.[109]

108 헌법재판소, 헌법재판소판례집 제24권1집(상), 2012, 130, 139-141면.

체육시설을 도시계획시설사업의 대상이 되는 기반시설로 규정한 「국토의 계획 및 이용에 관한 법률」 조항

[헌법재판소 2011. 6. 30. 2008헌바166 결정]

•

위 조항은 기반시설의 종류 중 하나로 체육시설을 규정하고 있는데, 「국토의 계획 및 이용에 관한 법률」의 전반적인 규범체계 속에서 수용권이 행사될 수 있는 대상의 범위를 확정하는 역할을 하므로 재산권의 제한과 밀접하게 관련되어 있다. 또한, 그 자체로 공공필요성이 인정되는 교통시설 등과 달리, 기반시설로서의 체육시설의 종류와 범위를 대통령령에 위임하기 위해서는, 체육시설 중 공공필요성이 인정되는 범위로 한정할 필요가 있다 봄이 상당하다. 그럼에도 위 조항은 체육시설의 구체적인 내용을 아무런 제한 없이 대통령령에 위임하고 있으므로, 헌법상 위임입법의 한계를 일탈하여 포괄위임금지원칙에 위배된다.[110]

---

109 헌법재판소 2011. 2. 24. 2009헌바13등 결정; 헌법재판소 2016. 3. 31. 2015헌바201 결정.

110 별개의견(재판관 목영준): 위 조항은 입법부가 국민의 재산권을 직접 제한하는 수용행위를 어느 경우에 할 수 있는지에 관하여 구체적 범위조차 정하지 아니하고 행정부에 이를 위임하였으므로 위헌인 것이지 하위법규에 규정된 내용으로 말미암아 위헌인 것이 아니므로, 위 조항에 대하여 하위법규에 규정된 내용의 위헌성을 지적하는 것은 바람직하지 않다(헌법재판소, 헌법재판소판례집 제23권1집(하), 2011, 288, 311-314면).
헌법재판소, 헌법재판소판례집 제23권1집(하), 2011, 288, 305-307면.

관리처분계획의 내용, 관리처분의 방법 · 기준 등에 관하여 필요한 사항을 대통령령에 위임한 「도시 및 주거환경 정비법」 제48조 제7항

[헌법재판소 2012. 3. 29. 2010헌바217 결정]

•

관리처분계획의 수립은 규율대상이 다양하고 수시로 변화하는 성질의 것이며 전문적·기술적 사실관계에 관한 것으로서 행정입법에 위임하여 이를 탄력적으로 규율하도록 하는 것이 합리적이므로 위임입법의 필요성이 인정된다. 또한 위 조항은 '관리처분계획의 내용, 관리처분의 방법·기준 등'을 대통령령에 위임하면서, 같은 조 제1항, 제2항 등에서 그 구체적인 기준도 제시하고 있어 대통령령에서 규정될 내용에 대하여 충분히 예측할 수 있다. 따라서 위 조항은 헌법이 정한 위임입법의 한계를 준수하고 있으므로 헌법상의 포괄위임입법금지원칙에 위배되지 않는다.[111]

「건축법」상 허가를 요하는 건축물의 용도변경행위의 위임

[헌법재판소 1997. 5. 29. 94헌바22 결정]

•

「건축법」은 건축물의 용도제한에 관하여 그 내용을 아무런 구체적인 기준이나 범위를 정함이 없이 이를 하위법령인 대통령령이나 조례에 백지위임하고 있고, 건축물의 용도변경행위에 관하여도 「건축법」 제14조는 이를 대통령령이 정하는 바에 따른다고만 규정하고 있을 뿐이며, 건축물의 용도제한에 관한 사항도 모두 하위법령에 백지위임되어 있어서 일반인의 입장에서 보면 「건축법」

111 헌법재판소, 헌법재판소판례집 제24권1집(상), 2012, 423, 436-437면.

제14조만으로는 실제로 하위법령인 대통령령의 규정내용을 미리 예측하여 자신의 용도변경행위가 건축으로 보아 허가를 받아야 하는 용도변경행위인지 여부를 도저히 알 수가 없다. 따라서 「건축법」 제78조 제1항 중 제14조의 규정에 의하여 허가 없이 한 대통령령이 정하는 용도변경행위를 건축으로 보아 처벌하는 것은 이에 관련된 법조항 전체를 유기적·체계적으로 종합판단하더라도 그 위임내용을 예측할 수 없는 경우로서 그 구체적인 내용을 하위법령인 대통령령에 백지위임하고 있는 것이므로, 이와 같은 위임입법은 범죄의 구성요건 규정을 위임한 부분에 관한 한 죄형법정주의를 규정한 헌법 제12조 제1항 후문 및 제13조 제1항 전단과 위임입법의 한계를 규정한 헌법 제75조에 위반된다.[112]

건축물의 무단용도변경행위에 대해 시정명령을 내리고 이행강제금을 부과하는 경우 구체적인 내용을 대통령령에 백지위임한 규정

[헌법재판소 2000. 3. 30. 98헌가8 결정]

•

구 「건축법」규정(제83조 제1항 제1호 및 제69조 제1항 중 제14조의 규정에 의한 제8조 제1항 적용부분)이 허가 없이 한 대통령령이 정하는 용도변경행위를 건축으로 보아 시정명령을 내리고, 이행강제금을 부과하는 것은, 이에 관련된 법조항 전체를 유기적·체계적으로 종합판단하더라도 그 위임내용을 예측할 수 없고, 그 내용을 전부 대통령령에 위임하여야 할만한 사정도 찾아볼 수 없는 등, 결국 법률이 건축물의 용도제한에 관한 한 그 내용을 아무런 구체적인

112 헌법재판소, 헌법재판소판례집 제9권1집, 1997, 529, 536-542면.

기준이나 범위를 정함이 없이 이를 하위법령인 대통령령에 백지 위임하고 있는 것이다.[113]

개발제한구역에서의 건축물의 건축행위 제한 및 대통령령이 정하는 건축물의 건축에 관한 '예외적 허가'를 규정한 구 「개발제한구역의 지정 및 관리에 관한 특별조치법」제11조 제1항

[헌법재판소 2007. 8. 30. 2006헌바9 결정]

•

개발제한구역 내에 허용되는 건축물의 종류는 여러 가지 사회·경제적 변화 등에 즉응하여 규율하여야 할 필요성이 크며, 이에 따라 세부적인 사항은 국회제정의 법률보다 탄력성이 있는 행정입법에 위임할 필요가 있다. 한편 위 조항 중 단서 부분은 전면적인 행위제한에 대한 예외적인 허용조항으로 수혜적 성격을 가지고 있으므로 포괄위임입법금지원칙 판단에서 요구되는 구체성의 요구 정도도 상대적으로 약화된다. 위 조항은 예외적으로 허용되는 개발행위의 범위를 법률 차원에서 비교적 구체적으로 규정하고 있으며 관련규정, 개발제한구역지정의 입법목적 등을 고려해 보았을 때 대통령령에 규정될 내용의 대강을 예측하는 것 또한 어렵지 아니하므로 포괄위임입법금지원칙에 위배되지 않는다.[114]

---

113 헌법재판소, 헌법재판소판례집 제12권1집, 2000, 286, 298-302면.

114 헌법재판소, 헌법재판소판례집 제19권2집, 2007, 270, 282-283면.

「상가건물 임대차보호법」의 적용 기준이 되는 보증금액을 대통령령에 위임하고 있는 구 「상가건물 임대차보호법」제2조 제1항 단서

[헌법재판소 2014. 3. 27. 2013헌바198 결정]

•

임대차관계에서 상대적으로 불리한 지위에 놓인 상가임차인을 보호하여 공정한 경제질서를 달성하고자 하는 입법취지 등을 고려할 때, 위 법의 적용 기준이 되는 보증금액은 상가임차인 보호와 다른 법익 간의 균형을 이루면서 상대적으로 영세한 임차인들을 보호범위에 포함시키기에 적정한 금액으로 정해질 것임을 예측할 수 있고, 보증금액을 정하기 위해 '해당 지역의 경제 여건 및 임대차 목적물의 규모 등'이 고려될 것이며, 보증금액을 '지역별로 구분'하여 정할 것이라는 점도 예측할 수 있으므로, 헌법상 포괄위임금지원칙에 위배되지 않는다.[115]

보증금 외에 차임이 있는 경우 보증금액을 정할 때 차임액에 대통령령으로 정하는 일정한 비율을 곱한 금액을 포함하도록 정한 구 「상가건물 임대차보호법」제2조 제2항

[헌법재판소 2014. 3. 27. 2013헌바198 결정]

•

대통령령으로 정해질 비율은, 보증금만 존재하는 임대차와 차임이 존재하는 임대차 간의 형평을 달성하기에 합리적인 수준으로 은행의 대출금리를 고려하여 정해질 것임을 예측할 수 있으므로, 위 조항은 포괄위임금지원칙에 위배되지 않는다.[116]

---

115 헌법재판소, 헌법재판소판례집 제26권1집(상), 2014, 480, 488-489면.

건설임대주택을 임차인에게 우선분양전환하는 경우 분양전환가격을 대통령령에 위임하도록 한 「임대주택법」제21조 제10항 중 '가격'부분

[헌법재판소 2015. 11. 26. 2014헌바416 결정]

•

「임대주택법」의 입법목적은 임대주택을 건설·공급하여 무주택 서민의 주거안정을 도모하려는 것이고, 이러한 입법목적을 달성하기 위해서는 분양전환가격을 정함에 있어서도 주택공급 상황, 주택가격 동향, 사회 전반의 경제사정, 임대주택의 공급주체, 임대기간 등 임대주택의 공급과 분양전환에 영향을 미치는 다양한 요소를 종합적으로 고려하여야 한다. 위와 같은 요소들은 전문적·기술적 능력과 정책적 고려가 요구될 뿐만 아니라 시기에 따라 수시로 변화할 가능성도 있으므로, 임대주택의 분양전환가격에 관한 세부적 사항을 대통령령에 위임할 필요성이 인정된다. 「임대주택법」의 입법 목적, 기능, 위 조항의 취지와 내용 및 관련조항의 내용을 종합적으로 고려하면, 임대주택의 건설을 촉진하여 원활한 공급을 도모한다는 측면에서 임대사업자의 수익을 적정하게 보장하면서도 무주택자인 임차인의 우선분양전환권이 형해화되지 않을 정도의 합리적인 수준에서, 건축비나 택지비, 감정평가액 등을 요소로 하여 분양전환가격의 산정기준을 정하는 내용이 하위법령에 규정될 것이라는 점을 충분히 예측할 수 있다. 그러므로 위 조항은 포괄위임금지원칙에 위배되지 않는다.[117]

---

116 헌법재판소, 헌법재판소판례집 제26권1집(상), 2014, 480, 489-490면.

117 헌법재판소, 헌법재판소판례집 제27권2집(하), 2015, 253, 259-261면.

의회유보의 원칙

의회유보의 원칙은 단순히 행정작용이 법률에 근거를 두기만 하면 충분한 것이 아니라, 국가공동체와 그 구성원에게 기본적이고도 중요한 의미를 갖는 영역, 특히 국민의 권리 및 의무와 관련된 영역에서 그 본질적 사항을 국민의 대표자인 입법자 스스로가 결정해야 한다는 원칙을 말한다.[118]

행정작용이 미치는 범위가 광범위하게 확산되고 있으며, 그 내용도 복잡·다양하게 전개되는 것이 현대행정의 양상임을 고려할 때, 형식상 법률상의 근거를 갖출 것을 요구하는 것만으로는 국가작용과 국민생활의 기본적이고도 중요한 요소마저 행정에 의하여 결정되는 결과를 초래하게 될 것인바, 이러한 결과는 국가의사의 근본적 결정권한이 국민의 대표기관인 의회에 있다고 하는 의회민주주의의 원리에 배치되는 것이라 할 것이다.… 적어도 헌법상 보장된 국민의 자유나 권리를 제한할 때에는 그 제한의 본질적인 사항에 관한 한 입법자가 법률로써 스스로 규율하여야 할 것이다.[119]

헌법 제37조 제2항은 '국민의 모든 자유와 권리는 국가안전보장·질서유지 또는 공공복리를 위하여 필요한 경우에 한하여 법률로써 제한할 수 있다.'고 규정하고 있는바, 여기서 '법률로써'라고 한 것은 국민의 자유나 권리를 제한하는 행정작용의 경우 적어도 그 제한의 본질적인 사항에 관한 한 국회가 제정하는 법률에 근거를 두는 것만으로 충분한 것이 아니라 국회가 직접 결정함으로써 실질에 있

118 헌법재판소 1999. 5. 27. 98헌바70 결정.

119 헌법재판소 2008. 2. 28. 2006헌바70 결정.

어서도 법률에 의한 규율이 되도록 요구하고 있는 것으로 이해하여야 한다.[120]

사회간접자본시설에 대한 민간투자사업 중 민간부문의 제안으로 시행되는 사업의 추진절차를 대통령령에 위임한 구 「사회간접자본시설에 대한 민간투자법」제9조 제2항

[헌법재판소 2009. 10. 29. 2007헌바63 결정]

•

민간제안사업의 추진절차에 관한 다양한 이해관계의 존재로 인하여 토론과 합의의 필요성이 있다고 하더라도, 위 조항의 구체적인 규율영역인 사업의 제안부터 사업시행자 지정까지의 절차는, 헌법상 국민의 기본권을 직접적으로 제한하거나 헌법이 명문으로 법률로 정할 것을 요구하고 있는 부분이 아니다. 전문적인 정책의 수립과 다양하고 급변하는 경제 및 행정 현실에 대응할 필요성을 감안할 때, 의회유보의 요청에 따라 반드시 입법자 스스로 규율해야만 하는 부분이라고 보기도 어렵다. 따라서 위 조항은 헌법상 법률유보원칙에 위반되지 아니한다.[121]

---

120 헌법재판소 1999. 5. 27. 98헌바70 결정; 헌법재판소 2016. 7. 28. 2014헌바158등 결정.

121 헌법재판소, 헌법재판소판례집 제21권2집(하), 2009, 103, 119면.

지방자치단체의 재산 또는 공공시설의 설치로 인하여 주민이 이익을 받는 경우 그로부터 분담금을 징수할 수 있는 근거 규정인 「지방자치법」제129조가 법률유보원칙에 위배되는지 여부

[헌법재판소 2011. 4. 28. 2009헌바167 결정]

•

위 조항에서는 분담금 부과 및 징수의 주체, 분담금 부과의 요건과 한계에 관한 내용을 직접 규정하고 있어 분담금 징수와 관련한 재산권 제한의 본질적인 사항에 관하여 국회가 직접 결정하고 있다. 또한, 선거를 통해서 지역적인 민주적 정당성을 지니고 있는 주민의 대표기관인 지방의회의 의결에 따른 분담금의 부과와 징수가 의회민주주의의 원리에 배치되는 것이라 할 수는 없으며 위 조항의 규율대상은 지방자치단체에 따라서 지극히 다양한 성질을 가지는 것이어서, 일의적으로 법률에서 그 요건을 규정하기보다는, 지역의 실정에 대한 구체적인 경험을 가진 지방자치단체가 책임 있는 결정을 내리도록 하는 것이 요망되는 경우에 속하므로, 위 조항은 법률유보원칙에 위배되지 아니한다.[122]

죄형법정주의

죄형법정주의는 범죄의 구성요건과 그에 대한 형벌의 내용을 국민의 대표로 구성된 입법부가 성문의 법률로 정하도록 함으로써 국가형벌권의 자의적恣意的인 행사로부터 개인의 자유와 권리를 보장하려는

---

122 헌법재판소, 헌법재판소판례집 제23권1집(하), 2011, 28, 35-36면.

법치국가형법의 기본원칙으로서, 형벌법규의 "보장적 기능"을 수행하는 것이다.[123] 죄형법정주의의 원칙은 법률이 처벌하고자 하는 행위가 무엇이며 그에 대한 형벌이 어떠한 것인지를 누구나 예견할 수 있고, 그에 따라 자신의 행위를 결정할 수 있게끔 구성요건을 명확하게 규정할 것을 요구한다.[124]

죄형법정주의는 어떠한 행위가 처벌될 수 있는 행위인가를 국민이 사전에 예측할 수 있도록 성문법의 형태로 형벌법규가 제정되어야 함을 의미하고 그럼으로써 국가의 형벌권의 자의적인 발동으로부터 개인의 자유와 권리를 보장하려는 제도로서 우리 헌법은 제12조 제1항 후단에서 이를 명시하고 있으며 이는 형벌 불소급의 원칙(헌법 제13조 제1항 전단)과 함께 「형사법」에 관한 헌법의 2대 원칙이라 할 수 있는 것이다. 따라서 「형사법」은 원칙적으로 형식적인 의미의 법률의 형태로 제정되어야 하고 다만 부득이 예외적으로 행정부에서 법규명령의 형태로 제정하는 경우라 하더라도 그 법규명령에는 반드시 구체적이고 명확한 법률상의 위임근거규정이 있어야 비로소 가능한 것이라 할 것이다. 즉 형벌법규라고 하더라도 일정사항의 위임이 불가능하지는 않지만 죄형법정주의의 원칙에 비추어 보건대 최소한도 범죄의 구성요건의 윤곽만큼은 수권규정 자체에서 예측될 수 있어야 한다는 것이다.[125]

---

123 헌법재판소 1995. 9. 28. 93헌바50 결정; 헌법재판소 2016. 9. 29. 2015헌바65 결정.

124 헌법재판소 1994. 7. 29. 93헌가4등 결정.

125 헌법재판소 1993. 5. 13. 92헌마80 결정.

부동산중개업자에 대한 법정수수료제도

[헌법재판소 2002. 6. 27. 2000헌마642등 결정]

•

부동산중개업자로 하여금 법령이 정하고 있는 한도를 넘는 수수료를 받을 수 없도록 하고, 이를 위반한 경우 중개사무소 개설등록 취소, 형사처벌 등의 제재를 가할 수 있도록 한 법정수수료제도는 일반 국민에게 부동산 시장에 접근할 수 있는 광범한 기회를 부여하고, 공정한 부동산 거래질서를 확립하여 국민의 재산권 보호에 기여함과 아울러 국민생활과 국민경제의 안정 및 발전에 기여하는 데 그 목적이 있는 것으로서, 부동산중개업자의 직업수행의 자유를 합리적 근거 없이 필요 이상으로 지나치게 제한하는 것이라 할 수 없다.[126]

정당한 권원 없이 행정재산을 사용 · 수익한 자를 처벌하는 「공유재산 및 물품 관리법」제99조

[헌법재판소 2013. 6. 27. 2012헌바17 결정]

•

위 조항의 '이 법에서 정하는 절차와 방법'은 행정재산의 '사용·수익'과 관련된 절차와 방법을 규정한 「공유재산법」의 관련조항에

---

126 반대의견(재판관 윤영철, 김영일, 김경일, 주선회) : 부동산중개업법 제38조 제2항 제5호는 같은 법 제20조 제3항의 규정에 의한 수수료 또는 실비를 초과하여 금품을 받은 부동산중개업자에 대하여 1년 이하의 징역 또는 1천만원 이하의 벌금에 처하도록 규정하고 있는바, 위 제20조 제3항이 구체적인 기준이나 범위를 정함이 없이 부동산중개수수료의 한도를 건설교통부령에 위임하고 있는 점에서 죄형법정주의 내지 포괄위임입법금지의 원칙에 반하고, 형벌 이외의 다른 행정적 제재 수단 등으로도 입법목적을 달성할 수 있는 점에서 과잉금지원칙에 반하므로 위헌이다(헌법재판소, 헌법재판소판례집 제14권1집, 2002, 644, 662-666면).
헌법재판소, 헌법재판소판례집 제14권1집, 2002, 644, 652-660면.

따라 사용·수익허가 또는 관리위탁을 받는 것을 의미하고, '다른 법률에서 정하는 절차와 방법'도 행정재산의 사용·수익에 관하여 규정한 「도로법」, 「도시공원 및 녹지 등에 관한 법률」등 관련 법률에 규정된 것을 의미함을 알 수 있다. 또한, 「공유재산법」제20조 제5항이 허가기간이 끝나거나 허가가 취소된 경우에는 그 행정재산을 원상대로 반환하도록 규정하고 있으므로, 적법하게 사용·수익 허가를 받아 점유를 개시한 경우에도 허가기간이 끝나거나 허가가 취소된 후 이를 계속 사용·수익하는 것은 위 조항에 의해 처벌받는 행위임을 예측할 수 있다. 따라서 위 조항은 죄형법정주의 명확성 원칙에 위반되지 아니한다.[127]

토지거래허가제 위반의 자유형 부과

[헌법재판소 1989. 12. 22. 88헌가13 결정]

•

투기에서 얻어지는 이득은 막대하여 벌금형으로서는 그 범죄에의 유혹을 차단하기 어렵고 따라서 벌칙의 일반예방적 기능을 기대하기 어렵기 때문에 벌금형으로 투기적 거래를 억제하는 데는 스스로 한계가 있다고 할 것이다. … 국가가 행정의 실효성을 보장하기 위하여 통상의 가벼운 수단으로 그 목적을 달성할 수 없는 경우에는 자유형으로 처벌할 수 있고, 이러한 법리는 행정벌의 이론과 제도에 의해 뒷받침되고 있고 실제로도 그 예가 허다한 것이다. 토지투기 억제를 위하여 벌금형으로 미흡하다고 판단될 경우 자유형으로 규제하는 것은 부득이하다고 할 것이고 따라서 벌금

---

127 헌법재판소, 헌법재판소판례집 제25권1집, 2013, 494, 500-502면.

형과 선택적으로 징역형을 규정한 것은 입법재량의 문제이며 과잉금지의 원칙에 위반된다고 할 수 없는 것이다.[128]

조세법률주의

우리 헌법은 제38조에서 '모든 국민은 법률이 정하는 바에 의하여 납세의 의무를 진다.'라고 규정하였고, 제59조에 '조세의 종목과 세율은 법률로 정한다.'라고 규정하였다. 이러한 헌법규정에 근거를 둔 조세법률주의는 조세평등주의와 함께 조세법의 기본원칙으로서, 법률의 근거 없이 국가는 조세를 부과·징수할 수 없고, 국민은 조세의 납부를 요구받지 않는다는 원칙이다.[129]

조세법률주의는 조세는 국민의 재산권을 침해하는 것이 되므로, 납세의무를 성립시키는 납세의무자, 과세물건, 과세표준, 과세기간, 세율 등의 과세요건과 조세의 부과 징수절차는 모두 국민의 대표기관인 국회가 제정한 법률로써 이를 규정하여야 한다는 과세요건법정주의와, 아울러 과세요건을 법률로 규정하였다고 하더라도 그 규정내용이 지나치게 추상적이고 불명확하면 과세관청의 자의적인 해석과 집행을 초래할 염려가 있으므로 그 규정내용이 명확하고 일의적이어야 한다는 과세요건명확주의를 그 핵심적 내용으로 하고 있다.[130] 결국 과세요건법정주의와 과세요건명확주의를 핵심내용으로

---

128 헌법재판소, 헌법재판소판례집 제1권, 1989, 357, 381면.

129 헌법재판소 1989. 7. 21. 89헌마38 결정; 헌법재판소 2015. 5. 28. 2013헌바84 결정.

하는 조세법률주의의 이념은 과세요건을 법률로 명확하게 규정함으로써 국민의 재산권을 보장함과 동시에 국민의 경제생활에 법적 안정성과 예측가능성을 보장함에 있다.[131]

조세법규를 어떠한 내용으로 규정할 것인지에 관하여는 입법자가 국가재정, 사회경제, 국민소득, 국민생활 등의 실태에 관하여 정확한 자료를 기초로 하여 정책적·기술적인 판단에 의하여 정하여야 하는 문제이므로, 이는 입법자의 입법형성적 재량에 기초한 정책적·기술적인 판단에 맡겨져 있다고 할 수 있다.[132] 일례로 조세입법에 있어서 '세율'의 적정성에 관하여는 형벌법규에 있어서 '형량'과 유사하여 그 입법목적의 정당성과 수단 내지 방법의 적절성이 인정된다면 일응 입법자의 판단을 존중하여 소유권의 과도한 침해를 야기하는 사유가 없는 한 위헌이라고 볼 수는 없을 것이다.[133]

한편 조세법률주의를 지나치게 철저하게 시행한다면 복잡다양하고도 끊임없이 변천하는 경제상황에 대처하여 적확하게 과세대상을 포착하고 적정하게 과세표준을 산출하기 어려워 담세력에 응한 공평과세의 목적을 달성할 수 없게 된다. 따라서 조세법률주의를 견지하면서도 조세평등주의와의 조화를 위하여 경제현실에 응하여 공정한 과세를 할 수 있게 하고 탈법적인 조세회피행위에 대처하기 위하여

---

130 헌법재판소 1992. 12. 24. 90헌바21 결정; 헌법재판소 2015. 5. 28. 2013헌바84 결정.

131 헌법재판소 1994. 7. 29. 92헌바49등 결정; 헌법재판소 2002. 8. 29. 2000헌바50등 결정.

132 헌법재판소 2008. 7. 31. 2007헌바13 결정; 헌법재판소 2011. 3. 31. 2009헌바399 결정.

133 헌법재판소 2003. 12. 18. 2002헌바16 결정; 헌법재판소 2015. 7. 30. 2013헌바207 결정.

는 납세의무의 중요한 사항 내지 본질적인 내용에 관련된 것이라 하더라도 그 중 경제현실의 변화나 전문적 기술의 발달 등에 즉응하여야 하는 세부적인 사항에 관하여는 국회제정의 형식적 법률보다 더 탄력성이 있는 행정입법에 이를 위임할 수 있다.[134]

| 조세법률주의 헌법 위반 사례

「토지초과이득세법」(이하, 토초세법)이 지가를 산정하는 기준과 방법을 직접 규정하지 아니한 경우

[헌법재판소 1994. 7. 29. 92헌바49등 결정]

•

초과택지소유부담금(택지소유상한에관한법률 제23조), 개발부담금(개발이익환수에관한법률 제10조), 농지전용부담금(농어촌발전특별조치법 제45조의2), 임야전용부담금(산림법 제20조의3) 등 토지의 가액에 따라 그 부담금의 크기가 결정되는 각종 부담금에 관하여는, 「토초세법」의 위 규정방식과는 달리, 각 관계법률에서 토지의 가액을 지가공시 및 토지등의평가에관한법률(1989.4.1. 법률 제4120호)에 의한 공시지가를 기준으로 산정하도록 직접 규정하는 방식을 취하고 있다. 그럼에도 불구하고 「토초세법」 제11조 제2항이 지가를 산정하는 기준과 방법을 직접 규정하지 아니하고 이를 전적으로 대통령령에 위임하고 있는 것은, 헌법 제38조 및 제59조가 천명하고 있는 조세법률주의 혹은 위임

---

134 헌법재판소 1995. 11. 30. 94헌바40등 결정; 헌법재판소 2016. 9. 29. 2014헌바114 결정.

입법의 범위를 구체적으로 정할 것을 지시하고 있는 헌법 제75조에 반하는 것이다.[135]

「토초세법」상 임대용 토지 조항의 조세법률주의 위반 여부

[헌법재판소 1994. 7. 29. 92헌바49등 결정]

•

「토초세법」 제8조 제1항 제13호는 임대토지를 원칙적으로 유휴토지 등에 해당하는 것으로 규정하면서 아무런 기준이나 범위에 관한 제한도 없이"대통령령이 정하는 토지"를 유휴토지 등의 범위에서 제외할 수 있도록 규정하고 있는바, 이는 국민에 대한 납세의무의 부과 여부 자체가 입법권에 의한 아무런 통제없이 행정권에 의하여 좌우되도록 한 것으로서 헌법상의 위임원칙 및 조세법률주의와 충돌된다. 더욱이 토지소유자가 스스로 사용하지 않고 있다는 이유만으로 다른 토지소유자와 비교하여 법상 불리한 처분을 받을 수 있도록 한 위 규정은 헌법상 근거없이 토지임대인을 차별하는 것이며, 토지소유자와 임차인 사이의 자본의 자유로운 결합을 방해함으로써, 개인과 기업의 경제상의 자유와 창의를 존중함을 기본으로 하는 우리 헌법상 경제질서에도 합치하지 않는다.[136]

---

135 헌법재판소, 헌법재판소판례집 제6권2집, 1994, 102면.

136 헌법재판소, 헌법재판소판례집 제6권2집, 1994, 114-116면.

양도소득세 기준시가의 결정을 대통령령에 전적으로 위임한 경우

[헌법재판소 1995. 11. 30. 91헌바1등 결정]

•

구「소득세법」제60조(1978. 12. 5. 법률 제3038호로 개정된 후 1994. 12. 22. 법률 제4803호로 개정되기 전의 것) 위임조항에서는 기준시가의 내용 자체에 관한 기준이나 한계는 물론 내용 결정을 위한 절차조차도 규정함이 없이 기준시가의 내용 및 그 결정절차를 전적으로 대통령령이 정하는 바에 의하도록 하였다. 이는 어떤 사정을 고려하여, 어떤 내용으로, 어떤 절차를 거쳐 양도소득세 납세의무의 중요한 사항 내지 본질적 내용인 기준시가를 결정할 것인가에 관하여 과세권자에게 지나치게 광범한 재량의 여지를 부여함으로써, 국민으로 하여금 소득세법만 가지고서는 양도소득세 납세의무의 존부 및 범위에 관하여 개략적으로나마 이를 예측하는 것조차 불가능하게 하고, 나아가 대통령을 포함한 행정권의 자의적인 행정입법권 및 과세처분권 행사에 의하여 국민의 재산권이 침해될 여지를 남김으로써 국민의 경제생활에서의 법적 안정성을 현저히 해친 입법으로서 조세법률주의 및 위임입법의 한계를 규정한 헌법의 취지에 반한다고 하지 않을 수 없다.[137]

양도가액 및 취득가액을 실지거래가격으로 산정하는 경우

[헌법재판소 1995. 11. 30. 94헌바40등 결정]

•

구「소득세법」제23조 제4항과 제45조 제1항 제1호가 "대통령령이

137 헌법재판소, 헌법재판소판례집 제7권2집, 1995, 562, 593-594면.

정하는 경우에는 실지거래가액에 의한다."라고 규정하여 직접적, 명시적으로는 위임의 범위를 구체적으로 규정하고 있지는 않지만 소득세법의 전 체계, 양도소득세의 본질과 기준시가과세원칙에 내재하는 헌법적 한계 및 이 사건 위임조항의 본문과의 관계 등을 종합적으로 고려하여 이 사건 위임조항의 의미를 합리적으로 해석할 때, 이 사건 위임조항은 납세의무자가 기준시가에 의한 양도차익의 산정으로 말미암아 실지거래가액에 의한 경우보다 불이익을 받지 않도록 보완하기 위한 규정으로서 결국 실지거래가액에 의한 세액이 기준시가에 의한 세액을 초과하지 않는 범위 내에서 실지거래가액에 의하여 양도차익을 산정할 경우를 대통령령으로 정하도록 위임한 취지로 보아야 하고, 따라서 위 위임의 범위를 벗어나 실지거래가액에 의하여 양도소득세의 과세표준을 산정할 경우를 그 실지거래가액에 의한 세액이 그 본문의 기준시가에 의한 세액을 초과하는 경우까지를 포함하여 대통령령에 위임한 것으로 해석한다면 그 한도 내에서는 헌법 제38조, 제59조가 규정한 조세법률주의와 헌법 제75조가 규정한 포괄위임금지의 원칙에 위반된다.[138]

구 「지방세법」상의 '고급주택' 부분 및 '고급오락장'

[헌법재판소 1998. 7. 16. 96헌바52등 결정]

•

구 「지방세법」상 '고급주택', '고급오락장'이 무엇인지 하는 것은 취득세 중과세요건의 핵심적 내용을 이루는 본질적이고도 중요한 사항임에도 불구하고 그 기준과 범위를 구체적으로 확정하지도

---

138 헌법재판소, 헌법재판소판례집 제7권2집, 1995, 616, 637, 639-640면.

않고 또 그 최저기준을 설정하지도 않고 단순히 '대통령령으로 정하는 고급주택' 또는 '대통령령으로 정하는 고급오락장'이라고 불명확하고 포괄적으로 규정함으로써 실질적으로는 중과세 여부를 온전히 행정부의 재량과 자의에 맡긴 것이나 다름없을 뿐만 아니라, 입법목적, 지방세법의 체계나 다른 규정, 관련 법규를 살펴보더라도 고급주택과 고급오락장의 기준과 범위를 예측해 내기 어려우므로 이 조항들은 헌법상의 조세법률주의, 포괄위임입법금지원칙에 위배된다.[139]

구 「지방세법」제234조의15 제2항 단서 제5호 중 사용되는 토지로서 대통령령으로 정하는 토지

[헌법재판소 1999. 3. 25. 98헌가11등 결정]

•

「지방세법」 제234조의15 제2항 단서 제5호가 "기타 사치성 재산으로 사용되는 토지로서 대통령령으로 정하는 토지"라고 규정하고 이에 해당하는 토지에 대하여는 종합합산과세표준에서 제외함을 정하고 있다. "기타 사치성 재산"의 개념 자체가 지나치게 추상적이고 불분명하며 포괄적일 뿐만 아니라, 사치성 재산에 관한 사회통념이 형성되어 있다고도 볼 수 없으므로, '기타 사치성 재산'의 개념으로부터는 사치성 재산에 대한 추상적이고도 막연한 파악만 가능할 뿐 어느 형태와 어느 규모의 사치성 재산인지는 구체적으로 예측해내기가 어렵다. 지방세법의 다른 규정 또는 기타 관련법률을 살펴보더라도 기타 사치성 재산용 토지의 기준과 범위

---

139 헌법재판소, 헌법재판소판례집 제10권2집, 1998, 172, 198-201면.

를 객관적·합리적으로 예측해 낼 만한 어떠한 관련법규정도 존재하지 아니하며 행정입법에 전적으로 위임할 수밖에 없는 불가피성이 없어서 헌법 제75조상의 포괄위임금지원칙을 위배하였다고 할 것이다.[140]

토지 외의 과세대상에 대한 시가표준액을 대통령령으로 정하도록 위임한 「지방세법」제111조 제2항 제2호

[헌법재판소 1999. 12. 23. 99헌가2 결정]

•

토지 외의 과세대상에 대한 시가표준액을 대통령령으로 정하도록 위임한 「지방세법」제111조 제2항 제2호는 시가표준액의 내용 자체에 관한 기준이나 한계는 물론 내용 결정을 위한 절차조차도 규정함이 없이 시가표준액의 내용 및 그 결정절차를 전적으로 대통령령이 정하는 바에 의하도록 하였다. 이는 어떤 사정을 고려하여, 어떤 내용으로, 어떤 절차를 거쳐 취득세 납세의무의 중요한 사항 내지 본질적 내용인 시가표준액을 결정할 것인가에 관하여 과세권자에게 지나치게 광범한 재량의 여지를 부여함으로써, 국민으로 하여금 지방세법만 가지고서는 취득세 납세의무의 존부 및 범위에 관하여 개략적으로나마 이를 예측하는 것조차 불가능하게 하고, 나아가 대통령을 포함한 행정권의 자의적인 행정입법권 및 과세처분권 행사에 의하여 국민의 재산권이 침해될 여지를 남김으로써 국민의 경제생활에서의 법적 안정성을 현저히 해친 입법으로서 조세법률주의 및 위임입법의 한계를 규정한 헌법의 취지

---

140 헌법재판소, 헌법재판소판례집 제11권1집, 1999, 158, 181-182면.

에 반한다.[141]

과세대상을 "대통령령이 정하는 토지, 건물, 부동산에 관한 권리"의 양도차익으로 한 경우

[헌법재판소 2000. 1. 27. 96헌바95등 결정]

•

특별부과세의 과세표준을 '대통령령이 정하는 토지, 건물, 부동산에 관한 권리'의 양도로 인한 양도차익으로 한 구 「법인세법」 제59조의2(과세표준)는, 토지 등 중에서 구체적으로 어느 토지 등이 과세대상인지를 스스로 정하지 아니하였을 뿐 아니라, 과세대상의 기준을 전혀 규정하지 아니한 채 과세대상이 되는 토지 등의 범위를 대통령령이 정하도록 위임하였고, 규정내용과 「법인세법」의 입법목적·체계나 소득세법 및 조세감면규제법 등 관련법조항을 유기적·체계적으로 종합판단하여 보아도 시행령에 규정될 과세대상의 범위가 대강 어떤 것이 될 지를 전혀 예측할 수도 없다. 특별부가세 납세의무자로 하여금 과세대상의 범위를 전혀 예측할 수 없게 하고, 나아가 행정부의 자의적인 행정입법권의 행사에 의하여 국민의 재산권이 침해될 여지를 남김으로써 포괄적 위임입법을 금지하는 헌법 제75조에 위반될뿐 아니라, 조세법률주의를 규정한 헌법 제59조에 위반된다.[142]

141 헌법재판소, 헌법재판소판례집 제11권2집, 1999, 686, 700-701면.

142 헌법재판소, 헌법재판소판례집 제12권1집, 2000, 16, 37-39면.

양도소득세의 과세대상으로 "제1호 내지 제4호외에 대통령령이 정하는 자산의 양도로 인하여 발생하는 소득"을 규정하고 있는 경우

[헌법재판소 2003. 4. 24. 2002헌가6 결정]

•

구「소득세법」(1994. 12. 22. 법률 제4803호로 전문개정되기 전의 것) 제23조 제1항 제5호에서 말하는 '자산'의 개념에 대하여는 법상 아무런 규정이 없으므로 자산에 포함될 수 있는 경제적 가치를 지닌 유형·무형의 것들의 범위가 과연 어느 범위까지 확장될 것인가는 아무도 짐작할 수 없고, 특히 자산의 종류는 법률에서 한정하되 다만 그 중 어떠한 범위의 것을 양도소득세의 과세대상으로 할 것인가의 문제를 하위법규에 위임한 것이 아니라, 위 법률조항과 같이 아예 수많은 종류의 자산 중에서 어떤 종류의 것을 양도소득세의 과세대상으로 삼을 것인가의 문제를 위임대상으로 삼은 경우에는 대통령령에 규정될 내용을 짐작하는 것이 더욱 어려워진다. 또한, 위 구「소득세법」이 양도소득세의 과세대상으로 규정한 다른 자산의 종류를 살펴본다 하여도 위 법률조항의 위임에 따라 규정될 자산의 종류나 범위를 짐작할 수 있는 어떠한 기준을 추출해 낼 수가 없으며, 양도소득세의 과세대상이 되는 자산을 결정하는 기준이 사회·경제적 정책의 변화 등의 여러 변수에 따라 변할 수밖에 없다 할지라도, 그 변화의 정도가 법률이 아닌 행정입법으로써 즉시 대응하지 않으면 안될 정도로 강하다고 인정하기는 어렵다. 결국, 위 법률조항은 국민들로 하여금 양도소득세의 과세대상 범위를 전혀 예측할 수 없게 만들고, 행정부의 자의적인 행정입법의 여지를 남김으로써 조세법률주의 및 포괄위임금지에 위배된다.[143]

| 위반되지 않은 사례

미실현이득의 과세

[헌법재판소 1994. 7. 29. 92헌바49등 결정]

•

과세대상인 자본이득의 범위를 실현된 소득에 국한할 것인가 혹은 미실현이득을 포함시킬 것인가의 여부는, 과세목적, 과세소득의 특성, 과세기술상의 문제 등을 고려하여 판단할 입법정책의 문제일 뿐, 헌법상의 조세개념에 저촉되거나 그와 양립할 수 없는 모순이 있는 것으로는 보여지지 아니한다.[144]

「토초세법」의 면적 · 수익률 등의 위임

[헌법재판소 1994. 7. 29. 92헌바49등 결정]

•

「토초세법」이 그 과세대상토지를 비효율적으로 이용되고 있는 토지로 한정하면서 그 효율·비효율 여부에 관한 판정기준을 각 용도에 따른 면적 또는 토지의 가액에 대한 수익률 등으로 할 것을 일단 정하여 두고 있는 이상, 다시 그 구체적인 면적·수익률 따위를 하위법규인 대통령령에 위임하였다 하더라도, 위 위임규정이 그 범위·내용 등에 있어서 불명확하다거나, 그 위임의 내용이 입법권의 본질적인 부분에 관한 것이어서 위헌이라고까지 단정하기는 어렵다.[145]

---

143 헌법재판소, 헌법재판소판례집 제15권1집, 2003, 340, 346-350면.

144 헌법재판소, 헌법재판소판례집 제6권2집, 1994, 64, 96-97면.

'1세대 1주택' 양도의 비과세대상을 위임한 경우

[헌법재판소 1997. 2. 20. 95헌바27 결정]

•

투기적 목적이 없는 "1세대 1주택" 양도의 범위를 법률로써 모두 규율하는 것은 불가능하거나 부적당하므로 이 사건 규정이 양도소득세가 면제되는 "1세대 1주택" 양도의 구체적 범위를 대통령령으로 정하도록 위임한 것은 정당하고, 이 사건 규정은 그 입법목적이나 위임배경 등을 참작하여 양도소득세가 면제되는 "1세대 1주택"의 범위만을 구체적으로 정하도록 대통령령에 위임하고 있어서 대통령령으로 정하여질 사항은 주택의 보유기간이나 일시적인 다주택소유의 문제 등 투기적 목적의 인정 여부와 관계되는 사항이 될 것임을 쉽게 예측할 수 있으므로 이 사건 규정이 포괄적 위임에 해당한다고는 볼 수 없다.[146]

「지방세법」상의 '공장용지'

[헌법재판소 1997. 9. 25. 96헌바18등 결정]

•

「지방세법」 제234조의15 제2항 제3호는 그 대상을 '공장용지'로 구체적·개별적으로 한정한 다음 그 범위 내에서 입법목적이나 위임 배경 등을 참작하여 구체적으로 정하도록 대통령령에 위임하고 있는 것이므로, 대통령령으로 정하여질 사항은 일정한 지역 내에 있는 소정의 입지기준면적 범위 안의 토지로서 공장의 생산활

145 헌법재판소, 헌법재판소판례집 제6권2집, 1994, 64, 111면.

146 헌법재판소, 헌법재판소판례집 제9권1집, 1997, 156, 165면.

동에 필요 불가결한 용지가 될 것임은 쉽게 예측할 수 있다. 그렇다면 위 조항은 헌법이 정한 입법권 위임의 한계를 준수하고 있다고 할 것이므로 포괄적 위임에 해당한다고 보기는 어렵다.[147]

헌법재판소의 위헌결정에 따라 개정된 「토지초과이득세법」 규정

[헌법재판소 1999. 4. 29. 96헌바10등 결정]

•

토지초과이득세의 과세대상이 되는 유휴토지 등의 가액을 산정하는 「토지초과이득세법」 제8조(개인소유토지 중 유휴토지 등의 범위) 제4항 제1호 및 토지초과이득을 계산하는 같은 법 제11조 제1항은 헌법재판소 1994. 7. 29. 92헌바49등 위헌결정에 따라 위헌으로 지적된 부분을 시정하여 법에서 명문화한 것이고 그밖에 기본공제 제도를 만들고(법 제11조의2) 세율도 완화하였으며(법 제12조), 또한 토지의 지가상승액인 과세표준의 산정방법에 관해서는 표준지 공시지가 및 개별공시지가의 적정성이 「지가공시 및 토지등의 평가에 관한 법률」의 개정(1995. 12. 29. 법률 제5108호)을 통하여 객관적·실질적으로 현저하게 보완되었다. 따라서 조세부담의 형평과 지가의 안정 및 토지의 효율적인 이용을 도모하려는 입법목적의 정당성이 수긍되고, 나아가서 입법수단의 적절성, 법익의 균형성, 피해의 최소성도 갖추었다고 할 것이므로, 이들 규정이 청구인들의 재산권을 침해하거나 실질적 조세법률주의 및 포괄위임금지 원칙에 위반되는 것이라고 할 수 없다.[148]

---

147 헌법재판소, 헌법재판소판례집 제9권2집, 1997, 357, 372면.

148 헌법재판소, 헌법재판소판례집 제11권1집, 1999, 399, 399면.

「법인세법」의 '비업무용 부동산' 범위

[헌법재판소 1997. 10. 30. 96헌바92등 결정]

•

「법인세법」 제18조의3 제1항 제1호는 비업무용 부동산의 범위에 관하여 상당히 구체적으로 범위를 한정하여 하위법규인 대통령령에 위임함으로써 보다 세부적인 유형과 판정기준을 그때 그때의 사회경제적 상황에 따라 탄력적으로 대통령령에서 정할 수 있도록 한 것으로서, 누구라도 위 법률조항으로부터 대통령령에 규정될 내용의 대강을 예측할 수 있다고 할 것이어서, 헌법이 정한 위임입법의 한계를 준수하고 있다고 할 것이다.[149]

장기보유특별공제의 대상에서 제외되는 토지를 대통령령에 위임한 경우

[헌법재판소 1999. 7. 22. 96헌바80등 결정]

•

부동산의 장기 보유를 유도하여 부동산 투기를 억제하고 국토의 효율적 이용을 촉진하기 위하여 장기 보유 부동산에 대한 양도차익을 계산함에 있어서 특별히 일정한 금액을 공제하여 주는 구 「소득세법」 제23조 제2항 제2호의 입법취지에 비추어 보면, 위 법률조항의 위임에 의하여 대통령령에서 규정될 내용은 투기적 거래와 같이 국토의 효율적 이용에 저해되는 내용의 거래일 것임은 쉽게 예측할 수 있다. 즉, 이 법률조항에 의하여 대통령령으로 위임한 것은 그 입법취지에 반하여 장기보유자로서의 혜택을 부여

149 헌법재판소, 헌법재판소판례집 제9권2집, 1997, 478, 479면.

할 필요가 없는 토지의 거래에 한정된 것으로 해석할 수 있는 것이다. 그리고 부동산 투기의 양상이 날로 지능화·다양화하고 이에 관련된 경제적·법적 상황이 급변하는 현실에서 장기보유특별공제의 대상에서 제외할 토지는 그 대상이 지극히 다양하고 수시로 변경될 수 있는 것이므로, 이에 관한 규정을 대통령령에 위임함에 있어서 위임의 구체성과 명확성이 다소 완화되어도 무방하다고 할 것인바, 위 법률조항은 비록 위임의 구체성과 명확성이 다소 결여되었다고 하더라도 입법취지 및 관련법률조항을 전체적·체계적으로 해석하면 하위법규인 대통령령에 규정될 내용 및 범위를 국민이 충분히 예측할 수 있다고 할 것이다.[150]

양도소득세가 면제되는 자경농지에 관한 개별적인 사항을 대통령령에서 정하도록 위임한 경우

[헌법재판소 2002. 9. 19. 2002헌바2 결정]

•

구「조세감면규제법」제55조 제1항은 조세 면제의 대상을 '8년 이상 계속하여 직접 경작한 토지로서 농지세의 과세대상이 되는 토지'로 구체적으로 한정한 뒤, 그 범위 내에서 개별적인 면제 대상을 대통령령으로 정하도록 위임하여, 면제 대상의 주요 범위를 이미 법률에서 확정하고 있다. 농업의 보호와 지원을 위한 심판대상조항의 입법목적 및 조세감면의 우대조치의 한정된 범위를 고려하면, 심판대상조항에 따라 대통령령에서 양도소득세 또는 특별부과세가 면제되는 것으로 규정될 내용은, '8년 이상 계속하여 직

150 헌법재판소, 헌법재판소판례집 제11권2집, 1999. 90, 108면.

접 경작한 토지로서 농지세의 과세대상이 되는 토지' 중에서도 육농정책의 필요성에 부합하는 경우에만 한정될 것이라고 예측될 수 있다. 따라서 위 조항은 포괄위임입법을 금지하는 헌법 제75조를 벗어난 것이라 볼 수 없고, 헌법상 허용된 위임 범위 내에서 면제 대상을 위임하고 있고, 조세감면의 근거도 명확하게 법률에서 정해지고 있으므로 조세법률주의에도 위배된 것이라 할 수 없다.[151]

특별수선충당금의 요율에 관한 사항을 대통령령으로 정하도록 위임한 구「임대주택법」제17조의3 제3항 중 "요율" 부분

[헌법재판소 2008. 9. 25. 2005헌바81 결정]

•

특별수선충당금(이하 '충당금')은 장기수선계획에 부합하게 적립하는 것이 원칙인바, 장기수선계획은 과거의 통계적 경험과 현재의 시공법을 토대로 수립되는 것이므로 재료나 기술의 진보에 따라 계획의 변경·보완이 요구된다. 장기수선계획의 내용이 유동적인 이상 충당금의 요율도 수시로 영향을 받을 수밖에 없고, 그 내용도 전문적·기술적인 사항이므로, 행정부로 하여금 장기수선계획의 변동 내용, 건축업계의 여건 등 제반사정을 고려하여 정하도록 위임할 필요성이 인정된다. 또한 위 조항의 수범자는 '임대주택을 건설하여 임대하는 것을 업으로 하는 임대사업자'인바, 현재의 건축기술상황과 자신이 스스로 수립한 장기수선계획 등에 비추어 통상적으로 소요되는 충당금의 요율이 어느 정도가 될 것인지 그

151 헌법재판소, 헌법재판소판례집 제14권2집, 2002, 331, 337-338면.

대강의 내용을 충분히 예측할 수 있으므로, 포괄위임입법금지원칙에 위배되지 아니한다.[152]

체계정당성의 원리

체계정당성의 원리라는 것은 동일 규범 내에서 또는 상이한 규범 간에 그 규범의 구조나 내용 또는 규범의 근거가 되는 원칙 면에서 상호 배치되거나 모순되어서는 안된다는 하나의 헌법적 요청이다. 즉 이는 규범 상호간의 구조와 내용 등이 모순됨이 없이 체계와 균형을 유지하도록 입법자를 기속하는 헌법적 원리라고 볼 수 있다. 이처럼 규범 상호간의 체계정당성을 요구하는 이유는 입법자의 자의를 금지하여 규범의 명확성, 예측가능성 및 규범에 대한 신뢰와 법적 안정성을 확보하기 위한 것이고 이는 국가공권력에 대한 통제와 이를 통한 국민의 자유와 권리의 보장을 이념으로 하는 법치주의원리로부터 도출되는 것이라고 할 수 있다. 그러나 일반적으로 일정한 공권력작용이 체계정당성에 위반한다고 해서 곧 위헌이 되는 것은 아니고, 그것이 위헌이 되기 위해서는 결과적으로 비례의 원칙이나 평등의 원칙 등 일정한 헌법의 규정이나 원칙을 위반하여야 한다. 또한 입법의 체계정당성 위반과 관련하여 그러한 위반을 허용할 공익적인 사유가

---

152 반대의견(재판관 김종대, 목영준) : 위 조항은, 국민의 기본권에 대한 중요한 제한에 관한 사항인 '충당금의 요율에 관하여 필요한 사항'의 대강을 예측할 만한 기본적 기준과 범위도 정함이 없이 요율 결정에 관한 모든 사항을 하위법령에 위임하고 있으므로, 포괄위임입법금지원칙에 위반된다(헌법재판소, 헌법재판소판례집 제20권2집(상), 2008, 462, 483-484면).
헌법재판소, 헌법재판소판례집 제20권2집(상), 2008, 462, 481-483면.

존재한다면 그 위반은 정당화될 수 있고 따라서 입법상의 자의금지 원칙을 위반한 것이라고 볼 수 없다. 나아가 체계정당성의 위반을 정당화할 합리적인 사유의 존재에 대하여는 입법의 재량이 인정되어야 한다. 다양한 입법의 수단 가운데서 어느 것을 선택할 것인가 하는 것은 원래 입법의 재량에 속하기 때문이다. 그러므로 이러한 점에 관한 입법의 재량이 현저히 한계를 일탈한 것이 아닌 한 위헌의 문제는 생기지 않는다고 할 것이다.[153]

환매와 체계정당성의 원리

[헌법재판소 2012. 4. 24. 2011헌바125 결정]

•

환매는 새로운 매매로서 환매권자의 자유로운 의사에 기한 것이라는 점에서 통상의 취득과 다를 바 없고, 양도소득세의 감면과 관련된 토지의 취득시기를 환매일로 보아야만 과세표준의 산정과 조세감면의 요건에 관한 각 규정이 체계정당성의 원리에 부합하게 된다. 따라서 환매에 관하여 취득기간의 예외를 두지 아니한 것이 입법자의 재량 범위를 벗어나 종전의 소유 토지를 환매하여 공익사업용으로 다시 양도한 납세자를 불합리하게 차별하는 것이라고 할 수 없다.[154]

153 헌법재판소 2010. 6. 24. 2007헌바101등 결정; 헌법재판소 2015. 7. 30. 2013헌바422 결정.

154 헌법재판소, 헌법재판소판례집 제24권1집(하), 2012, 146, 150면.

「종합부동산세법」의 헌법상 체계정당성 원리 위반 여부

[헌법재판소 2008. 11. 13. 2006헌바112 등 결정]

•

구「종합부동산세법」에서 규정하고 있는 종합부동산세는 조세부담의 형평성을 제고하고, 부동산의 가격 안정을 도모함으로써 지방재정의 균형발전과 국민경제의 건전한 발전에 이바지함을 목적으로 하여, 일정 가액 이상의 토지 및 부동산만을 대상으로 일정액을 초과하는 가액을 과세표준으로 하여 별도의 세율로 부과되는 국세로서, 지방세인 재산세와는 별개의 독립된 조세라고 할 것이므로, 이를 두고 재산세에 대한 구「조세특례법」 제2조 제1항 제8호 소정의 중과세 특례라고 할 수 없을 뿐만 아니라, 종합부동산세가 재산세나 다른 조세와의 관계에서도 규범의 구조나 내용 또는 규범의 근거가 되는 원칙 면에서 상호 배치되거나 모순된다고 보기도 어려우므로, 입법 체계의 정당성에 위반된다고 할 수 없다.[155]

155 헌법재판소, 헌법재판소판례집 제20권2집(하), 2008, 57면.

/ **6**부 /

헌법재판소 주요 부동산헌법 쟁점 사례 분석

제11장

헌법재판소 주요 부동산헌법 쟁점 사례

지난 30년 동안 헌법재판소는 약 33,000여 건에 이르는 각종 심판사건의 결정을 통해 헌법에서 보장하고 있는 국민의 자유와 권리, 그리고 법치주의 원리를 살아서 움직이는 현실로 만들었다. 이제 헌법은 법전 속의 단순한 장식물이 아니라 살아 숨 쉬는 국민들의 생활규범이 되었고, 모든 국가행위의 기준이 되고 있다. 헌법재판소는 국민생활 전반과 국가정책 등에 큰 영향을 미치는 국민의 기본권 보장의 최후의 보루가 되었고, 헌법의 이념과 가치를 지키는 헌법의 수호자로 자리매김하고 있다. 헌법재판은 본질적으로 사법작용이지만 헌법 자체가 고도의 정치성과 개방성을 띠고 있기에 전통적 사법작용과는 다르고 정치적 재판의 성격이 강하다고 볼 수 있다. 헌법의 이념과 가치를 수호하고 그 시대의 시대정신과 다양한 의견을 반영해 국가와 사회공동체의 동화적同化的 통합을 이뤄내야 하는 것이 헌법재판의 목적이고 요체要諦이다.

한국 사회는 세계에서 가장 역동적이고 변화가 많은 사회 중의 하나이다. 산업화와 민주화를 단시간 내에 성취함으로써 전 세계를 놀라게 한 기적을 만들어 낸 우리 사회는 그에 따른 부작용으로 사회적 가치와 이해관계의 갈등 및 충돌이 수시로 발생하고 있으며, 그 중에는 토지와 주택을 비롯한 부동산에 관한 문제들도 포함되어 있다.

특히 지난 30년간 헌법재판소는 토지초과이득세 헌법불합치 결정,[1] 그린벨트 개발제한 위헌사건,[2] 종합부동산세 사건,[3] 재건축초과이익 환수 사건[4] 등 그동안 우리 사회의 갈등과 대립을 불러 왔던 중요한 현안들에 대하여, 헌법적 판단을 함으로써 우리 사회의 논쟁과 대립을 종식시키고 우리사회의 동화적 통합을 이룩하는데 크게 기여하였고, 나아가 전 세계에 대하여 새로운 방향과 규준을 제시하는 등 아시아에서 가장 성공적으로 헌법재판제도를 정착시킨 나라로 평가받고 있다.

그러나 이와 같은 헌법재판소의 성과물 중 경제·사회 변화를 가져온 결정들에 대한 연구는 그동안 많지 않았다고 볼 수 있다. 더욱이 사회의 다양하고 복잡한 갈등을 법으로 해결하려 하는 경향이 증대되고 있는 오늘날의 상황에서 헌법재판소 결정들과 사회의 중요한 변화를 검토 및 분석하는 작업은 지금이 가장 적절한 시기인지 모른다. 무엇보다도 본 연구가 법적 지식이 충분하지 않은 시민들과 잠재적 법률전문가들을 위한 법률교양서로서의 역할을 수행하여, 주요 헌법재판소 결정들을 둘러싼 정치·경제·사회적 상황에 쉽게 접근할

---

1 토지초과이득세법 제10조 등 위헌소원, 토지초과이득세법 제8조 등 위헌소원(병합)(1994. 7. 29. 92헌바49,52(병합) 헌법재판소 전원재판부 결정).

2 도시계획법 제21조에 대한 위헌소원(1998. 12. 24. 89헌마214, 90헌바16, 97헌바78(병합) 전원재판부 결정).

3 구 「종합부동산세법」 제5조 등 위헌소원 등(2008. 11. 13. 2006헌바112, 2007헌바71·88·94, 2008헌바3·62, 2008헌가12(병합) 전원재판부 결정).

4 재건축초과이익 환수에 관한 법률 제3조 등 위헌소원(2019. 12. 27. 2014헌바381 결정).

수 있도록 하고 부동산법제에 대한 폭넓은 지식과 통찰력을 제공해 줄 수 있기를 기대한다.

이하에서 다루어지는 헌법재판소 결정 쟁점 사례는 약 33,000여 건의 헌법재판소의 결정례 중에서 2000년대 이후 부동산을 둘러싼 경제·사회적 변화를 가져온 부동산 관련 15개 사건들이다. 상가임대차 권리금 회수기회 문제(2020년), 재건축초과이익환수제도(2019년), 상가건물 임대차 보호범위(2014년), 개발행위허가제도(2013년), 주택재개발정비사업 시 1주택 1분양권 공급 원칙(2012년), 주택재개발사업의 소위 '지분 쪼개기'(2012년), 재건축사업의 공공성(2011년), 회원제 골프장 위헌 결정(2011년), 도시개발사업의 공공필요성(2010년), 주택건설사업의 소위 '알박기'방지(2009년), 민간기업의 산업단지 건설의 공익성 여부(2009년), 종합부동산세의 위헌 판단기준(2008년), 재건축사업의 임대주택 공급의무 부과(2008년), 행정도시(세종시) 건설이 수도분할 인지 여부(2005년), 개발사업의 기부채납 문제(2003년) 등 부동산헌법에서 중요한 쟁점이거나 새롭게 부각된 시대적 부동산이슈를 최근 결정례부터 순차적으로 소개하였다. 쟁점 사례는 사건배경, 사건의 개요, 입법 및 정책의 취지, 결정이유의 요지, 결정의 분석 등을 고찰하였다.

한편 2000년대 이전 헌법재판소 결정례 중 부동산헌법 이론 발전과 부동산정책 변화에 많은 영향을 끼친 토지공개념 3법 등의 사건은 2부와 4부 본문에서 다루었고, 6부 쟁점 사례에서는 제외하였다.[5]

---

5 도시계획법 제6조 위헌소원(1999. 10. 21. 97헌바26 전원재판부), 택지소유상한에관한 법률 제2조 제1호 나목 등 위헌소원(1999. 4. 29. 94헌바37 외 66건(병합) 전원재판부 결정), 도시계획법 제21조에 대한 위헌소원(1998. 12. 24. 89헌마214, 90헌바16, 97헌바78(병합) 전원재판부 결정), 토지초과이득세법 제10조 등 위헌소원, 토지초과이득

또한 2000년대 이후 결정례 중에서 15개 쟁점 사례 이외에도 부동산헌법이론과 부동산정책에 중요하게 다루어져야할 사례[6]가 더 많으나, 지면상 후속 연구에서 다루고자 한다.

대규모점포는 권리금 회수 기회를 보호받을 수 있는지?

상가임대차 권리금 회수기회 보호 규정 적용 제외 사건

(헌법재판소 2020. 7. 16. 2018헌바242등 결정)

•

헌법재판소는 2020년 7월 16일 재판관 전원일치 의견으로, 임대차 목적물인 상가건물이 「유통산업발전법」 제2조에 따른 대규모점포의 일부인 경우 임차인의 권리금 회수기회 보호 등에 관한 「상가건물 임대차보호법」제10조의4를 적용하지 않도록 하는 구

세법 제8조 등 위헌소원(병합) (1994. 7. 29. 92헌바49,52(병합) 헌법재판소 전원재판부 결정), 국토이용관리법 제31조의2 제1호 및 제21조의 3 의 위헌심판제청(헌법재판소 1989.12.28. 88헌가13 결정).

6 전원개발촉진법 제6조의2 제1항 위헌소원(헌법재판소 2019.12.27. 2018헌바109 결정), 민법 제651조 제1항 위헌소원 (헌법재판소 2013. 12. 26. 2011헌바234 결정), 도시 및 주거환경정비법 제30조 제4호 등 위헌확인(헌법재판소 2012.07.26. 2010헌마7 결정), 집합건물의 소유 및 관리에 관한 법률 제20조 제1항 등 위헌소원(헌법재판소 2011.12.29. 2010헌바449 결정), 건축법 제11조 제7항 위헌소원(헌법재판소 2010.02.25. 2009헌바70 결정), 기반시설부담금에 관한 법률 제8조 제1항 등 위헌소원 등(2010. 2. 25. 2007헌바131 결정, 2008헌바37·71, 2009헌가1, 2009헌바18·239·283(병합) 결정), 구 농지법 제65조 위헌소원(헌법재판소 2010.02.25. 2008헌바80 결정), 구 공익사업을 위한 토지 등의 취득 및 보상에 관한 법률 제67조 제2항 등 위헌소원(헌법재판소 2009.09.24. 2008헌바112 결정), 주택법 제46조 제1항 등 위헌제청 (헌법재판소 2008.07.31. 2005헌가16 결정), 부동산실권리자명의등기에관한법률 제10조 제1항 위헌제청 등 (2001. 5. 31. 99헌가18, 99헌바71·111, 2000헌바51· 64·65·85, 2001헌바2(병합) 전원재판부 결정).

「상가건물 임대차보호법」 제10조의5 제1호 중 대규모점포에 관한 부분은 헌법에 위반되지 않는다는 결정을 선고하였다.

청구인(2018헌바242 사건과 2018헌바508 사건)은 「유통산업발전법」 제2조에 따른 대규모점포의 일부를 임차한 상가임차인이다. 임대인이 임대차계약에 따른 임대차기간 종료 이후 청구인을 상대로 임차목적물의 인도를 구하는 소를 제기하자, 청구인은 임대인이 청구인의 권리금계약 체결을 방해하여 「상가건물 임대차보호법」 제10조의4 제1항이 보장하는 권리금 회수기회를 박탈하였다는 이유로 손해배상금의 지급을 구하는 반소를 제기하였다. 청구인은 위 소송 계속 중 임대차목적물이 「유통산업발전법」 상 대규모점포의 일부인 경우 권리금 적용 제외를 규정한 「상가건물 임대차보호법」제10조의5 제1호가 청구인의 재산권과 평등권을 침해하여 위헌이라고 주장하며 위헌법률제청신청을 하였으나 기각되자 이 사건 헌법소원심판을 청구하였다.

사건 개요

청구인(2018헌바242 사건)은 2012. 8. 23. 주식회사 △△와 사이에, 주식회사 △△가 여의도에 소재한 ○○건물 중 ○○동 ○○층 ○○호(이하 '이 사건 상가'라 한다)를 임대차보증금 202,175,000원, 월 기본차임 50,000원(제곱미터당), 월 성과급차임 월 매출총액의 14%에서 월 기본차임을 공제한 금액, 임대차기간 2012. 8. 30.부터 2017. 8. 29.까지로 정하여 임차하기로 한 임대차계약(이하 '이 사건 임대차계약'이라 한다)에 따른 임차인의 지위를 양수하는 내용의 양수도계약을 체결하였다.

이 사건 상가를 소유한 ▽▽ 유한회사는 2017. 8. 8. 청구인에게 이 사건 임대차계약을 연장할 의사가 없다는 취지의 내용증명을 발송하였고, 이 사건 임대차계약은 2017. 8. 29. 임대차기간 만료로 종료되었다. 이후 위 회사는 청구인을 상대로 이 사건 상가의 인도를 구하는 소송을 제기하였고(서울중앙지방법원 2018가합502707), 청구인은 위 회사가 청구인의 권리금계약 체결을 방해하여 「상가건물 임대차보호법」제10조의4 제1항이 보장하는 권리금 회수기회를 박탈하였다는 이유로 손해배상을 구하는 반소를 제기하였다(서울중앙지방법원 2018가합502714).

청구인은 위 소송 계속 중 임대차 목적물이 「유통산업발전법」상 대규모점포의 일부인 경우 권리금 적용 제외를 규정한 「상가건물 임대차보호법」 제10조의5 제1호가 청구인의 재산권, 평등권 등을 침해한다고 주장하면서 위헌법률심판제청신청을 하였으나 2018. 5. 30. 기각되자, 2018. 6. 27. 이 사건 헌법소원심판을 청구하였다.

■ 상가건물 임대차보호의 개정 배경 및 취지

「상가건물 임대차보호법」과 임차인의 권리금 회수기회 보호

「상가건물 임대차보호법」(이하 「상가임대차법」이라 한다)은 상가건물 임대차에 관하여 「민법」에 대한 특례를 규정하여 국민 경제생활의 안정을 보장함을 목적으로 한다(제1조). 「상가임대차법」 제정 당시부터 상가건물을 임차할 때 임차인이 고액의 시설투자비용이나 권리금 등을 지출하는 경우가 많으므로 이러한 비용을 회수할 수 있도록 하는 방안이 필요하다는 논의가 있었다. 2001. 12. 29. 법률 제6542호로 제정된 「상가임대차법」 제10조에서 상가임차인에게 계약갱신요구권을 부여한 것은 임차인에게 일정기간 계약기간을 보장함으로써 간접적으로 권리금이나 시설투자비 등을 회수할 수 있도록 하기 위한 것이다(헌법재판소 2014. 8. 28. 2013헌바76 참조). 2015. 5. 13. 법률 제13284호로 개정된 「상가임대차법」(이하 '2015년 개정법'이라 한다)은 판례에 의하여 인정되어 온 권리금 및 권리금 계약의 정의(제10조의3)를 규정하는 한편, 권리금 회수기회 보호 조항(제10조의4)을 신설하여 권리금에 관한 법적 근거를 마련하였다.

「상가임대차법」에서 정의하는 권리금이란 임대차 목적물인 상가건물에서 영업을 하는 자 또는 영업을 하려는 자가 영업시설·비품, 거래처, 신용, 영업상의 노하우, 상가건물의 위치에 따른 영업상의 이점 등 유형·무형의 재산적 가치의 양도 또는 이용대가로서 임대인, 임차인에게 보증금과 차임 이외에 지급하는 금전 등의 대가를 말하고(제10조의3 제1항), 권리금 계약이란 신규임차인이 되려는 자가 임차인에게 권리금을 지급하기로 하는 계약을 말한다(같은 조 제2항). 임대인은 임대차기간이 끝나기 3개월 전부터 임대차 종료 시까지 권리금 계약에 따라 임차인이 주선한 신규임차인이 되려는 자로부터 권리금을 지급받는 것을 방해하여서는 아니 된다(제10조의4 제1항). 임대인이 제1항을 위반하여 임차인에게 손해를 발생하게 한 때에는 그 손해를 배상할 책임이 있다. 이 경우 그 손해배상액은 신규임차인이 임차인에게 지급하기로 한 권리금과 임대차 종료 당시의 권리금 중 낮은 금액을 넘지 못한다(같은 조 제3항). 2018. 10. 16. 법률 제15791호로 개정된 「상가임대차법」에서는 임대인이 임차인의 권리금 회수를 방해하여서는 안 되는 기간을 '임대차기간이 끝나기 6개월 전부터'로 규정하여 임차인의 권리금 회수기회 보호를 강화하였다.[7]

권리금 회수기회의 보호 규정 적용 제외

심판대상조항은 임대차 목적물인 상가건물이 「유통산업발전법」 제2조에 따른 대규모점포의 일부인 경우 「상가임대차법」 제10조의4가 적용되지 아니한다고 규정한다. 「유통산업발전법」 제2조가 규정하는 대규모점포(이하 '대규모점포'라 한다)는 가. 하나 또는 대통령령으로 정하는 둘 이상의 연접되어 있는 건물 안에 하나 또는 여러 개로 나누어 설치되는 매장일 것, 나. 상시 운영되는 매장일 것, 다. 매장면적의 합계가 3천 제곱미터 이상일 것의 요건을 모두 갖춘 매장을 보유한 점포의 집단으로서, 별표에 규정된 대형마트, 의류·가전 또는 가정용품 등의 전문점, 백화점, 쇼핑센터, 복합쇼핑몰, 그 밖의 대규모점포를 말한다(「유통산업발전법」 제2조 제3호).

2015년 개정법 입안 당시의 국회 검토보고서 및 법제사법위원회 회의록 등에 의하면, 심판대상조항은 대규모점포의 경우 영업장의 규모가 크고, 넓은 지역의 소비자를 대상으로 영업을 하며, 취급상품의 종류가 다양하고 수량이 많은 것이 특징인 점, 대규모점포는 상권 자체가 임대인이 막대한 비용과 노력을 들여 형성하고 그 유지·관리에 임대인의 노력이 들어가는 구조이며, 임차인은 그 결과로 형성된 지명도나 고객을 이용하여 영업을 하는 측면이 있는 점 등을 고려하여 권리금 회수기회 보호에서 제외한 것으로서, 다만 적용제외 대상 중 보호대상에 포함시킬 필요가 있는 경우 추후 실태조사를 거쳐 개

---

7 헌법재판소 헌법재판소공보 제286호, 2020. 08. 20, 1082면.

정을 통하여 추가하도록 하였다. 2018. 10. 16. 법률 제15791호로 개정된 「상가임대차법」은 제10조의4 적용 제외 대상에서 '전통시장 및 상점가 육성을 위한 특별법' 제2조 제1호에 의한 전통시장은 제외한다는 내용을 추가하여(제10조의5 제1호 단서), 전통시장 임차인에 대하여 권리금 회수기회를 보장하도록 하였다.[8]

▪ 결정의 이유 요지

재산권 침해 여부

2015년 개정된 「상가건물 임대차보호법」(이하 「상가임대차법」)은 기존에 관행으로만 인정되어오던 권리금의 회수기회를 법적으로 보장하기 위하여, 임차인이 권리금 계약을 통하여 신규임차인으로부터 권리금을 회수하고, 임대인은 임차인의 권리금 회수를 방해하지 않을 의무를 부담하며 그 위반 시 손해배상책임을 지도록 정하였다(제10조의4 제1항 내지 제3항). 심판대상조항은 입법자가 위와 같이 권리금 회수기회를 보호하는 제도를 형성함에 있어서 그 보호 대상의 범위를 설정한 것으로서, 입법자로서는 「상가임대차법」을 통해 재산권 질서를 새로이 형성함에 있어서 상가임차인의 보호와 임대인 등 다른 권리주체들의 재산권, 거래의 안전과 같은 법익 간에 균형을 이루도록 하여야 한다(헌법재판소 2014. 3. 27. 2013헌바198 참조).

헌법재판소는 임차인 보호를 위해 사적자치원리에 수정을 가하여 임차인의 지위를 강화하는 것은 임대인 등 다른 권리주체의 법익

8 헌법재판소 헌법재판소공보 제286호, 1082-1083면.

과 충돌하므로 상충하는 법익 간의 균형을 이루기 위해 「상가임대차법」의 적용을 일정 범위의 임대차관계로 한정하는 것은 그 목적의 정당성이 인정된다고 판단한 바 있다(헌법재판소 2014. 3. 27. 2013헌바198 참조).

권리금 회수기회의 보호 대상을 어느 범위로 할 것인지에 관해서도, 2015년 개정법 마련 당시 대규모점포에 관한 실태조사를 할 시간과 예산이 부족한 상황이었던 점, 「상가임대차법」 제2조 제1항 단서가 대통령령으로 정하는 보증금액을 초과하는 임대차를 법의 적용대상에서 제외하면서 대통령령의 개정을 통하여 점차 법의 적용대상을 확대해온 것과 같이, 권리금 회수기회 보호 규정도 실태조사를 실시한 후 점차적으로 그 적용대상을 확대할 수 있는 점, 다음에서 보는 바와 같이 대규모점포의 장소적 여건 등이 일반 상가건물에 비하여 특수성이 있고, 대규모점포의 임차인에 대해서도 권리금 회수의 간접적인 보호수단이 있는 점 등을 고려할 필요가 있다.

대규모점포의 경우 임대인이 막대한 비용과 노력을 들여 상권을 형성하고 유지·관리하며 임차인은 그 결과로 형성된 지명도나 고객을 이용하여 영업을 하는 측면이 있으며, 대규모점포는 공간구조에 어떤 상품, 어떤 임차인을 갖출 것인지에 관한 임대인의 계획에 따라 전체 매장의 성공여부가 좌우된다. 권리금 회수기회 보호 규정을 대규모점포에 적용함에 있어서는 이러한 대규모점포의 특성을 고려하여 임대인의 계약 상대방 선택의 자유를 보다 넓게 인정하는 등 임대인의 지위와의 조화를 도모할 필요가 있다.

대규모점포의 경우에도 부속물매수청구권(「민법」제646조) 또는 비용상환청구권(「민법」제626조 제2항)을 행사하여 투하자본을 회수할 가능성이 있으며, 「상가임대차법」에서 임차인에게 보장하는 계약갱신요구권(제10조)이나 대항력(제3조)규정의 적용을 받아 권리금 회수를 간접적으로 보호받고 있다.

이상과 같은 점을 종합할 때, 심판대상조항이 입법형성권의 한계를 일탈하여 청구인들의 재산권을 침해한다고 보기 어렵다.[9]

▪ 결정의 분석

헌법재판소는, 대규모점포의 일부를 임차한 상가임차인을 일률적으로 권리금 회수기회 보호 대상에서 제외한 이 사건 조항은 상가임차인의 재산권을 침해하지 아니하여 헌법에 위반되지 아니한다고 결정하였다. 이 사건에서 헌법재판소는 권리금 회수기회 보호 대상 범위 설정에 관하여 임대인과 임차인의 상충하는 법익 간의 균형을 도모해야 하고, 이에 대해 입법자는 넓은 입법형성권을 가진다고 판단하였다.

또한 상가임차인의 보호를 위하여 권리금 회수기회 보호에 관한 규정을 마련하면서 그 적용범위를 한정한 심판대상조항이 헌법 제119조 제2항[10] 및 헌법 제123조 제3항[11]에서 규정한 상가임차인의 경제적 자유를 제한하거나 중소기업의 보호·육성과 관련이 있다고 보

9 헌법재판소 헌법재판소공보 제286호, 1083-1085면.

10 제119조
② 국가는 균형있는 국민경제의 성장 및 안정과 적정한 소득의 분배를 유지하고, 시장의 지배와 경제력의 남용을 방지하며, 경제주체 간의 조화를 통한 경제의 민주화를 위하여 경제에 관한 규제와 조정을 할 수 있다.

11 제123조
③ 국가는 중소기업을 보호·육성하여야 한다.

기 어렵다고 판단하였다. 이 결정은 2015년 상가임차인 보호를 위해 사적자치원리에 수정을 가하여 임차인의 지위를 강화하는 권리금 회수기회 보호제도의 헌법적 정당성 여부를 최초로 판단하였다.

주택재건축사업에서 발생되는 재건축초과이익 환수는 가능한지?

「재건축초과이익 환수에 관한 법률」 제3조 등 위헌소원

(헌법재판소 2019. 12. 27. 2014헌바381 결정)

•

헌법재판소는 2019년 12월 27일 재판관 6:2의 의견으로 주택재건축사업에서 발생되는 재건축초과이익에 대하여 개발비용 등 재건축조합의 비용과 노력을 투입한 부분을 공제한 평균 재건축초과이익이 3천만 원을 초과하는 경우에 한하여 일정 부과율을 적용하여 재건축부담금을 부과하도록 규정한 구 「재건축초과이익 환수에 관한 법률」 제3조, 제5조, 일반분양분의 종료시점 주택가액을 분양시점 분양가격을 기준으로 산정하도록 규정한 「재건축초과이익 환수에 관한 법률」(이하, 「재건축이익환수법」) 제7조 중 '분양시점 분양가격' 부분 및 개시시점 주택가액과 종료시점 주택가액의 산정 기준과 절차를 규정한 구 「재건축초과이익 환수에 관한 법률」 제9조는 과잉금지원칙에 반하여 헌법에 위반되지 않는다는 결정을 선고하였다. [합헌]

이에 대하여는 위 조항들이 주택 소유자로 하여금 과도한 재건축부담금을 부담하게 하여 과잉금지원칙에 위반되므로 헌법에 위반된다는 재판관 이은애, 재판관 이영진의 반대의견이 있다.

사건 개요

청구인은 서울 용산구에 있는 지상 건축물을 철거하고 새로운 건축물을 신축하기 위하여 설립된 주택재건축정비사업조합인바, 2012. 9. 25. 서울특별시 용산구청장으로부터 1,718,727,300원의 재건축부담금 부과처분(이하 '이 사건 부과처분'이라 한다)을 받았다.

청구인은 이 사건 부과처분의 취소를 구하는 소송을 제기하고(서울행정법원 2012구합42281), 그 소송 계속 중 「재건축초과이익 환수에 관한 법률」 제3조, 제5조, 제7조, 제9조에 대하여 위헌법률심판제청신청을 하였으나(서울행정법원 2013아1039) 2014. 7. 25. 기각되자, 2014. 9. 3. 이 사건 헌법소원심판을 청구하였다.

■ 「재건축이익환수법」의 입법경위 및 연혁

주택재건축사업의 연혁

본래 주택재건축사업은 도시기능의 회복에 강조점이 있다기보다는 기본적으로 정비기반시설이 양호한 지역에서 불량·노후한 주택을 소유자 스스로 개선하여 주거생활의 질을 높이고자 하는 목적으로 추진되는 것으로서, 대규모 도시계획과는 그 성격이 달랐기 때문에 도시계획적인 개발사업으로 보지 않았다. 그래서 최초 재건축의 근거가 되는 법은 도시개발사업과 관련된 행정입법이 아니라 「민법」 중 집합건물에 관한 특별법인 「집합건물의 소유 및 관리에 관한 법률」이었다. 그 뒤로도 재건축사업은 「주택건설촉진법」에 근거를 둔 민간사업으로서 시행되었는데, 이는 정비기반시설이 양호한 지역에서 국지적으로 시행된다는 점에서 대규모 도시계획과는 그 성격이 달랐기 때문이다. 그런데 이후 재개발사업과 재건축사업 및 주거환경개선사업이 각 개별법으로 규정되어 이에 관한 제도적 뒷받침이 미흡하므로, 이를 보완할 일관성 있고 체계적인 단일법 제정의 필요성이 제기되었고, 이에 입법자는 2002. 12. 30. 재개발사업과 재건축사업 등을 통합적으로 규정한 「도시정비법」을 제정하여 시행하기에 이르렀던 것이다. 이처럼 주택재건축사업과 주택재개발사업이 같은 법에 규정되어 있기는 하지만, 위와 같은 연혁적 전개 과정이나 정비기반시설이 양호한지 여부에 비추어 보면 양자兩者의 성격이 동일하다고 단언하기 어렵다.[12]

「재건축이익환수법」의 입법경위 및 연혁

주택재건축사업은 공급 위주의 주택정책에 따라 건설된 상당수 공동주택들의 노후화에 따른 안전상의 문제를 해결하고 주거환경을 개선하며, 택지확보가 어려운 지역에서 보다 용이하게 택지를 확보할 수 있도록 하는 제도이다. 그러나 재건축된 주택의 가격이 급등하고 이에 따른 무분별한 주택재건축사업의 추진 및 재건축대상주택에 대한 투기적 매입현상이 초래되면서 자원의 낭비와 부동산 거래 왜곡이 심화되자, 2006. 3. 30. 정부는 재건축개발이익 등의 환수를 주요 내용으로 하는 이른바 '3. 30. 부동산 대책'을 발표하고, 그 실천을 담보하기 위하여 2006. 5. 24. 법률 제7959호로 「재건축이익환수법」을 제정하였다.

---

12 헌법재판소, 헌법재판소판례집 제31권2집(하), 2019, 41-42면.

이후 입법자는 수도권에 비해서 열악한 주거환경에 처해있는 지방의 현실을 감안하여 수도권 이외의 지역에 대해서 재건축부담금을 감면함으로써 지역 간 형평 및 지역경제 활성화를 도모하기 위하여 2008. 6. 5. 법률 제9102호로 부칙 제3조를 개정하였는데, 그 내용은 수도권정비계획법 제2조 제1호에 따른 수도권 외의 지역에서 시행되는 주택재건축사업 중 2009. 6. 30.까지 관리처분계획의 인가를 신청한 사업에 대해서는 재건축부담금을 징수하지 아니하도록 하는 것이었다. 2012년에 이르러 재건축부담금제도의 도입 당시와 달리 주택시장이 침체되자, 2012. 12. 18. 법률 제11589호로 개정된 「재건축이익환수법」은 2014. 12. 31.까지 관리처분계획의 인가를 신청한 재건축사업자에 대하여는 재건축부담금을 한시적으로 면제하는 임시특례조항인 제3조의2를 신설하였다. 그 후 2017. 12. 31.까지 관리처분계획의 인가를 신청한 재건축사업에 대하여 재건축부담금을 한시적으로 다시 면제하는, 즉 면제기한을 연장하는 내용으로 「재건축이익환수법」 제3조의2가 개정되었고, 현재 위와 같은 한시적 면제기한은 종료된 상태이다.[13]

■ 결정의 이유 요지

과잉금지원칙 위반 여부

이 사건 환수조항 및 대상사업조항(이하 위 두 조항을 합하여 지칭할 때는 '이 사건 환수조항 등'이라 한다)이 주택재건축사업에서 발생되는 초과이

13 헌법재판소, 헌법재판소판례집 제31권2집(하), 34-35면.

익 중 일부를 환수하는 방법으로 재건축부담금을 부과하는 것은 주택가격의 안정과 사회적 형평을 기하기 위한 공적 과제와 밀접한 관련성이 있고, 재건축사업을 시행하는 재건축조합 또한 위와 같은 공적 과제와 밀접한 관련성 및 집단적 책임성을 갖는다고 할 것인 점, 따라서 국가는 토지의 균형 있는 이용·개발 및 보전을 유도하는 한편, 주택가격의 안정과 사회적 형평을 기하는 데 적합한 방향으로 재건축을 유도하기 위하여 재건축부담금과 같은 공과금을 부담금 형태로 부과·징수하는 방법을 선택할 수 있는 점, 재건축초과이익의 산정에는 개발비용 등이 공제되는데 여기의 개발비용 등에는 공사비, 설계감리비, 부대비용 및 그 밖의 경비가 포함되고, 국가 등에 납부한 제세공과금이나 기반시설부담금, 광역교통시설부담금, 그 밖의 원인자부담금 등도 모두 포함되기 때문에, 결국 재건축조합의 비용과 노력을 투입한 부분은 재건축초과이익에서 공제되는 점, 위와 같이 개발비용 등을 공제하여 산출한 결과, 재건축초과이익이 발생하였다고 하여 모든 경우에 재건축부담금이 부과되는 것이 아니고, 조합원 1인당 평균 재건축초과이익이 3천만 원 이하인 경우에는 재건축부담금이 면제되며, 평균 재건축초과이익이 3천만 원을 초과하는 경우 그 초과이익의 다과에 따라 비례적으로 부과율이 높아지되, 최대 1억 1천만 원을 초과하는 경우에도 부과율이 50%를 초과하지 않도록 규정함으로써 그 부과 액수가 과다하지 않도록 하고 있는 점, 재건축추진위원회 승인 이후에 사업이 장기간 지연되는 경우 부담금이 과도하게 부과되는 것을 방지하기 위하여, 부과개시시점부터 부과종료시점까지의 기간은 최대 10년이 넘지 않도록 하고 있는 점, 결국 이 사건 환수조항 등은 주택재건축사업을 통하여 발생한 정상주택가격상승분을 초과하는 주택가액의 증가분 중 일부를 환수함으로써 재건축사업을 간접적으로 규제함에 그치고 있을 뿐, 재건축사업 자체를 원천적으로 봉쇄하는 것이 아닌 점 등을 종합하여 보면, 개발비용 등 재건축조합의 비용과 노력을 투입한 부분을 공제한 평균 재건축초과이익이 3천만 원을 초과하는 경우에 한하여 일정 부과율을 적용하여 재건축부담금을 부과하도록 규정한 이 사건 환수조항 등이 과잉금지원칙에 반하여 헌법에 위반된다고 볼 수 없다.[14]

평등원칙 위반 여부

주택재개발사업과 주택재건축사업은 사업목적과 대상, 구체적인 사업의 시행방식 및 절차, 개발이익 환수의 방식과 정도가 모두 다르다고 할 것이어서, 개발이익 환수의 필요성 측면에서 주택재건축사업과 주택재개발사업이 동일하다고 볼 수 없다. 그렇다면 주택재건축사업과 주택재개발사업은 이 사건 재건축부담금 부과와 관련하여 헌법적으로 의미 있는 비교집단이라고 볼 수 없으므로, 주택재개발사업이 아닌 주택재건축사업에 한하여 재건축부담금을 부과하도록 한 이 사건 환수조항 등은 헌법상 평등원칙에 위반되지 아니한다.[15]

명확성원칙 위반 여부

재산권 보장의 일반원칙, 재건축초과이익 환수에 관한 법률의 입법취지, 조합원분양분에 대한 부과기준과의 관계 등을 종합하여 보면, 이 사건 일반분양조항의 '분양시점의 분양가격'은 '실제의 분양가격'이라고 명확하게 해석될 수 있으므로, 명확성원칙에 위반되지 아니

---

14 헌법재판소, 헌법재판소판례집 제31권2집(하), 37-41면.

15 헌법재판소, 헌법재판소판례집 제31권2집(하), 41-43면.

한다.[16]

평등원칙 위반 여부

이 사건 일반분양조항은 최종적인 재건축부담금을 산정하기 위한 중간 단계의 기술적인 조항에 불과하여, 최종적 납부의무자인 재건축조합이 재산권 침해를 주장하면서 이 사건 일반분양조항을 다투는 것은 별론으로 하고, 최종 재건축부담금 산정에 이르기 전의 특정 주택가액의 산정방식과 관계에서 재건축조합에 대한 차별이 존재한다고 볼 수 없다. 결국 이 사건 일반분양조항은 차별취급이 존재하지 아니하므로, 평등원칙에 위반되지 아니한다.[17]

가액산정조항의 위헌 여부

이 사건 가액산정조항에 의하여 산정되는 '개시시점 주택가액'과 '종료시점 주택가액'은 실질적으로 동일한 기준과 절차에 따라 산정된 가격에 따라 산정된다고 할 것이므로, 청구인의 주장과 같이 상이한 조건에서 주택가액을 산정함으로써 청구인의 재산권을 침해하여 헌법에 위반된다고 할 수 없다.[18]

---

16 헌법재판소, 헌법재판소판례집 제31권2집(하), 43-44면.

17 헌법재판소, 헌법재판소판례집 제31권2집(하), 44-45면.

18 헌법재판소, 헌법재판소판례집 제31권2집(하), 45-46면.

■ 재판관 이은애, 재판관 이영진의 반대의견

심판대상조항을 통해서는 '주택가격의 안정' 등 목적의 달성을 기대하기 어렵거나 그 가능성이 매우 미미하고 오히려 새로운 주택 공급이 억제됨으로써 주거 안정을 저해할 위험성이 있는 반면, 다음에서 보는 바와 같이 재건축사업에 대한 규제 필요성에 치우친 나머지 정책수단의 범위를 넘어 과도하게 주택소유자의 주거로서 그의 행복을 추구할 권리와 쾌적한 주거생활을 할 권리를 실현할 토대인 재산권을 제한한다.

심판대상조항은 아직 실현되지 않은 경제적 이익을 '재건축초과이익'으로 포착하여 환수 대상으로 삼고 있으므로, 재건축초과이익의 공평하고 정확한 계측이 담보되어야 함에도, 심판대상조항은 임의로 '개시시점'과 '종료시점'을 끊어서 이를 바탕으로 미실현된 재건축초과이익을 포착하는데다가 일반분양분을 제외하고는 주로 실제 거래가격이 아닌 평가금액에 따라 기준 주택가액을 정하므로, 그 과정에 집행기관의 자의가 개입할 위험이 있거나 계측의 정확성을 기하기 어렵다.

재건축부담금은 재건축사업으로 발생한 이익에 대하여 부과·징수하도록 하고 있는데, 재건축사업 대상 주택의 가액 증가분에 대한 이익의 상당 부분은 이미 재산세 등 각종 조세를 통해 환수되고 있고, 특히 양도소득세의 경우 주택 소유자는 재건축초과이익이 포함된 양도가액을 기준으로 계산한 양도소득세를 부담하게 되므로, 재건축부담금과 각종 조세 부담이 누적적·중첩적으로 이루어짐으로써 결과적으로 재건축사업 대상 주택 소유자에게 과도한 경제적 부담이 초래됨을 부인하기 어렵다.

재건축부담금에는 재건축사업 대상 주택을 소유한 자의 그 주택 보유 시점, 보유 목적 등 구체적 사정은 재건축부담금 부과·징수 여부나 부담금 액수에 일절 고려되지 않으므로, '1가구 1주택자'나 '실거주 목적으로 장기간 주택 등을 보유한 자'에 관해서도 아무런 입법적 배려가 이루어지지 않았다. '1가구 1주택자' 또는 '실거주자'가 현실적으로 재건축부담금을 부담할 경제적 여력이 없는 경우에는 부득이 소유권을 유지하기 위해 거액의 대출을 받거나 대상 주택 등을 팔 수밖에 없는 상황이 초래될 수도 있으므로, 심판대상조항은 침해의 최소성에 어긋난다고 보지 않을 수 없다. 심판대상조항을 비롯한 「재건축이익환수법」은 재건축부담금이 부과된 대상 주택의 가치가 하락한 경우에 관한 아무런 보완규정을 두지 않고 있다.

주택은 인간의 존엄과 가치를 지닌 개인과 그 가족의 주거공간으로서 행복을 추구할 권리와 쾌적한 주거생활을 할 권리를 실현하는 장소이다. 재건축부담금이 과다하여 주택 소유자가 그것을 감당할 수 없는 경우에는 대상 주택을 처분해야 하는 상황에 부닥침으로써 오랜 기간 살아온 생활 터전을 상실할 수도 있다. 심판대상조항으로 말미암아 재건축사업 자체를 포기하거나 연기할 수밖에 없는 경우에도 마찬가지다. 앞서 살펴본 여러 사정을 종합할 때 심판대상조항은 과잉금지원칙을 위배하여 주택 소유자의 재산권을 침해하므로 헌법에 위반된다.[19]

---

19 헌법재판소, 헌법재판소판례집 제31권2집(하), 46-56면.

■ 결정의 분석

헌법재판소는 주택재건축사업을 통하여 발생한 정상주택가격상승분을 초과하는 주택가액의 증가분 중 일부를 환수하도록 한 이 사건 환수조항 등이 재건축조합의 재산권 등을 침해하지 아니하여 헌법에 위반되지 아니한다고 결정하였다. 이 사건에서 헌법재판소는 재건축부담금의 법적 성격을 명확히 함과 동시에 그 헌법적 정당성 여부를 최초로 판단하였다.

영세한 임차인들을 위한 상가건물 임대차 보호범위는?

「상가건물임대차보호법」 제2조 제1항 단서 등 위헌소원

(헌법재판소 2014. 03. 27. 2013헌바198 결정)

•

헌법재판소는 2014년 3월 27일 재판관 전원 일치 의견으로, 구 「상가건물 임대차보호법」(2009. 1. 30. 법률 제9361호로 개정되고, 2013. 8. 13. 법률 제12042호로 개정되기 전의 것) 제2조 제1항 단서 및 「상가건물 임대차보호법」(이하, 「상가임대차법」)(2010. 5. 17. 법률 제10303호로 개정된 것) 제2조 제2항은 포괄위임입법금지원칙, 재산권에 관한 헌법 원칙, 평등 원칙에 위배되지 아니하여 헌법에 위반되지 아니한다는 결정을 선고하였다.

청구인(2018헌바242 사건과 2018헌바508 사건)은 「유통산업발전법」 제2조에 따른 대규모점포의 일부를 임차한 상가임차인이다. 임대인이 임대차계약에 따른 임대차기간 종료 이후 청구인을 상대로 임차목적물의 인도를 구하는 소를 제기하자, 청구인은 임대인이 청구인의 권리금계약 체결을 방해하여 「상가건물 임대차보호법」제10조의4 제1항이 보장하는 권리금 회수기회를 박탈하였다는 이유로 손해배상금의 지급을 구하는 반소를 제기하였다. 청구인은 위 소송 계속 중 임대차목적물이 「유통산업발전법」 상 대규모점포의 일부인 경우 권리금 적용 제외를 규정한 「상가건물 임대차보호법」제10조의5 제1호가 청구인의 재산권과 평등권을 침해하여 위헌이라고 주장하며 위헌법률제청신청을 하였으나 기각되자 이 사건 헌법소원심판을 청구하였다.

사건 개요

청구인은 2010. 9. 20. 서울 강남구 OO동에 소재한 상가건물 1층을 그 소유자들로부터 보증금 4,000만 원, 월차임 300만 원, 임대차기간 2012. 10. 5.까지로 정하여 임차하여 식당을 운영하던 자로서, 그 과정에서 종전 임차인에게 권리금 명목으로 2억 7,500만 원을 지급하였고, 인테리어 등의 시설비용으로 약 1억 1,500만 원을 투자하였다. 그런데 2012. 5. 30. 위 건물을 매수한 새로운 소유자는, 2012. 6. 21. 청구인에게 계약 갱신의 의사가 없다는 뜻을 통지한 뒤 2012. 12. 26. 서울중앙지방법원에 임대차기간 만료로 인한 계약 종료를 이유로 위 상가의 인도를 구하는 건물인도 등 청구의 소를 제기하였다(서울중앙지방법원 2012가단5154111). 이에 청구인은 위 재판계속 중 「상가건물 임대차보호법」제2조 제1항 단서 및 같은 조 제2항이 일정한 보증금액을 초과하는 상가건물 임대차를 적용범위에서 제외하고 있는 것이 위헌이라고 주장하며 위헌법률심판제청신청을 하였으나 기각되었고, 2013. 7. 12. 위 조항들의 위헌 확인을 구하는 이 사건 헌법소원심판을 청구하였다.

■ 「상가임대차법」의 입법 연혁

「상가임대차법」은 상가건물의 임대차에서 고액의 임대료 인상, 임대차기간의 불안정, 보증금의 미반환 등으로 어려움을 겪는 상가임차인들을 보호할 필요가 있다는 사회적 공감대의 형성에 따라 2001. 12. 29. 법률 제6542호로 제정되었다.

상가임차인의 영업활동과 투자는 임차 상가에 투여되거나 그와 밀접하게 결부되어 행해지므로 상가임차인의 영업적 권리와 이익은 임대인의 계약 해지 및 갱신 거절에 의해 침해될 수 있을 뿐 아니라, 그러한 사정 자체가 임대인과의 관계에 있어서 임차인의 교섭상의 지위를 약화시키는 조건이 된다. 그리고 계약의 갱신 교섭에 있어서 임차인의 불리한 지위는, 상가건물 임대차관계의 불공정을 가져올 위험이 있을 뿐 아니라, 상가임차인의 경제활동을 위축시키고, 나아가 국민경제의 균형발전에 장애가 될 수도 있다. 이러한 점을 고려하여 임차인의 교섭지위를 규범적으로 강화시킴으로써 실질적 계약자유 내지 사적자치 실현의 전제조건을 확보하고, 공정한 계약의 형성 내지 법적 정의의 실현을 담보하고자 하는 것 역시 「상가임대차법」의 주요한 입법목적이다.

위와 같은 「상가임대차법」의 입법목적에 따라, 동 법률은 건물의 인도와 사업자등록에 의한 임대차관계의 대항력을 인정하고(제3조), 대항요건 및 임대차계약서상의 확정일자에 의해 보증금에 대한 우선변제권을 인정하며(제5조), 임대인이 차임연체 등 정당한 사유 없이는 5년의 범위 내에서 임차인의 계약갱신요구를 거절할 수 없도록 하여 임대차의 존속을 보장하고(제10조), 차임 또는 보증금의 증액도 대통령령이 정하는 기준에 따른 비율을 초과할 수 없도록 하여 임대인의 과도한 증액 요구로부터 임차인을 보호하는(제11조) 등의 내용을 담고 있다.

이 사건 제외조항은 대통령령으로 정하는 보증금액을 초과하는 상가건물의 임대차관계를 이 법의 적용범위에서 제외하고 있다. 따라서 이 법의 적용범위에서 제외된 상가임대차는 일반법인 「민법」상 임대차에 관한 규정의 적용을 받으며, 본질적으로 채권관계인 임대차를 건물의 양수인 등 제3자에게 주장할 수 없고 임대료 인상과 계약 갱신 등은 원칙적으로 당사자 간의 사적 자치에 맡겨진다.

다만 2013. 8. 13. 법률 제12042호로 「상가임대차법」이 개정될 때 신설된 제2조 제3항은, 이 사건 제외조항에 의해 「상가임대차법」 전체의 적용이 배제되던 임대차의 경우에도 임차인의 계약갱신요구권에 관한 제10조의 규정 일부가 적용되도록 하여 이 사건 제외조항의 의미를 축소시키고 「상가임대차법」의 적용을 확대시키는 결과를 가져왔다.

한편, 「상가임대차법」의 적용 기준이 되는 보증금액은, 2002. 10. 14. 제정된 「상가임대차법 시행령」에 의해 서울특별시는 2억 4천만 원, 수도권 중 과밀억제권역(서울특별시를 제외한다)은 1억 9천만 원, 광역시(군지역과 인천광역시지역을 제외한다)는 1억 5천만 원, 그 밖의 지역은 1억 4천만 원으로 정해졌으며, 이후 물가 상승 등을 고려하여 서울특별시 기준으로 2008. 8. 21.에는 2억 6천만 원, 2010. 7. 21.에는 3억 원, 2013. 12. 30.에는 4억 원으로 상향되어 왔다.

이 사건 기준조항은 이 사건 제외조항에 따른 보증금액을 정하기 위한 기준들을 제시하고 있으며, 상가임대차관계에 보증금 외에 차임이 있는 경우에 그 차임액에 대통령령으로 정하는 일정한 비율을 곱하여 환산한 금액을 포함시키도록 하고 있는데, 그 비율은 2002. 10. 14.「상가임대차법」 시행령이 제정될 당시 '1분의 100'으로 정해진 뒤 지금까지 유지되고 있다.[20]

▪ 결정의 이유 요지

위임입법의 한계

임대차관계에서 상대적으로 불리한 지위에 놓인 상가임차인을 보호하여 공정한 경제질서를 달성하고자 하는「상가임대차법」의 입법취지와 관련조항들을 고려할 때,「상가임대차법」의 적용 기준이 되는 보증금액은 상가임차인 보호와 다른 법익 간의 균형을 이루면서 상대적으로 영세한 임차인들을 보호범위에 포함시키기에 적정한 금액으로 정해질 것임을 예측할 수 있고, 차임액에 곱하게 될 비율도 보증금만 존재하는 임대차와 차임이 존재하는 임대차 간의 형평을 달성하기에 합리적인 수준으로 은행의 대출금리를 고려하여 정해질 것임을 예측할 수 있으므로 심판대상조항들은 포괄위임입법금지원칙

20 헌법재판소, 헌법재판소판례집 제26권1집(상), 2014, 487-488면.

에 위반되지 않는다.[21]

재산권 형성에 있어서 입법자의 재량 일탈 여부

임차인 보호를 위해 사적자치 원리에 수정을 가하여 임차인의 지위를 강화하는 것은 임대인 등 다른 권리주체의 법익과 충돌하므로 상충하는 법익 간의 균형을 이루기 위해 「상가임대차법」의 적용을 일정 범위의 임대차관계로 한정하는 것은 그 목적의 정당성이 충분히 인정될 수 있다. 또한 보증금이 소액일수록 그 임차인은 보호가 필요한 영세상인일 가능성이 크고, 보증금이 클수록 임대인 등 다른 권리주체의 재산권 제약이 커질 수 있다는 점을 고려할 때, 보증금의 액수를 「상가임대차법」의 적용 기준으로 선택한 입법자의 판단은 그 합리성이 충분히 인정될 수 있으므로 입법자가 재산권 형성에 있어서 입법자에게 주어진 재량을 일탈하였다고 보기 어렵다.[22]

평등원칙 위반 여부

주택임대차와 상가임대차는 건물의 임대차라는 점에서는 동일하지만, 주거의 안정은 인간다운 생활을 하기 위한 필수불가결한 요소로서 주택임차인의 보호는 헌법 제34조 제1항 및 제2항에 의해 정당화되는 반면, 상가는 기본적으로 영리활동을 목적으로 하는 공간으로서 사적자치에 의해 규율되는 것이 원칙이고, 다만 상가임차인이 상가건물에 투자한 비용 및 영업활동으로 형성한 지명도나 고객 등의 경제적 이익이 임대인의 계약 해지 및 갱신 거절에 의해 침해될 수

---

21 헌법재판소, 헌법재판소판례집 제26권1집(상), 488-489면.

22 헌법재판소, 헌법재판소판례집 제26권1집(상), 491-493면.

있다는 점을 고려하여 공정한 경제질서의 회복을 위한 보충적 규제와 조정을 가하는 것이며, 이는 헌법 제119조 제2항에 의해 정당화될 수 있는 것이다. 또한 「상가임대차법」은 투자 회수 및 영업상 이익의 보호를 위한 계약갱신요구권을 인정하는 반면, 「주택임대차법」은 생존가족의 주거권 보호를 위한 상속의 특례 규정을 두는 등 그 보호내용에도 차이를 두고 있다. 이와 같은 차이점들을 고려할 때 주택임대차와 상가임대차를 그 적용범위에 있어서 달리 취급한다 하여 평등원칙에 위반된다고 볼 수 없다.[23]

▪ 결정의 분석

이 사건에서 헌법재판소는 "주택임차인을 보호하는 것은 헌법 제34조 제1항 및 제2항에 의해 정당화될 수 있다. 반면, 상가건물은 기본적으로 영리활동을 목적으로 하는 공간이므로, 상가건물의 임대차관계도 우리 헌법질서가 제119조 제1항을 통해 보장하는 자유시장경제질서 내에서 사적 자치의 원칙에 따라 규율되는 것이 원칙이다."고 판단하면서, 주택임차인과 상가임차인은 본질적으로 동일한 비교집단이 아니라고 보았다. 다만 「상가임대차법」이 상가임차인을 보호하는 것은 원칙적으로 사적 자치를 존중하면서 시장경제질서의 회복을 위해 보충적으로 규제와 조정을 가할 수 있도록 한 헌법 제119조 제2항에 의해 정당화될 수 있다고 결정하였다. 이 결정은 주택임대차보호와 상가임차대보호의 법적 성격을 명확히 함과 동시에 임대차계

23 헌법재판소, 헌법재판소판례집 제26권1집(상), 493-494면.

약에 국가 개입의 헌법적 정당성 여부를 최초로 판단하였다는데 의의가 있다.

2020년 7월 국회는 법무부에 상가건물임대차위원회를 두고, 적용범위를 정하는 기준인 보증금액[24]과 최우선변제 대상 임차인 및 보증금 중 최우선 변제금액[25]을 위원회의 심의를 거쳐 대통령령으로 정하도록 개정하였다.「주택임대차보호법」 역시 주택임대차위원회를 두고 최우선변제를 받을 임차인의 범위와 보증금 중 최우선 변제금액을 주택임대차위원회의 심의를 거쳐 대통령령으로 정하도록 하고 있다.[26] 상가건물임대차위원회의 심의를 통해 지역별 경제여건, 보호대

---

24 「상가건물 임대차보호법」 제2조(적용범위)

① 이 법은 상가건물(제3조 제1항에 따른 사업자등록의 대상이 되는 건물을 말한다)의 임대차(임대차 목적물의 주된 부분을 영업용으로 사용하는 경우를 포함한다)에 대하여 적용한다. 다만, 대통령령으로 정하는 보증금액을 초과하는 임대차에 대하여는 그러하지 아니하다.

25 「상가건물 임대차보호법」 제14조(보증금 중 일정액의 보호)

① 임차인은 보증금 중 일정액을 다른 담보물권자보다 우선하여 변제받을 권리가 있다. 이 경우 임차인은 건물에 대한 경매신청의 등기 전에 제3조 제1항의 요건을 갖추어야 한다.

② 제1항의 경우에 제5조 제4항부터 제6항까지의 규정을 준용한다.

③ 제1항에 따라 우선변제를 받을 임차인 및 보증금 중 일정액의 범위와 기준은 임대건물가액(임대인 소유의 대지가액을 포함한다)의 2분의 1 범위에서 해당 지역의 경제 여건, 보증금 및 차임 등을 고려하여 대통령령으로 정한다.

26 「주택임대차보호법」 제8조(보증금 중 일정액의 보호)

① 임차인은 보증금 중 일정액을 다른 담보물권자(담보물권자)보다 우선하여 변제받을 권리가 있다. 이 경우 임차인은 주택에 대한 경매신청의 등기 전에 제3조 제1항의 요건을 갖추어야 한다.

② 제1항의 경우에는 제3조의2 제4항부터 제6항까지의 규정을 준용한다.

③ 제1항에 따라 우선변제를 받을 임차인 및 보증금 중 일정액의 범위와 기준은 제8조의2에 따른 주택임대차위원회의 심의를 거쳐 대통령령으로 정한다. 다만, 보증금 중 일정액의 범위와 기준은 주택가액(대지의 가액을 포함한다)의 2분의 1을 넘지 못한다.

제8조의2(주택임대차위원회)

상의 범위 및 필요성 등에 대하여 전문적인 지식이나 경험을 갖춘 다수의 의견을 듣고 물가, 부동산정책, 소상공인 보호 등에 관한 주무부처의 입장을 반영하여 「상가건물 임대차보호법」 및 소액임차인 최우선변제의 범위를 결정함으로써 전문성을 담보하고 각계의 의견을 수렴할 수 있을 것으로 예상된다.

개인이 집을 건축하는데 개발행위허가를 받아야 하는지?

「국토의 계획 및 이용에 관한 법률」제56조 제1항 제1호 등 위헌소원

(헌법재판소 2013. 10. 24. 2012헌바241 결정)

•

헌법재판소는 2013년 10월 24일 재판관 전원 일치 의견으로, 토지의 형질변경을 하기 위해서는 개발행위허가를 받도록 하고 있는 구 「국토의 계획 및 이용에 관한 법률」(2009. 2. 6. 법률 제9442호로 개정되고, 2011. 4. 14. 법률 제10599호로 개정되기 전의 것) 제56조 제1항 본문 제2호가 명확성원칙, 포괄위임금지원칙에 위반되지 않고, 과잉금지원칙에 위반되어 재산권을 침해하지 않는다는 결정을 선고하였다.

① 제8조에 따라 우선변제를 받을 임차인 및 보증금 중 일정액의 범위와 기준을 심의하기 위하여 법무부에 주택임대차위원회(이하 "위원회"라 한다)를 둔다.

사건 개요

청구인은 2011. 1. 13. 서울특별시 광진구청장에게 서울 광진구 OO동 OO-OO 대 1,694㎡(이하 '이 사건 토지'라 한다)에 단독주택을 건축하기 위하여 건축신고를 하였다.

광진구청장은 2011. 1. 20. 청구인에게 이 사건 토지는 주로 수목과 암벽으로 이루어지고 급경사지가 포함된 토지로서, 2003. 7.경에도 이 사건 토지 위의 연립주택 건축을 위한 개발행위허가(토지형질변경) 신청이 반려된 바 있고, 이 사건 토지는 「국토의 계획 및 이용에 관한 법률」(이하 「국토계획법」이라 한다) 제58조, 동법 시행령 제56조, 서울특별시 도시계획 조례 제24조 별표1[개발행위허가기준(경사도 21도 미만 토지)] 규정에 의한 개발행위허가 기준에 부적합한 토지임을 이유로 위 건축신고를 반려하였다.

이에 청구인은 위 처분의 취소를 구하는 소를 제기하고, 그 상고심 계속 중인 2012. 3. 28. 개발행위를 하기 위해서는 허가를 받을 것을 규정하고 있는 「국토계획법」 제56조 제1항 제1호 및 제2호에 대하여 위헌법률심판제청신청을 하였으나 기각되자, 2012. 6. 28. 이 사건 헌법소원심판을 청구하였다.

▪ 개발행위허가제의 입법 연혁 및 취지

개발행위허가제란 계획의 적정성, 기반시설의 확보 여부, 주변 환경과의 조화 등을 고려하여 개발행위에 대한 허가 여부를 결정함으로써 국토의 난개발을 방지하기 위한 제도이다. 「국토계획법」에서는 개발행위에 대한 별도의 정의 규정을 두지 않고, 동법 제56조 제1항에서 건축물의 건축 또는 공작물의 설치, 토지의 형질변경, 토석의 채취, 토지 분할, 녹지지역·관리지역 또는 자연환경보전지역에 물건을 1개월 이상 쌓아 놓는 행위를 개발행위로 열거하는 한편, 구체적인 개발행위허가의 대상은 대통령령으로 정하도록 위임하고 있으며, 동법 제56조 제4항에서는 대통령령으로 정하는 경미한 행위를 비롯한 일부 예외적인 경우에는 개발행위허가를 받지 않고도 개발행위를 할 수 있다고 규정하고 있다.

한편, 개발행위허가제가 도입된 시기는 1962년 「도시계획법」이 제정된 때이다. 당시에는 도시계획사업에 필요한 토지에서 토지의 형질변경, 공작물 신축 등의 행위를 할 경우 시장 또는 군수의 허가를 받도록 규정하고 있었다. 그 후 1971년 「도시계획법」 전문개정에서는 도시계획구역 안에서 도시계획사업에 지장이 있는 토지의 형질변경, 건축물의 건축 등에 대하여 허가를 받도록 하였다가, 1972년 개정에서는 허가대상을 확대하여 도시계획사업에 지장이 있는지 여부를 불문하고 도시계획구역 안에서 이루어지는 토지의 형질변경, 건축물의 건축 등에 대하여 허가를 받도록 하였다. 이는 큰 변화 없이 유지되어 오다가 2000년 「도시계획법」을 전문개정하면서 개발행위허가라는 명칭이 처음 등장하였고, 당시 부령으로 규정하고 있던 개발행위허가의 기준 및 절차 등을 법률에 명시하였다.

그러다가 2000. 3.부터 준농림지역을 중심으로 난개발이 심각한 사회문제로 대두되자, 종전에 국토를 도시지역과 비도시지역으로 구분하여 도시지역에는 「도시계획법」, 비도시지역에는 「국토이용관리법」으로 이원화하여 운용하던 체계를 변경하고, 2003. 1. 1.부터 「도시계획법」과 「국토이용관리법」을 통합한 「국토계획법」을 시행하기에 이르렀다. 「국토계획법」에서는 종전의 「도시계획법」에 따른 개발행위허가제의 적용지역을 도시지역에서 비도시지역으로 확대하는 한편, 개발행위허가를 할 때에는 개발계획, 개발밀도의 적정성, 기반시설의 확보 등을 종합적으로 검토해서 허가 여부를 결정하도록 하였다.

개발행위허가제의 입법취지는 이웃토지와 연접되어 있는 어느 한 토지의 이용이 인접토지의 이용과 부조화를 발생시킬 수 있고, 사적인 개발행위가 각종 계획(도시관리계획, 도시계획사업 등)과 상충할 수 있어, 이러한 문제점을 사전에 예방하고 계획적 개발을 유도하여 국토를 효율적·합리적으로 이용하고 체계적으로 관리하기 위하여 기반시설의 확보 여부, 주변 환경과의 조화 등을 사전에 검토하여 허가를 받도록 하는 것이다. 앞서 언급한 바와 같이, 종전에는 도시지역과 비도시지역에 대한 관리체계가 이원적으로 운영되어, 「도시계획법」에 의해 관리되고 있는 도시지역 이외의 지역, 특히 준농림지역이 도시지역 내부의 녹지지역보다 오히려 개발행위가 용이하여 도시지역 외곽에 있는 토지의 난개발이 초래되자, 계획적인 토지 개발과 이용의 도모, 환경친화적 개발의 도모, 기반시설이 정비된 개발의 실현에 이바지하기 위한 목적으로 「국토계획법」에서는 개발행위허가제를 전국토를 대상으로 확대적용하게 된 것이다.[27]

27 헌법재판소 2013.10.24. 2012헌바241 결정문 4-6면.

■ 결정의 이유 요지

명확성원칙 위반 여부

개발행위허가제의 입법목적, "토지의 형질변경"의 사전적 의미, 대법원 판례의 해석 등에 비추어 보면, 개발행위허가의 대상이 되는 "토지의 형질변경"의 의미를 충분히 파악할 수 있고, 법집행자가 자의적으로 확대 적용할 염려도 없으므로, 이 사건 법률조항이 명확성원칙에 반한다고 할 수 없다.[28]

포괄위임금지원칙 위반 여부

허가의 대상이 되는 개발행위의 범위를 정함에 있어서는 급변하는 사회·경제적 환경, 국가가 시행하는 각종 개발사업, 개발행위허가로 인하여 이웃토지에 미치는 효과 등을 고려하여야 할 필요성이 크므로, 행정입법에 위임할 필요성이 인정된다. 그리고 개발행위의 종류를 열거하고 있는 「국토계획법」 제56조 제1항, 개발행위허가의 기준을 정하고 있는 동법 제58조 제1항의 규정을 고려하면, 대통령령에서는 각 개발행위의 규모 및 당해 개발행위가 행해지는 용도지역, 인접시설이나 주변 환경에 미치는 영향과 같은 기준에 따라 허가의 대상을 규정할 것이 충분히 예상된다. 따라서 이 사건 법률조항은 포괄위임금지원칙에도 위반되지 않는다.[29]

---

28 헌법재판소 2013.10.24. 2012헌바241 결정문 7-9면.

29 헌법재판소 2013.10.24. 2012헌바241 결정문 9-10면.

과잉금지원칙 위반 여부

이 사건 법률조항의 입법목적은 자의적이고 무계획적인 개발행위를 방지함으로써 국토 전체의 계획적 개발이 이루어지도록 하는 것에 있으므로, 그 입법목적의 정당성이 인정되고, 개발행위를 함에 있어 행정청의 허가를 받도록 한 것은 위와 같은 입법목적 달성에 적합한 수단이다. 무계획적인 개발행위에 의해 국토가 훼손될 경우 이를 원상태로 복구하는 데에는 상당한 시간과 노력이 들 것임은 능히 예측할 수 있는 점에 비추어 보면, 원칙적으로 전 국토에 대하여 사전에 개발행위허가를 받도록 하는 것은 불가피하고, 토지의 지목, 건축물의 규모 및 형태 등을 일일이 반영하여 선별적, 부분적, 예외적으로 토지 이용을 제한하는 수단을 사용하여서는 위와 같은 입법목적을 효율적으로 달성하기 어렵다.

또한, 이 사건 법률조항에 따른 재산권 제한은 개발제한구역으로 지정된 지역에서의 행위 제한과 같이 개발행위를 전면적으로 금지하는 것이 아니라 개발행위를 함에 있어 관할 관청의 허가를 받도록 하는 것에 불과하므로, 이 사건 법률조항이 취한 수단은 기본권 침해를 최소화하는 수단이다.

이 사건 법률조항에 의하여 달성하려는 공익은 국토를 무분별하게 개발할 경우 초래될 수 있는 국토의 훼손을 방지하고, 전 국토에 대한 체계적이고 계획적인 개발이 이루어지도록 하는 것인 반면, 이 사건 법률조항으로 인하여 제한되는 사익은 개발행위를 하는 데 있어 원칙적으로 사전에 허가를 받아야 하는 것으로서 위와 같은 공익에 비하여 중대하다고 보기 어려우므로, 법익의 균형성도 충족하고 있다. 그러므로 이 사건 법률조항은 과잉금지원칙에 위반되어 재산권을 침해하지 아니한다.[30]

■ **결정의 분석**

이 사건에서 헌법재판소는 "개발행위허가제가 궁극적으로는 토지에 대한 난개발행위를 방지함으로써 국토 전체의 계획적 개발을 통해 국민의 삶의 질 향상에 이바지하고자 하는 데 그 목적이 있는 점, 무계획적이고 자의적인 개발행위에 의해 국토가 훼손될 경우 이를 원상태로 복구하는 데에는 상당한 시간과 노력이 들 것임은 능히 예측할 수 있는 점에 비추어 보면, 원칙적으로 전 국토에 대하여 사전에 개발행위허가를 받도록 하는 것은 불가피하고, 토지의 지목, 건축물의 규모 및 형태 등을 일일이 반영하여 선별적, 부분적, 예외적으로 토지 이용을 제한하는 수단을 사용하여서는 위와 같은 입법목적을 효율적으로 달성하기 어렵다."고 판단하여 개발행위의 공익 우선의 원칙을 명확히 하였다.

주택재개발사업에서 1세대 1주택공급원칙은 정당한지?

「도시 및 주거환경 정비법」제48조 제2항 제6호 등 위헌소원

(헌법재판소 2012. 03. 29. 2010헌바217 결정)

•

헌법재판소는 2012년 3월 29일 관여 재판관 전원의 의견으로, 주택재개발정비사업 시 1주택 1분양권 공급 원칙을 규정한 구 「도시 및 주거환경 정비법」 제48조 제2항 제6호와 관리처분계획의

30 헌법재판소 2013.10.24. 2012헌바241 결정문 10-12면.

내용, 관리처분의 방법, 기준 등을 대통령령에 위임한 같은 조 제7항이 헌법에 위반되지 않는다는 결정을 선고하였다.

이 사건 1주택공급 원칙을 규정한 조항은 정비구역 내 토지 등 소유자 사이의 이해관계를 조정하고, 투기수요를 차단하여 국민의 주거 안정을 확보하려 것으로 그 입법목적이 정당하며, 입법목적 달성을 위한 수단으로서의 합리성과 상당성도 인정되어 재산권보장 및 평등원칙에 반하지 않고, 관리처분계획에 관한 위임조항은 탄력적 규율이 필요한 부분이어서 위임입법의 필요성이 인정되고 법률에서 구체적인 기준을 제시하는 등 예측가능성도 있어 위임입법의 한계를 벗어나지 않으므로 헌법에 위반되지 않는다고 판단한 것이다.

사건 개요

청구인은 서울 OO구 OOOO동에 지하1층, 지상2층 다가구주택을 신축하여 소유하다가 지층과 1층을 각각 처분하여 청구인을 비롯한 세 사람이 1/3 지분씩 소유하게 되었다. 이후 위 건물을 집합건물로서 구분하여 각 층별로 소유하는 것으로 구분등기를 마쳤는데, 건축물대장상으로는 곧바로 다세대주택으로 전환하지 아니하였다.

청구인의 주택이 OOO뉴타운 2구역 정비구역에 포함되게 되어 청구인을 비롯한 3인은 세대별로 각각 단독분양을 하여 달라는 분양신청을 하였는데 주택재개발정비사업조합은 3세대 전체를 1인의 조합원으로 규정하는 내용으로 관리처분계획을 작성하여 관할 구청장으로부터 인가를 받았다.

이에 청구인 등은 관리처분계획 중 해당 부분의 취소를 구하는 소를 제기하여 1, 2심에서 승소하였으나, 대법원은 청구인의 주택은 관련 법령의 해석상 다가구주택에 해당하고, 조례에서 정한 예외(서울특별시 도시 및 주거환경 정비조례 부칙 제7조에 의하면 1997년 1월 15일 이전에 가구별로 지분 또는 구분소유등기를 필한 다가구주택에 대해서 가구별 각각 1인을 분양대상자로 보는 예외를 둠)에도 해당되지 않는다고 판단하여 원심판결을 파기하였다(대법원 2009두10628).

청구인은 환송 후 계속된 재판의 상고심 계속 중「도시정비법」제48조 제2항 제6호 및 같은 조 제7항이 청구인의 재산권 및 평등권을 침해하고, 포괄위임입법금지원칙에 반하여 위헌이라고 주장하며 위헌법률심판제청신청을 하였는데(대법원 2010아24), 대법원이 2010. 5. 13. 위 제청신청을 기각하자 2010. 5. 31. 이 사건 헌법소원심판을 청구하였다.

▪ 1주택공급조항의 입법취지 및 적용범위

입법취지

주택재개발정비사업시 토지 또는 건축물의 소유권과 지상권이 수인의 공유에 속할 때에는 그 수인을 대표하는 1인을 조합원으로 보므로(구「도시정비법」제2조 제9호, 제19조 제1항), 2인 이상이 1주택을 공유한 경우에 사업시행자는 원칙적으로 1주택만 공급하는 내용으로 관리처분계획을 수립하여야 하는바(이 사건 1주택공급조항), 이는 정비구역 안에 소재한 토지등소유자 사이의 이해관계를 조정하기 위한 것이다.

한편, 이 사건 1주택공급조항이 포함된 구 「도시정비법」 제48조 제2항 제6호와 그 단서 가목에 의하면, 1세대가 1 이상의 주택을 소유한 경우 1주택을 공급하고, 2인 이상이 1주택을 공유한 경우에는 1주택만 공급함을 원칙으로 하면서도, 투기과열지구 안에 위치하지 아니하는 주택재건축사업의 토지등소유자에 대하여는 소유한 주택 수만큼 공급할 수 있도록 하고 있는바, 이로써 이 사건 1주택공급조항이 투기과열지구 내 정비사업에서 토지·주택 등에 대한 투기를 억제하고자 하는 목적도 가지고 있음을 알 수 있다.[31]

적용범위

• 공유주택

이 사건 1주택공급조항이 2인 이상이 1주택을 '공유'한 경우라고 규정하고 있으므로 수인이 1주택을 공유한 경우가 적용대상이 됨은 분명하다.

• 다가구주택

구 건축법 시행령(1999. 4. 30. 대통령령 제16284호로 개정된 것) 제3조의4 별표 1은 다가구주택을, 단독주택의 한 형태로 층수가 3개 층 이하이고, 바닥면적의 합계가 660㎡ 이하이며, 19세대 이하가 거주할 수 있는 주택으로 규정하였다. 다가구주택은 단독주택으로 이 사건 1주택

31 헌법재판소, 헌법재판소판례집 제24권1집(상), 2012, 431-432면.

공급조항의 적용을 받게 되고, 수인이 다가구주택을 공유한 경우 1주택만 공급받게 된다.

• 다세대주택

구 건축법 시행령(2001. 9. 15. 대통령령 제17365호로 개정된 것)은 다세대주택을, 주택으로 쓰이는 1개 동의 연면적(지하주차장 면적을 제외한다)이 660㎡ 이하이고, 층수가 4개층 이하인 주택이라고 규정하고 있다. 이는 공동주택의 한 형태로 아파트나 연립주택과 마찬가지로 가구별로 구분소유등기를 하고, 구분소유 건물별로 조합원 지위를 부여받게 된다.

• 다가구주택에서 다세대주택으로의 전환

구 서울도시정비조례(2008. 7. 30. 조례 제4657호로 개정되기 전의 것)는 다가구주택이 건축물준공 이후 다세대주택으로 전환된 경우 수인의 분양신청자를 1인의 분양대상자로 보되(제24조 제2항 제1호), 조례의 시행일인 2003. 12. 30. 이전에 다세대주택으로 전환하여 구분등기를 완료한 주택에 대하여는 소형 주택 등에 대한 분양권을 인정하였다(부칙 제5조). 그런데 대법원은 이때의 '전환'이란 구 '건축물대장의 기재 및 관리 등에 관한 규칙'(2007. 1. 16. 건설교통부령 제547호로 전부 개정되기 전의 것) 제6조 제1항에 의한 '건축물대장의 전환'을 의미한다고 해석하고 있다(대법원 2009. 9. 10. 선고 2009두10628 판결). 위와 같은 대법원 해석에 의하면, 다가구주택이 2003. 12. 30. 이전에 부동산등기부상으로는 구분소유로 변경되었더라도 건축물대장상 구분소유로 전환되지 않으면 다세대주택으로 인정되지 아니한다. 따라서 건축물대장상 하나의 주택 또는 한 필지의 토지를 수인이 소유하고 있는 경우(위 조례 제24조 제2항 제3호 본문)에 해당되어, 원칙적으로 구분소유자들에게 1개의 분양권만이 허용되게 된다.

• 예외

이 사건 1주택공급조항을 포함한 구 「도시정비법」 제48조 제2항 제6호가 주택공급에 관한 기본적 원칙을 규정하고 있으나, 이에 관해서는 광범위한 예외가 인정된다. 우선 위 법률조항 단서에 따라 투기과열지구 안에 위치하지 아니하는 주택재건축사업의 토지등소유자(가목), 근로자(공무원인 근로자를 포함한다) 숙소·기숙사 용도로 주택을 소유하고 있는 토지등소유자(나목), 국가, 지방자치단체 및 주택공사등(다목) 등은 이에 해당하지 아니한다. 또한 이 사건 위임조항에 따른 시행령 및 시·도 조례를 통하여도 예외가 널리 인정되는데, 주택이나 토지의 공유자라 하더라도 공유지분으로 소유한 토지의 지분면적이 일정한 규모 이상인 경우 및 다가구주택이 1997. 1. 15. 이전에 가구별로 지분 또는 구분소유등기를 필한 경우에는 위 원칙이 적용되지 아니한다(구 서울도시정비조례 제24조 제2항 제3호 단서, 부칙 제7조).[32]

▪ 결정의 이유 요지

과잉금지원칙 위배 여부

이 사건 1주택공급조항은 정비구역 안에 소재한 토지등소유자 사이의 이해관계를 조정하는 규정의 일부로서, 특히 재개발주택에 대한

32 헌법재판소, 헌법재판소판례집 제24권1집(상), 432-433면.

투기수요를 차단하여 국민의 주거 안정을 확보하려는 데에 그 입법 목적이 있다. 우리 사회가 겪은 커다란 문제 중 하나인 부동산 가격 상승의 주된 원인 중 하나가 주택재개발·재건축 과정에서 발생한 점을 감안할 때 위와 같은 입법목적은 정당하다. 또한 재개발사업 등 정비사업에서는 조합원 사이의 이해관계가 상충할 수밖에 없으므로 이를 조정하기 위한 기준의 정립이 불가피한데, 이 사건 1주택공급조항은 1주택 1분양권 원칙에 따라 조합원 사이의 권리관계를 조정하는 한편, 폭넓은 예외를 두어 관계인들의 신뢰를 보호하고 있는바, 이는 조합원 사이의 공평을 도모하기 위한 것으로 합리성 내지 상당성이 인정된다.

결국 이 사건 1주택공급조항은 재산권을 제한하더라도 주택에 대한 구분소유권 자체 또는 재산권의 본질적인 내용인 사용·수익권과 처분권을 부인하는 것이 아니라 공익적 목적을 위해 합리적인 범위 내에서 제한하고 있을 뿐이어서 재산권에 관한 입법형성권의 한계를 일탈하지는 않았다.[33]

평등원칙 위반 여부

이 사건 1주택공급조항은 헌법에서 특별히 평등을 요구하는 부분에 대한 것이 아니라 공익을 위하여 상대적으로 넓은 규제가 가능하다고 인정되는 재산권의 일부 제한 여부가 문제되는 경우이므로 완화된 심사기준에 따라 평등원칙의 위반 여부를 가려야 할 것이고, 그에 관한 구체적 심사요건은 본질적으로 동일한 것을 다르게 취급하고 있는지 또는 본질적으로 다른 것을 같게 취급하고 있는지에 관련된

33 헌법재판소, 헌법재판소판례집 제24권1집(상), 434-435면.

차별취급의 존재 여부와 이러한 차별취급이 존재한다면 이를 자의적이라고 볼 수 있는지 여부라고 할 것이다

이 사건 1주택공급조항에 의하여, 구분소유등기가 되어 있는 공동주택 중 구분소유자마다 분양권이 인정되는 구분소유자와 청구인과 같이 구분소유자 전원에게 1개의 분양권만이 인정되는 구분소유자 사이에 차별이 발생한다. 그러나 앞서 살펴 본 입법목적과 입법형성권의 한계 일탈 여부 등에 관한 판단에 비추어 볼 때, 이러한 차별에는 합리적 이유가 있다고 할 것이다. 따라서 이 사건 1주택공급조항은 헌법상 평등원칙에 반하지 아니한다.[34]

포괄위임입법금지원칙 위배 여부

주택재개발사업의 관리처분계획과 같이 규율대상이 다양하고 수시로 변화하는 성질의 것이며 전문적·기술적 사실관계에 관한 것인 경우에는 행정입법에 위임하여 탄력적으로 규율하는 것이 합리적이므로 위임입법의 필요성이 인정된다. 또한 이 사건 위임조항에서 위임한 '관리처분계획의 내용, 관리처분의 방법·기준 등'에 대해서는 같은 법률에서 구체적인 기준을 제시하고 있으므로 대통령령에서 규정될 내용에 대하여 예측가능성도 있다. 따라서 이 사건 위임조항은 헌법이 정한 위임입법의 한계를 준수하고 있어 헌법상의 포괄위임입법금지원칙에 위배되지 않는다.[35]

34 헌법재판소, 헌법재판소판례집 제24권1집(상), 435-436면.

35 헌법재판소, 헌법재판소판례집 제24권1집(상), 436-437면.

■ **결정의 분석**

이 사건에서 헌법재판소는 1주택공급조항에 관한 평등원칙의 위반 여부를 심사하는 기준으로서, 헌법에서 특별히 평등을 요구하는 부분에 대한 것이 아니라 공익을 위하여 상대적으로 넓은 규제가 가능하다고 인정되는 재산권의 일부 제한 여부가 문제되는 경우이므로 완화된 심사기준에 따라 평등원칙의 위반 여부를 구체적 심사요건으로 보았다.

헌법재판소는 이 사건 1주택공급조항을 재개발사업 등 정비사업에 있어 재산권행사의 요건을 형성하는 법률규정으로서, 기본적으로 정비사업 조합원 사이의 권리관계가 상충하는 상황에서 그 권리관계의 조정을 어떠한 기준에 따라 정립할 것인가와 관련된 규정이라고 해석하였다. 따라서 구분소유등기가 되어 있는 공동주택 중 구분소유자마다 분양권이 인정되는 구분소유자와 구분소유자 전원에게 1개의 분양권만이 인정되는 구분소유자 사이에 차별에는 입법목적과 입법형성권의 한계 일탈 여부 등에 관한 판단에 비추어 볼 때 합리적 이유가 있다고 판단하였다.

주택재개발사업의 소위 '지분 쪼개기' 규제는 정당한지?

「도시 및 주거환경 정비법」제48조 제2항 제3호 위헌소원

(헌법재판소 2012. 02. 23. 2010헌바484 결정)

•

헌법재판소는 2012년 2월 23일 재판관 전원일치의 의견으로 「도시 및 주거환경 정비법」(2002. 12. 30. 법률 제6841호로 제정된 것) 제48조 제2항 제3호 중 "너무 좁은 토지"에 관한 부분은 헌법에 위반되지 아니한다는 결정을 하였다.

사건 개요

서울특별시장은 2007. 6. 14. 「도시 및 주거환경 정비법」(이하 「도시정비법」이라 한다)에 의하여 서울 OO구 OO동 OO 일대 28,438평방미터(이하 '이 사건 정비구역'이라 한다)를 OO제3구역 정비구역으로 지정·고시하였다(서울특별시 고시 제2007-183호).

OO제3구역주택재개발정비사업조합은 2007. 10. 4. 서울특별시 OO구청장으로부터 이 사건 정비구역을 사업시행구역으로 한 주택재개발사업을 위하여 주택재개발조합 설립인가를 받았고, 청구인은 이 사건 정비구역 내에 위치한 서울 OO구 OO동 OO-O 대 17평방미터(이하 '이 사건 토지'라 한다)를 소유하고 있었다.

청구인은 분양신청기간 내에 OO제3구역주택재개발정비사업조합에 이 사건 토지의 소유자로서 주택재개발사업으로 건립되는 공동주택에 대하여 분양신청을 하였는데, 위 조합은 2009. 12.24. 조합원 총회에서 청구인이 '서울특별시 도시 및 주거환경 정비조례' 제27조 제1항 제2호 소정의 토지 등 소유자에 해당하지 않는다는 이유로 청구인을 현금청산대상자로 분류한 관리처분계획을 의결하였고, 서울특별시 OO구청장은 2010. 4. 30. 위 관리처분계획을 인가하였다(위 인가된 관리처분계획 중 청구인에 해당하는 부분을 '이 사건 처분'이라 한다).

청구인은 2010. 6. 30. 서울행정법원에 위 조합을 상대로 이 사건 처분의 취소를 구하는 소를 제기하였고(2010구합27295), 위 소송 계속 중이던 2010. 9. 29. 위 법원에 「도시정비법」 제48조 제2항 제3호가 청구인의 재산권 등을 침해하여 위헌이라고 주장하면서 위헌법률심판제청신청을 하였으나(2010아3293), 위 신청은 2010. 11. 19. 기각되었다.

이에 청구인은 2010. 11. 25. 위 기각결정문을 송달받고, 2010. 12. 24. 위 조항에 대하여 헌법재판소법 제68조 제2항에 의한 이 사건 헌법소원심판을 청구하였다.

▪ 주택재개발사업의 특성과 추진절차

재건축사업에서재건축조합의조합원은 '정비구역 안의 토지 등 소유자로서 조합설립에 동의한 자'(「도시정비법」 제19조 제1항)만이 될 수 있는 것과 달리 주택재개발사업에서는 정비구역 안의 토지 등 소유자 전원이 정비조합인 재개발조합의 조합원이 되고 이들은 조합설립에 동의하지 않더라도 조합원의 지위를 갖는다(강제가입제).

주택재개발조합이 설립되면, 주택재개발조합은 사업시행자의 지위를 우선적으로 갖는다(「도시정비법」제8조). 사업시행자로서 재개발조합은 정비사업을 시행함에 있어서 먼저 사업시행계획을 작성하여 시장·군수에게 사업시행계획의 인가를 받아야 하고(「도시정비법」제28조 제1항), 「도시정비법」상 사업시행인가가 고시되면 '공익사업을 위한 토지 등의 취득 및 보상에 관한 법률'상 사업인정이 의제되므로 조합은 사업시행인가 고시 이후 토지수용을 할 자격을 갖게 되며(「도시정비법」제38조, 제40조 제2항), 사업시행인가의 고시가 있은 날부터 60일 이내에 조합원들을 상대로 분양공고를 하고 분양신청을 받게 된다(「도시정비법」제46조). 그런 다음, 재개발조합은 조합원들의 분양신청 현황을 기초로 종전 및 분양예정 자산의 평가 작업을 통해 청산금 등을 산정하고, 총회의 의결을 거친 다음, 관리처분계획을 수립하여 시장·군수의 인가를 받아 이를 확정하게 된다(「도시정비법」제24조 제3항 제10호, 제48조). 확정된 관리처분계획은 이전고시 및 청산금 부과처분 등의 기초가 되고, 이에 근거하여 재개발조합은 기존의 주택 등을 철거하고 공사에 착공할 수 있게 된다(「도시정비법」제48조, 제48조의2).

「도시정비법」에서는 조합원 중 사업시행에 따른 새로운 건축물 또는 토지에 대한 분양청구권을 상실한 자를 현금청산대상자로 정하고 있다(「도시정비법」제47조). 관리처분계획이 인가·고시되면 행정처분의 효력이 발생하므로, 이로써 관리처분계획에서 정한 내용 즉 조합원의 종전재산 가액, 분양받을 건축물 등의 내역, 부담하게 될 청산금액 등이 구체적으로 확정되는데, 조합원이라도 분양신청을 하지 않거나 이를 철회하는 경우, 분양신청을 하였더라도 종전재산의 지분이 지나치게 작아 신축아파트 등의 분양이 적절하지 않다고 인정되는 경우 등에는 관리처분계획에 의해 분양대상자에서 제외된다.[36]

36 헌법재판소, 헌법재판소판례집 제24권1집(상), 2012, 163-164면.

■ 결정이유의 요지

과잉금지원칙 위배되어 재산권을 침해하는지 여부

이 사건 법률조항은 정비사업시행에 따른 새로운 건축물과 토지가 한정되어 있어 너무 좁은 토지 소유자를 포함한 조합원 모두에 대해서까지 현물분양하도록 한다면 정상적인 재개발사업이 불가능하게 되므로 이러한 사태를 막을 필요가 있을 뿐만 아니라 투기세력에 의한 이른바 '지분 쪼개기'로 인하여 다수의 선량한 조합원들의 권리가 침해되는 것을 막고 재개발사업의 원만한 진행을 통하여 국민의 주거 안정을 확보하려는 데에 그 입법목적이 있는바, 이러한 입법목적은 정당하고, 너무 좁은 토지 소유자에 대하여 현물분양권을 제한하는 것은 위와 같은 입법목적을 달성하기 위한 유효한 수단이라 할 것이므로, 방법의 적절성 또한 인정된다.

「도시정비법」제40조 제1항, 이 사건 법률조항, 관련 대법원 판례를 합쳐 보면, 너무 좁은 토지 소유자는 분양대상에서 제외되는 내용의 관리처분계획이 인가받게 되는 무렵을 기준으로 평가한 토지 등의 가격으로 현금청산을 받게 되고, 만일 조합과 현금청산대상자 사이에 청산금에 관한 협의가 성립된다면 조합의 청산금 지급의무와 현금청산대상자의 토지 등 부동산 인도의무는 동시이행 관계에 있게 되며, 수용절차에 의할 때에는 부동산 인도에 앞서 청산금 등의 지급절차가 이루어져야 하므로(대법원 2011. 7. 28. 선고 2008다91364 판결 참조), 이 사건 법률조항에 의하여 너무 좁은 토지 소유자가 현물분양권을 갖지 못한다 하더라도, 부당하게 재산상 손해를 입는 것은 아니다.

그리고 이 사건 법률조항은「도시정비법」제48조 제2항 각 호가 정하고 있는 관리처분계획의 기준 중의 하나로서 관리처분계획의 가

이드라인을 제시하고 있는 것이고, 자치단체의 조례로 지역사정에 맞게 현금청산 기준을 조정할 수 있도록 허용함으로써, 그 탄력적 운용을 통한 피해의 최소화를 도모하고 있다.

한편, 이 사건 심판대상 조항은 아니기는 하나, 이 사건 처분의 또 다른 근거조항인 「도시정비법」 제48조 제7항, 그 위임을 받은 「도시정비법」 시행령 제52조 제1항 제3호, 구 '서울특별시 도시 및 주거환경 정비조례'(2010. 3. 2. 서울특별시 조례 제4949호로 개정되고, 2010. 7. 15. 서울특별시 조례 제5007호로 개정되기 전의 것) 제27조 제1항 등의 규정에 의하면, 토지 등 소유자 중 주택을 소유한 자에 대해서는 현물분양을 원칙으로 하고, 토지만을 소유한 자에 대해서는 일정 규모 이상의 토지 소유자에 대해서만 분양권을 인정하되, 다만 2003. 12. 30. 이전에 분할된 토지에 대해서는 더 좁은 면적에 대해서도 분양권을 인정하고 있는바, 이는 재개발사업의 정상적인 진행을 위하여 '지분 쪼개기'의 폐해를 줄이면서도 토지 등 소유자의 현물분양권을 최대한 인정하고 불가피한 경우에만 현금청산하는 방식을 택하고 있다고 평가할 수 있다. 위와 같은 점들을 종합하여 보면, 이 사건 법률조항이 기본권 침해의 최소성원칙에 반한다고 볼 수 없다.

이 사건 법률조항이 달성하려는 정상적인 주택재개발사업의 진행 및 '지분 쪼개기' 등을 통한 부동산 투기억제와 일반 조합원 보호는 국민의 주거 안정에 직결되는 것으로 그 공익이 매우 큰 반면, 너무 좁은 토지 소유자가 받게 되는 재산권의 제한이라는 것은 토지에 관하여 관리처분계획 인가일 무렵을 기준으로 한 가액으로 현금청산받는 대신 재개발사업 시행에 따른 새로운 건축물 등에 대한 분양권을 갖지 못하는 것에 한정된다. 즉, 이 사건 법률조항으로 인하여 청구인이 입게 될 불이익보다는 이로 인하여 얻게 될 공익이 더 크다고 할

것이다. 따라서 이 사건 법률조항은 과잉금지원칙에 반하여 청구인의 재산권을 침해하지 아니한다.[37]

이 사건 법률조항이 평등권을 침해하는지 여부

토지의 면적만을 기준으로 위와 같이 차별취급하는 데에 합리적인 이유가 있는지에 관하여 보건대, 동일한 재개발구역 내에 위치한 토지의 가격은 토지의 인접성 등을 고려할 때 같은 면적이라면 토지가격에 있어 그다지 큰 차이가 나지 않는다고 할 것이므로, 토지의 면적만을 기준으로 하더라도 그 속에는 일정 정도 토지 가격에 대한 고려도 포함되어 있다고 할 것이고, 이러한 점을 고려하면 토지의 면적 외에 달리 더 나은 기준을 찾기도 어려워, 이 사건 법률조항이 토지의 면적을 기준으로 현물분양과 현금청산 대상을 가르는 것을 두고 자의적인 차별이라 할 수 없다. 따라서 이 사건 법률조항은 청구인의 평등권을 침해하지 아니한다.[38]

이 사건 법률조항이 명확성원칙에 위배되는지 여부

이 사건 법률조항이 규정하고 있는 현금청산의 대상이 되는 "너무 좁은 토지"가 어느 정도 면적의 토지를 뜻하는지를 구체적으로 말해주는 것은 아니지만, 「도시정비법」 제48조 제2항 제1호가 "종전의 토지 또는 건축물의 면적·이용상황·환경 그 밖의 사항을 종합적으로 고려하여 대지 또는 건축물이 균형있게 분양신청자에게 배분되고 합리적으로 이용되도록 한다."는 관리처분계획의 기본이 되는 기준을 제시

37 헌법재판소, 헌법재판소판례집 제24권1집(상), 165-168면.

38 헌법재판소, 헌법재판소판례집 제24권1집(상), 168면.

하고 있는데다가, 앞서 본 입법목적을 종합하여 보면 너무 좁은 토지 소유자를 포함한 모든 토지 소유자에 대해서까지 현물분양을 인정하게 되면 당해 사업의 구체적 규모와 정도에 비추어 정상적인 재개발사업의 진행을 어렵게 하는 면적이 그 기준이 된다는 점에 있어서 그 의미가 명확하다고 할 것이므로, "너무 좁은 토지"가 구체적으로 어느 면적의 토지를 말하는지를 알 수 없다는 이유만으로 이 사건 법률조항의 의미가 명확하지 않다고 할 수 없다. 따라서 이 사건 법률조항은 헌법상의 명확성원칙에 반하지 아니한다.[39]

▪ 결정의 분석

헌법재판소는 너무 좁은 토지 소유자에 대하여 현물분양권을 제한하는 것은 헌법 제35조 제3항과 헌법 제122조에 따라 입법목적을 달성하기 위한 유효한 수단으로 판단하였다. 정비사업 조합원 중 너무 좁은 토지를 취득한 자에 대하여는 시가보상을 하는 대신 현물분양권을 부여하지 않을 수 있다고 규정하고 있는 「도시정비법」 제48조 제2항 제3호 중 "너무 좁은 토지"에 관한 부분은 재산권 등을 침해하지 아니하여 헌법에 위반되지 않는다고 본 최초의 선례이다.

39 헌법재판소, 헌법재판소판례집 제24권1집(상), 168면.

구 「도시 및 주거환경 정비법」제84조 위헌소원

(헌법재판소 2011. 10. 25. 2011헌바13 결정)

•

헌법재판소는 2011년 10월 25일 관여 재판관 전원의 일치된 의견으로 주택재건축정비사업조합이나 도시환경정비사업조합의 임원을 형법상 뇌물죄의 적용에 있어서 공무원으로 의제하는 구 「도시 및 주거환경 정비법」(이하 「도시정비법」) 제84조(이하 '이 사건 법률조항')에 대하여 헌법에 위반되지 않는다는 결정을 선고하였다.

이 사건 법률조항은 정비사업의 공정성을 확보하고자 함에 그 입법취지가 있는바, 주택재건축사업이나 도시환경정비사업 그 자체를 규제하는 것이 아니라 이들 정비사업과 관련된 비리를 엄하게 처벌하려는 것이며, 주택재건축사업이나 도시환경정비사업과 관련된 비리는 그 조합 및 조합원의 피해로 직결되고 지역사회 및 국가 전체에 미치는 병폐도 크다는 점에서 주택재건축정비사업조합이나 도시환경정비사업조합의 임원을 지나치게 무겁게 처벌하는 것이라고 볼 수 없다. 따라서 이 사건 법률조항은 과잉금지원칙에 위반되지 아니한다.

한편, 「도시정비법」은 주택재건축사업의 공적인 성격을 강화하여 도시환경정비사업, 주택재개발사업 등과 함께 정비사업으로서 규율하고 있으므로, 주택재건축정비사업조합의 임원을 여전히 사적인 경제활동의 영역에 속해 있는 주택법상의 주택조합의 임원이나 사기업의 임원과 달리 뇌물죄의 주체로 의제한다고 하여 불합리한 차별이라고 볼 수 없다. 나아가 도시환경정비사업과 시장정비사업은 그 목적, 투기나 비리의 발생가능성, 사회·경제에 미치는 영향 등에서 중요한 차이가 있기 때문에 입법자가 이와 같은 차이들을 고려하여 입법정책적 차원에서 형법상 뇌물죄의 적용과 관련하여 도시환경정비사업조합의 임원을 구「재래시장법」상의 시장정비사업조합의 임원과 달리 취급한다 하더라도 이를 불합리한 차별이라고 보기 어렵다. 따라서 이 사건 법률조항은 평등원칙에도 위반되지 아니한다고 판단한 것이다.

사건 개요

2011헌바13 사건

청구인 이○○은 2007. 11. 6.경부터 OO동22번지아파트 재건축조합의 조합장으로 재직하여 오다가, ① 2008. 7. 7. 재건축상가 일반분양분 매매와 관련하여 이를 우선적으로 매수하려는 기△△로부터 5000만 원이 입금된 OO은행 예금통장 및 현금카드를 교부받고, ② 2008. 7. 9. 강△△, 김△△ 등으로부터 주식회사 OO관리를 재건축아파트 단지의 관리업체로 선정해 달라는 부탁을 받고 그 회사를 관리업체로 선정한 후, 2008. 7. 중순 내지 하순경 그 대가로 3800만 원을 교부받음으로써 공무원으로 의제되는 자신의 직무에 관하여 뇌물을 수수하였다는 내용의 특정범죄가중처벌등에관한법률위반(뇌물)으로 기소되어, 1심에서 징역 3년 6월 및 추징 8800만 원을 선고받고 항소하였다가 기각되자(서울고등법원 2010노1065), 상고를 제기하고(대법원 2010도13584), 그 사건 계속 중 구「도시 및 주거환경 정비법」제84조에 대하여 위헌법률심판 제청을 신청하였으나 기각되자, 이 사건 헌법소원심판을 청구하였다.

2011헌바65 사건

청구인 장○○은 2009. 8. 27.경부터 부천 OOO1-1구역 도시환경정비사업조합의 이사로 재직하여 오다가, 2009. 11.경 위 도시환경정비사업의 관리·자문업무 용역을 수주한 OOO하우징의 대표이사로부터 시공사 선정총회 지원 등 정비사업 용역업무와 관련하여 각종 편의를 제공해 준 데 대한 대가로 1억 원을 교부받아 공무원으로 의제되는 자신의 직무에 관하여 뇌물을 수수하였다는 내용의 특정범죄가중처벌등에관한법률위반(뇌물)으로 기소되어, 1심에서 징역 5년 및 벌금 1억 원과 추징 1억 원을 선고받자, 항소를 제기하고(서울고등법원 2010노3105), 그 사건 계속 중 구 「도시 및 주거환경 정비법」 제84조 중 형법 제129조 제1항의 적용에 있어서 조합의 임원을 공무원으로 보는 부분에 대하여 위헌법률심판 제청을 신청하였으나 기각되자, 이 사건 헌법소원심판을 청구하였다.

■ 주택재건축사업 및 도시환경정비사업에 대한 법적 규율의 변화

「도시정비법」의 제정 경위

6·25 전쟁과 경제개발의 시기를 거치면서 농촌인구가 도시로 유입되어 주거환경이 불량한 단독주택군이 형성되는 등 사회적인 문제가 대두되었다. 이에 정부로서는 1970년대 이후 주택공급을 늘리고 도

시를 재정비하고자 재개발사업을 추진하여 다량의 아파트를 건축하였으나, 불량한 주거환경은 여전히 개선되지 않고, 집단적으로 공급된 아파트마저 노후화되며, 도시기반시설마저 부족하게 되자, 이를 해결하기 위한 방편으로 도시재개발법에 따라 주택재개발사업, 도심재개발사업 및 공장재개발사업을 시행하고, 「주택건설촉진법」에 따라 주택재건축사업을 시행하게 되었다.

그런데 1990년대의 주택공급 확대정책에 따라 주택재건축사업이 촉진되면서, 도시기능의 회복이나 주거환경의 개선보다는 주택공급의 확대에 치중한 나머지 저밀도 아파트가 고밀도 아파트로 재건축됨에 따라 도시기반시설이 부족하게 되는 한편, 막대한 개발이익이 발생하는 데 따른 투기와 건설비리 등이 자주 발생하여 사회적인 문제로 대두되었다.

이에 주택재건축사업과 관련한 각종의 비리, 주민간 분쟁 등의 문제점을 보완하기 위하여 2002. 12. 30. 법률 제6852호로 「도시정비법」이 제정되고 2003. 7. 1. 시행되면서, 종래 도시재개발법 및 「주택건설촉진법」의 규율을 받던 재개발사업 및 재건축사업이 통합되어 원칙적으로 동일한 법리가 적용되게 되었고, 이러한 「도시정비법」은 정비사업으로 주거환경개선사업, 주택재개발사업, 주택재건축사업 및 도시환경정비사업을 규정하여 그 공공성을 강조하게 되었다(제2조 제2호, 헌법재판소 2007. 10. 25. 2006헌마30등).[40]

주택재건축사업 및 도시환경정비사업의 공공성

「도시정비법」이 시행되기 전에는 주택재개발사업, 도심재개발사업

40 헌법재판소, 헌법재판소판례집 제23권2집(하), 2011, 45면.

및 공장재개발사업은 도시기능을 회복하고 공공복리의 증진을 위하여 다소 강제적인 방법으로 시행되는 공공사업의 형태로 규율된 반면, 주택재건축사업은 대체로 노후주택 소유자들의 사적 자치에 맡기고 있었으므로, 양자는 조합원 가입의 강제성, 토지수용권의 부여, 국가 또는 지방자치단체의 보조·융자, 조합원에 대한 부과금·청산금 등의 강제징수 기타 사업시행의 방법 등에 있어서 많은 차이가 있었다(헌법재판소 1997. 4. 24. 96헌가3 결정 참조).

그러나 현행 「도시정비법」은 주택재건축사업을 주택재개발사업, 주거환경개선사업 및 도시환경정비사업과 함께 정비사업으로 규정하면서, 노후·불량주택을 개량하여 주거환경을 개선하는 것 이외에도 도시기능을 회복·개선한다는 목적도 중시하여 주택재건축사업에 대한 공적 규율을 강화하였다.

또한 주택재건축정비사업조합, 도시환경정비사업조합도 주택재개발정비사업조합, 주거환경개선정비사업조합과 함께 정비사업조합으로 포괄하여 법인화한 다음, 행정주체가 수행하여야 할 도시정비의 기능을 맡기고, 정비사업의 공공성을 확보하기 위하여 특히 필요한 경우에는 시장·군수와 같은 행정주체가 주택재건축사업·도시환경정비사업을 직접 시행하거나, 지정개발자 또는 주택공사 등을 사업시행자로 지정하여 정비사업을 시행할 수 있도록 하여(제8조 제4항) 공적 주체의 관여를 허용하며, 정비사업 시행인가, 관리처분계획 인가, 준공 인가, 청산금의 부과·징수 등 적극적인 질서 형성을 위한 각종의 행정처분을 허용하는 한편, 정비구역 안에서 건축물의 건축, 토지의 형질변경, 토지분할 등의 행위를 하고자 하는 경우에는 시장·군수의 허가를 받도록 하고(제5조), 완화된 용적률이 적용된 주택재건축사업의 경우에는 신축주택의 일정비율 이상을 재건축 소형주택으로 건설하도록 하는 등(제30조의3) 각종 의무도 부과하고 있다.

한편 정비사업조합은 「도시정비법」에 의하여 설립의 목적과 절차가 규율되고, 조합원들에 대하여 각종의 권한을 행사하거나 의무를 강제할 수 있으며(제13조 이하), 사업시행과 관련하여 여러 가지 특례가 인정되고(제36조 이하), 정비사업의 시행에 관하여 자료제출 등의 의무를 지는 등 구체적인 사업시행과 관련하여 국토해양부장관의 감독을 받는다(제75조 이하). 이와 같이, 주택재건축정비사업조합 및 도시환경정비사업조합은 쾌적한 주거환경을 조성하고 도시의 기능을 정비할 국가의 의무를 국가를 대신하여 실현하는 기능을 수행하고 있다고 할 수 있다(헌법재판소 2007. 10. 25. 2006헌마30등 참조).[41]

▪ 결정이유의 요지

과잉금지원칙 위반 여부

「도시정비법」상의 정비사업과 관련된 비리는 다수 조합원들의 재산권에 적지 않은 피해를 주고 사회·경제에 미치는 영향 또한 매우 커 주택재건축정비사업조합이나 도시환경정비사업조합의 임원은 도시정비기능을 수행하는 범위 내에서는 공무원에 버금가는 고도의 청렴성과 업무의 불가매수성이 요구되므로, 정비사업의 공정성을 확보하고자 하는 이 사건 법률조항은 그 입법목적이 정당하고, 그 목적을 달성하기 위한 적절한 수단이 된다.

나아가 주택재건축사업이나 도시환경정비사업의 적정한 시행을

41 헌법재판소, 헌법재판소판례집 제23권2집(하), 45-46면.

통하여 주거환경을 개선하고 도시기능을 회복·개선한다는 공공의 이익이 매우 크고, 이 사건 법률조항은 주택재건축사업이나 도시환경정비사업 그 자체를 규제하는 것이 아니라 이들 정비사업과 관련된 비리를 엄하게 처벌하려는 것이며, 주택재건축사업이나 도시환경정비사업과 관련된 비리는 그 조합 및 조합원의 피해로 직결되고 지역사회 및 국가 전체에 미치는 병폐 또한 크다는 점 등을 고려하면, 이 사건 법률조항이 범죄의 죄질 및 행위자의 책임에 비하여 지나치게 가혹하게 처벌하도록 하여 범죄와 형벌에 관한 입법형성권의 한계를 벗어났다고 보기 어렵다. 따라서 이 사건 법률조항은 과잉금지원칙에 위반되지 않는다.[42]

평등원칙 위반 여부

「도시정비법」은 주택재건축사업의 공적인 성격을 강화하여 도시환경정비사업, 주택재개발사업 등과 함께 정비사업으로 규율하고 있으므로, 주택재건축정비사업조합의 임원을 여전히 사적인 경제활동의 영역에 속해 있는 주택법상의 주택조합의 임원이나 사기업의 임원과 달리 뇌물죄의 주체로 의제한다고 하여 불합리한 차별이라고 할 수 없다.

도시환경정비사업과 시장정비사업은 그 목적, 투기나 비리의 발생 가능성, 사회·경제에 미치는 영향 등에서 중요한 차이가 있으므로, 입법자가 이와 같은 차이들을 고려하여 입법정책적인 차원에서 형법상 뇌물죄의 적용과 관련하여 도시환경정비사업조합의 임원을 구 「재래시장법」상의 시장정비사업조합의 임원과 달리 취급하고 있다

42 헌법재판소, 헌법재판소판례집 제23권2집(하), 46-47면.

하더라도 이를 불합리한 차별이라고 할 수 없다.[43]

■ 결정의 분석

헌법재판소는 "「도시정비법」상 정비사업은 도시환경을 개선하고 주거생활의 질을 높이기 위하여 시행하는 사업으로 그 본질상 공공복리의 증진이라는 공공성이 크게 강조"된다고 판단하였다. 정비사업은 사업 목적, 투기나 비리의 발생가능성, 사회·경제에 미치는 영향 등이 크다는 점에서 정비사업의 공정한 수행을 위하여 정비사업조합 임원의 금품수수 행위를 공무원의 뇌물죄의 예에 따라 엄하게 처벌하는 것은 헌법 제35조가 요구하는 쾌적한 환경에서 국민이 주거생활을 영위할 수 있도록 노력하여야 할 국가의 의무를 구체적으로 현실화하는 것이라고 판단하여 주택법상의 주택조합과 「도시정비법」상의 주택재건축정비사업조합의 공공성의 차이를 명확히 구분한 결정이다.

강제수용을 통해 민간기업이 회원제 골프장을 건설할 수 있는지?

국토의 계획 및 이용에 관한 법률 제2조 제6호 등 위헌소원

(헌법재판소 2011. 06. 30. 2008헌바166 결정)

•

헌법재판소는 2011. 6. 30일 재판관 8[위헌] : 1[합헌]의 의견으로,

43 헌법재판소, 헌법재판소판례집 제23권2집(하), 47-49면.

체육시설을 도시계획시설사업의 대상이 되는 기반시설의 한 종류로 규정한 '국토의 계획 및 이용에 관한 법률'(이하「국토계획법」이라 한다) 제2조 제6호 라목 중 "체육시설" 부분이 포괄위임금지원칙에 반하여 위헌이라는 결정을, 7[합헌] : 2[위헌]의 의견으로, 민간기업이 도시계획시설사업의 시행자로서 도시계획시설사업에 필요한 토지 등을 수용할 수 있도록 규정한「국토계획법」 제95조 제1항의 "도시계획시설사업의 시행자" 중 "제86조 제7항"의 적용을 받는 부분이 헌법에 위반되지 않는다는 결정을 선고하였다.

기반시설의 종류로서 체육시설을 규정하면서 체육시설의 구체적인 내용을 아무런 제한 없이 대통령령에 위임한 것은 기반시설로서의 체육시설의 구체적인 범위를 결정하는 일을 전적으로 행정부에게 일임한 것이므로 이는 포괄위임금지원칙에 위배된다는 것이고, 도시계획시설사업의 중요성과 함께, 피수용자에게 환매권이 보장되고 정당한 보상이 지급되며 나아가 수용과정이 적법절차에 의해 규율되는 점을 종합적으로 고려한다면, 민간기업이 도시계획시설사업의 시행자로서 도시계획시설사업에 필요한 토지 등을 수용할 수 있도록 한 것은 헌법상 재산권을 침해하지 않는다는 것이다.

이에 대하여, 헌법재판소법 제68조 제2항의 헌법소원에서는 하위법령에서 비로소 규정된 사항을 위헌의 사유로 보아서는 안 된다는 재판관 목영준의 일부별개의견, 민간기업이 수용을 할 경우 그 수익을 공적으로 귀속시키는 조치와 같이 국가가 수용을 하는 경우보다 더 엄격한 요건이 수반되어야 하는바「국토계획법」상 수용 부분은 그러한 요건을 갖추지 못하므로 헌법상 평등권, 재산권을 침해하여 위헌이라는 재판관 김종대의 일부반대의견, 회원

제 골프장은 공공필요성이 부족하므로 그 건설사업을 위하여 토지수용권을 부여한 것은 헌법 제23조 제3항에 위반되고, 「국토계획법」상의 '체육시설' 부분은 위헌성이 있다고 보기 어렵다는 재판관 조대현의 반대의견이 있다.

사건 개요

경기도지사는 2007. 5. 21. 청구인 1 내지 7 소유의 토지를 포함한 안성시 ㅇㅇ면 ㅇㅇ리 산ㅇ1-1 일원에 대하여 안성 도시관리계획(용도지역변경, 도시계획시설)을 결정·고시하였다. 안성시장은 2007. 11. 21. 안성시 ㅇㅇ면 ㅇㅇ리 산ㅇ1-1 일원에 대한 도시계획시설사업(종류: 체육시설, 명칭: ㅇㅇ컨트리 클럽, 사업시행자: 주식회사 ㅇㅇㅇㅇㅇ코리아)에 관한 실시계획을 인가·고시하였다가 2008. 3. 6. 위 도시계획시설사업에 관한 실시계획인가 변경신청(종류: 체육시설, 명칭: ㅇㅇㅇㅇㅇㅇ컨트리클럽, 사업시행자: 주식회사 ㅇㅇㅇㅇㅇㅇ)을 인가·고시하였다.

위 사업의 시행자인 주식회사 ㅇㅇㅇㅇㅇㅇ는 위 청구인들과 그들 소유의 토지들에 관한 보상협의를 시도하였으나 협의가 이루어지지 아니하자 경기도지방토지수용위원회에 위 토지들에 대한 재결신청을 하였고, 경기도지방토지수용위원회는 2008. 6. 23. 위 토지들에 대한 수용재결을 하였다.

이에 위 청구인들은 2008. 7. 15. 수원지방법원에 경기도지방토지수용위원회를 상대로 위 수용처분의 취소를 구하는 소를 제기하였으며(수원지방법원 2008구합6685), 위 소송계속 중 공공필요성이 없는 사업을 위해 민간기업에게 토지수용권을 부여하고 있는 '국토의 계획 및 이용에 관한 법률' 제95조 제1항 등이 헌법 제23조 제3항, 제37조 제2항 등에 위반된다는 이유로 위헌법률심판제청신청(대전지방법원 2008아473)을 하였으나, 2008. 11. 17. 기각되자, 같은 해 12. 24. 이 사건 헌법소원심판을 청구하였다.

■ 기반시설의 일종으로 '체육시설'의 입법재량

이 사건 정의조항은 기반시설의 일종으로 '체육시설'을 규정하면서 그 구체적인 내용을 대통령령에 위임하고 있다. 그런데 어떤 시설이 기반시설의 하나로 규정될 경우 그 시설은 도시계획시설사업의 대상이 된다(「국토계획법」 제2조 제6호, 제7호, 제10호). 체육시설은 그 종류가 다양하고 시대가 변화해감에 따라 그 의미도 함께 변화하는 것이므로 입법기술상 다양한 종류의 체육시설을 모두 법률로 규정하는 것은 매우 곤란한 일임을 부인하기 어렵다.

체육시설은 다수의 시민들이 비용부담 등에서 손쉽게 이용할 수 있는 시설에서부터, 그 시설을 이용할 때 특별한 비용이 추가적으로 요구되어 일정한 경제적 제한이 존재하는 시설, 나아가 시설이용비용의 다과와는 관계없이 그 자체 공익목적을 위하여 설치된 시설 등에 이르기까지 상당히 넓은 범위에 걸쳐 있다.

즉, 가령 어떤 체육시설을 이용하기 위해서 일반인들이 과도한 경제적 부담을 하여야 하는 시설이 있다고 한다면, 그 시설은 일반인들이 자유롭게 이용할 수 있는 시설이라고 보기 힘들어 일반적으로는 공공필요성이 있다고 보기 쉽지 않을 것이다. 또한 비록 그 시설이 누구에게나 개방되어 있고 일정한 비용만 지불하면 누구나 그 시설을 이용할 수 있다 하더라도, 시설 이용에 소요되는 비용이 사회경제적 수준에 비추어 과도하다면 그 시설을 이용함으로써 얻는 이익보다 시설 이용에 드는 부담을 더욱 무겁게 느끼는 대다수의 사람들에게 그 시설은 사실상 이용할 수 없는 것과 마찬가지가 될 것이고, 결국 그 시설은 이를 이용할 때 수반되는 재정적 부담을 감당할 수 있는 소수에게만 접근이 용이한 시설이 되어 공공필요성이 있다고 보기 어려운 경우도 있을 것이다. 반면에 비록 시설이용에 일정한 비용이 소요된다 하더라도, 해당 체육활동이 그 사회 내에서 체육활동의 일반적인 범주로서 수용되고 있다거나 그 사회의 경제적 수준에 비추어 그 비용이 과다하지 아니하거나 또는 그 자체 공익목적을 위하여 설치된 체육시설 등은 기반시설로서의 성격을 충분히 인정할 수 있을 것이다.[44]

■ **결정의 이유 요지**

포괄위임금지원칙 위반 여부

기반시설의 종류로서 체육시설을 규정한 이 사건 정의조항은 이 사건 수용조항과 결합한 전반적인 규범체계 속에서 도시계획시설사업의 시행을 위해 수용권이 행사될 수 있는 대상의 범위를 확정하는 역할을 하므로 재산권 제한과 밀접하게 관련된 조항이라 할 것이다. 그

---

44 헌법재판소, 헌법재판소판례집 제23권1집(하), 2011, 305면.

런데 특히 재산권 수용에 있어 요구되는 공공필요성과 관련하여 살펴본다면 체육시설은 시민들이 손쉽게 이용할 수 있는 시설에서부터 그 시설 이용에 일정한 경제적 제한이 존재하는 시설, 시설이용 비용의 다과와는 관계없이 그 자체 공익목적을 위하여 설치된 시설 등에 이르기까지 상당히 넓은 범위에 걸쳐 있다. 따라서 그 자체로 공공필요성이 인정되는 교통시설이나 수도·전기·가스공급설비 등 「국토계획법」상의 다른 기반시설과는 달리, 기반시설로서의 체육시설의 종류와 범위를 대통령령에 위임하기 위해서는, 체육시설 중 공공필요성이 인정되는 범위로 한정해 두어야 한다. 그러나 이 사건 정의조항은 체육시설의 구체적인 내용을 아무런 제한 없이 대통령령에 위임하고 있으므로, 기반시설로서의 체육시설의 구체적인 범위를 결정하는 일을 전적으로 행정부에게 일임한 결과가 되어 버렸고, 이로 인해 시행령에서 공공필요성을 인정하기 곤란한 일부 골프장과 같은 시설까지도 체육시설의 종류에 속하는 것으로 규정되는 경우에는 그러한 시설을 설치하기 위해서까지 수용권이 과잉행사될 우려가 발생하게 된다. 그렇다면, 이 사건 정의조항은 개별 체육시설의 성격과 공익성을 고려하지 않은 채 구체적인 범위를 한정하지 않고 포괄적으로 대통령령에 입법을 위임하고 있으므로 헌법상 위임입법의 한계를 일탈하여 포괄위임금지원칙에 위배된다.[45]

과잉금지원칙 위반 여부

도시계획시설사업은 그 자체로 공공필요성의 요건이 충족된다. 또한 이 사건 수용조항은 도시계획시설사업의 원활한 진행을 위한 것이므

---

45 헌법재판소, 헌법재판소판례집 제23권1집(하), 305-307면.

로 정당한 입법목적을 가진다. 민간기업도 일정한 조건하에서는 헌법상 공용수용권을 행사할 수 있고, 위 수용조항을 통하여 사업시행자는 사업을 원활하게 진행할 수 있으므로, 위 조항은 위 입법목적을 위한 효과적인 수단이 된다. 만약 사업시행자에게 수용권한이 부여되지 않는다면 협의에 응하지 않는 사람들의 일방적인 의사에 의해 도시계획시설사업을 통한 공익의 실현이 저지되거나 연기될 수 있고, 수용에 이르기까지의 과정이 「국토계획법」상 적법한 절차에 의해 진행되며, 사업시행자는 피수용권자에게 정당한 보상을 지급해야 하고, 우리 법제는 구체적인 수용처분에 하자가 있을 경우 행정소송 등을 통한 실효적인 권리구제의 방안들을 마련하고 있는 점 등에 비추어 이 사건 수용조항이 피해의 최소성 원칙에 반한다고 볼 수 없고, 우리 국가공동체에서 도시계획시설이 수행하는 역할 등을 감안한다면 위 수용조항이 공익과 사익 간의 균형성을 도외시한 것이라고 보기도 어렵다. 따라서 이 사건 수용조항은 헌법 제23조 제3항 소정의 공공필요성 요건을 결여하거나 과잉금지원칙을 위반하여 재산권을 침해하지 않는다.[46]

이 사건 정의조항에 대한 헌법불합치결정

국민의 건강 증진과 여가 선용을 위해 도시계획시설로서의 체육시설은 반드시 필요하므로, 만약 헌법재판소가 이 사건 정의조항에 대해 위헌결정을 선고한다면 헌법재판소가 결정을 선고한 때부터 이 사건 정의조항은 그 효력을 상실하게 되어 도시계획시설사업에 꼭 포함되어야 할 체육시설까지 도시계획시설사업의 대상에서 제외되는 법적 공백과

---

46 헌법재판소, 헌법재판소판례집 제23권1집(하), 308-310면.

혼란이 예상된다. 따라서 이 사건 정의조항에 대하여 단순위헌결정을 하는 대신 헌법불합치결정을 하고 위 조항은 새로운 입법에 의하여 그 위헌성이 제거될 때까지 잠정적으로 적용되는 것이 바람직하다.[47]

▪ 일부별개의견(재판관 목영준)의 요지

이 사건 정의조항은 "기반시설"의 하나로 "체육시설"을 규정하고 있다. 그러나 다수의견은 위헌 이유로서 하위법규에서 비로소 규정된 "골프장"을 예시하고 있는바, 이는 이 사건 헌법소원이 "법률"의 위헌성만을 판단하는 헌법재판소법 제68조 제2항에 따른 헌법소원인 점에서 위헌 이유의 혼동을 초래하는 것이다. 또한 다수의견은 헌법불합치결정을 하면서 "공공필요성을 인정하기 곤란한 일부 골프장과 같은 시설"이라는 모호한 예시를 함으로써 위헌인 사유가 무엇인지, 위헌적 부분이 어디까지인지에 대하여 입법자로 하여금 판단하기 곤란하게 하고 있다. 이는 결국 헌법불합치 결정의 기속력과 실효성을 떨어뜨리는 결과를 초래한다.[48]

▪ 일부반대의견(재판관 김종대)의 요지

사인은 어디까지나 자신의 영리 추구를 일차적 목표로 하므로 사인

47 헌법재판소, 헌법재판소판례집 제23권1집(하), 310-311면.

48 헌법재판소, 헌법재판소판례집 제23권1집(하), 311-314면.

이 수용의 주체가 되는 경우에는 국가가 수용의 주체가 되는 경우에 비하여 수용의 이익이 공동체 전체의 이익으로 귀속될 것이라는 보장이 어렵다. 따라서 당해 수용의 공공필요성을 지속적으로 보장하고 수용을 통한 이익을 공공적으로 귀속시킬 수 있는 심화된 제도적 규율 장치를 갖춘 경우에만 사인에 의한 수용이 헌법적으로 정당화될 수 있다. 그러나 이 사건 수용조항의 경우에는 그와 같은 제도적 규율이 부족하므로 이는 평등의 원칙에 위반되고 청구인들의 재산권을 침해한다.[49]

■ **반대의견**(재판관 조대현)**의 요지**

회원제 골프장은 소수의 회원들에게만 이용기회가 주어지고 비회원은 회원과 동반하는 경우에만 이용할 수 있을 뿐이므로, 회원제 골프장 건설을 위하여 개인 소유 토지의 수용을 허용해야 할 공공필요성이 크다고 볼 수 없다. 따라서 개인사업자가 건설하는 회원제 골프장 건설사업을 위하여 토지수용권을 부여한 이 사건 수용조항은 헌법 제23조 제3항에 위반된다.

이 사건 정의조항이 특별한 제한 없이 체육시설을 기반시설의 하나로 규정하고 있다 하더라도, 특정의 체육시설이 도시계획시설로 되려면 구체적인 도시계획시설결정절차에서 도시계획시설로 결정할 만큼 공익성을 갖춘 체육시설이라고 인정되어야만 한다. 만약 공익성이 미약한 체육시설이 도시계획시설로 결정되었다면 도시계획시

---

49 헌법재판소, 헌법재판소판례집 제23권1집(하), 314-315면.

설 결정절차의 심사와 결정이 올바로 이루어지지 아니한 점을 바로잡아야 할 것이다. 따라서 이 사건 정의조항 자체에 위헌성이 있다고 보기 어렵다.[50]

▪ 결정의 분석

이 사건에서 헌법재판소는 "공익성이 미약한 체육시설이 도시계획시설로 결정되었다면, 도시계획시설 결정절차의 심사와 결정이 올바로 이루어지지 아니한 점을 바로잡아야 하는 것이고, 「국토계획법」 제2조 제6호 라목의 규정내용이 포괄적이기 때문이라고 비난하기 어렵다. 그리고 공익성이 미약한 체육시설이 도시계획시설로 결정된 것 자체에 위헌성이 있는 것이 아니라 공익성이 미약한 체육시설이 도시계획시설로 결정되는 경우에 토지수용권도 부여되는 점에 위헌성"이 있다고 판단하였다.

아울러 개별 체육시설의 성격과 공익성을 고려하지 않은 채 포괄적으로 대통령령에 위임한 것은 포괄위임금지원칙에 위배되어 위헌이라고 하면서도 위헌결정을 할 경우 법적 공백과 혼란이 예상되므로 늦어도 2012. 12. 31.까지는 새로운 입법을 마련하도록 하는 헌법불합치 결정을 하였다.

이에 따라 2013년부터 「국토의 계획 및 이용에 관한 법률」을 개정하여 체육시설의 경우 세부 종류가 다양하므로 공공필요성이 있는 경우에만 기반시설로 인정하도록 함으로써 현행법의 위헌성을 제거

---

50 헌법재판소, 헌법재판소판례집 제23권1집(하), 315-317면.

하였다.(안 제2조제6호라목). 또한 국토교통부는 「도시·군계획시설의 결정·구조 및 설치기준에 관한 규칙」을 개정하여 도시·군계획시설로 설치할 수 있는 체육시설의 범위를 「체육시설의 설치·이용에 관한 법률」에 따른 공공체육시설 중 전문체육시설 및 생활체육시설로서 국가·지자체 및 대한체육회 등 공공기관이 설치·관리하는 시설로 한정하여 운용 중이다.

도시개발사업은 주택건설사업과 다른 성격의 사업인지?

「도시개발법」 제21조 제1항 본문 등 위헌소원

(헌법재판소 2010. 12. 28. 2008헌바57 결정)

•

헌법재판소는 2010년 12월 28일 도시개발사업과 관련한 토지 수용의 근거규정인 구 「도시개발법」 제21조 제1항 본문 등과 수용대상 토지를 고시한 때에 공익사업인정 및 고시가 있은 것으로 의제하는 구 「도시개발법」 제21조 제3항 본문, 토지보상액 산정시 당해 공익사업으로 인한 개발이익을 배제하도록 규정한 「공익사업을 위한 토지 등의 취득 및 보상에 관한 법률」(이하「공익사업법」이라 한다) 제67조 제2항, 공시지가를 기준으로 보상액을 산정하도록 규정한 구 「공익사업법」 제70조 제1항이 헌법에 위반되지 않는다는 결정을 선고하였다.

구 「도시개발법」 조항들에 대해서는 재판관 전원의 의견이 일치하였고, 「공익사업법」 및 구 「공익사업법」 조항에 대해서는 이미 헌법재판소에서 합헌결정을 한 바 있으므로 일사부재리의 원칙에 반하여 부적법 각하하여야 한다는 재판관 조대현의 반대의견이 있는 외에는 나머지 재판관들의 의견이 일치하였다.

사건 개요

서울특별시장은 2003. 11. 10. 서울특별시 고시 제2003-341호로, 청구인들 소유의 토지들이 포함된 서울 강동구 하일동 일대 합계 912,000㎡의 토지를 도시개발구역으로 지정하고, 구 서울특별시도시개발공사(2004. 3. 17. 에스에이치공사로 그 명칭이 변경되었다. 이하 에스에이치공사라 한다)를 사업시행자로 하여 수용 및 사용 방식으로 2003년부터 2007년까지 위 구역 내 주거환경을 개선하고 공공임대주택을 건립하는 내용의 '강일도시개발구역지정 및 개발계획승인 고시'를 한 후, 2004. 12. 27. 서울특별시 고시 제2004-429호로 사업구역의 면적 등을 변경하는 내용의 '강일도시개발구역 개발계획변경 및 실시계획인가'를 하여 이를 고시하였다(이하 위와 같은 내용의 도시개발사업을 '이 사건 도시개발사업'이라 하고, 위 2003. 11. 10.자 및 2004. 12. 27.자 서울특별시 고시를 '이 사건 각 고시'라 한다).

서울특별시 지방토지수용위원회는 에스에이치공사의 신청에 따라 2006. 2. 3. 청구인들 소유의 토지에 대하여 수용개시일을 2006. 3. 24.로 하고 청구인별 손실보상금을 정하여 수용재결을 하였으나(이하 '이 사건 수용재결'이라 한다), 청구인들은 이에 불복하여 중앙토지수용위원회의 이의재결을 거쳐 서울행정법원에 주위적으로, 서울특별시장을 상대로 이 사건 각 고시의 무효확인을, 서울특별시 지방토지수용위원회를 상대로 이 사건 수용재결의 무효확인을 각 구하고, 예비적으로, 에스에이치공사를 상대로 손실보상금의 증액지급을 구하는 행정소송을 제기하였다(2006구합45203).

청구인들은 위 행정소송 계속중 이 사건 도시개발사업의 시행방법 및 수용 등의 근거 규정인 구 「도시개발법」 제21조 제1항 본문 등과 손실보상의 근거조항인 「공익사업을 위한 토지 등의 취득 및 보상에 관한 법률」(이하 「공익사업법」이라 한다) 제67조 제2항 등에 관하여 위헌법률심판제청을 신청하였다.

당해 사건 법원은 2008. 4. 16. 청구인들의 주위적 청구를 모두 기각하고 예비적 청구를 일부 인용하는 판결을 선고하는 한편, 위헌법률심판제청신청을 기각하는 결정을 하였고, 청구인들은 2008. 6. 19. 이 사건 헌법소원심판을 청구하였다.

▪ 도시개발법의 입법취지 및 도시개발사업의 의의

1960년대 이후 급격히 진행된 고도의 경제성장과 도시화로 택지와 공장용지의 수요가 급증하였으나 기존의 「도시계획법」 및 토지구획정리사업법에 의한 대지공급에는 한계가 있었고, 이를 해결하기 위하여 택지개발촉진법, 「주택건설촉진법」, 「산업입지 및 개발에 관한 법률」 등이 제정되었으나 이들 개별법들 역시 특정의 단일한 목적을 염두에 둔 사업법으로서의 한계를 가지고 있었다.

2000. 1. 28. 법률 제6242호로 제정되어 2000. 7. 1.부터 시행된 「도시개발법」(이하 '법'이라 한다)은 복합적인 기능을 갖는 신도시를 체

계적으로 개발하기 위한 통합적인 규율을 담고 있고, 국토기본법 및 「국토의 계획 및 이용에 관한 법률」(이하 「국토계획법」이라 한다)의 규율 하에 도시개발에 관한 사업을 구체화한 법률로서, 도시개발에 필요한 사항을 규정하여 계획적이고 체계적인 도시개발을 도모하고 쾌적한 도시환경의 조성과 공공복리의 증진에 이바지하는 것을 목적으로 하고 있다(법 제1조 참조).

도시개발사업이란 '도시개발구역에서 주거, 상업, 산업, 유통, 정보통신, 생태, 문화, 보건 및 복지 등의 기능이 있는 단지 또는 시가지를 조성하기 위하여 시행하는 사업'을 말한다(법 제2조 제1항 제2호 참조). 이 중 '단지조성사업'은 도시관리계획 등 상위계획에 의하여 주거, 상업, 공업 등의 단일용도가 부여된 용도지역을 개발하는 단지를 조성하는 것을 말하고, '시가지조성사업'은 도시광역계획, 도시기본계획에 근거하여 행정, 산업, 관광, 주거, 유통, 문화 등 자족적·복합적 기능의 전부나 일부분을 갖춘 시가지를 조성하는 것을 말한다. 한편, 도시개발구역이란 '도시개발사업을 시행하기 위하여 「도시개발법」 제3조 및 제9조에서 정한 절차에 따라 지정·고시된 구역'을 말하고(법 제2조 제1항 제1호 참조), 도시개발구역의 지정은 도시개발사업의 시행을 위하여 구획한 범위를 지정절차에 따라 고시하는 행위, 즉 대상지역을 확정하는 행위이다.[51]

51 헌법재판소, 헌법재판소판례집 제22권2집(하), 2010, 640-641면.

■ 결정의 이유 요지

공공필요성을 갖추고 있는지 여부

토지 등의 수용을 전제로 하는 공익사업은 연혁적으로 도로·철도·항만·하천·제방·저수지·공원·운동장·학교·청사 등 공공용 또는 공용시설에 관한 사업이 주 대상이었으나, 복리행정에 대한 수요가 늘어나면서 주거용지·산업용지 등의 공급을 위한 토지개발도 중요한 공익사업으로 되고 있다. 이처럼 공익사업의 범위는 국가의 목표 및 시대적 상황에 따라 달라질 수 있는 것으로 입법정책적으로 결정될 문제라고 할 수 있다.

산업화의 진전과 함께 농촌인구가 급속히 도시로 유입되었음에도 이들의 생존기반이라 할 주거와 제반 도시기반시설이 미비하여 도시 거주자의 삶의 질이 확보되지 못하였고, 체계적인 개발의 부재는 난개발로 이어져 그 과정에서 여러 문제점을 야기하였다. 이러한 현상을 시정하기 위하여 종전 「도시계획법」의 도시계획사업에 관한 부분과 「토지구획 정리사업법」을 통합·보완하여 도시개발에 관한 기본법으로서의 도시개발법이 제정됨으로써 종합적·체계적인 도시개발을 위한 법적 기반이 마련되었다.

국토개발에 관한 일반법이라 할 「국토계획법」이 기존의 질서를 존중하는 바탕 위에서 소극적으로 건축허가요건만을 통제함으로써 바람직한 토지이용을 추구하는 데 중점을 두는 것과 달리, 「도시개발법」은 대표적인 개발사업법으로서 기존의 질서에 전면적으로 개입하여 새로운 시설·환경 등을 조성함으로써 적극적으로 도시를 형성하는 기능을 담당한다.

도시개발사업의 이러한 성격상 대규모의 토지가 필요하고, 수립된 개발계획에 따라 체계적이고 예측가능한 사업 수행이 긴요하다 할 것인바, 이를 위해서는 공익성을 담보하는 제도적 장치가 마련되어야 하는 것과 아울러 원활한 사업수행을 위해 사업시행자에게 수용권을 부여할 필요성을 인정할 수 있다 할 것이다. 이상 살펴본 바와 같은 「도시개발법」의 입법취지, 도시개발사업의 성격 등에 비추어 보면, 이 사건 수용관련조항들은 헌법 제23조 제3항이 요구하는 '공공필요성'을 갖추고 있다고 볼 것이다.[52]

과잉금지원칙 위반 여부

도시개발사업은 그 성격상 대규모의 토지가 필요하고, 수립된 개발계획에 따라 체계적이고 예측가능한 사업 수행이 긴요하므로, 사업시행자에게 수용권을 부여할 공공의 필요성을 인정할 수 있고, 도시개발사업의 사업시행방식은 당해 사업의 성격, 규모, 용이성, 사업시행의 주체, 수용대상 토지의 기존 이용상황 등 여러 사정을 고려하여 개별적, 구체적으로 결정될 문제일 뿐만 아니라 도시개발구역의 지정 및 수용에 대한 사전·사후의 구제절차가 마련되어 있는 등 피해의 최소성 요건을 갖추고 있으며, 공익과 사익간의 균형도 적절히 유지하고 있다.[53]

평등원칙 위반 여부

「주택법」에 의한 주택건설 및 공급은 기본적으로 주택건설사업자가 시장원리에 따라 자신의 자본으로 택지를 매입하고 주택을 건설하여

---

52 헌법재판소, 헌법재판소판례집 제22권2집(하), 641-642면.

53 헌법재판소, 헌법재판소판례집 제22권2집(하), 642-645면.

이를 공급하는 사적 자치의 영역에 속하는 것으로서, 사업시행으로 발생한 이익 역시 원칙적으로 사업자에게 귀속되는 것임에 반하여, 도시개발사업은 공익사업으로서 엄격한 요건 하에 민간사업자의 참여가 예외적으로 허용되기는 하지만 원칙적으로 국가나 지방자치단체 등 공공기관이 사업시행자가 되고, 사업시행에 따른 이익 역시 시행자가 아니라 지역공동체에 귀속된다는 점에서 근본적인 차이가 있다.

그리하여 「주택법」에 의한 주택건설사업의 경우 사법상의 매매계약에 의하여 토지를 취득함이 원칙이고, 다만 사업주체가 대부분의 소요 토지를 확보하였음에도 투기적 목적으로 사업을 방해하는 토지소유자가 있을 경우에 예외적으로, 수용보다는 완화된 형태라 할 수 있는 매도청구권을 부여하고, 그 경우에도 개발이익이 포함된 시가로 매수할 수 있도록 한 것이다. 한편, 주택법에 의한 주택건설사업 중에는 국가나 지방자치단체 등 공공기관이 사업주체가 되어 국민주택이나 공공택지를 공급하는 경우와 같이 공익사업의 일환으로 시행하는 경우도 있으나, 그 경우 위와 같은 사업주체에게는 도시개발사업의 경우와 마찬가지로 수용권이 부여된다(「주택법」 제18조 제2항, 제27조 제1항).

이러한 점들에 비추어 볼 때, 「주택법」에 의한 주택건설사업과 달리 도시개발사업의 시행자에게 수용권을 부여한 것은 사업 성격의 차이를 반영한 합리적 차별이므로, 평등원칙에 위배된다고도 할 수 없다.[54]

---

54 헌법재판소, 헌법재판소판례집 제22권2집(하), 645-646면.

사업인정의제조항의 적법절차원칙 위배 여부

「도시개발법」은 실질적으로 「공익사업법」이 요구하는 사업인정절차를 거치도록 하는 규정들을 두고 있고, 공공필요에 대한 판단을 할 수 있는 적절한 절차를 마련하고 있으므로, 이 사건 사업인정의제조항이 적법절차원칙에 위배된다고 할 수 없다.[55]

개발이익배제조항의 정당보상 원칙 위배 여부

공익사업의 시행으로 지가가 상승하여 발생하는 개발이익은 피수용자인 토지소유자의 노력이나 자본에 의하여 발생하는 것이 아니어서 피수용 토지가 수용 당시 갖는 객관적 가치에 포함된다고 볼 수 없고, 따라서 그 성질상 완전보상의 범위에 포함되는 피수용자의 손실이라고 볼 수 없으므로, 위 조항이 이러한 개발이익을 배제하고 손실보상액을 산정한다 하여 헌법이 규정한 정당보상의 원칙에 어긋나는 것이라고 할 수 없다(다수 선례 있음).[56]

공시지가보상조항의 정당보상 원칙 위배 여부

토지수용으로 인한 손실보상액의 산정을 공시지가를 기준으로 하되 개발이익을 배제하고, 공시기준일부터 재결시까지의 시점보정을 인근 토지의 가격변동률과 도매물가상승률 등에 의하여 행하도록 규정한 것은 위 조항에 의한 공시지가가 공시기준일 당시의 표준지의 객관적 가치를 정당하게 반영하는 것이고, 표준지와 지가산정 대상 토지 사이에 가격의 유사성을 인정할 수 있도록 표준지의 선정이 적정하며, 공

55 헌법재판소, 헌법재판소판례집 제22권2집(하), 648면.

56 헌법재판소, 헌법재판소판례집 제22권2집(하), 648-649면.

시기준일 이후 수용시까지의 시가변동을 산출하는 시점보정의 방법이 적정한 것으로 보이므로, 헌법 제23조 제3항이 규정한 정당보상의 원칙에 위배되는 것이 아니며, 또한 위 헌법조항의 법률유보를 넘어섰다거나 과잉금지의 원칙에 위배된다고 볼 수 없다(다수 선례 있음).[57]

▪ 재판관 조대현의 일부 각하 의견의 요지

규범통제를 목적으로 하는 「헌법재판소법」 제68조 제2항의 헌법소원 심판에서는 심판대상 법률조항과 쟁점이 동일하면 헌법재판소법 제39조의 동일한 사건에 해당된다고 봄이 타당하다. 이 사건 개발이익 배제조항과 공시지가보상조항은 헌법재판소가 이미 헌법에 위반되지 아니한다고 심판한 2008헌바112 사건, 2009헌바142 사건, 2008헌바102 사건 등의 심판대상조항과 동일하므로 당사자와 당해사건이 다르다고 하더라도 헌법재판소법 제39조의 동일한 사건에 해당된다고 보아야 하고, 따라서 특별히 다시 심판할 필요가 없는 이상 헌법재판소법 제39조를 적용하여 이 부분 심판청구를 각하하여야 한다.[58]

▪ 결정의 분석

이 사건에서 헌법재판소는 "도시개발사업이 그 실질은 주택법상의

---

57 헌법재판소, 헌법재판소판례집 제22권2집(하), 649-650면.

58 헌법재판소, 헌법재판소판례집 제22권2집(하), 650면.

주택건설사업과 다를 바 없는데도, 이 사건 수용 관련조항들은 시가에 따른 매도청구가 허용될 뿐인 주택법과 달리 공익사업이라는 명목으로 수용을 허용하고 있어, 결과적으로 주택법상 매도청구의 대상이 되는 토지소유자와 도시개발사업의 수용대상 토지소유자를 차별한다."는 청구인 주장에 대하여 "도시개발사업의 경우에 주택법에 의한 주택건설사업과 달리 시행자에게 수용권을 부여한 것은 그 사업 성격의 차이를 반영한 합리적 차별"이라고 판단하였다. 다만 헌법재판소는 "도시개발사업에는 주거단지를 조성하기 위한 사업도 포함되므로, 이러한 사업의 경우 주택법상의 주택건설사업과 그 실질이 다르지 않다고 볼 여지도 있다."고 보면서도, 도시개발사업과 주택법상의 주택건설사업의 차이를 명확히 구분한 결정이다.

소위 '알박기'방지를 위한 사업시행자의 매도청구권 행사는 정당한지?

「주택법」제18조의2 위헌소원

(헌법재판소 2009. 11. 26. 2008헌바133 결정).

•

헌법재판소는 2009년 11월 26일 재판관 8 : 1의 의견으로 민간주택건설사업 시행자에게 매도청구권을 부여한 구 「주택법」(2007. 1. 11. 법률 제8239호로 개정되고 2007. 10. 17. 법률 제8657호로 개정되기 전의 것) 제18조의2 제1항 제1문이 청구인들의 재산권을 본질적인 내용까지 침해한다거나 과잉금지원칙에 위배된다고 볼 수 없어 헌법에 위반되지 아니한다는 결정을 선고하였다.

이에 대하여 재판관 김종대는 위 법률조항의 매도청구권이 본질적으로 헌법 제23조 제3항에서 정한 공용수용의 일종인데 손쉽게 사인에게 토지수용권을 부여하면서도 매도청구권의 행사로 민간사업시행자가 획득하게 된 이익을 수용자와 함께 향유하도록 하는 법적 제도적 보완 규정을 두지 아니하여 재산권을 침해하였다는 의견을 밝혔다.

사건 개요

청구인들은 2005. 12.경 대구 수성구 범어동 소재 대지와 그 지상 주택(이하 '이 사건 부동산'이라 한다)을 공동으로 취득하였고, 한편 당해 사건에서 주택건설사업을 시행하는 주식회사(이하 '사업 시행자'라고 한다)는 이 사건 부동산을 포함하여 337필지 지상에 주택건설사업을 하기 위하여 2007. 1. 11. 사업계획승인을 신청하여 1. 22. 대구광역시장으로부터 주택법 제16조의 규정에 따른 주택건설사업계획승인을 받았다.

사업 시행자는 청구인들에게 2006. 1.경부터 이 사건 부동산의 매도를 요청하였으나 협의가 이루어지지 않자, 2006. 5. 23. 주택법 제18조의2 규정에 의한 매도를 청구하는 당해 사건 소송을 제기하였다. 청구인들은 위 소송계속 중 사업시행자의 매도청구권을 규정한 주택법 제18조의2가 재산권의 본질적 내용을 침해하고 정당보상 원칙에 반하는 위헌적인 법률이라고 주장하면서 위헌법률심판제청을 신청하였으나(2008카기1735), 위 신청이 기각되자, 2008. 11. 5. 이 사건 헌법소원심판을 청구하였다.

■ 매도청구권행사에 대한 10년 제한규정의 입법 취지

이 사건 법률조항은 주택건설대지의 100분의 80분 이상을 사용할 권원을 확보하여 사업계획승인을 얻은 사업주체는 잔여대지의 소유자에 대하여 그 대지를 매도할 것을 청구할 수 있도록 하고, 다만, 지구단위계획구역 결정고시일 10년 이전에 당해 대지의 소유권을 취득한 경우에는 매도청구권을 행사할 수 없도록 하고 있는데, 이 규정은 소위 "알박기"라고 알려진 토지소유자의 무리한 토지보상요구를 방지하기 위하여 마련된 규정이다. 개정 전에는 지역단위계획구역 결정고시일 3년 이전에 당해 대지의 소유권을 취득하여 계속 보유하고 있는 자에 대해서 매도청구권을 행사하지 못하도록 하다가 이 사건 법률조항으로 개정되면서 그 기간이 10년으로 연장되었다.[59]

■ 결정의 이유 요지

과잉금지원칙 위반 여부

이 사건 법률조항은 주택건설사업자에게 필요한 대지의 매도청구권을 부여하여 대지 매매를 강제하고 소유권을 이전시켜 실질적으로 공용수용을 허용하고 있으므로 이 사건의 쟁점은 주택건설사업자에게 매도청구권을 부여할 공공필요성이 있는지, 정당한 보상이 이루어지는지 여부와 함께 이 사건 법률조항이 계약의 자유와 재산권에 대한 과잉제한이나 본질적 침해에 해당되는지 여부라 할 것이다.

---

59 국회 법제사법위원회, 주택법 일부개정법률안(대안) 검토보고, 2006. 12. 22, 1-2면.

이 사건 법률조항이 민간사업자에게 주택건설사업에 필요한 토지를 매수할 수 있게 한 것은 지구단위계획에 따라 승인받은 주택건설사업을 가능하게 하는 공공복리를 달성하기 위한 것으로서 입법목적의 정당성이 인정되고, 공용수용의 효과를 부여하기 위하여 필요한 공공필요성의 요건도 갖추었다고 할 것이다. 또한 20호 이상의 주택을 건축하기 위하여 필요한 일단의 연접 토지를 확보할 수 있게 하기 위해서는 그 사업부지 내의 토지를 취득할 수 있는 수단을 허용하지 않을 수 없다고 할 것이므로 위 목적을 달성하기 위하여 민간주택건설사업자에게 시가로 매도청구할 수 있는 권리를 부여하는 것은 적절한 수단이라고 할 수 있다.

이 사건 법률조항은 매도청구권의 요건을 엄격하게 제한함으로써 통상의 공용수용보다 완화된 소유권박탈제도라고 볼 수 있고, 그 매도청구권 행사와 관련해서 상대방의 이익도 충분히 보장하고 매도청구권의 행사로 인한 기본권 침해를 최소화하고 있으므로, 기본권 침해의 최소성 원칙에 위반된다고 보기 어렵고, 매도청구권을 행사할 경우에는 시가에 따른 대금을 지급하도록 하여 정당한 보상을 보장하고 있으므로, 매도청구의 대상 토지에 대한 재산권을 본질적으로 침해한다고 보기 어렵다.

나아가 토지는 다른 재산권과 달리 공동체의 이익이 보다 더 강하게 존중될 것이 요구되는 점, 지구단위계획에 따라 20호 이상의 주택을 건설하는 사업은 민간사업자가 시행하는 경우에도 공공성이 강하다고 할 것이고 20호 이상의 주택을 건축하기 위해서는 일단의 연접 토지가 반드시 필요한 점 등에 비추어 보면, 지구단위계획에 따른 주택건설이라는 공익사업을 원활하게 추진하게 하려는 공익이 이 사건 법률조항으로 제한을 받게 되는 사익을 능가한다고 할 수 있으므로 법익의 균형성도 갖추었다고 할 것이다. 따라서 이 사건 법률조항은 청구인들의 재산권을 본질적인 내용까지 침해한다거나 과잉금지의 원칙에 위배된다고 볼 수 없다.[60]

■ **반대의견**(재판관 김종대)**의 요지**

이 사건 법률조항의 매도청구권은 소유자의 의사에 반해 강제적으로 소유권을 박탈한다는 점에서 본질적으로 헌법 제23조 제3항에서 정한 공용수용의 일종이라 할 것이다. 그런데 국가가 수용의 주체가 되어 그 수용의 이익을 공동체 전체의 것으로 확산시키는 역할을 자임하는 경우와 비교하여 볼 때, 민간기업이 수용의 주체가 되는 경우에 그와 같은 수용이 정당화되기 위해서는 당해 수용의 공공필요성을 보장하고 수용을 통한 이익을 공공적으로 귀속시킬 수 있는 더욱 심화된 입법적 조치가 수반되어야만 한다. 이를테면, 해당 사업의 수용으로 인한 개발이익에 대하여 지속적인 환수조치를 보장한다거나 그 기업의 수용으로 인한 영업상 수익에 대한 공적 사용의 방도를 마련하는 조치 등을 부가함으로써 수용을 통해 맺게 된 풍성한 과실을 수용자와 피수용자를 포함한 공동체가 함께 향유하도록 제도적으로 규율하여야 하는 것이다. 민간사업시행자에 의한 매도청구권의 행사가 사인에 의한 공용수용의 성격을 지니는 한, 이러한 수용이 우리 헌법상 재산권 보장의 가치와 부합하기 위해서는 이러한 법적·제도적 보완이 반드시 수반되어야 할 것이다.

---

60 헌법재판소, 헌법재판소판례집 제21권2집(하), 2009, 554-558면.

또한, 부득이 이 사건 법률조항에 따라 사인에게 매도청구권 즉, 수용권한을 부여할 경우라 하더라도, 위 법률조항의 입법목적을 달성할 수 있고 고가 매수에 대한 기대감으로 적정한 가격에 의한 매각을 거부하고 버티는 이른바 알박기 등의 폐해를 방지할 수 있는 최소한의 범위 내에서만 매도청구권을 행사하도록 규정해야 하는바 이는 과잉금지원칙상 피해의 최소성 원칙에서 유래하는 규범적 요청이라 할 것이다. 그런데 애초에 지역단위계획구역 결정고시일 3년 이전에 당해 대지의 소유권을 취득하여 계속 보유하고 있는 자에 대해서 매도청구권을 행사하지 못하도록 하다가 이 사건 법률조항으로 개정되면서 그 기간이 10년으로 연장되었는바, 이러한 기간 연장은 이른바 알박기라 불리는 투기세력과 관계없는 사람들에게도 매도청구권의 행사를 필요이상으로 인정할 우려가 크다. 따라서 이는 헌법상 과잉금지원칙의 정신에 부합하지 않는다고 해야 한다.

결국 이 사건 법률조항은 손쉽게 사인에게 토지수용권을 주면서도 앞서 본 필요한 보완 규정을 두지 아니함으로써 우리 헌법상 재산권을 침해하여 헌법에 위반된다.[61]

▪ 결정의 분석

이 사건에서 헌법재판소는 "「도시개발법」제22조 제1항, 「기업도시개발특별법」제14조 제1항, 제3항, 「도시 및 주거환경 정비법」제28조 제5항, 「지역균형개발 및 지방중소기업육성에 관한 법률」제19조 제

61 헌법재판소, 헌법재판소판례집 제21권2집(하), 558-562면.

1항, 「물류시설의 개발 및 운영에 관한 법률」 제10조 제1항, 「사회간접자본시설에 대한 민간투자법」제20조, 「산업입지 및 개발에 관한 법률」제22조 제1항 등도 일정한 요건 하에 민간기업의 사업에 필요한 토지를 수용할 수 있도록 허용하고 있다."고 보면서 "민간사업자에게 주택건설사업에 필요한 토지를 매수할 수 있게 한 것은 지구단위계획에 따라 승인받은 주택건설사업을 가능하게 하는 공공복리를 달성하기 위한 것으로서 입법목적의 정당성이 인정되고, 공용수용의 효과를 부여하기 위하여 필요한 공공필요성의 요건도 갖추었다."고 결정하였다.

국토교통부가 "개발예정지역의 땅을 미리 사놓고 집요하게 주택건설사업의 추진을 방해하며 개발사업자로부터 시가보다 훨씬 많은 돈을 받고 매도하는 행위인 이른바 '알박기'라 불리는 투기세력을 근절하고자 마련된 것이다. 매도청구권을 행사하려면 최소한 3개월 이상 협의할 것이 요구되고, 토지소유자는 시가 상당의 매매대금을 지급받기 전까지 소유권 이전 및 명도의무의 이행을 거절할 수 있으며, 전문 감정평가업자에 의한 감정금액은 당사자 사이의 다툼을 해결할 수 있는 가장 공정하고 정확한 방법이므로, 토지소유자가 원하는 가격보다 낮은 금액이라 하여 정당한 보상이 아니라거나 과잉금지원칙에 반한다고 할 수 없다."고 헌법재판소에 제출한 의견과 유사한 판단을 하였다.

「산업입지 및 개발에 관한 법률」제11조 제1항 등 위헌소원

(헌법재판소 2009. 09. 24. 2007헌바114 결정)

•

헌법재판소 전원재판부는 2009년 9월 24일 재판관 8(합헌) : 1(위헌)의 의견으로, 민간기업에게 산업단지개발사업에 필요한 토지 등을 수용할 수 있도록 규정한 「산업입지 및 개발에 관한 법률」제22조 제1항의 '사업시행자' 부분

중 '제16조 제1항 제3호'에 관한 부분 등이 헌법에 위반되지 아니한다는 결정을 선고하였다.

우리 헌법상 수용의 주체를 국가로 한정한 바 없으므로 민간기업도 수용의 주체가 될 수 있고, 산업입지의 공급을 통해 산업발전을 촉진하며 국민경제의 발전에 이바지하고자 함에는 공공의 필요성이 있으며, 피수용자에게 환매권이 보장되고 정당한 보상이 지급되며, 나아가 수용과정이 적법절차에 의해 규율되는 점에 비추어 볼 때 위 조항들을 위헌이라 할 수 없다는 것이다.

이에 대하여, 민간기업이 수용할 경우에는, 그 수익을 공적으로 귀속시키는 조치와 같이 국가가 수용하는 경우보다 더 엄격한 요건이 수반되어야 하는바, 이 사건 조항들은 그러한 요건을 갖추지 못하므로 헌법상 재산권을 침해하여 위헌이라는 재판관 1인[재판관 김종대]의 반대의견이 있다.

사건 개요

청구외 삼성전자 주식회사는 2004. 2. 23. 아산시장에게 「산업입지 및 개발에 관한 법률」(이하 「산업입지법」이라 한다) 제11조 및 같은 법 시행령 제13조에 의하여 충청남도 아산시 탕정면 갈산리, 명암리, 용두리 일원 토지 3,261,281㎡에 대하여 '산업단지 지정승인 요청서'를 제출하였고, 아산시장은 2004. 4. 19. 요청서에 대한 의견서 등을 첨부하여 위 요청서를 충청남도지사에게 전달하였다. 이에 충청남도지사는 2004. 7. 31. 삼성전자를 사업시행자로 하여 아산시 탕정면 갈산리, 명암리, 용두리 일원 토지 2,113,759㎡를 '탕정 제2일반지방산업단지'로 지정 승인한 후, 2004. 8. 5. 「산업입지법」 제7조의3의 규정에 따라 충청남도 고시 제2004-159호로 이를 고시하였다.

청구인들은 위 산업단지 내에 토지를 소유하고 있는 토지소유자들인바, 위 산업단지 내에 위치한 청구인들 소유의 토지가 위 고시에 따라 수용대상토지로 지정되었다. 삼성전자는 청구인들과 위 토지의 취득 등에 대하여 협의를 하였으나 협의가 성립되지 아니하여 충청남도지방토지수용위원회에게 재결을 신청하였고, 충청남도지방토지수용위원회는 2006. 5. 22. 위 토지 및 그 지상물에 대하여 수용재결하였다.

이에 청구인들은 2006. 7. 24. 대전지방법원에 충청남도지방토지수용위원회를 상대로 이 사건 수용처분의 취소를 구하는 소를 제기하였으며(대전지방법원 2006구합2239), 위 소송계속 중 「산업입지법」 제11조 제1항 등이 헌법 제23조 제3항, 제37조 제2항 등에 위반되고, 「산업입지법」 제2조 제6호 자목이 명확성의 원칙에 반한다는 이유로 위헌법률심판제청신청(대전지방법원 2005아163)을 하였으나, 2007. 9. 19. 기각되자, 같은 해 10. 29. 이 사건 헌법소원심판을 청구하였다.

■ 결정의 이유 요지

민간기업에 의한 수용 자체의 위헌 여부

헌법 제23조 제3항은 정당한 보상을 전제로 하여 재산권의 수용 등에 관한 가능성을 규정하고 있지만, 재산권 수용의 주체를 한정하지 않고 있다. 위 헌법조항의 핵심은 당해 수용이 공공필요에 부합하는가, 정당한 보상이 지급되고 있는가 여부 등에 있는 것이지, 그 수용의 주체가 국가인지 민간기업인지 여부에 달려 있다고 볼 수 없다. 또한 국가 등의 공적 기관이 직접 수용의 주체가 되는 것이든 그러한 공적 기관의 최종적인 허부판단과 승인결정 하에 민간기업이 수용의 주체가 되는 것이든, 양자 사이에 공공필요에 대한 판단과 수용의 범위에 있어서 본질적인 차이를 가져올 것으로 보이지 않는다. 따라서 위 수용 등의 주체를 국가 등의 공적 기관에 한정하여 해석할 이유가 없다.

오늘날 산업단지의 개발에 투입되는 자본은 대규모로 요구될 수 있는데, 이러한 경우 산업단지개발의 사업시행자를 국가나 지방자치단체로 제한한다면 예산상의 제약으로 인해 개발사업의 추진에 어려움이 있을 수 있고, 만약 이른바 공영개발방식만을 고수할 경우에는 수요에 맞지 않는 산업단지가 개발되어 자원이 비효율적으로 소모될

개연성도 있다. 또한 기업으로 하여금 산업단지를 직접 개발하도록 한다면, 기업들의 참여를 유도할 수 있는 측면도 있을 것이다. 그렇다면 민간기업을 수용의 주체로 규정한 자체를 두고 위헌이라고 할 수 없으며, 나아가 이 사건 수용조항을 통해 민간기업에게 사업시행에 필요한 토지를 수용할 수 있도록 규정할 필요가 있다는 입법자의 인식에도 합리적인 이유가 있다 할 것이다.[62]

공공필요성 인정 여부

이 사건 수용조항은 산업입지의 원활한 공급과 산업의 합리적 배치를 통하여 균형있는 국토개발과 지속적인 산업발전을 촉진함으로써 국민경제의 건전한 발전에 이바지하고자 하고, 나아가 산업의 적정한 지방 분산을 촉진하고 지역경제의 활성화를 목적으로 하는 것이다. 산업입지가 원활히 공급된다면 산업단지의 건설이 용이해 질 수 있고, 따라서 산업단지의 건설을 통하여 효과적인 경제적 발전 내지 성장을 기대할 수 있다. 나아가 산업단지의 개발로 인한 경제적 발전은, 그간 우리 사회의 사회문화적 발전에서도 큰 초석이 되어왔다. 그와 같은 경제의 발전이 해당 국가공동체에서 영위되는 삶의 문명사적 수준을 신장시킨 주요한 동력이 되어 왔다는 점에서, 산업단지 개발의 사회적 중요성을 확인할 수 있다.

또한, 「산업입지법」상 규정들은 산업단지개발사업의 시행자인 민간기업이 자신의 이윤추구에 치우친 나머지 애초 산업단지를 조성함으로써 달성, 견지하고자 한 공익목적을 해태하지 않도록 규율하고 있다는 점도 함께 고려한다면, 이 사건 수용조항은 헌법 제23조 제

62 헌법재판소, 헌법재판소판례집 제21권2집(상), 2009, 562-563면.

3항의 '공공필요성'을 갖추고 있다고 보인다.[63]

과잉금지원칙 위배 여부

이 사건 수용조항의 입법목적은 앞서 이 사건 수용조항의 공공필요성을 검토하면서 확인한 바와 같고, 이 사건 수용조항을 통하여 사업시행자는 협의에 응하지 않는 사람들의 토지를 시가에 따라 적절히 매수할 수 있으며, 이에 따라 사업을 원활하게 진행할 수 있을 것이므로 위 수용조항은 위와 같은 입법목적의 달성에 매우 효과적인 수단임이 인정된다.

「산업입지법」상 사업시행자에게도 여전히 토지 등에 대한 보상에 관하여 토지소유자 및 관계인과 성실하게 협의하여야 하는 의무가 주어지고, 산업단지로 지정된 토지가 사후에 산업단지에서 제외되거나 아니면 산업단지로서의 효용을 상실하게 되면 환매권이 발생하는 점, 사업시행자는 피수용권자에게 정당한 보상을 지급해야 하는 점, 「산업입지법」상 수용에 이르기까지의 과정이 적법절차원칙에 따라 진행되도록 보장되는 점, 우리 법제는 구체적인 수용처분에 하자가 있을 경우 행정소송 등을 통한 실효적인 권리구제의 방안들을 마련하고 있는 점, 수용대상의 범위도 필요한 범위를 넘는다고 보이지 아니하는 점 등에 비추어 이 사건 수용조항이 피수용자의 재산권을 필요이상으로 과도하게 제한한다고 할 수 없고, 국민 경제의 건전한 발전 및 산업의 지방분산 촉진, 지역경제의 활성화 등의 공익적 중대성을 감안한다면 이 사건 수용조항이 공익과 사익간의 균형성을 도외시한 것이라고 보기도 어렵다.[64]

---

63 헌법재판소, 헌법재판소판례집 제21권2집(상), 563면.

평등권 침해 여부

비록 이 사건 수용조항은 수용에 앞서 일정한 토지취득 요건 등을 부과하는 여타의 법률들과 달리, 그러한 요건을 두지 아니한 채 전면적인 토지수용권을 인정하고 있으나, 이 사건 수용조항이 추구하고 있는 산업단지의 개발, 국가 및 지역 산업의 발전, 고용 창출, 산업의 전국적 분산 및 국토의 균형발전 등의 내용에 비추어 「산업입지법」은 여타의 법률들과 상이한 공익적 목적과 내용을 가진다고 할 수 있고, 아울러 「산업입지법」에서도 사업시행자에게는 토지소유자 및 관계인과 성실하게 협의하여야 하는 의무가 주어진다는 점 등을 함께 고려한다면, 이 사건 수용조항을 두고 자의적인 차별로서 평등권을 침해하였다고 하기는 어렵다.[65]

▪ 반대의견(재판관 김종대)의 요지

민간기업이 수용의 주체가 되는 경우는 국가가 수용의 주체가 되어 그 수용의 이익을 공동체 전체의 것으로 확산시키는 역할을 자임하는 경우와 비교하여 수용의 이익이 공적으로 귀속될 것이라는 보장이 힘들다는 점에서, 그와 같은 수용이 정당화되기 위해서는 당해 수용의 공공필요성을 보장하고 수용을 통한 이익을 공공적으로 귀속시킬 수 있는 더욱 심화된 입법적 조치가 수반되어야만 한다. 이를테면, 해당 사업의 수용으로 인한 개발이익에 대하여 지속적인 환수조

64 헌법재판소, 헌법재판소판례집 제21권2집(상), 563-564면.

65 헌법재판소, 헌법재판소판례집 제21권2집(상), 564면.

치를 보장한다거나 그 기업의 수용으로 인한 영업상 수익에 대한 공적 사용의 방도를 마련하고 해당 지역민들에 대한 의무적인 고용할당제를 실시한다거나 하는 조치 등을 부가함으로써 수용을 통해 맺게 된 풍성한 과실을 수용자와 피수용자를 포함한 공동체가 함께 향유하도록 제도적으로 규율하여야 하는 것이다. 이러한 법적·제도적 보완이 행하여 지지 않는 한, 이 사건 조항들에 따른 민간기업에 의한 수용은 우리 헌법상 재산권 보장의 가치와 부합되기 어렵다.

또한, 부득이 이 사건 조항들에 따라 민간기업에게 수용권한을 부여할 경우라도, 수용재결에 이르기 전까지 사업시행자에게 미리 일정한 비율의 토지를 매수할 것을 법적 요건으로 규정하는 등과 같이, 사업시행자의 일방적인 의사에 의해 토지소유자의 재산권이 상실되는 것을 완화할 수 있는 여러 방도를 모색하는 일도 충분히 가능하다 할 것이나 이러한 입법적 고려가 부재한 점은 헌법상 과잉금지원칙의 정신에 부합하지 않는다.[66]

▪ 결정의 분석

민간기업이 헌법 제23조 제3항에 규정된 공용수용의 주체가 될 수 있는지 여부를 판시한 최초의 결정이다.[67] 다수의견은 "헌법 제23조 제3항은 정당한 보상을 전제로 하여 재산권의 수용 등에 관한 가능

---

66 헌법재판소, 헌법재판소판례집 제21권2집(상), 565면.

67 이황희, 산업입지 및 개발에 관한 법률 제11조 제1항 등위헌소원, 헌법재판소 결정해설집 8집, 2009, 405면.

성을 규정하고 있지만, 재산권 수용의 주체를 한정하지 않고 있다. 이는 재산의 수용과 관련하여 그 수용의 주체가 국가 등에 한정되어야 하는지, 아니면 민간기업에게도 허용될 수 있는지 여부에 대하여 헌법이라는 규범적 층위에서는 구체적으로 결정된 내용이 없다는 점을 의미하는 것이다. 따라서 위 수용 등의 주체를 국가 등의 공적 기관에 한정하여 해석할 이유가 없다."는 논거를 제시하였다.

반면 소수의견을 제시한 김종대 재판관은 수용의 주체에 관하여 "전통적으로 수용의 주체는 국가 등의 공적 기관이었다. 따라서 민간기업이 수용의 주체가 되는 일은 예외적인 현상이라 할 수 있다." 고 판단하고, 다수의견이 설시한 "「산업입지법」 및 관련 법률들이 개발이익{여기서의 개발이익이란 개발사업의 시행이나 토지이용계획의 변경, 그 밖에 사회적·경제적 요인에 따라 정상지가상승분을 초과하여 개발사업을 시행하는 자나 토지 소유자에게 귀속되는 토지 가액의 증가분을 말하는 것에 불과하다(「개발이익환수에 관한 법률」제2조 제1호)을 환수하도록 규정하고, 행정관청에 의한 나름의 감독절차를 보장하는 등의 조치를 취하고 있다."고 하더라도, 이것만으로 수용의 과실이 특정한 민간기업에게 일방적으로 귀속되는 것을 제어하기에는 현저히 부족하다고 반대의견을 피력하였다. 이 결정 이후 김종대 재판관의 반대의견 취지는 민간 기업주도의 산업단지 개발사업 추진의 공익성 강화를 위한 입법정책에 많은 영향을 주었다.

종합부동산세 부과는 헌법상 재산권 침해에 해당하는지?

구 「종합부동산세법」 제5조 등 위헌소원

(헌법재판소 2008. 11. 13. 2006헌바112 결정)

•

법원은 「종부세법」이 국민의 재산권을 과잉금지, 비례의 원칙 등에 반하여 과도하게 침해하거나 재산권의 본질적 내용을 침해한다고 볼 수 없다고 하면서, 종부세의 성격상 1가구 1주택자에 대하여 종부세를 면제하지 않았다고 하여 종부세 제도 자체가 헌법에 위반된다고 볼 수 없다고 결정하였다(춘천지방법원 2007. 12. 20.자 2007아 76 결정 및 부산지방법원 2008. 4. 24.자 2008아21 결정).

반면에 헌법재판소는 2008년 11월 13일 재판관 전원일치의 의견으로, 종합부동산세의 과세방법을 '인별합산'이 아니라 '세대별 합산'으로 규정한 「종합부동산세법」(2005. 12. 31. 법률 제7836호로 개정된 것) 제7조 제1항 중 전문의 괄호 부분 및 후문, 제2항, 제3항, 제12조 제1항 제1호 중 본문의 괄호 부분 및 단서 부분, 제2항(이하 '이 사건 세대별 합산규정'이라 한다)이 헌법 제36조 제1항(혼인과 가족 규정)에 위반된다는 결정을 선고하였다.

다만 종합부동산세 제도가 이중과세, 소급입법 과세, 미실현 이득에 대한 과세 및 원본잠식, 헌법 제119조 위반, 헌법상 체계정당성 원리 위반, 입법권 남용, 평등권 또는 평등원칙 위배, 거주 이전의 자유 침해, 생존권 또는 인간다운 생활을 할 권리 침해, 개발제한구역 내 토지와 관련한 재산권 침해에 해당하지 않아 헌법에 위반되지 않는다는 결정을 선고하였다.

사건 개요

청구인들 및 제청신청인은 주택 또는 종합합산과세대상 토지를 소유하고 있어 관할 세무서장으로부터 2005년분 또는 2006년분 종합부동산세의 부과처분을 받고, 이에 대하여 그 처분의 취소를 구하거나 납부 후 경정청구에 대한 거부처분의 취소를 구하는 소송절차에서 위 처분의 근거법률인 구 「종합부동산세법」(2005. 1. 5. 법률 제7328호로 제정되고, 2005. 12. 31. 법률 제7836호로 개정되기 전의 것, 이하 '구 「종합부동산세법」'이라 한다) 또는 「종합부동산세법」(2005. 12. 31. 법률 제7836호로 개정된 것, 이하 '개정 「종합부동산세법」'이라 하고, 앞서 본 '구 「종합부동산세법」'과 합하여는 '「종합부동산세법」'이라 한다)의 관련 규정에 대하여 각각 위헌법률심판 제청신청을 하였다.

이에 대하여 법원이 개정 「종합부동산세법」 중 세대별 합산 관련 규정에 대해서만 이를 받아들여 이 사건 2008헌가12 위헌심판 제청을 하고 나머지 제청신청을 기각하자, 청구인들이 구 「종합부동산세법」에 대하여 이 사건 2006헌바112, 2007헌바71, 2008헌바62, 개정 「종합부동산세법」에 대하여 2007헌바88·94, 2008헌바3 헌법소원심판을 각각 청구하였다.

■ 종합부동산세제도의 도입 취지

지난 날 우리의 경제가 국제통화기금IMF의 관리 체제를 벗어나면서 수도권의 아파트를 중심으로 부동산 가격이 급등하자, 정부는 부동산 그 중 특히 주택의 가격을 안정시키기 위한 정책으로 부동산 보유세제를 개편하여 시·군·구 등 지방자체단체가 먼저 지방세인 재산세를 부과하고, 중앙정부가 전국을 단위로 개인별 보유 부동산의 가액을 합산하여 고액의 부동산 소유자에 대하여는 국세인 종합부동산세를 부과하는 것을 내용으로 하는 부동산 대책을 마련하였다.

종래 부동산 보유세제로 재산세와 종합토지세가 있었으나, 이에 대하여는 낮은 보유세와 높은 거래세의 부담으로 부동산의 과다보유를 억제하는 기능이 미약하고, 과세표준의 낮은 현실화율과 지역간·건물간 과세표준 현실화율의 격차로 보유세로서 투기 및 과다 보유를 억제하지 못하였으며, 지방자치단체의 과세표준 현실화 노력의 부족과 탄력세율의 과도한 적용으로 지역간 과세의 불평등을 초래한 것 이외에도 지방세인 종합토지세의 특성상 전국적인 토지 합산기능에 부적합하다는 등 여러 가지 문제점이 지적되었으므로, 이를 보완하고 부동산 보유에 대한 조세부담의 형평성을 제고하며, 부동산의 가격안정을 도모함으로써 지방재정의 균형적인 발전과 국민경제의 건전한 발전을 도모하기 위하여 2005. 1. 5.「종합부동산세법」을 제정하여 종합부동산세를 부과하게 되었다.

종합부동산세는「종합부동산세법」상 과세기준일인 매년 6월 1일 현재 일정한 가액을 초과하는 주택과 토지 등 부동산을 보유하는 자에 대하여 그 부동산 가액을 과세표준으로 삼아 과세하는 세금으로서(「종합부동산세법」 제3조, 지방세법 제190조,「종합부동산세법」 제7조, 제8조, 제12조, 제13조), 일정한 재산의 소유라는 사실에 담세력을 인정하여 부과하는 재산보유세의 일종이라 할 것이나, 일부 과세대상 부동산으로부터 발생하는 수익에 대하여 부과하는 수익세적 성격도 포함하고 있는 것으로 이해되고 있다.

한편, 「종합부동산세법」 제1조는 "이 법은 고액의 부동산 보유자에 대하여 종합부동산세를 부과하여 부동산 보유에 대한 조세부담의 형평성을 제고하고, 부동산의 가격안정을 도모함으로써 지방재정의 균형발전과 국민경제의 건전한 발전에 이바지함을 목적으로 한다."고 규정하여, 고액의 부동산 보유에 대하여 중과세함으로써 국가재정 수요의 충당 이외에 부동산의 과도한 보유 및 투기적 수요 등을 억제하여 부동산 가격을 안정시키고자 하는 유도적·형성적 기능을 가진 정책적 조세로서의 성격도 함께 지니고 있음을 밝히고 있다.[68]

■ 결정의 이유 요지

종합부동산세 제도와 관련한 헌법적 쟁점

• 이중과세의 문제

재산세와 사이에서는 동일한 과세대상 부동산이라고 할지라도 지방자치단체에서 재산세로 과세되는 부분과 국가에서 종합부동산세로 과세되는 부분이 서로 나뉘어져 재산세를 납부한 부분에 대하여 다시 종합부동산세를 납부하는 것이 아니고, 양도소득세와 사이에서는 각각 그 과세의 목적 또는 과세 물건을 달리하는 것이므로, 이중과세의 문제는 발생하지 아니한다.

• 소급입법 과세의 문제

구 「종합부동산세법」 부칙 제2조는 구 「종합부동산세법」이 그 시행

68 헌법재판소, 헌법재판소판례집 제20권2집(하), 2008, 50-53면.

후 최초로 납세의무가 성립하는 종합부동산세에 대하여 적용됨을 명백히 규정하고 있으므로, 구 「종합부동산세법」이 시행된 후 과세기준일 현재 과세대상 부동산에 대하여 종합부동산세를 부과하는 것은 소급입법에 의한 과세라고 하기는 어렵다.

• 미실현 이득에 대한 과세 및 원본잠식의 문제

종합부동산세는 본질적으로 부동산의 보유사실 그 자체에 담세력을 인정하고 그 가액을 과세표준으로 삼아 과세하는 것으로서, 일부 수익세적 성격이 있다 하더라도 미실현 이득에 대한 과세의 문제가 전면적으로 드러난다고 보기 어렵고, 그 부과로 인하여 원본인 부동산 가액의 일부가 잠식되는 경우가 있다 하더라도 그러한 사유만으로 곧바로 위헌이라 할 수는 없을 것이다.

• 자치재정권 침해의 문제

부동산 보유세를 국세로 할 것인지 지방세로 할 것인지는 입법정책의 문제에 해당되고, 입법정책상 「종합부동산세법」이 부동산 보유세인 종합부동산세를 국세로 규정하였다 하더라도 지방자치단체의 자치재정권의 본질을 훼손하는 것이라고 보기 어려우므로 종합부동산세를 국세로 규정한 「종합부동산세법」(여기에서도 2005. 1. 5. 법률 제7328호로 제정되고, 2007. 1. 11. 법률 제8235호로 개정되기 전의 것을 말한다) 제16조 제1항 및 제17조 중 '납세지 관할 세무서장', '납세지 관할 지방국세청장' 부분(이하 '이 사건 국세 규정'이라 한다)은 헌법에 위반된다고 볼 수 없다.

• 헌법 제119조 위반의 문제

국가에 대하여 경제에 관한 규제와 조정을 할 수 있도록 규정한 헌법 제119조 제2항이 보유세 부과 그 자체를 금지하는 취지로 보이지 아니하므로 주택 등에 보유세인 종합부동산세를 부과하는 그 자체를 헌법 제119조에 위반된다고 보기 어렵다.

• 헌법상 체계정당성 원리 위반의 문제

종합부동산세는 지방세인 재산세와는 별개의 독립된 국세로서 구「조세특례제한법」상의 중과세 특례라고 할 수 없을 뿐만 아니라, 종합부동산세가 재산세나 다른 조세와의 관계에서도 규범의 구조나 내용 또는 규범의 근거가 되는 원칙 면에서 상호 배치되거나 모순된다고 보기도 어려우므로, 입법 체계의 정당성에 위반된다고 할 수 없다.

• 입법권 남용의 문제

조세 관련 법률이라 하여 정부가 제출하는 방식으로 입법하여야 한다는 헌법적인 관행이 확립되어 있다고 보기 어렵고, 헌법 제40조에 의하면 입법권은 본래 국회에 속하는 것이므로,「종합부동산세법」이 비록 국회의원이 제출하는 형식으로 입법되었다 하여 이를 들어 입법권의 남용이라 하기도 어렵다.[69]

세대별 합산과세와 헌법 제36조 제1항 위반 여부

개정「종합부동산세법」제7조 제1항 중 전문의 괄호 부분 및 후문, 제2, 3항, 제12조 제1항 제1호 중 본문의 괄호 부분 및 단서 부분, 제

69 헌법재판소, 헌법재판소판례집 제20권2집(하), 54-58면.

2항(이하 '이 사건 세대별 합산규정'이라 한다)에 의하여 혼인한 부부 또는 가족과 함께 세대를 구성한 자에게 더 많은 조세를 부과하는 것이 혼인과 가족생활을 특별히 더 보호하도록 한 헌법 제36조 제1항에 위반되는지 여부가 문제되고, 특정한 조세 법률조항이 혼인이나 가족생활을 근거로 부부 등 가족이 있는 자를 혼인하지 아니한 자 등에 비하여 차별 취급하는 것이라면 비례의 원칙에 의한 심사에 의하여 정당화되지 않는 한 헌법 제36조 제1항에 위반된다.

이 사건 세대별 합산규정은 생활실태에 부합하는 과세를 실현하고 조세회피를 방지하고자 하는 것으로 그 입법목적의 정당성은 수긍할 수 있으나, 가족 간의 증여를 통하여 재산의 소유 형태를 형성하였다고 하여 모두 조세회피의 의도가 있었다고 단정할 수 없고, 정당한 증여의 의사에 따라 가족 간에 소유권을 이전하는 것도 국민의 권리에 속하는 것이며, 우리 「민법」은 부부별산제를 채택하고 있고 배우자를 제외한 가족의 재산까지 공유로 추정할 근거규정이 없고, 공유재산이라고 하여 세대별로 합산하여 과세할 당위성도 없으며, 부동산 가격의 앙등은 여러 가지 요인이 복합적으로 작용하여 발생하는 것으로서 오로지 세제의 불비 때문에 발생하는 것만이 아니며, 이미 헌법재판소는 자산소득에 대하여 부부간 합산과세에 대하여 위헌 선언한바 있으므로 적절한 차별취급이라 할 수 없다.

또한 부동산실명법 상의 명의신탁 무효 조항이나 과징금 부과 조항, 상속세 및 증여세법상의 증여 추정규정 등에 의해서도 조세회피의 방지라는 입법목적을 충분히 달성할 수 있어 반드시 필요한 수단이라고 볼 수 없다. 그리고 이 사건 세대별 합산규정으로 인한 조세부담의 증가라는 불이익은 이를 통하여 달성하고자 하는 조세회피의 방지 등 공익에 비하여 훨씬 크고, 조세회피의 방지와 경제생활 단위별 과세의 실현 및 부동산 가격의 안정이라는 공익은 입법정책상의 법익인데 반해 혼인과 가족생활의 보호는 헌법적 가치라는 것을 고려할 때 법익균형성도 인정하기 어렵다.

따라서 이 사건 세대별 합산규정은 혼인한 자 또는 가족과 함께 세대를 구성한 자를 비례의 원칙에 반하여 개인별로 과세되는 독신자, 사실혼 관계의 부부, 세대원이 아닌 주택 등의 소유자 등에 비하여 불리하게 차별하여 취급하고 있으므로, 헌법 제36조 제1항에 위반된다.[70]

종합부동산세 부과로 인한 재산권 침해 여부

종합부동산세는 부동산 보유에 대한 조세부담의 형평성을 제고하고, 부동산 가격을 안정시키려는데 목표가 있고, 아울러 지방재정의 균형발전과 국민경제의 건전한 발전에 이바지하고자 하는 것으로 이러한 입법목적의 정당성과 방법의 적절성을 수긍할 수 있다. 또한 전체 재산세 납세의무자나 인구, 세대 중 종합부동산세의 납세의무자가 차지하는 비율, 1인당 또는 1세대당 평균세액, 세액 단계별 납세자 및 납세액의 분포, 부동산 가격 대비 조세부담률, 직전년도 총세액 부담액에 대한 150% 내지 300%의 세액 상한의 설정 등에 비추어 보면, 「종합부동산세법」이 규정한 조세의 부담은 재산권의 본질적 내용인 사적 유용성과 원칙적인 처분권한을 여전히 부동산 소유자에게 남겨 놓는 한도 내에서의 재산권의 제한이고, 위 가격 대비 부담률에 비추어 보면, 매년 종합부동산세가 부과된다고 하더라도 상당히 짧은 기간 내에 사실상 부동산가액 전부를 조세 명목으로 무상으로 몰

---

70 헌법재판소, 헌법재판소판례집 제20권2집(하), 58-63면.

수하는 결과를 가져 오게 되는 것이라고 보기도 어려우므로, 이 사건 주택분 및 종합토지분 종합부동산세의 과세표준 및 세율로 인한 납세의무자의 세부담 정도는 종합부동산세의 입법 목적에 비추어 일반적으로는 과도하다고 보기 어려운 것으로 입법재량의 범위를 일탈하였다고 단정할 수는 없을 것이다.

그러나 주택의 경우에는 헌법 제35조 제3항에서 특별한 보호가치가 있음을 천명하고 있고, 인간으로서의 존엄과 가치를 가진 개인의 주거로서 쾌적한 주거생활을 통하여 행복을 추구할 권리를 실현할 장소로 필수 불가결할 뿐만 아니라 합리적인 주택공급 정책의 수단을 통하여도 국민의 주거생활 안정을 도모할 수 있다는 점에서 주택의 가격을 기준으로 고액의 주택을 보유한 자를 정책 집행의 대상으로 삼아 주택가격을 안정시키려는 수단의 선택은 보다 엄격한 헌법적 심사의 기준에서 이루어져야 할 것이다.

이 사건 주택분 종합부동산세의 납세의무자와 과세표준, 세율 및 세액을 규정하고 있는 구 「종합부동산세법」 제7조 제1항, 제8조, 제9조 전단, 개정 「종합부동산세법」 제7조 제1항 전문 중 괄호 부분을 제외한 부분, 제8조 제1항, 제9조 제1, 2항(이하 '이 사건 주택분 종합부동산세 부과규정'이라 한다)은, 이 사건 종합부동산세의 납세의무자 중 적어도 주거 목적으로 한 채의 주택만을 보유하고 있는 자로서, 그 중에서도 특히 일정한 기간 이상 이를 보유하거나 또는 그 보유기간이 이에 미치지 않는다 하더라도 과세 대상 주택 이외에 별다른 재산이나 수입이 없어 조세지불 능력이 낮거나 사실상 거의 없는 자 등에 대하여 주택분 종합부동산세를 부과함에 있어서는 그 보유의 동기나 기간, 조세 지불능력 등과 같이 정책적 과세의 필요성 및 주거생활에 영향을 미치는 정황 등을 고려하여 납세의무자의 예외를 두거나 과세표준 또는 세율을 조정하여 납세의무를 감면하는 등의 과세 예외 조항이나 조정장치를 두어야 할 것임에도 이와 같은 주택 보유의 정황을 고려하지 아니한 채 다른 일반 주택 보유자와 동일하게 취급하여 일률적 또는 무차별적으로, 그것도 재산세에 비하여 상대적으로 고율인 누진세율을 적용하여 결과적으로 다액의 종합부동산세를 부과하는 것이므로, 그 입법 목적의 달성에 필요한 정책수단의 범위를 넘어 과도하게 주택 보유자의 재산권을 제한하는 것으로서 피해의 최소성 및 법익 균형성의 원칙에 어긋난다고 보지 않을 수 없다.[71]

그 밖의 종합부동산세 부과로 인한 기본권 침해 여부

• 평등권 또는 평등원칙 위배 여부

① 일정 가액 이상의 부동산에 대하여 각각 부채를 고려함이 없이 누진세율에 의하여 과세하도록 한 것은, 입법재량의 범위 내에서 부동산의 가격안정과 담세능력에 상응한 과세를 도모하기 위한 것으로 합리적인 이유 없이 차별대우하는 것이 아니고, ② 토지와 주택의 사회적 기능이나 국민경제의 측면, 특히 주택은 인간의 기본적인 생존의 조건이 되는 생활공간인 점을 고려할 때, 토지와 주택을 다른 재산권과 달리 취급하더라도 합리성이 없다 할 수 없으며, ③「종합부동산세법」은 전국의 모든 부동산을 소유자별로 합산한 가액을 과세표준으로 하는 재산세의 일종이므로, 사회·경제적인 여건으로 종합부동산세의 부과대상이 수도권에 편중되어 있다 하여 이를 들어 수도권을 비수도권에 비하여 차별한다고 할 수는 없고, ④ 임대주택, 기숙사, 사원용 주택, 건설사업자의 미분양 주택 등은 주거생활의 안정

71 헌법재판소, 헌법재판소판례집 제20권2집(하), 63-71면.

을 위한 주택의 공급에 기여하여 부동산의 가격안정에 도움을 주는 것으로 이를 과세표준 합산대상에 배제하는 것이 합리적이라 할 것이므로, 평등의 원칙에 반한다고 보기 어렵다.

• 거주 이전의 자유 침해 여부

주택 등에 대한 종합부동산세의 부과로 거주 이전의 자유가 사실상 제약당할 여지가 있으나, 이는 위의 기본권에 대한 침해가 아니라 주택 등의 재산권에 대한 제한이 수반하는 반사적인 불이익에 지나지 아니하므로 이 사건 주택분 종합부동산세 부과규정이 거주 이전의 자유를 침해한다고 보기 어렵다할 것이다.

• 생존권, 인간다운 생활을 할 권리 침해 여부

「종합부동산세법」은 공시가격을 기준으로 주택분의 경우에는 6억 내지 9억 원, 종합합산 토지분의 경우에는 3억 내지 6억 원을 초과하여 보유한 자를 납세의무자로 하고 있는바, 위 과세대상 주택 등의 가액에 비추어 보면, 종합부동산세의 납세의무자는 인간의 존엄에 상응하는 최소한의 물질적인 생활을 유지할 수 있는 지위에 있다 할 것이므로, 이 사건 종합부동산세 부과규정으로 인하여 납세의무자의 생존권이나 인간다운 생활을 할 권리를 제한하거나 침해한다고 보기 어렵다 할 것이다.

• 개발제한구역 내 토지와 관련한 재산권 등 침해 여부

종합합산 과세대상 토지가 개발제한구역 특조법상의 개발제한구역의 지정으로 인하여 재산권 행사에 제한을 받고 있다 하더라도, 그 토지의 재산적 가치가 완전히 소멸되는 것이 아니라 그러한 재산권

의 제한은 당해 토지의 개별공시지가에 반영되어 과세표준이 감액 평가됨으로써 일반토지와 비교할 때 감액된 종합부동산세를 부담하게 될 것이므로, 개발제한구역으로 지정된 토지에 대하여 재산세에 더하여 다른 일반토지와 같은 세율의 종합부동산세를 부과한다 하여 다른 일반 토지에 비하여 특별히 청구인의 재산권이 침해되었다거나, 평등원칙에 위반된다고 보기는 어렵다 할 것이다.[72]

헌법불합치 결정과 잠정적용 명령

이 사건 주택분 종합부동산세 부과규정을 단순위헌으로 선언하여 즉시 효력을 상실하게 할 경우에는 주택분에 대한 종합부동산세를 전혀 부과할 수 없게 되는 등 법적인 공백 상태를 초래하게 되고, 이는 일정한 경우에 과세 예외조항이나 조정장치를 두지 않은 것이 납세의무자의 재산권을 침해한다는 이 사건 위헌 결정의 취지와 달리 모든 주택분 종합부동산세 납세의무자에 대해서까지 주택분 종합부동산세를 부과하지 못하게 하는 부당한 결과에 이르게 될 뿐만 아니라, 조세수입을 감소시키고 국가재정에 상당한 영향을 줌으로써, 일부 위헌적인 요소가 있는 이 사건 주택분 종합부동산세 부과규정을 존속시킬 때보다 단순위헌의 결정으로 인하여 더욱 헌법적 질서와 멀어지는 법적 상태가 초래될 우려가 있고, 위헌적인 규정을 구체적으로 어떠한 내용으로 합헌적으로 조정할 것인지는 원칙적으로 입법자의 형성재량에 속하고, 특히 일률적·장기적으로 다수의 국민을 대상으로 하는 세법규정에 있어서는 입법자로 하여금 정책적 판단을 숙고할 수 있는 여유를 주어 충분한 사회적인 합의를 거쳐 위헌적인 문

72 헌법재판소, 헌법재판소판례집 제20권2집(하), 71-75면.

제점을 해결하도록 함이 상당하다 할 것이므로, 이 사건 주택분 종합부동산세 부과규정에 대하여는 헌법불합치 결정을 선고하되, 다만 입법자의 개선입법이 있을 때까지 계속 적용을 명하기로 한다.[73]

■ **반대의견**(재판관 조대현, 재판관 목영준, 재판관 김종대) **요지**

헌법불합치 부분에 대한 재판관 목영준의 일부 합헌의견

납세의무자의 주관적 요소에 따라 납세의무자 여부와 적용세율을 달리하는 것은 재산세의 성격에 비추어 타당하지 않고, 「종합부동산세법」상 납세의무자의 범위와 세율이 조세정책에 관한 입법자의 재량범위를 벗어났다고 볼 수도 없으므로, 결국 「납세의무자에 관한 법」 제7조 제1항(개정 법 제7조 제1항 전문 중 괄호 부분 제외) 및 세율에 관한 제9조 전단(개정 법 제9조 제1, 2항)은 헌법에 위반되지 아니한다.

그러나 주택의 장기보유자에 대한 조세부과는 '주택의 가격안정'이라는 목적을 이루기 위한 범위를 벗어날 뿐 아니라 이를 달성하는 데 아무런 도움을 주지 못하므로, 법 제8조(개정 법 제8조 제1항, 과세표준)가 과세표준을 시가에 근접한 공시가격을 기준으로 정하면서도 과세표준의 상승폭 제한 또는 물가상승에 따른 보유공제 등 과세표준에 대한 조정장치를 마련하지 않은 것은 헌법상 과잉금지 원칙에 위반하여 주택장기보유자의 재산권을 침해함으로써, 헌법에 합치되지 않는다 할 것이다.[74]

---

73 헌법재판소, 헌법재판소판례집 제20권2집(하), 7면.

74 헌법재판소, 헌법재판소판례집 제20권2집(하), 7-8면.

재판관 조대현의 합헌의견

종합부동산세의 본질은 국가재원을 조달하기 위한 재산보유세이고, 부동산 투기억제나 부동산 가격안정을 근본목적으로 하는 것이 아니므로, 과세대상 부동산의 장기보유 여부나 보유목적의 투기성 여하에 따라 종합부동산의 과세 여부나 과세 범위를 달리하여야 하는 것은 아니므로, 종합부동산세를 부과하면서 주거목적으로 보유하는 1주택의 경우에 장기보유 여부나 다른 재산·소득의 유무를 고려하지 않고 일률적으로 과세하는 것이 헌법에 위반된다고 볼 수 없다.

종합부동산세의 세대별 합산과세제도는 세대별 부동산 보유를 하나의 과세단위로 파악하는 조세정책적 결정이고, 세대원들의 소유명의 분산을 통한 조세회피행위를 방지하여 종합부동산세 부담의 실질적 공평을 도모하려는 것이므로, 조세부담능력을 잘못 파악하였다거나 응능부담의 원칙에 어긋난다거나 헌법 제36조 제1항 또는 제11조 제1항에 위반된다고 보기 어렵다.[75]

재판관 김종대의 합헌의견

세대별 합산과세방식에 관해 보건대, 주택은 그 소유권이야 개인별로 귀속되겠지만, 그 사용은 세대를 이루어 사는 가족들의 공동주거로 쓰이는 특수성이 있다. 이 같은 과세목적물인 주택의 특성상 같은 세대를 구성한 구성원이 여러 주택을 소유하고 있을 때 개인별로 과세 않고 이를 세대별로 합산과세 하겠다는 것은 입법목적을 달성하기 위해 꼭 필요할 뿐 아니라 과세단위에 관한 논리상의 결함도 없으므로, 헌법에 위반된다고 볼 수 없다.

---

75 헌법재판소, 헌법재판소판례집 제20권2집(하), 8-9면.

1주택 보유자에 대한 과세예외조항에 관해 보건대, 주거목적의 1주택이라고 해도 고가의 주택보유자에 대해서는 그 주택가액에 상응하는 보유세를 부담하게 함으로써 조세부담의 형평성을 제고할 필요가 있고, 그 부담 정도 역시 선진제국에 비하여 현저히 낮은 수준에 불과하고, 혹 납세의무자에 따라서는 극소수자에게만 부과시키는 과도한 세금이라고 느낄 수 있는 측면이 있을 수도 있으나 이는 종합부동산세와는 다른 세금인 양도소득세의 부과상 문제점에서 비롯된 면이 없지 않은 점과 종합부동산세의 입법목적에는 보유세 부담의 형평성 제고 이외에 부동산 투기 및 과다 보유의 억제를 통한 부동산 가격의 안정을 도모한다는 측면도 있다는 점을 아울러 고려할 때, 그와 같은 주택보유자에 대하여 보유기간이나 조세지불능력을 고려한 과세예외조항이나 조정장치를 두지 않았다고 하여 입법재량의 한계를 일탈하였다고 보기는 어려우므로, 헌법에 위반된다고 볼 수 없다.[76]

▪ 결정의 분석

이 사건 결정은 「종합부동산세법」의 세대별 합산 과세방법은 헌법재판소가 과거 부부자산소득 합산과세제도에 대하여 위헌선언을 한 것과 동일한 맥락에서 헌법 제36조 제1항에 위반된다는 단순위헌을 선언한 것이다. 한편 종합부동산세의 과세표준 및 세율로 인한 납세의무자의 세부담 정도는 입법재량의 범위 내에 있지만, 주택분 종합부

76 헌법재판소, 헌법재판소판례집 제20권2집(하), 9-10면.

동산세의 경우에는 납세의무자 중 적어도 주거 목적으로 1주택 장기보유자 등 일정한 경우에까지 과세 예외조항이나 조정장치를 두지 아니하고 일률적 또는 무차별적으로, 그것도 재산세에 비하여 상대적으로 고율인 누진세율을 적용하여 다액의 종합부동산세를 부과하는 것은, 그 입법 목적의 달성에 필요한 정책수단의 범위를 그러한 주택 보유자의 재산권을 침해한다고 보아 잠정적용의 헌법불합치 선언을 하였다. 이 사건 결정은 정책적 조세의 헌법적 한계의 범위를 명확히 설정했다는 점에서 그 의의가 있다.[77]

이에 따라 2008년 12월 국회는 헌법재판소의 위헌결정에 따라 주택분 및 종합합산대상 토지분 종합부동산세 과세방식을 세대별 합산방식에서 인별 합산방식으로 변경하고, 주거 목적의 1주택 장기 보유자 등을 우대하도록 입법개선을 요구한 헌법재판소 결정의 취지에 따라 1주택 장기보유자 및 고령자에 대한 세액공제제도를 도입하였으며, 납세자의 세부담을 완화하기 위하여 과세기준금액, 과세표준의 구간 및 세율과 세부담 상한액을 조정하고, 법률에서 정하던 연도별 과표적용률을 대통령령에서 공정시장가액비율로 정하도록 개정하였다.

---

77 김상우, 구「종합부동산세법」제5조 등 위헌소원, 헌법재판소 결정해설집 7집, 2009, 481면.

「도시 및 주거환경 정비법」중 개정법률안 제30조의2 등 위헌확인

(헌법재판소 2008. 10. 30. 2005헌마222 결정)

•

헌법재판소 전원재판부는 2008년 10월 30일 재판관 5(합헌) : 4(한정위헌)의 의견으로, 주택재건축사업의 경우 증가되는 용적률의 100분의 25 면적의 범위 내에서 임대주택을 의무적으로 공급하도록 하는 「도시 및 주거환경 정비법」 제30조의2 제1항 본문 등에 대해 이 규정들이 재건축사업시행자의 재산권 등을 침해하지 않는다는 기각결정을 선고하였다.

한편, 이에 대하여 재판관 1인(재판관 조대현)은 다수의견에 대한 보충의견을, 재판관 4인(재판관 이공현, 재판관 김종대, 재판관 민형기, 재판관 목영준)은 「도시정비법」 제30조의2 제1항 본문이 '위 법 시행일 전에 관리처분계획의 인가를 받은 사업시행자'에게도 적용된다고 해석하는 한 헌법에 위반된다는 한정위헌의견을 밝혔다.

사건 개요

이 사건 청구인들 110인은 이 사건 심판청구일 당시 재건축조합, 재건축조합설립추진위원회, 재건축조합의 조합원 등으로 재건축사업을 추진하면서 사업시행인가를 받았거나 이를 받기 위하여 준비하고 있던 자들인바, '도시 및 주거환경 정비법 개정법률안'이 2005. 3. 2. 국회 본회의를 통과하자, 위 법률안 제30조의2와 부칙 제2조, 제4조가 노후된 아파트를 재건축함에 있어 증가된 용적률의 최고 25% 범위 안에서 대통령령이 정하는 비율 이상을 임대주택으로 건설하도록 규정하고 있는 것이 자신들의 재산권, 평등권 등을 침해한다고 주장하면서 2005. 3. 3. 이 사건 헌법소원심판을 청구하였다. 그 후 위 법률안이 2005. 3. 18. 법률 제7392호로 공포되자, 위 청구인들은 2005. 3. 25. 청구취지 및 청구원인 변경신청서를 헌법재판소에 제출하여 심판대상을 위 '도시 및 주거환경 정비법 개정법률안' 제30조의2, 부칙 제2조, 제4조에서 「도시 및 주거 환경 정비법」 제30조의2, 부칙 제2조, 제4조로 변경하였고, 2005. 11. 16.에는 「도시 및 주거환경 정비법시행령」 제41조의2, 부칙 제2조, 제4조 등을 심판대상에 추가하였다.

한편, 보조참가인 OO주공3단지재건축주택정비사업조합은 2007. 12. 14. 이 사건 헌법소원 결과에 대하여 법률상 이해관계가 있다고 주장하며, 보조참가 신청을 하였다.

▪ 주택재건축사업 개발이익 환수의 일환인 임대주택공급제도의 도입 취지

주택재건축이란 건물 건축 후 상당한 기간이 경과되어 건물이 훼손 또는 일부 멸실되거나 그 밖의 사정에 의하여 건물의 가격에 비하여 과다한 수선·복구비나 관리비용이 소요되는 경우 또는 부근 토지의 이용상황의 변화나 그 밖의 사정에 의하여 건물을 재건축하면 그에 소요되는 비용에 비하여 현저한 효용의 증가가 있게 되는 경우 그 건물을 철거하여 그 대지 위에 새로운 건물을 건축함을 말한다.

2001년 이후 서울 지역에서 재건축이 진행중이거나 추진 예정인 주택들은 대부분 70-80년대에 토지구획정리사업으로 조성된 토지에 아파트지구개발사업 및 택지개발사업에 의해 대량으로 건축된 것들로, 특히 최초 용적률이 100% 미만으로 개발된 저밀도 지구는 재건축 사업승인으로 인해 초기 용적률 2배 이상의 고밀도 개발이 허용되어 철거되는 기존 주택보다 그 면적을 넓혀 재건축을 하면서도 조합원 분양분을 제외한 남는 물량을 일반에게 고가로 분양함으로써 많은 이익을 취할 수 있었다. 이러한 것이 가능했던 이유는 주택재건축의 경우 기존의 용적률보다 훨씬 증가된 용적률로 사업시행인가를 받을 수 있었음은 물론, 여기에서 발생되는 이익에 대한 규제가 거의 없었기 때문이다.

그런데 주택재건축사업의 경우 만약 용적률을 늘리지 않고 기존의 용적률대로만 건축을 하게 한다면 건축비를 포함한 재건축 비용은 조합원들의 몫이 될 것이고, 사업시행자는 재건축사업으로 인해 그렇게 많은 이익을 취할 수 없을 것이다. 그러나 현실에서는 용적률을 늘려 재건축시행인가를 받기 때문에 조합원 분양에 필요한 주택수보다 훨씬 많은 주택을 건설하여 남는 물량에 대해서는 일반 분양을 함으로써 시가 상당의 분양가에서 건축비 등의 비용을 제외한 나머지 금액을 이익으로 취하는 것이 가능했던 것이다.

이와 같은 이유로 노후된 아파트 개선 목적이 아닌 증가된 용적률에 의한 재산증식이 목적인 아파트 재건축이 성행하게 되었고, 재건축 아파트에 대한 투기적 수요는 다른 주택의 가격에도 영향을 미쳐 집 값 폭등 현상을 낳았다. 그런데 주택재건축사업시 발생하는 이러한 이익은 주택재건축사업이라는 개발사업에서 용적률의 증가를 통해 발생한 이익이고, 사업자의 기여에 의한 것이 아니기 때문에 궁극적으로는 국민 모두에게 귀속되어야 할 것으로(헌법재판소 1990. 6. 25.

89헌마107) 어느 정도 국가의 환수조치가 필요하다. 이러한 이익에 대한 적절한 환수는 시장경제질서의 모순과 폐해라 할 수 있는 재건축 예정 아파트의 투기적 수요와 무분별한 재건축으로 인한 자원의 낭비 등을 최소화하는 데 기여하며, 소득의 공정한 분배, 경제력의 남용 방지 및 균형 있는 국민경제의 발전에 이바지하게 될 것이다.

그러나 그동안에는 주택재건축으로 인한 개발이익이 전혀 환수되지 않고 전부 사업시행자에게 사유화됨으로써 재건축을 앞둔 아파트들에 대한 투기적 수요를 낳아 부동산 시장을 교란시키고 있다는 지적이 있어 왔다. 주택재건축에 따른 개발이익을 환수하지 못한 이유는 개발이익의 환수에 있어서는 「개발이익 환수에 관한 법률」상의 개발부담금이 그 핵심수단이었으나, 이것은 일반적으로 신규개발사업을 대상으로 하고 있어 재개발사업의 하나인 주택재건축사업에는 이를 부과할 수 없었기 때문이다.

이에 「도시정비법」 제30조의2 제1항 등은 수도권 과밀억제권역에서 주택재건축사업을 시행하는 경우 사업시행자에게 주택재건축사업으로 증가되는 용적률 중 100분의 25의 면적을 임대주택으로 공급하도록 하는 임대주택공급의무 규정을 두게 된 것이다. 이와 같은 개발이익의 환수방법은 개발이익을 금전으로 환수할 경우 발생할 수 있는 가치 산정의 부정확성을 어느 정도 해소하면서 개발이익을 환수한다는 장점과 수도권과밀지역의 세입자들을 위한 주택이 절대적으로 부족한 현실에서 이들의 주거문제를 어느 정도 해소해 줄 수 있다는 장점을 가지고 있다.[78]

---

78 헌법재판소, 헌법재판소판례집 제20권2집(상), 2008, 916-918면.

■ 결정의 이유 요지

과잉금지원칙 위반 여부

이 사건 규정은 용적률의 증가라는 요인에 의하여 발생한 재건축사업의 개발이익의 일부를 임대주택공급이라는 형식으로 환수하여 부동산에 대한 투기를 방지하고 세입자의 주거안정을 도모하기 위하여 재건축임대주택공급의무라는 이 사건 제도를 도입하고 있는바, 그 입법목적은 정당하다고 할 것이다. 그리고 이 사건 임대주택공급의무는 모든 주택재건축사업의 경우에 부담하게 되는 것이 아니고, 개발이익의 규모가 크고 집값 상승률이 높으며 임대주택의 수요가 많은 수도권 중 과밀억제권역에서 재건축사업을 하는 경우에만 부담하는 의무로서 이 사건 규정은 이러한 의무 부담으로 인한 피해를 최소화하기 위하여 이 사건 규정의 시행 당시 사업시행인가를 받지 않은 재건축사업시행자의 경우에는 증가되는 용적률의 100분의 25를, 이미 사업시행인가를 받은 재건축사업시행자의 경우에는 용적률 증가분의 100분의 10을, 그리고 관리처분계획인가까지 받은 경우에는 용적률 증가분의 100분의 10의 면적을 임대주택으로 공급하도록 하되 조합원 외의 자에게 공급하고자 계획한 주택의 수가 그에 미치지 못하는 경우에는 일반분양분에 한해서만 임대주택으로 공급하도록 하고 있다. 사업의 진척 정도에 따른 이와 같은 단계별 조치는 재산권 침해를 최소화하기 위한 조치에 해당한다.

한편, 이 사건 규정은 재건축 사업시 임대주택을 의무적으로 공급하도록 하면서도 원본잠식의 문제를 원천적으로 차단하기 위하여 재건축임대주택의 건설에 투입되는 건축비를 기준으로 건설교통부장관이 고시하는 금액에 재건축임대주택 부속토지의 가격을 합한 가격을 지급하도록 하고 있다. 따라서 이 사건 임대주택공급의무제도는 그 수단이 적절하고 피해의 최소성 원칙도 위반하지 않는다고 할 것이다.

다만, 국민의 주거생활 안정과 주거수준의 향상을 도모할 의무는 국가에게 있으므로 이 사건 규정과 같이 민간 사업시행자에게 임대주택 공급의무를 부담케 하는 것은 근본적으로 문제가 있고, 그러한 필요성이 있다고 하더라도 주택재건축사업으로 발생하는 개발이익을 금전으로 환수하여 국가가 직접 임대주택을 건설하여야 할 것인데, 이 사건 규정과 같이 임대주택을 민간 사업시행자에게 의무적으로 공급하도록 하는 것은 피해의 최소성 원칙에 반한다는 주장이 있을 수 있다. 그러나 수도권 과밀억제권역에서 임대주택건설에 필요한 부지를 매입한다는 것은 매우 어려운 일로서 국가가 임대주택을 직접 건설하는 방법으로 세입자들의 주거 수요를 충족시키는 데는 한계가 있을 수밖에 없어 주택을 재건축하는 사업시행자에게 증가된 용적률의 일정 비율을 임대주택으로 공급하도록 한 것이므로 이것이 최소침해성 원칙을 위반하는 것이라고 볼 수 없다.

한편, 재건축으로 발생하는 이익은 재건축사업시행자의 노동력이나 자본 투자와 같은 현실적인 기여에 의하여 발생하는 것이 아니라 용적률을 증가시킨 재건축사업의 승인이라는 행정청의 수익적 행위에 의하여 발생하는 것이므로 그 보호가치가 크다고 할 수 없는 반면, 이 사건 규정을 통해 달성하려는 개발이익의 환수와 세입자들의 주거안정이라는 공익은 크다고 할 것이므로, 법익 균형성요건도 충족한다고 할 것이다. 그렇다면 이 사건 규정은 과잉금지원칙을 위반하여 재산권을 침해하고 있다고 볼 수 없다.[79]

이 사건 규정이 소급입법에 해당하여 재산권을 침해하는지 여부

「도시정비법」 부칙 제1조와 제2조에 의하면 이 사건 규정 시행 이전에 주택재건축 사업을 시행하여 일반분양까지 마친 사업에 대해서는 이 사건 규정이 적용되지 않고, 다만 이 법 시행 당시 사업시행인가를 받기는 했지만 아직 일반분양을 마치지 않았거나(부칙 제4조), 주택재건축사업을 추진 중에 있지만 사업시행인가를 받지 않았거나 또는 앞으로 재건축사업을 추진할 예정인 자에게만(제30조의2) 적용된다고 할 것인바, 그렇다면 이 사건 규정은 아직 완성되지 않은 진행과정에 있는 사실관계 또는 법률관계를 규율대상으로 하는 부진정소급효를 가진 입법에 해당한다고 할 것이므로 이 사건 규정에 대해서는 헌법 제13조 제2항에서 말하는 진정소급입법에 의한 재산권 박탈 문제는 발생하지 않는다.[80]

신뢰보호원칙의 위반 여부

이 사건 재건축사업의 시행자가 이 사건 규정의 시행 당시 일반분양을 완료한 상태가 아니었다면, 사업시행인가를 받지 않은 재건축사업시행자의 경우에는 증가되는 용적률의 100분의 25에 해당하는 면적을 임대주택으로 공급하여야 하고, 이미 사업시행인가를 받은 재건축사업시행자의 경우에는 용적률 증가분의 100분의 10에 해당하는 면적을 임대주택으로 공급하여야 하며, 관리처분계획인가까지 받은 경우에는 용적률 증가분의 100분의 10에 해당하는 면적을 임대주택으로 공급하도록 하되 조합원 외의 자에게 공급하고자 계획한 주

79 헌법재판소, 헌법재판소판례집 제20권2집(상), 919-924면.

80 헌법재판소, 헌법재판소판례집 제20권2집(상), 892면.

택의 수가 그에 미치지 못하는 경우에는 일반분양분에 한해 임대주택으로 공급하여야 한다.

그런데 이 사건 재건축임대주택공급의무제도는 재건축으로 발생하는 사업시행자의 개발이익의 일부를 임대주택으로 공급하게 함으로써 재건축 주택에 대한 투기적 수요를 억제하여 주택의 가격을 안정시키고, 수도권 지역을 중심으로 사회 문제가 되고 있는 세입자들의 주택 부족 문제를 완화시키기 위한 것이다. 이러한 공익에 비추어 볼 때 재건축사업시행자가 사업시행 추진 당시 위와 같은 의무 부담을 예상하지 못하였다고 하더라도 재건축사업시행자의 기존 제도에 대한 신뢰가 반드시 보호되어야 할 정도로 크다고는 볼 수 없다. 그렇다면 이 사건 규정이 신뢰보호의 원칙을 위반하여 재산권을 침해하고 있다고 할 수 없다.[81]

임대주택공급제도가 정당한 보상 없는 수용으로서 재산권을 침해하는지 여부

이 사건 규정에서 용적률의 일부를 임대주택으로 짓게 하여 공급하도록 한 것은 개발이익의 환수차원에서 이루어지는 조치이다. 그런데, 개발이익의 환수는 불로소득적인 개발이익의 일정부분을 공공복리를 위해 환수하는 것이므로 원칙적으로 보상을 전제로 하지는 않는다. 따라서 이 사건 임대주택공급의무제도를 보상을 전제로 하는 수용과 동일한 차원에서 비교할 수는 없다.

한편, 개발이익이란 유형적인 개발사업의 시행뿐만 아니라 그 입법목적에 비추어 이와 동일시할 수 있는 사회·경제적 요인에 의해 발생한 것까지를 포괄하는 개념으로, 공공투자로 인한 편익증진, 개발

---

81 헌법재판소, 헌법재판소판례집 제20권2집(상), 925-928면.

사업의 인허가에서 초래되는 계획이익, 토지개발 및 건축행위에서 발생하는 개발이익, 기타 사회, 경제적 여건의 변화로 얻은 자본이득 및 우발이익 등을 총괄하는 개념이라 할 것이고, 재건축 사업시 용적률이 증가됨으로써 발생하는 이익도 개발이익에 포함된다고 할 것이므로, 개발이익환수 차원에서 이루어지는 이 사건 규정의 임대주택 공급의무는 수용에 해당한다고 볼 수 없고, 따라서 정당한 보상 여부에 관계없이 헌법 제23조 제3항 위반의 문제는 일으키지 않는다고 할 것이다.[82]

평등권 침해 여부

먼저 이 사건 재건축조합을 주택법상의 지역주택조합이나 직장주택조합과 합리적 이유 없이 차별하고 있는지를 본다. 이들 주택조합들은 기본적으로 무주택자들이 자신들이 거주할 주택을 짓기 위해 결성한 조합으로 그 주택건축은 신규주택개발사업이라는 성질을 가지는 데 비하여, 재건축조합의 주택재건축은 정비기반시설은 양호하나 노후·불량건축물이 밀집한 지역에서 주거환경을 개선하기 위하여 시행하는 정비사업의 일종이다. 따라서 주택재건축사업은 기존의 용적률에 비해 훨씬 증가된 용적률로 주택을 건설함으로써 많은 개발이익을 얻게 되는데, 이에 주택재건축사업에서 발생하는 개발이익을 임대주택공급이라는 방법으로 환수하고자 이 사건 임대주택공급제도를 도입한 것이다. 그러므로 주택법상의 주택조합에게는 부과하지 않는 임대주택공급의무를 주택재건축사업에만 부과하고 있다고 하더라도 이것이 합리적인 이유 없는 차별이라고는 볼 수 없다.

---

82 헌법재판소, 헌법재판소판례집 제20권2집(상), 892-893, 928-929면.

다음으로 주택재건축사업에서 주택재개발사업시 부과하는 임대주택공급의무를 부과하는 것이 평등권 침해인지를 본다. 주택재개발사업은 주거환경이 불량한 지역을 계획적으로 정비하고 노후, 불량건축물을 효율적으로 개량하기 위해 시행하는 공익사업으로 주택재개발지구로 지정된 지역에는 일반적으로 저소득층의 세입자들이 많이 거주하고 있어 재개발이 실시되면 이들은 기존 지역에서의 임대보증금으로 다른 지역으로 이주하는 것이 어려운 실정에 있다. 그리하여 주택재개발사업의 경우에는 개발사업으로 발생하는 세입자에 대한 주거대책이 필요하며, 그 대책의 일환으로 세입자들에게는 공공임대주택의 입주권이 주어지게 된다. 즉, 주택재개발사업에서의 임대주택공급은 주택재개발사업으로 발생하는 세입자 등의 주거문제 해결을 위해 그 대책의 일환으로 고안된 제도라는 특성을 갖는다.

그런데 재건축사업의 임대주택공급제도는 수도권 과밀억제권역에서 재건축아파트에 대한 투기적 수요의 엄청난 증가로 집값이 폭등하여 주택재건축에 대한 개발이익환수의 필요성이 높아지자 2005년 개정법을 통해 용적률의 증가로 발생하는 개발이익을 환수하기 위해 그 환수방법으로 도입하게 된 제도이다. 위에서 본 바와 같이 주택재건축사업과 주택재개발사업에 각각 부과되어 있는 임대주택공급의무는 그 취지와 목적 및 내용이 서로 다르다고 할 것이므로, 임대주택공급의무와 관련하여 서로 다른 것을 같게 취급하고 있다는 청구인들의 주장은 이유 없다 할 것이다.

한편, 이 사건 규정은 재건축 대상 부동산이 전전 유통된 경우라도 최종소유자에게만 이 사건 임대주택공급의무를 부담시키고 있다. 그런데 재건축 사업시행인가가 나기 전에는 용적률의 증가라는 것이 있을 수 없으므로 비록 사업시행인가가 나기 전에 기대되는 미래의 가치를 일부 가격에 반영하여 주택을 매도하였다고 하더라도 단지 그 이유로 개발이익환수의 부담을 지울 수는 없는 것이므로 용적률의 증가로 직접적인 혜택을 받게 되는 것이 재건축사업시행자인 재건축조합이라고 보고 이들에게 그 개발이익의 환수차원에서 임대주택을 의무적으로 공급하도록 하는 것은 재건축대상 부동산의 최종소유자와 그 전 소유자를 불합리하게 차별하는 것이라고 볼 수 없다. 이상에서 본 바와 같이 이 사건 규정은 청구인들의 평등권을 침해하고 있다고 할 수 없다.[83]

▪ 재판관 조대현의 보충의견

이 사건 규정에 의한 임대주택의 공급은 개발이익의 환수와 달리 유상有償으로 이루어진다. 다만 건설교통부장관이 고시하는 표준건축비와 부속토지의 개별공시지가를 임대주택의 대가로 법정法定하고 있기 때문에, 임대주택의 대가가 일반분양가격보다 적게 될 가능성이 크다. 이 점에서 재산권을 침해할 가능성이 있지만, 2006. 5. 24. 법률 제7959호로 제정된「재건축 초과이익 환수에 관한 법률」이「도시정비법」에 의한 주택재건축사업에서 발생되는 초과이익을 환수하도록 하면서 제11조 제1항 제4호로 이 사건 규정에 의한 재건축임대주택 건설에 따른 부담액을 개발비용으로서 재건축이익에서 공제하도록 하였기 때문에, 위와 같은 위헌성은 해소되었다고 할 것이다.

한편 주택재건축의 경우에 건축용적률의 증가로 인하여 생기는 이

83 헌법재판소, 헌법재판소판례집 제20권2집(상), 929-935면.

익은 토지소유자나 재건축사업자의 재산권에 당연히 귀속되는 것이 아니라 공공의 이익을 위하여 조정할 수 있다고 할 것인데, 이 사건 규정이 수도권 과밀억제권역에서 무주택자의 주거안정에 필요한 공공임대주택을 확보하기 위하여 재건축 용적률의 증가로 인하여 생긴 잉여주택(일반분양주택)의 일부를 유상으로 공공임대주택으로 제공하도록 하는 것은 재건축사업자의 잉여주택 처분의 자유를 과도하게 제한하는 것이라고 볼 수 없다. 따라서 이 사건 규정은 헌법에 위반되거나 청구인들의 재산권 기타의 기본권을 침해하는 것이라고 볼 수 없다.[84]

▪ 재판관 이공현, 재판관 김종대, 재판관 민형기, 재판관 목영준의 반대의견

재건축사업과 관련하여 관리처분계획의 인가 및 고시가 있으면, 당해 재건축사업을 통해 건축될 총 건축물 중 조합원에게 분양되는 물량('조합원 분양분')이 확정됨에 따라 조합원 외의 자에게 분양되는 물량('일반 분양분')도 확정된다. 따라서 정비사업비의 추산액에서 일반 분양분을 통한 수익으로 충당되는 부분을 제외한 나머지 금액을 기준으로 조합원의 부담금액이 관리처분계획상 정하여지고, 조합원의 종전의 토지 또는 건축물에 대한 소유권 등은 위와 같이 잠정적으로 확정된 부담금액을 지불하는 것을 조건으로 그가 분양받기로 되어 있는 대지 또는 건축물을 분양받을 수 있는 권리로 변환된다.

그런데 이 사건 규정에 의하면, 「도시정비법」 시행일 전에 관리처

84 헌법재판소, 헌법재판소판례집 제20권2집(상), 935-937면.

분계획의 인가를 받은 사업시행자'도 재건축임대주택 건설의무를 부담하게 됨으로써 관리처분계획상 일반분양분에서 「도시정비법」상 요구되는 임대주택수를 뺀 나머지만을 일반분양할 수밖에 없고, 그 결과 재건축사업의 비용에 충당될 분양수익이 감소함으로써 조합원들이 부담할 나머지 재건축사업비용, 즉 1인당 부담금액이 증가된다. 그리고 증가된 부담금액으로는 재건축사업을 추진할 의사가 없는 경우 재건축사업의 철회라는 재건축사업 이전 상태로의 복귀도 불가능하게 된다. 그러므로 관리처분계획인가를 받은 경우에는 신뢰보호에 대한 필요성은 더욱 커진다고 할 것이다.

반면 이 사건 규정이 추구하는 공익은 주택재건축사업으로 발생하는 개발이익을 환수하고 세입자의 주거안정을 도모하는 것인데, 세입자의 주거안정은 원칙적으로 국가가 임대주택공급의 확대 등을 통하여 해결해야 할 정책적 과제로서 이 사건 규정만으로 충분히 해결될 수 있는 것이 아니라는 점 등을 고려할 때, 이 사건 규정이 추구하는 목적이 관리처분계획의 인가 및 고시를 통해 이미 조합원으로서의 재산권의 내용이 거의 확정된 경우에까지 조합원들의 신뢰를 무시하면서 추구해야 할 긴밀하거나 중대한 공익목적을 구성한다고 보기는 어렵다.

그렇다면 「도시정비법」 제30조의2 제1항 본문이 '위 법 시행일 전에 관리처분계획의 인가를 받은 사업시행자'에게도 적용된다고 해석하는 것은 신뢰보호의 원칙에 위반하여 위 사업시행자 및 조합원들인 청구인들(보조참가인 포함)의 재산권을 침해하는 것으로서 헌법에 위반된다.[85]

---

85 헌법재판소, 헌법재판소판례집 제20권2집(상), 937-940면.

■ 결정의 분석

이 사건에서 헌법재판소는 개발 사업으로 발생하는 개발이익 환수 수단으로 조세나 부담금 형식 이외 임대주택과 같은 현물의 형태로 환수하는 것에 대해 합헌성을 인정했다는 점에서 의의가 있다.[86]

그러나 2008년 금융위기를 계기로 재건축사업에 부과된 임대주택 건설의무제도는 2009년 4월 "임대주택 또는 전세주택의 지속적인 공급을 고려하여 장기적인 측면에서 '수요 있는 곳에 공급'을 통한 주택 수급 안정을 기하기 위해 도심 내 재건축소형주택공급의 기반을 구축하고, 경기활성화를 도모하기 위해" 폐지되었다. 폐지된 임대주택건설의무제도의 대체 수단으로 국회는 재건축 시 「국토의 계획 및 이용에 관한 법률」에서 정한 용적률의 상한까지 건축할 있도록 함과 동시에 일정비율을 주거전용면적 60제곱미터 이하의 소형주택을 건설하도록 하고, 정비계획상 용적률을 초과하여 건축하는 경우 일정비율을 환수하도록 개정되었다.

86 지성수, 도시및주거환경정비법중개정법률안 제30조의2 등 위헌확인 등, 헌법재판소 결정해설집 7집, 2009, 407면.

신행정수도 후속대책을 위한 연기 · 공주지역 행정중심복합도시 건설을 위한 특별법 위헌확인

(2005. 11. 24. 2005헌마579등 결정)

•

헌법재판소는 2005년 11월 24일 재판관 7:2의 의견으로, 신행정수도 후속대책을 위해 신행정수도 후속대책을 위한 「연기·공주지역 행정중심복합도시 건설을 위한 특별법」(2005. 3. 18. 법률 제7391호, 이하 '이 사건 법률'이라 한다. 2005. 7. 21. 법률 제7604호로 일부 개정되었으나 2006. 1. 22. 시행된다)에 의하여 연기·공주지역에 건설되는 행정중심복합도시가 불문의 관습헌법에 위반된 수도분할에 해당하여 기본권을 침해한다고 제기한 청구인들의 심판청구는 국민투표권, 청문권, 평등권, 재산권 등 기본권을 침해할 가능성이 없으므로 이 사건 심판청구는 부적법하여 모두 각하로 결정하였다. 다만 재판관 전효숙, 재판관 이공현, 재판관 조대현의 별개의견과 재판관 권성, 재판관 김효종의 반대의견을 개진하였다.

사건 개요

헌법재판소는 2004. 10. 21.「신행정수도 건설을 위한 특별조치법」(2004. 1. 16. 법률 제7062호, 이하 이 법률을「신행정수도법」이라 한다) 전부에 대하여 위헌결정을 선고하였다(2004헌마554등, 이하 이 사건을 '신행정수도사건'이라 한다). 정부는 그 후속대책을 마련하기 위해 '신행정수도후속대책위원회'를 구성하였고 국회 역시 '신행정수도 후속대책 및 지역균형발전 특별위원회'를 구성하여 후속대책을 논의하였다. 그 결과 기존 신행정수도의 부지로 선정되었던 연기·공주지역에 행정특별시, 행정중심도시 또는 교육과학연구도시를 건설하는 3개의 안이 유력한 대안으로 제시되었다.

위 국회특별위원회에서 이들 안에 대하여 논의하던 중인 2005. 2. 5. 열린우리당 의원들을 주축으로 한 국회의원 151명은 '신행정수도 후속대책을 위한 연기·공주지역 행정도시건설 특별법안'을 발의하였고, 이후 이 법안은 위 국회특별위원회에서 결정한 내용에 따라 국회건설교통위원회에서 그 명칭을 「신행정수도 후속대책을 위한 연기·공주지역 행정중심복합도시 건설을 위한 특별법」으로 변경하고 이전대상에서 제외되는 중앙부처를 규정하는 등의 내용으로 수정·의결되었다. 같은 해 3. 2. 국회본회의는 이와 같이 수정된 위 법안을 재석의원 총 177명 중 찬성 158인(반대 15인, 기권 4인)으로 통과시켰고, 같은 달 18. 공포되어 부칙규정에 따라 그로부터 2월 후부터 시행되었다.

이에 서울시 정무부시장, 서울시의회 의원, 경기도 의회 의원, 과천시 의회 의원, 공공기관 종사자 또는 충남 공주시와 연기군에 거주하는 주민들을 포함한 전국 각지에 거주하는 일반 국민들인 청구인들은 위 법률이 우리나라의 수도는 서울이라는 불문의 관습헌법에 위반되며 청구인들의 국민투표권, 납세자의 권리, 청문권 등 기본권을 침해한다는 이유로 같은 해 6. 15. 이 사건 헌법소원심판을 청구하였다.

■ 「신행정수도 후속대책을 위한 연기 · 공주지역 행정도시건설 특별법」의 입법 취지

우리나라는 국가의 중추기능이 수도권에 과도하게 집중되어 수도권에서는 주택난·교통난·환경오염 등 각종 부작용이 발생하고 있는 반면, 지방은 개발이 상대적으로 늦어져 국토를 균형있게 이용하지 못하고 수도권과 지방이 모두 경쟁력을 잃어가고 있는 상황이다. 이러한 문제점을 극복하기 위한 특단의 대책으로 국가 정치·행정의 중추기능을 가지는 신행정수도를 충청권에 새로이 건설하기 위하여 「신행정수도 건설을 위한 특별조치법(2004. 1. 16. 법률 제7062호)」을 제정·시행하였으나, 헌법재판소에서 동법은 우리나라의 수도가 서울이라는 불문의 관습헌법사항을 헌법개정절차를 이행하지 아니한 채 법률의 방식으로 변경한 것이어서 위헌이라고 결정(2004. 10. 21. 2004헌마554·566)함에 따라 그 효력을 상실하게 되었다.

하지만 헌법재판소의 위헌결정에도 불구하고 국토균형발전과 수도권 과밀해소는 흔들림 없이 계속 추진하여야 할 과제이므로, 헌법재판소의 결정내용을 반영하면서 분권과 균형발전, 수도권 과밀해소의 취지와 효과를 살릴 수 있는 대안으로 충청남도 연기·공주지역에 행정도시를 건설하여 수도권에 집중된 중앙행정기관을 이전함으로써 궁극적으로 전국 어디서나 골고루 잘 사는 나라를 건설하여 국민의 삶의 질을 향상시키고 국가경쟁력을 극대화하는데 이바지하려는 목적에서 「신행정수도 후속대책을 위한 연기·공주지역 행정도시건설 특별법」을 제정하였다.[87]

---

87 국회 건설교통위원회, 신행정수도 후속대책을 위한 연기·공주지역 행정도시건설

▪ 결정의 이유 요지

행정중심복합도시가 수도로서의 지위를 획득하는지 여부

행정중심복합도시로 이전하는 기관은 국무총리를 비롯한 총 49개 기관이며 이들을 수평적인 권한배분면에서 보면 이전기관들의 직무범위가 대부분 경제, 복지, 문화 분야에 한정되어 있고 경제의 주요부문인 금융정책을 결정하는 기관들은 제외되어 있다. 수직적인 면에서 보아도 여전히 정부의 주요정책은 국무회의의 심의를 거쳐 대통령이 최종적으로 결정하며, 국무총리는 헌법상 대통령의 보좌기관으로서 그 명을 받아 행정각부를 통할하고 각부의 장은 정해진 정책을 구체적으로 실현할 뿐이다.

특히 정보통신기술이 발달한 현대사회에서는 서로 장소적으로 떨어진 곳에 위치하더라도 대통령과 행정각부간의 원활한 의사소통수단이 확보되기만 하면 대통령이 의사결정을 통한 통제력을 확보하는 것은 어렵지 않다. 따라서 행정중심복합도시에 소재하는 기관들이 국가정책에 대한 통제력을 의미하는 정치·행정의 중추기능을 담당하는 것으로 볼 수 없다.

또한 행정중심복합도시는 대내적으로 국가의 중요정책이 최종적으로 결정되는 곳이 아니며 각국 외교사절들이 소재하여 주요 국제관계가 형성되는 장소도 아니다. 특히 국가상징으로서의 기능은 오랜 세월에 걸쳐 역사와 문화적인 요소가 결합되어 형성되는 것으로 짧은 기간에 인위적으로 만들어낼 수 있는 것이 아니다. 따라서 행정중심복합도시가 건설된다고 하더라도 이러한 요소가 충족되지 않은 상황

특별법안(정세균의원 대표발의) 검토보고, 2005. 2, 1-7면.

에서 국가상징으로서의 기능을 수행할 것이라고 예상하기 어렵다.

이와 같이 이 사건 법률에 의하여 건설되는 행정중심복합도시는 수도로서의 지위를 획득하는 것으로 평가할 수는 없고, 이 사건 법률에 의하여 수도가 행정중심복합도시로 이전한다거나 수도가 서울과 행정중심복합도시로 분할되는 것으로 볼 수 없다.[88]

서울의 수도로서의 기능이 해체되는지 여부

이 사건 법률에 의하면 행정중심복합도시가 건설된다고 하더라도 국회와 대통령은 여전히 서울에 소재한다. 국회는 국민의 대의기관으로서 입법기능을 담당하며 모든 국가작용은 헌법상의 법치국가원칙에 따라 법률에 기속되며, 대통령은 행정권이 속한 정부의 수반으로서 정부를 조직하고 통할하는 행정에 관한 최고책임자로서 행정과 법집행에 관한 최종적인 결정을 하고 정부의 구성원에 대하여 최고의 지휘·감독권을 행사한다. 따라서 서울은 여전히 정치·행정의 중추기능을 수행하는 곳이라 할 수 있다.

또한 대외관계의 형성과 발전은 서울에서 이루어지고 여전히 서울은 국내 제1의 거대도시로서 경제·문화의 중심지의 지위를 유지할 것이며 대법원과 헌법재판소 등 사법기능의 핵심 역시 이곳에서 이루어진다. 따라서 서울은 국가의 상징기능을 여전히 수행할 수 있다.

이와 같이 서울은 이 사건 법률에 의한 행정중심복합도시의 건설에도 불구하고 계속하여 정치·행정의 중추기능과 국가의 상징기능을 수행하는 장소로 인정할 수 있으므로 이 사건 법률에 의하여 수도로서의 기능이 해체된다고 볼 수 없다.[89]

---

88 헌법재판소, 헌법재판소판례집 제17권2집, 2005, 481-482면.

권력구조 및 국무총리의 지위 변경 여부

이 사건 법률은 행정중심복합도시의 건설과 중앙행정기관의 이전 및 그 절차를 규정한 것으로서 이로 인하여 대통령을 중심으로 국무총리와 국무위원 그리고 각부 장관 등으로 구성되는 행정부의 기본적인 구조에 어떠한 변화가 발생하지 않는다. 또한 국무총리의 권한과 위상은 기본적으로 지리적인 소재지와는 직접적으로 관련이 있다고 할 수 없다. 나아가 청구인들은 대통령과 국무총리가 서울이라는 하나의 도시에 소재하고 있어야 한다는 관습헌법의 존재를 주장하나 이러한 관습헌법의 존재를 인정할 수 없다.[90]

헌법 제72조 국민투표권 의 침해가능성

헌법 제72조는 국민투표에 부쳐질 중요정책인지 여부를 대통령이 재량에 의하여 결정하도록 명문으로 규정하고 있고 헌법재판소 역시 위 규정은 대통령에게 국민투표의 실시 여부, 시기, 구체적 부의사항, 설문내용 등을 결정할 수 있는 임의적인 국민투표발의권을 독점적으로 부여하였다고 하여 이를 확인하고 있다. 따라서 특정의 국가정책에 대하여 다수의 국민들이 국민투표를 원하고 있음에도 불구하고 대통령이 이러한 희망과는 달리 국민투표에 회부하지 아니한다고 하여도 이를 헌법에 위반된다고 할 수 없고 국민에게 특정의 국가정책에 관하여 국민투표에 회부할 것을 요구할 권리가 인정된다고 할 수도 없다.[91]

---

89 헌법재판소, 헌법재판소판례집 제17권2집, 482면.

90 헌법재판소, 헌법재판소판례집 제17권2집, 482-483면.

91 헌법재판소, 헌법재판소판례집 제17권2집, 483면.

■ **재판관 전효숙, 재판관 이공현, 재판관 조대현의 별개의견**

우리는 이 사건 법률에 의해 행정중심복합도시가 수도로서의 지위를 획득하거나 서울의 수도로서의 기능이 해체되지 아니한다는 점을 수긍하지만 그에 앞서 서울이 수도라는 관습헌법이 존재한다고 인정할 수 없고, 설령 이를 인정하더라도 관습헌법을 변경하려면 반드시 성문헌법의 개정절차를 거쳐야 한다고 보지 아니한다. 그 이유에 관하여는 헌법재판소가 2004. 10. 21. 선고한 2004헌마554 신행정수도 사건의 결정문 중 반대의견에 설시된 논거를 원용한다.[92]

■ **재판관 권 성, 재판관 김효종의 위헌의견**

행정각부처 중 73%가 행정도시에 소재하고 그 분야도 국방과 외교 등을 제외한 거의 전 분야에 걸치며, 경제분야의 행정을 관장하는 모든 부처 및 정부의 경제활동을 전반적으로 기획하고 관리하는 기획예산처를 행정도시에 위치시키고 있고, 국무총리가 행정도시에 위치하게 됨에 따라 국정통할기능 중 매우 중요한 부분이 행정도시에서 수행되며, 정부의 정책을 심의하는 국무회의의 기능이 상당부분 국무총리의 주재로 사실상 행정도시에서 수행되게 되고, 예산규모의 면에서 볼 때 국가행정예산의 대략 70%가 행정도시권에서 집행의 지휘를 받는다.

또한 행정도시에서 수행되는 행정기능은 최고수준의 고차원의 행

---

92 헌법재판소, 헌법재판소판례집 제17권2집, 483면.

정에 해당하므로 따라서 행정도시에서 수행될 행정기능은 행정의 중추기능에 해당한다고 말하지 아니할 수 없다. 나아가 행정도시에서 수행되는 정치적 기능도 그 소관 행정분야에 관한 한 상당한 정도로 중추적 기능의 일익을 담당한다. 따라서 이 사건 법률에 의한 중앙행정기관 등의 이전은 우리나라의 수도를 서울과 행정도시의 두 곳으로 분할하는 수도분할의 의미를 갖는다.

위와 같이 이 사건 법률에 의한 행정도시의 건설과 운영이 수도의 분할에 해당함이 분명하므로 이 사건 법률은 헌법개정의 절차에 따라 국민투표에 의하여 국민이 결단할 사항인 수도의 분할 문제, 그리고 관습헌법이 규정하고 있는 기존의 단일수도를 분할하여 복수의 수도로 변경하는 헌법개정문제를 법률만으로 처리하여 버림으로써 헌법개정을 위한 국민투표에 참여할 국민의 정치적 기본권을 침해한 것이다.

이 사건 법률은 정부가 종전에 추진해 오던 신행정수도건설사업을 계속적으로 추진하기 위하여 의원입법의 형식으로 마련한 것이다. 이 사건 법률은 이전범위를 축소한 것 외에는 「신행정수도법」과 그 체제나 내용에 있어서 대부분 동일하고, 건설되는 도시의 규모도 크게 다르지 아니하다. 앞서 본 바와 같이 행정도시가 정치·행정의 대부분 또는 상당부분의 중추기능을 수행하여 수도로서의 지위를 가지는 이상 이 사건 법률이 비록 이전대상기관을 일부 축소하였다 하더라도 그것이 위헌성을 배제시킬 만큼 본질적인 것은 아니며 오히려 위헌성을 호도하는 형식적 분식에 그친다. 그러므로 이 사건 법률은 「신행정수도법」과 실질적으로 동일하여 그것이 가지고 있던 위헌성을 그대로 대유한다.[93]

93 헌법재판소, 헌법재판소판례집 제17권2집, 483-484면.

■ 결정의 분석

이 사건 결정에서 헌법재판소는 헌법이론적으로 서울특별시가 우리나라의 수도라는 점이 관습헌법이라는 점을 재차 확인하였다. 또한 이전 결정에서 판시하였던 '수도'의 개념과 요건을 기반으로 구체적인 사안에서 과연 수도가 이전하였는지, 수도가 분할 또는 해체되었는지를 판단함으로써 수도와 관련된 헌법이론을 보다 구체화 했다는 점에서 의의가 있다.[94]

그러나 수도이전과 관련된 일련의 헌법재판소의 결정들은 헌법적 정당성과 관련된 판단일뿐이며 연기·공주에 대단위 행정도시를 건설하고 중앙행정부처의 상당수를 이전하는 것이 경제성과 효율성 등의 측면에서 올바른 정책결정인지 여부에 대한 판단은 포함되어 있지 않다. 향후 행정수도 이전 수준의 정책변화가 발생한다면 논란이 재점화될 것으로 예상된다.

주택건설사업자에게 기부채납을 요구하는 것이 재산권 침해인지?

구 「도시계획법」 제83조 제2항 전단 부분 등 위헌제청, 구 「도시계획법」 제83조 제2항 등 위헌제청

(2003. 8. 21. 2000헌가11, 2001헌가29(병합) 전원재판부 결정)

•

헌법재판소 전원재판부는 2008년 10월 30일 재판관 4(합헌) :

94 전종익, 신행정수도 후속대책을 위한 연기·공주지역 행정중심복합도시 건설을 위한 특별법 위헌확인, 헌법재판소 결정해설집 4집, 2005, 755-756면.

5(위헌)의 의견이어서 비록 위헌의견이 다수이기는 하지만, 헌법재판소법 제23조 제2항 제1호의 위헌결정정족수에는 이르지 못하여 헌법에 위반되지 아니한다고 결정하였다.

합헌의견(재판관 윤영철, 재판관 한대현, 재판관 김영일, 재판관 송인준)은 "공공시설을 무상귀속 시키는 이 사건 조항은 가능한 최소한의 범위에서 재산권의 사회적 제약을 도모하는 법률조항이고, 사업주체에 대한 기본권의 제한과 이를 통한 공익목적의 달성 사이에는 법익의 형량에 있어 합리적인 비례관계가 유지된다고 할 것이므로 과잉금지의 원칙에 위배된 것이 아니다."고 의견을 피력하였다.

반면에 위헌의견(재판관 하경철, 재판관 김효종, 재판관 김경일)은 "이 사건 조항이 없어도 개별적인 기부채납 약정이나 부관 혹은 수익자부담금(개발부담금) 제도 등을 통하여 공공시설의 효율적 확보가 가능함에도 불구하고, 이 사건 조항은 포괄적으로 재산권의 무상 귀속을 정하고 있고, 또한 사업의 범위나 예상되는 개발이익에 비하여 과도한 공공시설의 설치 및 귀속에 대하여도 아무런 보상 규정과 같은 완화규정을 두지 않고 있으므로, 결국 피해의 최소성 및 법익의 균형성 원칙에 위배되며 따라서 과잉금지의 원칙에 위반된다."고 보았다. 또한 단순위헌의견(재판관 권 성, 재판관 주선회)은 "구 「도시계획법」 제83조 제2항 전단이 규정하는 '공공시설부지 등 소유권의 국가 또는 지방자치단체로의 귀속'은 헌법 제23조 제3항의 수용에 해당하고, 그 귀속을 무상이라고 법률이 규정한 것은 수용에 대한 보상을 배제한 것이므로 이는 보상 없는 수용을 금지하는 헌법 제23조 제3항을 정면으로 위반한 것이다."고 의견을 밝혔다.

사건 개요

2000헌가11 사건

○○건설주식회사는 1980. 8. 경기도지사 및 수원시장으로부터 구「주택건설촉진법」제33조 제1항에 의하여 수원시 장안구 ○○동 423의 1 외 18필지를 사업지구로 하여 아파트를 신축하기 위한 주택건설사업계획의 승인을 받아 ○○아파트건축공사를 시행하다가, 1980. 10. □□종합건설주식회사(이하 '피고 회사'라 한다)가 위 ○○건설주식회사로부터 사업주체 및 건축주의 지위를 승계하고 수원시장으로부터 변경승인을 받았다.

위 사업계획 승인 당시 위 사업지구를 포함하는 수원시 장안구 ○○동 일대는 임야, 전, 답 등의 지목으로 구성된 개발예정지로 경기도고시 제74호의 도시계획에 의하여 '주거지역아파트지구'로 지정되어 있었고, 사업지구 내에 있는 같은 동 392의 1 도로 35㎡, 같은 동 397의 3 도로 99㎡, 같은 동 398의 3 도로 72㎡, 같은 동 399의 2 도로 597㎡, 같은 동 422 도로 208㎡, 같은 동422의 3 도로 147㎡, 같은 동 423의 5 도로 345㎡, 같은 동 423의 7 도로 644㎡, 같은 동 423의 9 도로 135㎡, 같은 동 423의 12 도로 396㎡, 같은 동 424의 1 도로 60㎡ 등 11필지(이하 '갑 토지'라 한다)에는 수원도시계획시설이라는 명칭으로 도시계획도로인 소3류 359호, 소3류 357호, 소2류 339호의 도로예정지가 위치하고 있었다.

피고회사는 1981. 7. 16. 갑 토지에 대한 소유권을 취득하여 위 사업지구 내의 도로예정지에 폭 6m 내지 8m의 새로운 공공시설인 도로(이하 '위 도로'라 한다)를 개설하고, ○○아파트공사를 완성하여 1982. 4. 15. 수원시장으로부터 준공검사를 받았으며, 그 후 갑 토지를 사업지구내의 모母 지번에서 분필하고 지목을 도로로 변경하였다.

피고회사가 위 도로를 개설한 후에도 관리청인 수원시는 이를 관리하지 않고 있다가, 1986. 2. 22. 수원시고시 제7호에 의하여 도시계획이 변경되어 위 도로는 도시계획도로로서의 용도가 폐지되었고, 현재 위 도로는 울타리에 의하여 차단된 채로 ○○아파트단지 내 도로로 이용되고 있다.

한편 갑 토지 중 392의 1, 398의 3, 423의 5, 423의 12, 424의 1 토지에 관하여 1998. 3. 2. 피고 김○룡 명의로 소유권이전등기가, 399의 2 토지에 관하여 1997. 10. 2. 피고 김○학 명의로 근저당권설정등기가, 397의 3, 399의 2, 422, 422의 3, 423의 7, 423의 9 토지에 관하여 1999. 7. 1. 피고 ○○새마을금고 명의로 근저당권설정등기가, 397의 3 토지에 관하여 2000. 3. 14. 피고 김○태 명의로 소유권이전등기가 각 경료되었다.

수원시는 위 갑 토지가 구 「주택건설촉진법」 제33조 제8항, 구 「도시계획법」 제83조에 의하여 자신에게 무상귀속되었음을 전제로 피고들 명의의 각 소유권이전등기 또는 근저당 설정등기가 원인무효라며 말소를 구하는 소송을 제기하였고, 수원지방법원은 2000. 11. 27. 직권으로 구 「도시계획법」(1991. 12. 14. 법률 제4427호로 개정되기 전의 것) 제83조 제2항 중 "행정청이 아닌 시행자가 도시계획사업을 시행하여 새로이 설치한 공공시설은 그시설을 관리할 국가 또는 지방자치단체에 무상으로 귀속되며"라는 전단부분 및 이 부분을 준용하는 구 「주택건설촉진법」

(1987. 12. 4. 법률 제3998호로 개정되기 전의 것) 제33조 제8항에 대하여 위헌제청결정을 하였다.

2001헌가29 사건

△△건설주식회사(뒤에 ▽▽건설주식회사로 변경됨)는 1978. 5. 11. 수원시장으로부터 구 「주택건설촉진법」 제33조 제1항에 의하여 그 소유이던 수원시 팔달구 ○○동 865의 1 토지(이하 '을 토지'라 한다)를 비롯한 같은 동 862의 15 등 14필지를 사업지구로 하여 그 지상에 아파트신축을 위한 주택건설사업계획승인을 받아 10개 동 414세대의 □□아파트건축공사를 착공하였다.

위 사업계획승인 당시 을 토지는 경기도고시 제74호의 수원도시계획에 대한 소로결정과 도시계획에 관한 지적승인에 의하여 도시계획도로인 소2류 469호의 도로예정지로 결정되어 있었다.

위 회사는 공사를 완료하여 1979. 1. 9. 수원시장으로부터 준공검사를 받은 후 을 토지를 포함한 8필지를 대지로 지목변경하였고, 이어 수회의 분할과정을 거쳐 을 토지는 현재 4,594㎡만 남게 되었으며, 지목은 아직 대지로 되어 있으나 위 준공검사 당시 도로가 개설되어 현재 도로로 이용되고 있다. 한편, 을 토지의 등기명의는 위 회사에서 이○길 등으로 순차적으로 이전되어 현재 당해사건 피고(윤○근) 명의로 소유권이전등기가 경료되었다.

수원시는 을 토지가 구 「주택건설촉진법」 제33조 제6항, 구 「도시계획법」 제83조에 의하여 자신에게 무상귀속되었음을 전제로 이○길, 주식회사 ○○주택건설 및 당해사건 피고 명의의 각 소유권이전등기가 원인무효라는 이유로 진정명의회복을 원인으로 하는 소유권이전등기절차의 이행을 구하는 소송을 제기하였다.

수원지방법원은 2001. 11. 6. 직권으로 위 구 「도시계획법」 제83조 제2항 해당 부분 및 이 부분을 준용하는 구 「주택건설촉진법」(1981. 4. 7. 법률 제3420호로 개정되기 전의 것) 제33조 제6항에 대하여 위헌제청결정을 하였다.

▪ 공공시설의 무상귀속(기부채납)제도의 입법취지

주택건설사업의 시행과 공공시설의 확보

주택건설사업의 주체가 법 제33조 제1항에 따라 행정청으로부터 주택건설사업의 승인을 받아 주택건설사업을 시행하는 경우에는 필연적으로 입주민들의 생활을 위한 핵심적 기반시설로서 도로, 공원, 녹지, 상하수도 등 공공시설에 대한 새로운 수요를 창출하기 마련이다.

이러한 경우 공공시설을 설치하고 유지·관리할 책임을 누구에게 어떤 방식으로 부담하게 할 것인가라는 문제가 제기되는데, 국민의 생존배려가 국가의 중대한 기능으로 등장한 현대복지국가에 있어서는 원칙적으로 국가 또는 지방자치단체(이하 '국가 등'이라 한다)가 이들 시설을 설치하고 유지·관리할 책임을 부담하게 된다.

그런데 주택건설사업의 주체가 민간사업자인 경우에는 사업시행으로 정상적인 지가상승분을 훨씬 초과하는 개발이익을 얻게 됨이 상례이고, 공공시설에 대한 새로운 수요도 대부분 사업의 시행과 이에 입주할 입주민들에 의하여 창출된 것임에도, 국가 등이 일반국민이 낸 세금으로 이를 모두 설치하고 유지·관리하는 것은 국민의 부담으로 특정 사업주체나 입주민들의 부담을 덜어주는 결과가 되어 부당하다.

따라서 이러한 점을 극복하기 위하여 공공시설의 설치에 원인을 제공한 사람 또는 그로 인하여 수익을 얻을 사람에게 그 설치비용의 전부 또는 일부를 분담하게 하거나(「도로법」 제64조, 「하수도법」 제32조 등), 공공시설에 대한 새로운 수요를 수반하는 개발사업으로 개발이익 등을 얻을 사람에게 개발부담금 등의 형태로 비용을 거두어 이를 설치할 수 있도록 법적 근거를 마련하고 있다.

그러나 대규모의 주택건설사업으로 인하여 발생하는 공공시설의 수요는 다른 개별적인 건설공사로 인한 경우와는 달리 오로지 사업시행으로 인하여 창출되는 것에 한정되는 것이 아니라, 그 지역의 기능이나 장래의 도시발전방향 등 외부적 요인에 따라 더 많을 수도 또는 더 적을 수도 있게 결정되고, 또한 공공시설은 주택건설사업의 완료와 동시에 일반공중의 이용에 제공되도록 미리 설치·확보되는 것이 바람직하므로, 앞서 설시한 바와 같은 비용분담 또는 비용부담의 방식으로 국가 등이 공공시설을 직접 확보하는 것은 적절치 않고 또한 한계가 있을 수밖에 없다.

또한 사업주체의 입장에서 볼 때에도 국가 등이 직접 입주자 및 개발사업자로부터 비용을 거두어 공공시설을 설치하는 통상적인 방식으로는 사업의 완료와 동시에 공공시설을 확보하고 공중의 이용상태에 두는 것이 불가능하여 사업완료 후에도 주택 등의 분양이 어렵게 될 것이 명백히 예상되므로, 사업주체와 입주민들이 부담하여야 할 비용분담분과 개발부담금의 한도 내에서 직접 공공시설을 설치하고 이를 국가 등으로 귀속시켜 유지·관리하게 하는 것이 그 의사에 합치되고, 경제적인 이해관계에도 부합된다고 볼 것이다.

이러한 배경에서 법은 사업주체에게 미리 사업시행으로 인하여 필수적으로 요구되는 공공시설의 설치계획을 사업계획서에 반영할 것과 그러한 경우 사업시행 후 완공된 공공시설의 권리귀속에 필요한 서류를 함께 제출할 것{법시행령(1982. 8. 7. 대통령령 제10882호) 제32조 제2항 제6호}을 규정하고, 공공시설의 설치 및 귀속에 관한 서류가 함께 제출된 사업계획서에 대해서는 행정청이 미리 그 공공시설을 관리할 관리청의 의견을 들어 사업승인여부를 결정하도록 하고 있다(이 사건 조항에 의하여 준용되는 「도시계획법」 제83조 제3항). 그리고 이 사건 조항은 이러한 절차를 통하여 사업주체가 사업지구 내에 설치한 공공시설을 바로 국가 등의 소유로 귀속시킴으로써, 한편으로는 공공시설의 설치와 관련한 공적 부담에 있어 형평성을 확보하고, 다른 한편으로는 이러한 절차를 통하여 공공시설의 원활한 확보를 꾀함과 동시에 공공의 이용에 적합하도록 공공시설의 효율적인 유지·관리를 도모하고 있는 것이다.[95]

공공시설무상귀속의 법적 성격

이 사건 조항은 앞서 본 바와 같이 공공시설의 설치와 관련된 비용의 적정한 분담과 그 시설의 효율적인 유지·관리를 위하여 공공시설과 그 부지의 소유권을 국가 등으로 귀속시키는 입법수단을 선택하고 있다.

이러한 공공시설의 무상귀속이 헌법 제23조 제1항·제2항에 근거한 재산권의 내용과 한계를 정한 규정에 해당하는지, 아니면 제23조 제3항에 근거한 재산권의 수용을 정한 것인지를 판단함에 있어서는

95 헌법재판소, 헌법재판소판례집 제15권2집(상), 2003, 196-197면.

그 대상이 된 토지 하나하나에 대한 제한의 효과를 개별적으로 분석할 것이 아니라, 전토지全土地에 걸친 제한의 효과를 종합적이고 유기적으로 파악하여 그 제한의 성격을 이해하여야 한다.

주택건설사업의 주체가 행정청으로부터 사업승인을 받아 사업을 시행함에 있어서는 그 전제로서 먼저 사업지구 내의 토지가 확보되어야 하는데, 통상 사업주체는 이미 보유하고 있는 자신의 토지에 추가하여 법이 정하는 절차에 따라 사업지구 내의 다른 토지를 협의매수하거나 수용(법 제22조, 제34조 등)하는 등의 방법으로 이를 취득하는 과정을 거친다. 그리고 이러한 절차를 통하여 토지를 확보한 사업주체는 그 토지 위에 사업승인을 받은 내용과 부대시설, 복리시설, 간선시설 그리고 공공시설 등의 설치와 관련하여 법이 요구하는 제반 준수사항을 지키면서 사업을 추진한다.

따라서 이 사건 조항은 국민의 쾌적한 주거공간확보를 위한 주택건설사업과 관련하여 택지를 효율적으로 개발하고, 이에 수반되는 공공시설을 여하히 원활하게 확보하며 유지·관리할 것인가에 주안점을 두고 공공시설과 그 부지의 권리귀속관계를 정한 규정이다. 즉, 이 사건 조항은 그 규율형식의 면에서 개별·구체적으로 특정재산권을 박탈하거나 제한하려는 데 그 본질이 있는 것이 아니라, 일반·추상적으로 사업지구 내의 공공시설과 그 부지의 이용 및 소유관계를 정한 것이라 할 것이고, 그 규율목적의 면에서도 사업주체의 법적 지위를 박탈하거나 제한함에 있는 것이 아니라, 다수인의 이해관계가 얽혀 있는 주택건설사업의 시행과정에서 불가피하게 재산권의 제약을 받는 사업주체의 지위를 장래를 향하여 획일적으로 확정함에 그 초점이 있다고 할 것이어서 재산권의 내용과 한계를 정한 것으로 그 성격을 이해함이 상당하다.

그리고 이 사건 공공시설의 무상귀속은 공공시설과 관련한 공적 부담의 형평성을 유지하고, 적기에 공공시설을 확보하며, 그 권리귀속관계를 둘러싼 이해관계인들 간의 법적 분쟁을 사전에 예방하기 위하여 사업주체가 공공시설의 무상귀속을 조건으로 사업승인을 받아 그의 비용부담으로 직접 이를 설치하되, 그 소유권을 국가 등으로 귀속하게 한 것으로 수익자부담금이 공공시설이라는 현물로 변형된 것이라 할 수 있다.

따라서 이 사건 조항의 무상귀속을 법률에 의한 재산권의 강제적 수용으로 보고, 그 손실을 보상하여야 한다는 논리로 접근할 것은 아니다.[96]

■ **결정의 이유 요지**

(재판관 윤영철, 재판관 한대현, 재판관 김영일, 재판관 송인준의 합헌의견)

재산권의 내용과 한계를 정할 입법형성권의 범위를 넘어 재산권을 침해하는지의 여부

이 사건 조항은 그 규율형식의 면에서 개별·구체적으로 특정재산권을 박탈하거나 제한하려는 데 그 본질이 있는 것이 아니라, 일반·추상적으로 사업지구 내의 공공시설과 그 부지의 이용 및 소유관계를 정한 것이라 할 것이고, 그 규율목적의 면에서도 사업주체의 법적 지위를 박탈하거나 제한함에 있는 것이 아니라, 다수인의 이해관계가 얽혀 있는 주택건설사업의 시행과정에서 불가피하게 재산권의 제약

---

96 헌법재판소, 헌법재판소판례집 제15권2집(상), 198-199면.

을 받는 사업주체의 지위를 장래를 향하여 획일적으로 확정함에 그 초점이 있다고 할 것이어서 헌법 제23조 제1항, 제2항에 근거하여 재산권의 내용과 한계를 정한 것이다.

이 사건 조항의 입법목적은 일정한 호수戶數 이상의 주택건설사업과정에서 필수적으로 요구되는 공공시설의 원활한 확보와 그 시설의 효율적인 유지·관리를 통하여 쾌적한 주거환경을 조성하고자 하는 데 있어 그 정당성이 인정된다. 그리고 사업주체가 설치한 공공시설의 소유권을 바로 국가 등으로 귀속하게 함으로써 이를 보다 효율적으로 유지·관리하면서 공공의 이익에 제공할 수 있으므로, 이러한 입법수단은 위 입법목적을 달성하기 위한 효과적인 수단이라 할 수 있다.

다음으로 주택건설사업은 사업주체 스스로의 판단에 따라 그 시행여부를 결정하였고, 이 과정에서 공공시설의 설치와 소유권귀속문제를 검토하여 결정하였으므로 사업주체의 의사에 반하는 무상귀속이 있었다 할 수 없고, 사업승인과정에서 공공시설의 설치와 무상귀속에 관한 사항이 미리 계획되고 협의될 것을 요구하는 법령 조항에 비추어 볼 때, 공공시설의 무상귀속에 이르는 과정에서 충분한 적법절차의 보장도 이루어졌다고 할 것이어서 무상귀속의 범위가 포괄적이라거나 광범위하다고 할 수는 없다.

나아가, 공공시설의 무상귀속은 사업주체에게 부과된 원인자 또는 수익자 부담금의 성격을 띠고 있고, 공공시설 및 그 부지의 소유권이 국가 등에게 귀속된다고 하더라도 이로 인한 사업주체의 손실이 그 이득에 비하여 반드시 더 크다고 할 수 없으므로, 과도한 재산권에 대한 제약이라고 단정하기는 어렵다.

따라서 이러한 사정들을 종합적으로 고려하면, 공공시설을 무상귀속 시키는 이 사건 조항은 가능한 최소한의 범위에서 재산권의 사회적 제약을 도모하는 법률조항이고, 사업주체에 대한 기본권의 제한과 이를 통한 공익목적의 달성 사이에는 법익의 형량에 있어 합리적인 비례관계가 유지된다고 할 것이므로 과잉금지의 원칙에 위배된 것이 아니다.[97]

■ **재판관 하경철, 재판관 김효종, 재판관 김경일의 위헌의견**

이 사건 조항이 헌법 제23조 제1항 및 제2항에 의하여 재산권의 내용과 한계를 정하는 규정이자 재산권에 대한 사회적 제약을 구체화한 규정이라고 보는 합헌의견에는 동의하지만 그런 경우에도 이 사건 조항은 비례의 원칙에서 요구되는 피해의 최소성 및 법익의 균형성원칙에 위배되므로 위헌이다.

이 사건 조항은 사업시행자에 의한 공공시설의 설치 경위를 묻지 않고 있어, 어떠한 경위로든 사업시행자가 사업지구 내에 공공시설을 설치하기만 하면 그 공공시설 및 그 부지의 소유권을 아무런 보상 없이 바로 국가나 지방자치단체에 귀속시키고 있는바, 다음과 같은 문제점이 있다.

첫째, 기부채납의 부관이나 당사자 간의 약정의 존재가 불분명한 경우까지 이 사건 조항이 적용되게 되는 문제점이 있다. 당사자의 기부채납 동의가 있어도 이 사건 조항은 헌법상 문제가 있는 것인데 만약 그 동의마저 불투명하다면, 이 사건 조항은 사실상 재산권의 박탈에 해당한다고 보아야 할 것이다.

---

97 헌법재판소, 헌법재판소판례집 제15권2집(상), 186-187면.

둘째, 사업시행자가 공공시설의 무상귀속을 동의 내지 수락한 경우에도, 상황에 따라서는 그 무상 귀속이 당사자에게 가혹한 조건이 될 수 있는데, 이 사건 조항은 일률적으로 무상 귀속을 정하고 있어 당사자가 법원에서 그러한 부관 내지 조건을 다툴 수 있는 사후 구제의 여지를 사실상 봉쇄하고 있다. 이는 적어도 국민의 자유와 권리를 제한하는 행정작용에 대하여는 사법적 구제수단이 마련되어야 한다는 법치국가 원칙에 어긋나며, 동시에 국민의 재판청구권을 제약하고, 사법권을 제한하는 점에서 권력분립의 원리에도 부합되지 않는다.

셋째, 이 사건 조항은 선의善意의 제3자의 권리를 과도하게 침해한다. 비록 사업시행자는 공공시설을 설치하여 그 부지와 함께 국가 등에게 무상 양도할 것을 약속하였다 하더라도, 국가 등이 제 때 소유권이전등기를 하지 않았을 경우 아무리 시간이 경과하더라도 선의의 매수자 혹은 저당권자들은 모두 이 사건 조항에 의하여 그 이전등기가 원인무효에 해당될 것인데, 국가 등의 뒤늦은 권리행사로 인하여 이렇게 거래의 안전과 선의의 제3자의 권리를 침해해도 좋은 것인지 의문이다.

이러한 이유를 종합할 때, 이 사건 조항이 없어도 개별적인 기부채납 약정이나 부관 혹은 수익자부담금(개발부담금) 제도 등을 통하여 공공시설의 효율적 확보가 가능함에도 불구하고, 이 사건 조항은 포괄적으로 재산권의 무상 귀속을 정하고 있고, 또한 사업의 범위나 예상되는 개발이익에 비하여 과도한 공공시설의 설치 및 귀속에 대하여도 아무런 보상 규정과 같은 완화규정을 두지 않고 있으므로, 결국 피해의 최소성 및 법익의 균형성 원칙에 위배되며 따라서 과잉금지의 원칙에 위반된다.[98]

▪ 재판관 권 성, 재판관 주선회의 단순위헌의견

이 사건 조항에 의하면 도로부지에 해당하는 특정토지의 소유권이 국가 또는 지방자치단체에게 귀속되어 소유권의 내용으로 남아 있는 것이 아무것도 없게 된다. 그러므로 이 경우는 소유권의 박탈이어서 전형적인 수용에 해당한다고 보아야 한다. 수용 중에서는 행정청의 처분에 의하여 수용의 효과가 발생하는 소위 행정수용은 아니고 법률에 의하여 수용의 효과가 발생하는 소위 입법수용에 해당할 것이다. 그러므로 이 사건의 문제는 헌법 제23조 제1항이나 제2항의 문제가 아니라 제3항('공공필요에 의한 재산권의 수용, 사용, 제한에는 정당한 보상이 필요')의 문제인 것이다.

구「도시계획법」제83조 제2항 전단이 규정하는 '공공시설부지 등 소유권의 국가 또는 지방자치단체로의 귀속'은 헌법 제23조 제3항의 수용에 해당하고, 그 귀속을 무상이라고 법률이 규정한 것은 수용에 대한 보상을 배제한 것이므로 이는 보상 없는 수용을 금지하는 헌법 제23조 제3항을 정면으로 위반한 것이다.[99]

▪ 결정의 분석

이 사건에서 헌법재판소는 국가나 지방자치단체가 사업주체에게 부과한 공공시설의 무상귀속 문제에 대해서 재판관 4(합헌) : 5(위헌)의

98 헌법재판소, 헌법재판소판례집 제15권2집(상), 187-189면.

99 헌법재판소, 헌법재판소판례집 제15권2집(상), 189면.

의견으로 나뉘어 명확한 결정에 이르지 못했다. 그간 기부채납이 필요한 공공시설 및 기반시설을 확보하기 위한 국가 및 지방자치단체의 유용한 수단으로 활용되어 왔다는 현실이 반영된 결정이다.

기본적으로 공공시설의 마련은 국가나 지방자치단체가 부담해야 할 사항이므로 공공시설의 무상 귀속제도에 있어서는 무리한 사유재산 침해가 초래되지 않도록 입법적 규율이 명확해야 한다.[100]

현재 도시계획 관련 법령에서 정하고 있는 기부채납 유형은 크게 토지, 건축물, 현금으로 구분이 가능하다. 2000년 7월 구「도시계획법 시행령」개정을 통해 도시계획관련 법령에 기부채납이 처음 도입되었을 때 기부채납은 토지로만 가능했다. 당시 지구단위계획을 활성화하기 위하여 지구단위계획구역 안에서 건축주가 대지의 일부를 공공시설의 부지로 제공하는 경우, 지구단위계획이 정하는 바에 따라 건폐율·용적률 등을 완화할 수 있도록 시행령이 개정되었다.[101] 이후 2011년 3월「국토계획법」시행령 개정을 통해 기부채납 유형에 토지 외에도 건축물이 추가되었으며, 2016년 1월「도시정비법」개정을 통해 현금 기부채납이 가능하게 되었다.

한편 도로, 공원 위주의 기부채납은 사회여건 변화에 따라 필요한 공공시설의 유형은 다양해질 것이고, 이에 따른 기부채납의 유형도 증가할 것이다. 향후 발생 가능성이 있는 분쟁을 예방하기 위해 도시계획 관련 법령에 기부채납과 인센티브의 법적 근거와 적용 기준 마련 등 입법적 개선이 필요하다.

---

100 이명웅, 구「도시계획법」제83조 제2항 전단 부분 등 위헌제청 등 - 공공시설의 무상귀속규정과 재산권 -, 헌법재판소 결정해설집 2집, 2003, 428면.

101 구「도시계획법 시행령」제41조

국토교통부, 2019년 지역·지구등의 행위제한 내용 및 절차 평가연구, 2020.

__________, 2020년도 국토의 계획 및 이용에 관한 연차보고서, 2020. 8.

국회 건설교통위원회, 신행정수도 후속대책을 위한 연기·공주지역 행정도시건설 특별법안(정세균의원 대표발의) 검토보고, 2005. 2.

국회 농림수산위원회, 「농지법」안 심사보고서, 1994. 12.

국회 법제사법위원회, 주택법 일부개정법률안(대안) 검토보고, 2006. 12. 22.

국회, 국회 제17차 회의 속기록, 1948. 6. 23.

국회도서관, 세계의 헌법 : 40개국 헌법 전문 제1권, 2018. 7.

__________, 세계의 헌법 : 40개국 헌법 전문 제2권, 2018. 7.

국회 사무처, 대한민국 국회 60년사, 예당문화, 2014,

국회헌법개정특별위원회 자문위원회, 국회헌법개정특별위원회 자문위원회 보고서, 2018. 1.

권영성, 헌법학원론, 법문사, 2008.

김광수, 헌법 개정과 토지공개념, 토지법학 제34권제1호, 한국토지법학회, 2018. 6. 30.

김남철, 행정법 강론, 박영사, 2014.

김상용·정우형, 토지법, 법원사, 2004.

김상우, 구「종합부동산세법」제5조 등 위헌소원, 헌법재판소 결정해설집 7집, 2009.

김상조 외2인, 지방분권에 따른 국토·도시계획체계의 재정립방안 연구, 국토연구원, 2005.

김성수, 공법연구 제46집 제4호, 한국공법학회, 2018. 6.

______, 헌법상 경제조항에 대한 개정론, 공법연구 34집 4호 2권, 한국공법학회 2006.

김수용·사동천·류창호, 농지규제법제에 대한 입법평가, 2009.

김승종 외, 토지제도의 헌법적 평가와 향후 과제, 국토연구원, 2018.

김윤상, 토지공개념, 행복한 세상의 기초, 한티재, 2018.

김정호, 사유재산권과 토지공개념, 자유기업원, 2018.

김철수, 헌법학개론, 박영사, 2015.

김헌동, 대한민국은 부동산공화국이다?, 궁리, 2005.

김홍균, 환경법, 홍문사, 2014.

류해웅, 부동산공법론, 탑북스, 2011.

______, 토지법제론, 부연사, 2012.

류해웅·허강무, 신수용보상법론, 부연사, 2016. 7.

박균성, 행정법 강의, 박영사, 2019.

박윤흔, 행정법학계에서 제안하는 헌법운영상 도출되는 몇 가지 새로운 개헌의견,「헌법개정의 행정법적 쟁점」국회입법조사처와 한국행정법학회 공동 학술대회 자료집, 2017. 9. 22.

______, 도약의 시대를 함께한 행운, 국민서관, 2014.

법무부, 토지공개념과 토지정책, 법무자료 제118집, 1989. 12.

법제처, 헌법주석서Ⅱ, 2010.

______, 헌법주석서Ⅳ, 2010.

석종현, 손실보상법론, 삼영사, 2005.

성낙인, 헌법학, 법문사, 2019.

성정엽, "비례원칙과 기본권", 저스티스 통권 제136호, 2013.

신봉기, 국토계획법의 현안문제, 동방문화사, 2009.

양건, 헌법강의, 법문사, 2018.

오준근, 삶의 질 향상을 위한 주택건설관계법제 정비방안연구, 한국법제연구원, 2002.

왕광익 외 4인, 국토환경계획 연동에 따른 도시계획적 대응방안 연구, 국토연구원, 2015.

이명웅, 구「도시계획법」제83조 제2항 전단 부분 등 위헌제청 등 -공공시설의 무상귀속규정과 재산권-, 헌법재판소 결정해설집 2집, 2003.

이석연, 헌법은 상식이다, 와이즈베리, 2021.

이장희, 재산권의 개념과 변화, 헌법재판소 헌법재판연구원, 2016.

이종수, 한국헌법상 '경자유전耕者有田의 원칙'과 한계, 토지법학 제24-2호, 한국토지법학회, 2008. 12.

이종엽·김주경, 법원의 헌법판단을 위한 위헌심사기준 연구, 사법정책연구원, 2018.

이태호·사동천, 농업·농촌 관련 헌법조항 현황 및 개정 방향, 농림축산식품부, 2017. 6.

__________, 농업·농촌 관련 헌법조항 현황 및 개정 방향, 농림축산식품부, 2017.

이황희, 산업입지 및 개발에 관한 법률 제11조 제1항 등위헌소원, 헌법재판소 결정해설집 8집, 2009.

임윤정, 스페인 헌법상 재산권의 보장과 사회적 기능 -토지재산권을 중심으로-, 헌법재판소 헌법재판연구원, 2019.
장영수, 헌법학, 홍문사, 2021.
전강수, 토지공개념 헌법 명기의 필요성과 가능성, 그리고 방법, 사회과학논총, 제16집, 대구가톨릭대학교 사회과학연구소, 2017. 12.
전종익, 신행정수도 후속대책을 위한 연기·공주지역 행정중심복합도시 건설을 위한 특별법 위헌확인, 헌법재판소 결정해설집 4집, 2005.
정남철, 공용수용 요건인 '공공필요' 판단기준과 개헌과제, 토지보상법연구 제18집, 2018.
정종섭, 헌법학원론, 박영사, 2018.
정태용, 헌법상 재산권 조항의 바람직한 개헌방향, 토지보상법연구 제18집, 2018.
정태종, 토지 재산권의 제한에 관한 고찰 – 헌법재판소의 결정을 중심으로 – , 동북아법연구 25호, 2016.
정태호, 헌법개정(기본권 등)에 관한 공청회, 국회 헌법개정 특별위원회, 2017. 1. 23.
정하중, 행정법개론, 법문사, 2017.
지성수, 도시및주거환경정비법중개정법률안 제30조의2 등 위헌확인 등, 헌법재판소 결정해설집 7집, 2009.
차진아, 사회국가의 실현구조와 토지공개념의 헌법상 의미, 공법학연구 제19권 제1호, 한국비교공법학회, 2018. 5.
최규환, 기본권제한입법의 목적정당성 심사, 헌법재판소 헌법재판연구원, 2020.
최병선, 21세기 토지정책의 새로운 패러다임, 새로운 국토관리를 위한 토지정책 방향 토론회, 1999. 11. 29.
표명환, 미국과 독일헌법상의 공용수용과 보상에 관한 비교적 고찰, 공법학연구 제15권 제4호, 한국비교공법학회, 2014. 11.
한수웅, 헌법학, 법문사, 2020.
허강무, 박근혜정부의 토지정책 과제, 토지공법연구 제60집, 2013.
______, 토지공개념 -부동산경제민주화를 중심으로-, 「내 삶을 바꾸는 개헌-경제민주화와 토지공개념」 국회 헌법개정특별위원회 자문위원회 경제·재정분과 토론회 발제문, 2016. 10. 18.
______, 환경정책 실현을 위한 국토계획의 역할과 과제, 토지공법연구 제75집, 2016.
______, 공익사업 환경변화에 따른 손실보상제도의 개선과제, 토지공법연구 제73집 2호, 2016.
______, 주택법·정책의 환경변화와 입법방향, 아주법학 10집 4호, 2017.
______, 부동산 민사특별3법과 공공복리, 토지공법연구 제84집, 2018.
______, 공익사업의 공익성 강화를 위한 입법정책 개선방안, 가천법학 11집 4호, 2018.
______, 농지정책의 입법 개선과제, 토지공법연구 제88집, 2019.
______, 헌법상 경자유전 원칙과 상속농지 관리의 법적 검토 - 대상판결 : 대법원 2019. 2. 14 선고 2017두65357 판결 -, 토지공법연구 제87집, 2019.허영, 한국헌법론, 박영사, 2008.
허영, 한국헌법론, 박영사, 2018.
허완중, 재산권 보장과 위헌심사, 헌법재판소 헌법재판연구원, 2012.
헌법재판소 헌법재판연구원, 2019 국가별 법령집(미국헌법·연방대법원

규칙), 2019.

홍성방, 헌법학(중), 박영사, 2015.

홍준형, 경제헌법 개정의 방향, 공법연구 제46집 제4호, 한국공법학회, 2018. 6.

번역서

Adam Smith(박세일, 민경국 공역), 도덕 감정론The Theory of Moral Sentiments, 비봉출판사, 2009.

Henry George(김윤상, 박창수 번역), 진보와 빈곤, 살림, 2007.

Henry George(이종인 번역), 진보와 빈곤Progress and Poverty, 현대지성, 2019.

Jean-Jacques Rousseau(박은수 번역), 사회계약론 외, 올재, 2013.

Jean-Jacques Rousseau(이환 번역), 사회계약론, 서울대학교출판부, 1999.

John Locke(강정인, 문지영 번역), 통치론, 까치, 2018.

John Stuart Mill(박동천 번역), 정치경제학 원리, 나남, 2010.

John Stuart Mill(박동천 번역), 정치경제학 원리2, 나남, 2010.

Karl Heinrich Marx(김수행 옮김), 자본론Ⅲ(하), 비봉출판사, 2016.

Konrad hesse(계희열 역), 통일 독일헌법원론(제20판), 박영사, 2001.

Thomas Paine(남경태 번역), 토머스 페인 상식, 효형출판, 2012.

헌법재판소 판례집

헌법재판소, 헌법재판소판례집 제1권, 1989
헌법재판소, 헌법재판소판례집 제2권, 1990
헌법재판소, 헌법재판소판례집 제3권, 1991
헌법재판소, 헌법재판소판례집 제6권1집, 1994
헌법재판소, 헌법재판소판례집 제6권2집, 1994
헌법재판소, 헌법재판소판례집 제7권1집, 1995
헌법재판소, 헌법재판소판례집 제7권2집, 1995
헌법재판소, 헌법재판소판례집 제9권1집, 1997
헌법재판소, 헌법재판소판례집 제9권2집, 1997
헌법재판소, 헌법재판소판례집 제10권1집, 1998
헌법재판소, 헌법재판소판례집 제10권2집, 1998
헌법재판소, 헌법재판소판례집 제11권1집, 1999
헌법재판소, 헌법재판소판례집 제11권2집, 1999
헌법재판소, 헌법재판소판례집 제12권1집, 2000
헌법재판소, 헌법재판소판례집 제13권1집, 2001
헌법재판소, 헌법재판소판례집 제13권2집, 2001
헌법재판소, 헌법재판소판례집 제14권1집, 2002
헌법재판소, 헌법재판소판례집 제14권2집, 2002
헌법재판소, 헌법재판소판례집 제15권1집, 2003
헌법재판소, 헌법재판소판례집 제15권2집(상), 2003
헌법재판소, 헌법재판소판례집 제15권2집(하), 2003
헌법재판소, 헌법재판소판례집 제16권1집, 2004
헌법재판소, 헌법재판소판례집 제17권1집, 2005
헌법재판소, 헌법재판소판례집 제17권2집, 2005
헌법재판소, 헌법재판소판례집 제18권1집(상), 2006
헌법재판소, 헌법재판소판례집 제19권2집, 2007
헌법재판소, 헌법재판소판례집 제20권1집(상), 2008
헌법재판소, 헌법재판소판례집 제20권2집(상), 2008
헌법재판소, 헌법재판소판례집 제20권2집(하), 2008

헌법재판소, 헌법재판소판례집 제21권1집(상), 2009
헌법재판소, 헌법재판소판례집 제21권1집(하), 2009
헌법재판소, 헌법재판소판례집 제21권2집(상), 2009
헌법재판소, 헌법재판소판례집 제21권2집(하), 2009
헌법재판소, 헌법재판소판례집 제22권1집(상), 2010
헌법재판소, 헌법재판소판례집 제22권1집(하), 2010
헌법재판소, 헌법재판소판례집 제22권2집(하), 2010
헌법재판소, 헌법재판소판례집 제23권1집(상), 2011
헌법재판소, 헌법재판소판례집 제23권1집(하), 2011
헌법재판소, 헌법재판소판례집 제23권2집(상), 2011
헌법재판소, 헌법재판소판례집 제23권2집(하), 2011
헌법재판소, 헌법재판소판례집 제24권1집(상), 2012
헌법재판소, 헌법재판소판례집 제24권1집(하), 2012
헌법재판소, 헌법재판소판례집 제24권2집(상), 2012
헌법재판소, 헌법재판소판례집 제24권2집(하), 2012
헌법재판소, 헌법재판소판례집 제25권1집, 2013
헌법재판소, 헌법재판소판례집 제26권1집(상), 2014
헌법재판소, 헌법재판소판례집 제27권1집(하), 2015
헌법재판소, 헌법재판소판례집 제27권2집(하), 2015
헌법재판소, 헌법재판소판례집 제28권1집(상), 2016
헌법재판소, 헌법재판소판례집 제28권1집(하), 2016
헌법재판소, 헌법재판소판례집 제31권2집(하), 2019
헌법재판소, 헌법재판소판례집 제32권1집(상), 2020

대한민국헌법

[시행 1988.2.25.][헌법 제10호, 1987.10.29., 전부개정]

전문

유구한 역사와 전통에 빛나는 우리 대한국민은 3·1운동으로 건립된 대한민국임시정부의 법통과 불의에 항거한 4·19민주이념을 계승하고, 조국의 민주개혁과 평화적 통일의 사명에 입각하여 정의·인도와 동포애로써 민족의 단결을 공고히 하고, 모든 사회적 폐습과 불의를 타파하며, 자율과 조화를 바탕으로 자유민주적 기본질서를 더욱 확고히 하여 정치·경제·사회·문화의 모든 영역에 있어서 각인의 기회를 균등히 하고, 능력을 최고도로 발휘하게 하며, 자유와 권리에 따르는 책임과 의무를 완수하게 하여, 안으로는 국민생활의 균등한 향상을 기하고 밖으로는 항구적인 세계평화와 인류공영에 이바지함으로써 우리들과 우리들의 자손의 안전과 자유와 행복을 영원히 확보할 것을 다짐하면서 1948년 7월 12일에 제정되고 8차에 걸쳐 개정된 헌법을 이제 국회의 의결을 거쳐 국민투표에 의하여 개정한다.

제1장 총강

제1조

① 대한민국은 민주공화국이다.

② 대한민국의 주권은 국민에게 있고, 모든 권력은 국민으로부터 나온다.

제2조

① 대한민국의 국민이 되는 요건은 법률로 정한다.

② 국가는 법률이 정하는 바에 의하여 재외국민을 보호할 의무를 진다.

제3조 대한민국의 영토는 한반도와 그 부속도서로 한다.

제4조 대한민국은 통일을 지향하며, 자유민주적 기본질서에 입각한 평화적 통일 정책을 수립하고 이를 추진한다.

제5조

① 대한민국은 국제평화의 유지에 노력하고 침략적 전쟁을 부인한다.

② 국군은 국가의 안전보장과 국토방위의 신성한 의무를 수행함을 사명으로 하며, 그 정치적 중립성은 준수된다.

제6조

① 헌법에 의하여 체결·공포된 조약과 일반적으로 승인된 국제법규는 국내법과 같은 효력을 가진다.

② 외국인은 국제법과 조약이 정하는 바에 의하여 그 지위가 보장된다.

제7조

① 공무원은 국민전체에 대한 봉사자이며, 국민에 대하여 책임을 진다.

② 공무원의 신분과 정치적 중립성은 법률이 정하는 바에 의하여 보장된다.

제8조

① 정당의 설립은 자유이며, 복수정당제는 보장된다.

② 정당은 그 목적·조직과 활동이 민주적이어야 하며, 국민의 정치적 의사형성에 참여하는데 필요한 조직을 가져야 한다.

③ 정당은 법률이 정하는 바에 의하여 국가의 보호를 받으며, 국가는 법률이 정하는 바에 의하여 정당운영에 필요한 자금을 보조할 수 있다.

④ 정당의 목적이나 활동이 민주적 기본질서에 위배될 때에는 정부는 헌법재판소에 그 해산을 제소할 수 있고, 정당은 헌법재판소의 심판에 의하여 해산된다.

제9조 국가는 전통문화의 계승·발전과 민족문화의 창달에 노력하여야 한다.

제2장 **국민의 권리와 의무**

제10조 모든 국민은 인간으로서의 존엄과 가치를 가지며, 행복을 추구할 권리를 가진다. 국가는 개인이 가지는 불가침의 기본적 인권을 확인하고 이를 보장할 의무를 진다.

제11조

① 모든 국민은 법 앞에 평등하다. 누구든지 성별·종교 또는 사회적 신분에 의하여 정치적·경제적·사회적·문화적 생활의 모든 영역에 있어서 차별을 받지 아니한다.

② 사회적 특수계급의 제도는 인정되지 아니하며, 어떠한 형태로도 이를 창설할 수 없다.

③ 훈장등의 영전은 이를 받은 자에게만 효력이 있고, 어떠한 특권도 이

에 따르지 아니한다.

제12조

① 모든 국민은 신체의 자유를 가진다. 누구든지 법률에 의하지 아니하고는 체포·구속·압수·수색 또는 심문을 받지 아니하며, 법률과 적법한 절차에 의하지 아니하고는 처벌·보안처분 또는 강제노역을 받지 아니한다.

② 모든 국민은 고문을 받지 아니하며, 형사상 자기에게 불리한 진술을 강요당하지 아니한다.

③ 체포·구속·압수 또는 수색을 할 때에는 적법한 절차에 따라 검사의 신청에 의하여 법관이 발부한 영장을 제시하여야 한다. 다만, 현행범인인 경우와 장기 3년 이상의 형에 해당하는 죄를 범하고 도피 또는 증거인멸의 염려가 있을 때에는 사후에 영장을 청구할 수 있다.

④ 누구든지 체포 또는 구속을 당한 때에는 즉시 변호인의 조력을 받을 권리를 가진다. 다만, 형사피고인이 스스로 변호인을 구할 수 없을 때에는 법률이 정하는 바에 의하여 국가가 변호인을 붙인다.

⑤ 누구든지 체포 또는 구속의 이유와 변호인의 조력을 받을 권리가 있음을 고지받지 아니하고는 체포 또는 구속을 당하지 아니한다. 체포 또는 구속을 당한 자의 가족등 법률이 정하는 자에게는 그 이유와 일시·장소가 지체없이 통지되어야 한다.

⑥ 누구든지 체포 또는 구속을 당한 때에는 적부의 심사를 법원에 청구할 권리를 가진다.

⑦ 피고인의 자백이 고문·폭행·협박·구속의 부당한 장기화 또는 기망 기타의 방법에 의하여 자의로 진술된 것이 아니라고 인정될 때 또는 정식재판에 있어서 피고인의 자백이 그에게 불리한 유일한 증거일 때

에는 이를 유죄의 증거로 삼거나 이를 이유로 처벌할 수 없다.

제13조

① 모든 국민은 행위시의 법률에 의하여 범죄를 구성하지 아니하는 행위로 소추되지 아니하며, 동일한 범죄에 대하여 거듭 처벌받지 아니한다.

② 모든 국민은 소급입법에 의하여 참정권의 제한을 받거나 재산권을 박탈당하지 아니한다.

③ 모든 국민은 자기의 행위가 아닌 친족의 행위로 인하여 불이익한 처우를 받지 아니한다.

제14조 모든 국민은 거주·이전의 자유를 가진다.

제15조 모든 국민은 직업선택의 자유를 가진다.

제16조 모든 국민은 주거의 자유를 침해받지 아니한다. 주거에 대한 압수나 수색을 할 때에는 검사의 신청에 의하여 법관이 발부한 영장을 제시하여야 한다.

제17조 모든 국민은 사생활의 비밀과 자유를 침해받지 아니한다.

제18조 모든 국민은 통신의 비밀을 침해받지 아니한다.

제19조 모든 국민은 양심의 자유를 가진다.

제20조

① 모든 국민은 종교의 자유를 가진다.

② 국교는 인정되지 아니하며, 종교와 정치는 분리된다.

제21조

① 모든 국민은 언론·출판의 자유와 집회·결사의 자유를 가진다.

② 언론·출판에 대한 허가나 검열과 집회·결사에 대한 허가는 인정되지 아니한다.

③ 통신·방송의 시설기준과 신문의 기능을 보장하기 위하여 필요한 사항은 법률로 정한다.

④ 언론·출판은 타인의 명예나 권리 또는 공중도덕이나 사회윤리를 침해하여서는 아니된다. 언론·출판이 타인의 명예나 권리를 침해한 때에는 피해자는 이에 대한 피해의 배상을 청구할 수 있다.

제22조

① 모든 국민은 학문과 예술의 자유를 가진다.

② 저작자·발명가·과학기술자와 예술가의 권리는 법률로써 보호한다.

제23조

① 모든 국민의 재산권은 보장된다. 그 내용과 한계는 법률로 정한다.

② 재산권의 행사는 공공복리에 적합하도록 하여야 한다.

③ 공공필요에 의한 재산권의 수용·사용 또는 제한 및 그에 대한 보상은 법률로써 하되, 정당한 보상을 지급하여야 한다.

제24조 모든 국민은 법률이 정하는 바에 의하여 선거권을 가진다.

제25조 모든 국민은 법률이 정하는 바에 의하여 공무담임권을 가진다.

제26조

① 모든 국민은 법률이 정하는 바에 의하여 국가기관에 문서로 청원할 권리를 가진다.

② 국가는 청원에 대하여 심사할 의무를 진다.

제27조

① 모든 국민은 헌법과 법률이 정한 법관에 의하여 법률에 의한 재판을 받을 권리를 가진다.

② 군인 또는 군무원이 아닌 국민은 대한민국의 영역안에서는 중대한 군사상 기밀·초병·초소·유독음식물공급·포로·군용물에 관한 죄중 법률이 정한 경우와 비상계엄이 선포된 경우를 제외하고는 군사법원의 재판을 받지 아니한다.

③ 모든 국민은 신속한 재판을 받을 권리를 가진다. 형사피고인은 상당한 이유가 없는 한 지체없이 공개재판을 받을 권리를 가진다.

④ 형사피고인은 유죄의 판결이 확정될 때까지는 무죄로 추정된다.

⑤ 형사피해자는 법률이 정하는 바에 의하여 당해 사건의 재판절차에서 진술할 수 있다.

제28조 형사피의자 또는 형사피고인으로서 구금되었던 자가 법률이 정하는 불기소처분을 받거나 무죄판결을 받은 때에는 법률이 정하는 바에 의하여 국가에 정당한 보상을 청구할 수 있다.

제29조

① 공무원의 직무상 불법행위로 손해를 받은 국민은 법률이 정하는 바에 의하여 국가 또는 공공단체에 정당한 배상을 청구할 수 있다. 이 경우 공무원 자신의 책임은 면제되지 아니한다.

② 군인·군무원·경찰공무원 기타 법률이 정하는 자가 전투·훈련등 직무집행과 관련하여 받은 손해에 대하여는 법률이 정하는 보상외에 국가 또는 공공단체에 공무원의 직무상 불법행위로 인한 배상은 청구할 수 없다.

제30조 타인의 범죄행위로 인하여 생명·신체에 대한 피해를 받은 국민은 법률이 정하는 바에 의하여 국가로부터 구조를 받을 수 있다.

제31조

① 모든 국민은 능력에 따라 균등하게 교육을 받을 권리를 가진다.

② 모든 국민은 그 보호하는 자녀에게 적어도 초등교육과 법률이 정하는 교육을 받게 할 의무를 진다.

③ 의무교육은 무상으로 한다.

④ 교육의 자주성·전문성·정치적 중립성 및 대학의 자율성은 법률이 정하는 바에 의하여 보장된다.

⑤ 국가는 평생교육을 진흥하여야 한다.

⑥ 학교교육 및 평생교육을 포함한 교육제도와 그 운영, 교육재정 및 교원의 지위에 관한 기본적인 사항은 법률로 정한다.

제32조

① 모든 국민은 근로의 권리를 가진다. 국가는 사회적·경제적 방법으로

근로자의 고용의 증진과 적정임금의 보장에 노력하여야 하며, 법률이 정하는 바에 의하여 최저임금제를 시행하여야 한다.

② 모든 국민은 근로의 의무를 진다. 국가는 근로의 의무의 내용과 조건을 민주주의원칙에 따라 법률로 정한다.

③ 근로조건의 기준은 인간의 존엄성을 보장하도록 법률로 정한다.

④ 여자의 근로는 특별한 보호를 받으며, 고용·임금 및 근로조건에 있어서 부당한 차별을 받지 아니한다.

⑤ 연소자의 근로는 특별한 보호를 받는다.

⑥ 국가유공자·상이군경 및 전몰군경의 유가족은 법률이 정하는 바에 의하여 우선적으로 근로의 기회를 부여받는다.

제33조

① 근로자는 근로조건의 향상을 위하여 자주적인 단결권·단체교섭권 및 단체행동권을 가진다.

② 공무원인 근로자는 법률이 정하는 자에 한하여 단결권·단체교섭권 및 단체행동권을 가진다.

③ 법률이 정하는 주요방위산업체에 종사하는 근로자의 단체행동권은 법률이 정하는 바에 의하여 이를 제한하거나 인정하지 아니할 수 있다.

제34조

① 모든 국민은 인간다운 생활을 할 권리를 가진다.

② 국가는 사회보장·사회복지의 증진에 노력할 의무를 진다.

③ 국가는 여자의 복지와 권익의 향상을 위하여 노력하여야 한다.

④ 국가는 노인과 청소년의 복지향상을 위한 정책을 실시할 의무를 진다.

⑤ 신체장애자 및 질병·노령 기타의 사유로 생활능력이 없는 국민은 법

률이 정하는 바에 의하여 국가의 보호를 받는다.

⑥ 국가는 재해를 예방하고 그 위험으로부터 국민을 보호하기 위하여 노력하여야 한다.

제35조

① 모든 국민은 건강하고 쾌적한 환경에서 생활할 권리를 가지며, 국가와 국민은 환경보전을 위하여 노력하여야 한다.

② 환경권의 내용과 행사에 관하여는 법률로 정한다.

③ 국가는 주택개발정책등을 통하여 모든 국민이 쾌적한 주거생활을 할 수 있도록 노력하여야 한다.

제36조

① 혼인과 가족생활은 개인의 존엄과 양성의 평등을 기초로 성립되고 유지되어야 하며, 국가는 이를 보장한다.

② 국가는 모성의 보호를 위하여 노력하여야 한다.

③ 모든 국민은 보건에 관하여 국가의 보호를 받는다.

제37조

① 국민의 자유와 권리는 헌법에 열거되지 아니한 이유로 경시되지 아니한다.

② 국민의 모든 자유와 권리는 국가안전보장·질서유지 또는 공공복리를 위하여 필요한 경우에 한하여 법률로써 제한할 수 있으며, 제한하는 경우에도 자유와 권리의 본질적인 내용을 침해할 수 없다.

제38조 모든 국민은 법률이 정하는 바에 의하여 납세의 의무를 진다.

제39조

① 모든 국민은 법률이 정하는 바에 의하여 국방의 의무를 진다.

② 누구든지 병역의무의 이행으로 인하여 불이익한 처우를 받지 아니한다.

제3장 **국회**

제40조 입법권은 국회에 속한다.

제41조

① 국회는 국민의 보통·평등·직접·비밀선거에 의하여 선출된 국회의원으로 구성한다.

② 국회의원의 수는 법률로 정하되, 200인 이상으로 한다.

③ 국회의원의 선거구와 비례대표제 기타 선거에 관한 사항은 법률로 정한다.

제42조 국회의원의 임기는 4년으로 한다.

제43조 국회의원은 법률이 정하는 직을 겸할 수 없다.

제44조

① 국회의원은 현행범인인 경우를 제외하고는 회기중 국회의 동의없이 체포 또는 구금되지 아니한다.

② 국회의원이 회기전에 체포 또는 구금된 때에는 현행범인이 아닌 한 국회의 요구가 있으면 회기중 석방된다.

제45조 국회의원은 국회에서 직무상 행한 발언과 표결에 관하여 국회외에서 책임을 지지 아니한다.

제46조

① 국회의원은 청렴의 의무가 있다.

② 국회의원은 국가이익을 우선하여 양심에 따라 직무를 행한다.

③ 국회의원은 그 지위를 남용하여 국가·공공단체 또는 기업체와의 계약이나 그 처분에 의하여 재산상의 권리·이익 또는 직위를 취득하거나 타인을 위하여 그 취득을 알선할 수 없다.

제47조

① 국회의 정기회는 법률이 정하는 바에 의하여 매년 1회 집회되며, 국회의 임시회는 대통령 또는 국회재적의원 4분의 1 이상의 요구에 의하여 집회된다.

② 정기회의 회기는 100일을, 임시회의 회기는 30일을 초과할 수 없다.

③ 대통령이 임시회의 집회를 요구할 때에는 기간과 집회요구의 이유를 명시하여야 한다.

제48조 국회는 의장 1인과 부의장 2인을 선출한다.

제49조 국회는 헌법 또는 법률에 특별한 규정이 없는 한 재적의원 과반수의 출석과 출석의원 과반수의 찬성으로 의결한다. 가부동수인 때에는 부결된 것으로 본다.

제50조

① 국회의 회의는 공개한다. 다만, 출석의원 과반수의 찬성이 있거나 의장이 국가의 안전보장을 위하여 필요하다고 인정할 때에는 공개하지 아니할 수 있다.

② 공개하지 아니한 회의내용의 공표에 관하여는 법률이 정하는 바에 의한다.

제51조 국회에 제출된 법률안 기타의 의안은 회기중에 의결되지 못한 이유로 폐기되지 아니한다. 다만, 국회의원의 임기가 만료된 때에는 그러하지 아니하다.

제52조 국회의원과 정부는 법률안을 제출할 수 있다.

제53조

① 국회에서 의결된 법률안은 정부에 이송되어 15일 이내에 대통령이 공포한다.

② 법률안에 이의가 있을 때에는 대통령은 제1항의 기간내에 이의서를 붙여 국회로 환부하고, 그 재의를 요구할 수 있다. 국회의 폐회중에도 또한 같다.

③ 대통령은 법률안의 일부에 대하여 또는 법률안을 수정하여 재의를 요구할 수 없다.

④ 재의의 요구가 있을 때에는 국회는 재의에 붙이고, 재적의원과반수의 출석과 출석의원 3분의 2 이상의 찬성으로 전과 같은 의결을 하면 그 법률안은 법률로서 확정된다.

⑤ 대통령이 제1항의 기간내에 공포나 재의의 요구를 하지 아니한 때에

도 그 법률안은 법률로서 확정된다.

⑥ 대통령은 제4항과 제5항의 규정에 의하여 확정된 법률을 지체없이 공포하여야 한다. 제5항에 의하여 법률이 확정된 후 또는 제4항에 의한 확정법률이 정부에 이송된 후 5일 이내에 대통령이 공포하지 아니할 때에는 국회의장이 이를 공포한다.

⑦ 법률은 특별한 규정이 없는 한 공포한 날로부터 20일을 경과함으로써 효력을 발생한다.

제54조

① 국회는 국가의 예산안을 심의·확정한다.

② 정부는 회계연도마다 예산안을 편성하여 회계연도 개시 90일전까지 국회에 제출하고, 국회는 회계연도 개시 30일전까지 이를 의결하여야 한다.

③ 새로운 회계연도가 개시될 때까지 예산안이 의결되지 못한 때에는 정부는 국회에서 예산안이 의결될 때까지 다음의 목적을 위한 경비는 전년도 예산에 준하여 집행할 수 있다.

1. 헌법이나 법률에 의하여 설치된 기관 또는 시설의 유지·운영
2. 법률상 지출의무의 이행
3. 이미 예산으로 승인된 사업의 계속

제55조

① 한 회계연도를 넘어 계속하여 지출할 필요가 있을 때에는 정부는 연한을 정하여 계속비로서 국회의 의결을 얻어야 한다.

② 예비비는 총액으로 국회의 의결을 얻어야 한다. 예비비의 지출은 차기국회의 승인을 얻어야 한다.

제56조 정부는 예산에 변경을 가할 필요가 있을 때에는 추가경정예산안을 편성하여 국회에 제출할 수 있다.

제57조 국회는 정부의 동의없이 정부가 제출한 지출예산 각항의 금액을 증가하거나 새 비목을 설치할 수 없다.

제58조 국채를 모집하거나 예산외에 국가의 부담이 될 계약을 체결하려 할 때에는 정부는 미리 국회의 의결을 얻어야 한다.

제59조 조세의 종목과 세율은 법률로 정한다.

제60조

① 국회는 상호원조 또는 안전보장에 관한 조약, 중요한 국제조직에 관한 조약, 우호통상항해조약, 주권의 제약에 관한 조약, 강화조약, 국가나 국민에게 중대한 재정적 부담을 지우는 조약 또는 입법사항에 관한 조약의 체결·비준에 대한 동의권을 가진다.

② 국회는 선전포고, 국군의 외국에의 파견 또는 외국군대의 대한민국 영역안에서의 주류에 대한 동의권을 가진다.

제61조

① 국회는 국정을 감사하거나 특정한 국정사안에 대하여 조사할 수 있으며, 이에 필요한 서류의 제출 또는 증인의 출석과 증언이나 의견의 진술을 요구할 수 있다.

② 국정감사 및 조사에 관한 절차 기타 필요한 사항은 법률로 정한다.

제62조

① 국무총리·국무위원 또는 정부위원은 국회나 그 위원회에 출석하여 국정처리상황을 보고하거나 의견을 진술하고 질문에 응답할 수 있다.

② 국회나 그 위원회의 요구가 있을 때에는 국무총리·국무위원 또는 정부위원은 출석·답변하여야 하며, 국무총리 또는 국무위원이 출석요구를 받은 때에는 국무위원 또는 정부위원으로 하여금 출석·답변하게 할 수 있다.

제63조

① 국회는 국무총리 또는 국무위원의 해임을 대통령에게 건의할 수 있다.

② 제1항의 해임건의는 국회재적의원 3분의 1 이상의 발의에 의하여 국회재적의원 과반수의 찬성이 있어야 한다.

제64조

① 국회는 법률에 저촉되지 아니하는 범위안에서 의사와 내부규율에 관한 규칙을 제정할 수 있다.

② 국회는 의원의 자격을 심사하며, 의원을 징계할 수 있다.

③ 의원을 제명하려면 국회재적의원 3분의 2 이상의 찬성이 있어야 한다.

④ 제2항과 제3항의 처분에 대하여는 법원에 제소할 수 없다.

제65조

① 대통령·국무총리·국무위원·행정각부의 장·헌법재판소 재판관·법관·중앙선거관리위원회 위원·감사원장·감사위원 기타 법률이 정한 공무원이 그 직무집행에 있어서 헌법이나 법률을 위배한 때에는 국회는 탄핵의 소추를 의결할 수 있다.

② 제1항의 탄핵소추는 국회재적의원 3분의 1 이상의 발의가 있어야 하며, 그 의결은 국회재적의원 과반수의 찬성이 있어야 한다. 다만, 대통령에 대한 탄핵소추는 국회재적의원 과반수의 발의와 국회재적의원 3분의 2 이상의 찬성이 있어야 한다.

③ 탄핵소추의 의결을 받은 자는 탄핵심판이 있을 때까지 그 권한행사가 정지된다.

④ 탄핵결정은 공직으로부터 파면함에 그친다. 그러나, 이에 의하여 민사상이나 형사상의 책임이 면제되지는 아니한다.

제4장 **정부**

· 제1절 대통령

제66조

① 대통령은 국가의 원수이며, 외국에 대하여 국가를 대표한다.

② 대통령은 국가의 독립·영토의 보전·국가의 계속성과 헌법을 수호할 책무를 진다.

③ 대통령은 조국의 평화적 통일을 위한 성실한 의무를 진다.

④ 행정권은 대통령을 수반으로 하는 정부에 속한다.

제67조

① 대통령은 국민의 보통·평등·직접·비밀선거에 의하여 선출한다.

② 제1항의 선거에 있어서 최고득표자가 2인 이상인 때에는 국회의 재적의원 과반수가 출석한 공개회의에서 다수표를 얻은 자를 당선자로

한다.

③ 대통령후보자가 1인일 때에는 그 득표수가 선거권자 총수의 3분의 1 이상이 아니면 대통령으로 당선될 수 없다.

④ 대통령으로 선거될 수 있는 자는 국회의원의 피선거권이 있고 선거일 현재 40세에 달하여야 한다.

⑤ 대통령의 선거에 관한 사항은 법률로 정한다.

제68조

① 대통령의 임기가 만료되는 때에는 임기만료 70일 내지 40일전에 후임자를 선거한다.

② 대통령이 궐위된 때 또는 대통령 당선자가 사망하거나 판결 기타의 사유로 그 자격을 상실한 때에는 60일 이내에 후임자를 선거한다.

제69조 대통령은 취임에 즈음하여 다음의 선서를 한다.
"나는 헌법을 준수하고 국가를 보위하며 조국의 평화적 통일과 국민의 자유와 복리의 증진 및 민족문화의 창달에 노력하여 대통령으로서의 직책을 성실히 수행할 것을 국민 앞에 엄숙히 선서합니다."

제70조 대통령의 임기는 5년으로 하며, 중임할 수 없다.

제71조 대통령이 궐위되거나 사고로 인하여 직무를 수행할 수 없을 때에는 국무총리, 법률이 정한 국무위원의 순서로 그 권한을 대행한다.

제72조 대통령은 필요하다고 인정할 때에는 외교·국방·통일 기타 국가안위에 관한 중요정책을 국민투표에 붙일 수 있다.

제73조 대통령은 조약을 체결·비준하고, 외교사절을 신임·접수 또는 파견하며, 선전포고와 강화를 한다.

제74조

① 대통령은 헌법과 법률이 정하는 바에 의하여 국군을 통수한다.

② 국군의 조직과 편성은 법률로 정한다.

제75조 대통령은 법률에서 구체적으로 범위를 정하여 위임받은 사항과 법률을 집행하기 위하여 필요한 사항에 관하여 대통령령을 발할 수 있다.

제76조

① 대통령은 내우·외환·천재·지변 또는 중대한 재정·경제상의 위기에 있어서 국가의 안전보장 또는 공공의 안녕질서를 유지하기 위하여 긴급한 조치가 필요하고 국회의 집회를 기다릴 여유가 없을 때에 한하여 최소한으로 필요한 재정·경제상의 처분을 하거나 이에 관하여 법률의 효력을 가지는 명령을 발할 수 있다.

② 대통령은 국가의 안위에 관계되는 중대한 교전상태에 있어서 국가를 보위하기 위하여 긴급한 조치가 필요하고 국회의 집회가 불가능한 때에 한하여 법률의 효력을 가지는 명령을 발할 수 있다.

③ 대통령은 제1항과 제2항의 처분 또는 명령을 한 때에는 지체없이 국회에 보고하여 그 승인을 얻어야 한다.

④ 제3항의 승인을 얻지 못한 때에는 그 처분 또는 명령은 그때부터 효력을 상실한다. 이 경우 그 명령에 의하여 개정 또는 폐지되었던 법률은 그 명령이 승인을 얻지 못한 때부터 당연히 효력을 회복한다.

⑤ 대통령은 제3항과 제4항의 사유를 지체없이 공포하여야 한다.

제77조

① 대통령은 전시·사변 또는 이에 준하는 국가비상사태에 있어서 병력으로써 군사상의 필요에 응하거나 공공의 안녕질서를 유지할 필요가 있을 때에는 법률이 정하는 바에 의하여 계엄을 선포할 수 있다.

② 계엄은 비상계엄과 경비계엄으로 한다.

③ 비상계엄이 선포된 때에는 법률이 정하는 바에 의하여 영장제도, 언론·출판·집회·결사의 자유, 정부나 법원의 권한에 관하여 특별한 조치를 할 수 있다.

④ 계엄을 선포한 때에는 대통령은 지체없이 국회에 통고하여야 한다.

⑤ 국회가 재적의원 과반수의 찬성으로 계엄의 해제를 요구한 때에는 대통령은 이를 해제하여야 한다.

제78조 대통령은 헌법과 법률이 정하는 바에 의하여 공무원을 임면한다.

제79조

① 대통령은 법률이 정하는 바에 의하여 사면·감형 또는 복권을 명할 수 있다.

② 일반사면을 명하려면 국회의 동의를 얻어야 한다.

③ 사면·감형 및 복권에 관한 사항은 법률로 정한다.

제80조 대통령은 법률이 정하는 바에 의하여 훈장 기타의 영전을 수여한다.

제81조 대통령은 국회에 출석하여 발언하거나 서한으로 의견을 표시할 수 있다.

第82條 대통령의 국법상 행위는 문서로써 하며, 이 문서에는 국무총리와 관계 국무위원이 부서한다. 군사에 관한 것도 또한 같다.

第83條 대통령은 국무총리·국무위원·행정각부의 장 기타 법률이 정하는 공사의 직을 겸할 수 없다.

第84條 대통령은 내란 또는 외환의 죄를 범한 경우를 제외하고는 재직중 형사상의 소추를 받지 아니한다.

第85條 전직대통령의 신분과 예우에 관하여는 법률로 정한다.

· 제2절 행정부

제1관 국무총리와 국무위원

第86條

① 국무총리는 국회의 동의를 얻어 대통령이 임명한다.

② 국무총리는 대통령을 보좌하며, 행정에 관하여 대통령의 명을 받아 행정각부를 통할한다.

③ 군인은 현역을 면한 후가 아니면 국무총리로 임명될 수 없다.

第87條

① 국무위원은 국무총리의 제청으로 대통령이 임명한다.

② 국무위원은 국정에 관하여 대통령을 보좌하며, 국무회의의 구성원으로서 국정을 심의한다.

③ 국무총리는 국무위원의 해임을 대통령에게 건의할 수 있다.

④ 군인은 현역을 면한 후가 아니면 국무위원으로 임명될 수 없다.

제2관 국무회의

제88조

① 국무회의는 정부의 권한에 속하는 중요한 정책을 심의한다.

② 국무회의는 대통령·국무총리와 15인 이상 30인 이하의 국무위원으로 구성한다.

③ 대통령은 국무회의의 의장이 되고, 국무총리는 부의장이 된다.

제89조 다음 사항은 국무회의의 심의를 거쳐야 한다.

1. 국정의 기본계획과 정부의 일반정책
2. 선전·강화 기타 중요한 대외정책
3. 헌법개정안·국민투표안·조약안·법률안 및 대통령령안
4. 예산안·결산·국유재산처분의 기본계획·국가의 부담이 될 계약 기타 재정에 관한 중요사항
5. 대통령의 긴급명령·긴급재정경제처분 및 명령 또는 계엄과 그 해제
6. 군사에 관한 중요사항
7. 국회의 임시회 집회의 요구
8. 영전수여
9. 사면·감형과 복권
10. 행정각부간의 권한의 획정
11. 정부안의 권한의 위임 또는 배정에 관한 기본계획
12. 국정처리상황의 평가·분석

13. 행정각부의 중요한 정책의 수립과 조정
14. 정당해산의 제소
15. 정부에 제출 또는 회부된 정부의 정책에 관계되는 청원의 심사
16. 검찰총장·합동참모의장·각군참모총장·국립대학교총장·대사 기타 법률이 정한 공무원과 국영기업체관리자의 임명
17. 기타 대통령·국무총리 또는 국무위원이 제출한 사항

제90조

① 국정의 중요한 사항에 관한 대통령의 자문에 응하기 위하여 국가원로로 구성되는 국가원로자문회의를 둘 수 있다.

② 국가원로자문회의의 의장은 직전대통령이 된다. 다만, 직전대통령이 없을 때에는 대통령이 지명한다.

③ 국가원로자문회의의 조직·직무범위 기타 필요한 사항은 법률로 정한다.

제91조

① 국가안전보장에 관련되는 대외정책·군사정책과 국내정책의 수립에 관하여 국무회의의 심의에 앞서 대통령의 자문에 응하기 위하여 국가안전보장회의를 둔다.

② 국가안전보장회의는 대통령이 주재한다.

③ 국가안전보장회의의 조직·직무범위 기타 필요한 사항은 법률로 정한다.

제92조

① 평화통일정책의 수립에 관한 대통령의 자문에 응하기 위하여 민주평화통일자문회의를 둘 수 있다.

② 민주평화통일자문회의의 조직·직무범위 기타 필요한 사항은 법률로 정한다.

제93조

① 국민경제의 발전을 위한 중요정책의 수립에 관하여 대통령의 자문에 응하기 위하여 국민경제자문회의를 둘 수 있다.

② 국민경제자문회의의 조직·직무범위 기타 필요한 사항은 법률로 정한다.

제3관 행정각부

제94조 행정각부의 장은 국무위원 중에서 국무총리의 제청으로 대통령이 임명한다.

제95조 국무총리 또는 행정각부의 장은 소관사무에 관하여 법률이나 대통령령의 위임 또는 직권으로 총리령 또는 부령을 발할 수 있다.

제96조 행정각부의 설치·조직과 직무범위는 법률로 정한다.

제4관 감사원

제97조 국가의 세입·세출의 결산, 국가 및 법률이 정한 단체의 회계검사와 행정기관 및 공무원의 직무에 관한 감찰을 하기 위하여 대통령 소속하에 감사원을 둔다.

제98조

① 감사원은 원장을 포함한 5인 이상 11인 이하의 감사위원으로 구성한다.

② 원장은 국회의 동의를 얻어 대통령이 임명하고, 그 임기는 4년으로 하며, 1차에 한하여 중임할 수 있다.

③ 감사위원은 원장의 제청으로 대통령이 임명하고, 그 임기는 4년으로 하며, 1차에 한하여 중임할 수 있다.

제99조 감사원은 세입·세출의 결산을 매년 검사하여 대통령과 차년도국회에 그 결과를 보고하여야 한다.

제100조 감사원의 조직·직무범위·감사위원의 자격·감사대상공무원의 범위 기타 필요한 사항은 법률로 정한다.

제5장 **법원**

제101조

① 사법권은 법관으로 구성된 법원에 속한다.

② 법원은 최고법원인 대법원과 각급법원으로 조직된다.

③ 법관의 자격은 법률로 정한다.

제102조

① 대법원에 부를 둘 수 있다.

② 대법원에 대법관을 둔다. 다만, 법률이 정하는 바에 의하여 대법관이

아닌 법관을 둘 수 있다.

③ 대법원과 각급법원의 조직은 법률로 정한다.

제103조 법관은 헌법과 법률에 의하여 그 양심에 따라 독립하여 심판한다.

제104조

① 대법원장은 국회의 동의를 얻어 대통령이 임명한다.

② 대법관은 대법원장의 제청으로 국회의 동의를 얻어 대통령이 임명한다.

③ 대법원장과 대법관이 아닌 법관은 대법관회의의 동의를 얻어 대법원장이 임명한다.

제105조

① 대법원장의 임기는 6년으로 하며, 중임할 수 없다.

② 대법관의 임기는 6년으로 하며, 법률이 정하는 바에 의하여 연임할 수 있다.

③ 대법원장과 대법관이 아닌 법관의 임기는 10년으로 하며, 법률이 정하는 바에 의하여 연임할 수 있다.

④ 법관의 정년은 법률로 정한다.

제106조

① 법관은 탄핵 또는 금고 이상의 형의 선고에 의하지 아니하고는 파면되지 아니하며, 징계처분에 의하지 아니하고는 정직·감봉 기타 불리한 처분을 받지 아니한다.

② 법관이 중대한 심신상의 장해로 직무를 수행할 수 없을 때에는 법률이 정하는 바에 의하여 퇴직하게 할 수 있다.

제107조

① 법률이 헌법에 위반되는 여부가 재판의 전제가 된 경우에는 법원은 헌법재판소에 제청하여 그 심판에 의하여 재판한다.
② 명령·규칙 또는 처분이 헌법이나 법률에 위반되는 여부가 재판의 전제가 된 경우에는 대법원은 이를 최종적으로 심사할 권한을 가진다.
③ 재판의 전심절차로서 행정심판을 할 수 있다. 행정심판의 절차는 법률로 정하되, 사법절차가 준용되어야 한다.

제108조 대법원은 법률에 저촉되지 아니하는 범위안에서 소송에 관한 절차, 법원의 내부규율과 사무처리에 관한 규칙을 제정할 수 있다.

제109조 재판의 심리와 판결은 공개한다. 다만, 심리는 국가의 안전보장 또는 안녕질서를 방해하거나 선량한 풍속을 해할 염려가 있을 때에는 법원의 결정으로 공개하지 아니할 수 있다.

제110조

① 군사재판을 관할하기 위하여 특별법원으로서 군사법원을 둘 수 있다.
② 군사법원의 상고심은 대법원에서 관할한다.
③ 군사법원의 조직·권한 및 재판관의 자격은 법률로 정한다.
④ 비상계엄하의 군사재판은 군인·군무원의 범죄나 군사에 관한 간첩죄의 경우와 초병·초소·유독음식물공급·포로에 관한 죄중 법률이 정한 경우에 한하여 단심으로 할 수 있다. 다만, 사형을 선고한 경우

에는 그러하지 아니하다.

제6장 **헌법재판소**

제111조

① 헌법재판소는 다음 사항을 관장한다.

1. 법원의 제청에 의한 법률의 위헌여부 심판
2. 탄핵의 심판
3. 정당의 해산 심판
4. 국가기관 상호간, 국가기관과 지방자치단체간 및 지방자치단체 상호간의 권한쟁의에 관한 심판
5. 법률이 정하는 헌법소원에 관한 심판

② 헌법재판소는 법관의 자격을 가진 9인의 재판관으로 구성하며, 재판관은 대통령이 임명한다.

③ 제2항의 재판관중 3인은 국회에서 선출하는 자를, 3인은 대법원장이 지명하는 자를 임명한다.

④ 헌법재판소의 장은 국회의 동의를 얻어 재판관중에서 대통령이 임명한다.

제112조

① 헌법재판소 재판관의 임기는 6년으로 하며, 법률이 정하는 바에 의하여 연임할 수 있다.

② 헌법재판소 재판관은 정당에 가입하거나 정치에 관여할 수 없다.

③ 헌법재판소 재판관은 탄핵 또는 금고 이상의 형의 선고에 의하지 아

니하고는 파면되지 아니한다.

제113조

① 헌법재판소에서 법률의 위헌결정, 탄핵의 결정, 정당해산의 결정 또는 헌법소원에 관한 인용결정을 할 때에는 재판관 6인 이상의 찬성이 있어야 한다.

② 헌법재판소는 법률에 저촉되지 아니하는 범위안에서 심판에 관한 절차, 내부규율과 사무처리에 관한 규칙을 제정할 수 있다.

③ 헌법재판소의 조직과 운영 기타 필요한 사항은 법률로 정한다.

제7장 **선거관리**

제114조

① 선거와 국민투표의 공정한 관리 및 정당에 관한 사무를 처리하기 위하여 선거관리위원회를 둔다.

② 중앙선거관리위원회는 대통령이 임명하는 3인, 국회에서 선출하는 3인과 대법원장이 지명하는 3인의 위원으로 구성한다. 위원장은 위원중에서 호선한다.

③ 위원의 임기는 6년으로 한다.

④ 위원은 정당에 가입하거나 정치에 관여할 수 없다.

⑤ 위원은 탄핵 또는 금고 이상의 형의 선고에 의하지 아니하고는 파면되지 아니한다.

⑥ 중앙선거관리위원회는 법령의 범위안에서 선거관리·국민투표관리 또는 정당사무에 관한 규칙을 제정할 수 있으며, 법률에 저촉되지 아

니하는 범위안에서 내부규율에 관한 규칙을 제정할 수 있다.

⑦ 각급 선거관리위원회의 조직·직무범위 기타 필요한 사항은 법률로 정한다.

제115조

① 각급 선거관리위원회는 선거인명부의 작성등 선거사무와 국민투표사무에 관하여 관계 행정기관에 필요한 지시를 할 수 있다.

② 제1항의 지시를 받은 당해 행정기관은 이에 응하여야 한다.

제116조

① 선거운동은 각급 선거관리위원회의 관리하에 법률이 정하는 범위안에서 하되, 균등한 기회가 보장되어야 한다.

② 선거에 관한 경비는 법률이 정하는 경우를 제외하고는 정당 또는 후보자에게 부담시킬 수 없다.

제8장 **지방자치**

제117조

① 지방자치단체는 주민의 복리에 관한 사무를 처리하고 재산을 관리하며, 법령의 범위안에서 자치에 관한 규정을 제정할 수 있다.

② 지방자치단체의 종류는 법률로 정한다.

제118조

① 지방자치단체에 의회를 둔다.

② 지방의회의 조직·권한·의원선거와 지방자치단체의 장의 선임방법 기타 지방자치단체의 조직과 운영에 관한 사항은 법률로 정한다.

제9장 **경제**

제119조

① 대한민국의 경제질서는 개인과 기업의 경제상의 자유와 창의를 존중함을 기본으로 한다.

② 국가는 균형있는 국민경제의 성장 및 안정과 적정한 소득의 분배를 유지하고, 시장의 지배와 경제력의 남용을 방지하며, 경제주체간의 조화를 통한 경제의 민주화를 위하여 경제에 관한 규제와 조정을 할 수 있다.

제120조

① 광물 기타 중요한 지하자원·수산자원·수력과 경제상 이용할 수 있는 자연력은 법률이 정하는 바에 의하여 일정한 기간 그 채취·개발 또는 이용을 특허할 수 있다.

② 국토와 자원은 국가의 보호를 받으며, 국가는 그 균형있는 개발과 이용을 위하여 필요한 계획을 수립한다.

제121조

① 국가는 농지에 관하여 경자유전의 원칙이 달성될 수 있도록 노력하여야 하며, 농지의 소작제도는 금지된다.

② 농업생산성의 제고와 농지의 합리적인 이용을 위하거나 불가피한 사

정으로 발생하는 농지의 임대차와 위탁경영은 법률이 정하는 바에 의하여 인정된다.

제122조 국가는 국민 모두의 생산 및 생활의 기반이 되는 국토의 효율적이고 균형있는 이용·개발과 보전을 위하여 법률이 정하는 바에 의하여 그에 관한 필요한 제한과 의무를 과할 수 있다.

제123조

① 국가는 농업 및 어업을 보호·육성하기 위하여 농·어촌종합개발과 그 지원등 필요한 계획을 수립·시행하여야 한다.

② 국가는 지역간의 균형있는 발전을 위하여 지역경제를 육성할 의무를 진다.

③ 국가는 중소기업을 보호·육성하여야 한다.

④ 국가는 농수산물의 수급균형과 유통구조의 개선에 노력하여 가격안정을 도모함으로써 농·어민의 이익을 보호한다.

⑤ 국가는 농·어민과 중소기업의 자조조직을 육성하여야 하며, 그 자율적 활동과 발전을 보장한다.

제124조 국가는 건전한 소비행위를 계도하고 생산품의 품질향상을 촉구하기 위한 소비자보호운동을 법률이 정하는 바에 의하여 보장한다.

제125조 국가는 대외무역을 육성하며, 이를 규제·조정할 수 있다.

제126조 국방상 또는 국민경제상 긴절한 필요로 인하여 법률이 정하는 경우를 제외하고는, 사영기업을 국유 또는 공유로 이전하거나 그 경영을

통제 또는 관리할 수 없다.

제127조

① 국가는 과학기술의 혁신과 정보 및 인력의 개발을 통하여 국민경제의 발전에 노력하여야 한다.

② 국가는 국가표준제도를 확립한다.

③ 대통령은 제1항의 목적을 달성하기 위하여 필요한 자문기구를 둘 수 있다.

제10장 **헌법개정**

제128조

① 헌법개정은 국회재적의원 과반수 또는 대통령의 발의로 제안된다.

② 대통령의 임기연장 또는 중임변경을 위한 헌법개정은 그 헌법개정 제안 당시의 대통령에 대하여는 효력이 없다.

제129조 제안된 헌법개정안은 대통령이 20일 이상의 기간 이를 공고하여야 한다.

제130조

① 국회는 헌법개정안이 공고된 날로부터 60일 이내에 의결하여야 하며, 국회의 의결은 재적의원 3분의 2 이상의 찬성을 얻어야 한다.

② 헌법개정안은 국회가 의결한 후 30일 이내에 국민투표에 붙여 국회의원선거권자 과반수의 투표와 투표자 과반수의 찬성을 얻어야 한다.

③ 헌법개정안이 제2항의 찬성을 얻은 때에는 헌법개정은 확정되며, 대통령은 즉시 이를 공포하여야 한다.

부칙 〈제10호, 1987.10.29〉

제1조 이 헌법은 1988년 2월 25일부터 시행한다. 다만, 이 헌법을 시행하기 위하여 필요한 법률의 제정·개정과 이 헌법에 의한 대통령 및 국회의원의 선거 기타 이 헌법시행에 관한 준비는 이 헌법시행 전에 할 수 있다.

제2조

① 이 헌법에 의한 최초의 대통령선거는 이 헌법시행일 40일 전까지 실시한다.

② 이 헌법에 의한 최초의 대통령의 임기는 이 헌법시행일로부터 개시한다.

제3조

① 이 헌법에 의한 최초의 국회의원선거는 이 헌법공포일로부터 6월 이내에 실시하며, 이 헌법에 의하여 선출된 최초의 국회의원의 임기는 국회의원선거후 이 헌법에 의한 국회의 최초의 집회일로부터 개시한다.

② 이 헌법공포 당시의 국회의원의 임기는 제1항에 의한 국회의 최초의 집회일 전일까지로 한다.

제4조

① 이 헌법시행 당시의 공무원과 정부가 임명한 기업체의 임원은 이 헌

법에 의하여 임명된 것으로 본다. 다만, 이 헌법에 의하여 선임방법이나 임명권자가 변경된 공무원과 대법원장 및 감사원장은 이 헌법에 의하여 후임자가 선임될 때까지 그 직무를 행하며, 이 경우 전임자인 공무원의 임기는 후임자가 선임되는 전일까지로 한다.

② 이 헌법시행 당시의 대법원장과 대법원판사가 아닌 법관은 제1항 단서의 규정에 불구하고 이 헌법에 의하여 임명된 것으로 본다.

③ 이 헌법중 공무원의 임기 또는 중임제한에 관한 규정은 이 헌법에 의하여 그 공무원이 최초로 선출 또는 임명된 때로부터 적용한다.

제5조 이 헌법시행 당시의 법령과 조약은 이 헌법에 위배되지 아니하는 한 그 효력을 지속한다.

제6조 이 헌법시행 당시에 이 헌법에 의하여 새로 설치될 기관의 권한에 속하는 직무를 행하고 있는 기관은 이 헌법에 의하여 새로운 기관이 설치될 때까지 존속하며 그 직무를 행한다.

【ㄴ】

【ㄷ】

【ㄹ】

【ㅁ】

【ㅂ】

【ㅅ】

【ㅇ】

【ㅈ】

【ㅊ】

【ㅌ】

【ㅍ】

【ㅎ】

부동산헌법

지은이 허강무
펴낸이 김동원
펴낸곳 전북대학교출판문화원

초판 1쇄 인쇄 2021. 6. 1.
초판 1쇄 발행 2021. 6. 10.

전북대학교출판문화원 전라북도 전주시 완산구 어진길 32 (풍남동2가)
전화 (063) 219-5319~2
FAX (063) 219-5323
출판등록 2012년 8월 20일 제465-2012-000021호

값 25,000원

ISBN 979-11-6372-134-5 93360